本书由**南京审计学院**资助出版

胡宁生/著

现代公共政策学
Modern Public Policy
——公共政策的整体透视

内容提要

　　这是一部从整体上系统透视公共政策的著作。全书构建了一个以公共政策活动为起点的，包含公共政策因素系统、公共政策运行过程、公共政策建构分析、公共政策理论研究等公共政策学科中主要分支门类的逻辑框架。力求汇集公共政策学科在国外的最新发展动向，尽量反映社会转型时期中国公共政策学科发展的丰富成果。该书适合政府部门、高等院校及相关研究机构中从事公共政策研究、分析的人员阅读参考，也适合MPA学员、公共行政本科生和第三部门中的决策者使用。

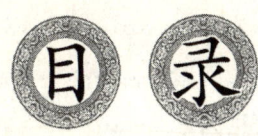

目 录

《社会转型与公共服务型政府丛书》序 …………………………… 1
前　言 ………………………………………………………………… 1

第一编　公共政策活动

第一章　公共政策活动的实质和功能 …………………………… 3
第一节　政策活动的连续谱 ………………………………………… 3
第二节　公共政策活动的实质 ……………………………………… 6
第三节　公共政策活动的特性 ……………………………………… 12
第四节　公共政策活动的功能 ……………………………………… 20

第二章　公共政策活动的内容和类别 …………………………… 32
第一节　公共政策活动的内容 ……………………………………… 32
第二节　公共政策活动的类别 ……………………………………… 42

第三章　公共政策学科的发展和规范 …………………………… 51
第一节　公共政策学产生的条件与特点 …………………………… 51
第二节　公共政策学科的发展轨迹 ………………………………… 60
第三节　公共政策学科的学科规范 ………………………………… 73

第二编　公共政策系统

第四章　公共政策的外部生态体系 ……………………………… 83
第一节　公共政策外部环境的特征和影响 ………………………… 83
第二节　公共政策外部生态的层次性与现实性 …………………… 91
第三节　公共政策活动内外生态间的互动 ………………………… 100

第五章　公共政策的内部生态体系 …… 103
第一节　公共政策的主体因素 …… 103
第二节　公共政策的客体因素 …… 109
第三节　公共政策的价值因素 …… 113
第四节　公共政策的资源因素 …… 115
第五节　公共政策的信息因素 …… 121
第六节　公共政策的咨询因素 …… 130
第七节　公共政策的工具因素 …… 137

第六章　公共政策的结构方式 …… 143
第一节　公共政策的产出结构 …… 143
第二节　公共政策的类型结构 …… 145
第三节　公共政策的领域结构 …… 154
第四节　公共政策的组合结构 …… 169

第三编　公共政策过程

第七章　公共政策过程的特性与模型 …… 179
第一节　公共政策过程的特性 …… 179
第二节　公共政策过程的框架 …… 185
第三节　公共政策运行的周期 …… 189

第八章　公共政策的规划和决策 …… 196
第一节　公共政策问题和议程 …… 196
第二节　公共政策的预案与选择 …… 207

第九章　公共政策的执行和评估 …… 222
第一节　研究公共政策执行的性质 …… 222
第二节　公共政策执行的组织与调整 …… 228
第三节　公共政策的评估和终止 …… 233

第十章　公共政策的间断权变过程模型 …… 255
第一节　简单的与复杂的政策思维 …… 255
第二节　政策过程中的多源流模型 …… 257

第三节　政策过程中的支持联盟模型 …………………… 260
　　第四节　政策过程中的间断平衡模型 …………………… 264
　　第五节　政策过程中的因果漏斗模型 …………………… 267

第四编　公共政策分析

第十一章　公共政策分析的实质和人员 ………………………… 273
　　第一节　公共政策分析的实质和作用 …………………… 273
　　第二节　公共政策分析的理论和知识 …………………… 278
　　第三节　公共政策分析人员的素质与类型 ……………… 283
第十二章　公共政策分析的模式和模型 ………………………… 288
　　第一节　公共政策分析的模式 …………………………… 288
　　第二节　公共政策分析的模型 …………………………… 295
第十三章　公共政策分析的步骤和方法 ………………………… 316
　　第一节　公共政策分析的步骤 …………………………… 316
　　第二节　公共政策分析的技术 …………………………… 318

第五编　公共政策研究

第十四章　公共政策研究的范式与方法 ………………………… 335
　　第一节　公共政策研究的范式 …………………………… 335
　　第二节　公共政策研究的方法 …………………………… 346
第十五章　应急公共政策研究 …………………………………… 357
　　第一节　应急公共政策的必要性与紧迫性 ……………… 357
　　第二节　应急公共政策过程的阶段和因素 ……………… 365
　　第三节　应急公共政策的决策特点和方法 ……………… 373
第十六章　公共政策创新研究 …………………………………… 380
　　第一节　公共政策创新的实质与类型 …………………… 380
　　第二节　公共政策创新的主要影响因素 ………………… 385
　　第三节　公共政策创新的主要实现机制 ………………… 402
后　记 ……………………………………………………………… 418

《社会转型与公共服务型政府丛书》序

《社会转型与公共服务型政府丛书》序

改革、开放的大潮已经在中国这片古老而又充满生机的土地上涌动了三分之一个世纪。20世纪上半叶在这片大地上发生了新民主主义革命,作为革命党的中国共产党和劳苦大众经过28年的奋斗,开启了多快好省地建设社会主义的历程。20世纪下半叶和21世纪初的跨世纪社会转型,作为执政党的中国共产党和当了国家主人的人民大众,经过28年多的艰难探索,开启了又好又快地构建社会主义和谐社会的征程。

30年改革开放,30年新旧体制转轨,30年社会主义转型。虽然在人类历史的长河中,在中华民族上下五千年的辉煌历程中,这一时段只是弹指一挥间,但是,它却留下了太多的经验、太多的惊喜和太多的惊讶。中国的奇迹会让我们的对手花费好多年去争论,中国的经验需要我们花十多年去研究,中国的繁荣会让我们好几代人去享用。

我们是这场震撼世界的改革开放的参与者,我们是新旧体制转轨的审视者和经历者,我们更应该是社会主义社会转型的思考者和研究者。也许我们的后人会将这一特定时空中发生的变化作为历史事件来考证,作为已有的案例来分析。但是,他们终究是间接的感受者,我们作为当事人、参与者更应当用自己和同辈人的切身感受去对这一伟大事件作出描述、解释和探究。虽然中国的变革、转轨和转型,其成功的原因、积累的经验和开辟的道路,需要用历史的长镜头才能辨认清楚,然而近镜头的研究和审视也有其独特的价值。

人类社会的运行有三种基本方式,一种是生产和再生产同一社会制度和形态的平稳的建设方式;一种是消灭旧形态旧制度、建立新形态新制度的剧烈的革命方式;还有一种是通过新旧体制转轨、促使社会建设模式更替的转型方式。20世纪70年代末开始的中国社会的改革开放就是有别于社会剧烈革命和社会平稳建设的渐进性的社会主义社会转型。这是作为执政党

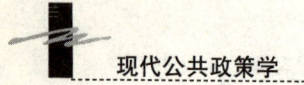

的中国共产党领导的在巩固社会主义根本制度的前提下,重新探索社会主义本质和社会主义建设道路,让社会主义优越性充分发挥出来,建设更加富强、民主、繁荣、和谐的现代化国家的一次伟大的、成功的、对许多后发国家来说具有启示意义的尝试。

在体制转轨和社会转型中,一切都要经受考验,一切都在为适应内外的压力和挑战而积极变革。作为社会主义自身完善的改革,社会转型自始至终都是由执政党和政府来主导的。这种上层的主导和广大人民群众的创造是相互结合、相互建构的。改革和社会转型的逻辑要求改革的主导者也要接受改革。这就构成了中国社会变革中一个重要的主题即社会转型与政府改革的互动。这同样也成为政治学和公共行政学学科发展中一个富有生命力并充满吸引力的研究领域、方面和课题。

中国的改革、开放最初是由担任着执政党和政府重要职务的政治精英和政治权威们以超凡的智慧和胆略发起的。当整个社会被带上变革、开放的大道时,原有的政府结构、职能、运行方式就显得与社会变革的要求不相适应了,继续变革的要求就成为促使政府自身变革的动力,而政府的变革又成为推动社会更大变革的动力。这种互为动力、相互促进的变革、开放,推动着政府不断地改变自身的结构、规模、职能、绩效和形象。当朱镕基同志担任国务院总理启动新一轮政府机构改革时,一些学者为了显示这次改革的巨大决心和深刻性,用"第七次革命"来加以标识。从这一轮政府改革以后,在全国范围内又陆续启动了好几回侧重点有所变化的政府改革。如果仍以革命的次数来做标识,那么这种革命从改革开放之初算起,至今可能已经有十多次了。

其实政府的改革过程和类型并不能简单地用多少次革命来区分。政府改革的回合和尝试的内容,总是和改革、开放的进程以及社会转型的阶段性密切相关的。因此,重要的不是记住政府改革了多少次,而是要对改革、开放的特性和进程作出研究。人们现在意识到改革、开放只是促进社会转型的手段和途径,它是政治权威们顺应历史潮流和人民的意愿而选择的治理国家的手段和工具。改革、开放决不是最终目的,不能乱提所谓的要将改革、开放的大旗一直扛下去之类的含糊口号,如果只把改革、开放作为目的,我们就会陷入为改革、开放而改革、开放的误区,甚至还会做出假改革、伪改革、乱改革的蠢事来。

总结30年的社会转型的经验与教训,人们也意识到,不能将一时用于歌颂的语言和人们能够真正做到的事情等同起来。一个大国的改革、开放,和由此推动的社会转型是非常复杂多变的、既带有必然性又充满偶然性的曲折过程,是一个人们不易把握的过程。再聪明、权力再大的人,也不能事先就将其完全规划好、设计好。改革、开放有其内在的逻辑,但它既不是摆在那里让人们一眼就看清看透的,更不是由少数人事先规定出来的。我们惟一能做的就是采取"摸着石头过河"的方法,不断探索,不断创新,包括不断试错,在大胆的尝试中努力发现并逐步把握社会转型的客观历程和规律。

在20世纪80年代初,改革的观念还远远没有为多数人所接受时,人们对改革进程的认识是十分模糊的。惟一能让学者们展望的只是以经济发展和人们生活可能达到的富裕程度为理想目标而区分出的分三步走。当新世纪刚刚来临,中国经济增长速度出现持续快速上升时,到处是一片莺歌燕舞时,不少人满以为社会转型的路走出来了,有些学者甚至提出改革就是经济改革,经济体制已经转轨了,社会转型该收场了,但在经受了2003年到2004年的一连串社会突发事件,社会中潜伏的各种矛盾逐渐显露时,大家的认识清醒多了,更多的人迅速意识到前一阶段的改革事实上陷入了"单兵独进"的片面性,政府的职能定位也出现了片面性。

改革、开放推动和促进了社会转型。现实的社会转型其实是人们自觉行动与不自觉行为互相交织的过程。当人们在非常自觉地论证并实施某些政策时,同时很可能又在非常不自觉地制造着某种片面性。在下一个经济政治社会周期中,人们就会很自觉地纠正已经出现的偏颇,并提出和实施新的政策。在这样操作时,又可能在发挥自觉性的同时出现另一种不自觉性。这样就形成了在短期内的短视并且意识不到这种短视,但时间一长,以长远眼光来透视才能观察到改革、开放和社会转型中存在不同阶段。科学地理清社会转型中客观出现的不同阶段,并对这些阶段的时间延续、政策的基本倾向以及主要特点作出分析,对于认识社会主义社会转型的复杂性、艰巨性和正确选择今后的发展战略是有帮助的。

可以把已经走过的30年分为三个阶段。第一个阶段是旧体制解体或解构阶段,其时间大体上是从20世纪70年代末到80年代末,前后大约10年。在改革、开放的头10年中,曾经有过许多争论,只是为了向前看,为了发展,人们没有让这些争论阻挡探索的脚步。有关社会转型的所有问题几乎都在争论中被不同程度地提了出来,甚至一些后来出现的现象也在改革、开放的初期阶段以萌芽的形态显露出来。只是个性的解放、个人利益的被承认和被尊重,带来了最初的几乎是原初的积极性让社会迅速向前发展,生活质量的提高,贫穷状态的改善,使整个社会充满活力、安全感和信心。虽然双轨制下贪污、官倒、寻租已经出现,但它只是支流,不是主流。

社会转型的第二个阶段是新旧体制交替转轨阶段,其时间大体上是从20世纪90年代初到2003年,前后10多年。从第一个10年中已经激发出来的人的自然性中的追求财富和富裕的冲动更加有力,市场经济一旦摆脱了资本主义专利的束缚并被宣布为是社会主义的经济体制后,从特殊的原始积累中发展起来的私营和民营经济,一下子改变了原有的基本经济制度,形成了以公有制为主体的多种经济并存的新制度。经济全球化则将外部发达国家的作为新型管理文化、具有一定技术含量的工艺和因产业转型升级而暂时闲置的资本载体的机械制造加工企业送到了中国沿海地带,这些来自国际的因素遇上国内廉价的土地、劳动力、能源和不作价值计算的环境,一下子发展出在90年代和新世纪初让西方发达国家目瞪口呆、不得不全力遏制的庞大无比的中国制造业。

西方花了一二百年才发展起来的市场经济,中国人花了十多年时间就轰轰烈烈地搞出来了,但是人们如何处理人的自然性中的物欲追求与人的社会性中的克制、合作、信任的关系,对市场中的一切原始的缺陷如何设置法律的边界将其驯服,依然带有计划模式残余的政府又如何面对正在发展和完善中的市场,所有这一切人们没有来得及仔细思考,以交换为基础的诚信的缺乏,以约束人们行为并提供行动资源的法律的缺乏,在市场条件规范权力运行的律条和制度的缺失,所有这些形成了与经济高度繁荣相冲突的种种社会问题。成绩是新旧体制转轨带来的效应,大量出现的社会问题则是体制转轨付出的代价。

《社会转型与公共服务型政府丛书》序

第三个阶段是从2003年至今,这是实施新科学发展观、构建社会主义和谐社会的阶段。在狂热过后,社会现实迫使人们清醒地面对改革、开放中出现的片面性。中华民族的复兴不是一时的繁荣,现代化建设不是简单工业化,综合国力的增强不是拚增长速度,需要居安思危,正视问题,选择新的价值取向,转变路径,改革、开放要和政治、经济、文化、社会建设结合起来。将改革、开放的价值取向从以往的只讲速度、只讲增长、只讲让少数人富裕起来,转移到真正讲效率、讲公正、讲共同富裕上来。改革、开放不能再单维独进、非规范推进,而要多维度合进,以规范法制性范式推进。

在不同的社会转型阶段上,政府改革选择了不同的结构方式、职能和运行模式。在社会转型的第一个阶段,全能型的、统治型的政府并没有全然消失,政府从最初的游离在改革之外,到慢慢地适应改革。政府变革只是集中在机构的并拆、人员的精减上。由于职能没有太大的改变,运行方式也不可能革新。最后的结果就是机构从"臃肿"到"精减",再从"精减"到"膨胀",一度陷入越胀越减、越减越胀的恶性循环之中。由于过渡性的双轨制政策设计,也引发了政府内部的初期腐败现象的发生。

在社会转型的第二阶段,由于确立了市场取向的改革,在社会主义市场经济的基本框架下,这时的各级政府官员们已经进入了角色,虽然政府部门中依然有从计划经济年代过来的人员,但干部队伍的年轻化和不断的精简,让一批接受了改革、开放观念的年轻人进入到各级政府。虽然政府的职能、结构、体制并没有彻底走出旧的模式,动员、指令依然是政府管理经济、社会、文化的工具,但是,现在的多数党政干部已经知道政府也有自身利益,他们也知道自己掌握着巨大的信息、物质和权力资源,这些是可以拿出来交换的,加上政绩的驱动,这些形成了巨大的合力,让经济建设的中心任务、中华民族的复兴、中国的现代化一下子变成可以量化的GDP增长速度。政府的变革不再纠缠在规模、机构上了,政府成为经营性公共公司,出现了大大小小的经营型政府,有些学者将这种政府称为是"亲市场的政府"。现在绝大多数人已经领悟到以GDP增长速度为核心指标的政绩趋动型政府、企业化政府决不是适应社会主义市场经济发展要求的、让人民群众满意的新型政府模式。

在社会转型的第三阶段,人们告别了经营政府的观念,开始探索新的政府职能、结构和运行方式。在这段时期,对新型政府的定位的思考是多种多样的。鉴于有些政府面对重大事件无所作为、不负责任的状况,有的地方提出了构建责任型政府的口号;有感于一些政府部门好大喜功,动不动就建大广场、大办展览馆,最后劳民伤财的弊端,提出了建立效率型、节约型政府的主张;也有一些地方出于对官员腐败的深恶痛绝,提出要建设清廉政府的决心。所有这些设想最终聚焦到一点,就是人民的政府,作为公共权力的掌管者和运用者的政府,它的本质和使命只能是改造公共服务的职能。因此,构建公共服务型政府成为社会转型第三个阶段政府模式的惟一选择。

构建公共服务型政府是一项长期的任务。各级政府要规范自己的行为,真正向公共服务迈进,就必须在营造政府的良好形象、构建新型的府际关系、优化政府运行绩效、实行公共政策创新等方面作出努力。

政府作为掌管和运用公共权力、为社会提供以公共事务为内容的公共品的社会组织体系,其行为和活动必然会在社会公众的脑海里留下印记。与个别商家的营销形象不同,也与个别厂家经营的形象不同,政府的形象是公共部门在它所服务的公众心目中的形象。这种形象是由政府在公共服务过程中日积月累营造的,刻印在公众头脑中的,反映在公众人对政府公共服务的信任度、满意度上的综合评价结果。

政府的形象既是政府活动的产物,又是政府治国理政的前提和资源。如果政府在社会公众心目中的形象比较良好,这种好形象就会转化为政府以后履行职能、提高公共服务能力的积极资源。反之,政府在人民群众心目中的形象不佳,这种已经在大众头脑中留下的坏印象,就会妨碍政府履行自身的职能,甚至削弱政府的公信力和执行力。

政府需要有良好的形象,但是好的政府形象并不是自然而然地降临到政府身上的,好的形象需要政府的各级部门和政府中的公职人员通过自己不懈的努力来营造的。一个政府全心全意服务于公众,坚持依法行政,勇于承担责任,处处节约廉洁,有较高的公信力,有较强的执行力,它就具有树立良好形象的基础。但是,政府形象的提升,不仅需要有一流的、出色的公共服务,还需要让公众感受、了解、铭记,这就要求政府部门和公职人员不断地

 《社会转型与公共服务型政府丛书》序

探索形象营造和形象营销的途径。

好的政府形象要建立在政府公共服务的优质绩效上。许多人从企业管理的角度研究了政府的绩效考核,还有不少人将美国政府的绩效评估方法移植过来,应用到中国的各级政府身上。其实,作为考核手段的评估从来就没有缺位过,在计划经济时代,整个社会就通行建规立章,设计各种指标加以考核,严格到对一切都采取"管、卡、压"。而美国联邦当局之所以强调要评估各级政府的绩效,很多是出于强化联邦与州政府关系的考虑。

显然,今天再谈政府绩效已经不能简单地等同于政绩考核了。在现代治理观念下,需要探索的是科学、合理的政府绩效优化管理。政府绩效管理必须立足于优化政府公职人员的服务行为和质量,必须优化政府中的部门和群体服务行为和质量,必须优化政府整体行为和公共服务质量。

在这种围绕政府的使命,通过绩效管理手段来追求政府一流的公共服务水平和质量的管理流程中,无论是个人层面的还是团队层面的、组织层面的绩效考核,包括指标设计、方法创新,都只是一个环节而已。重要的是在适应政府治理的生态环境下,坚持政府公共服务的价值,制定绩效战略,明确各个层面的绩效目标,来达到优化政府绩效的目的。

政府的优良的形象和良好的绩效又是建立在政府公共政策创新的基础之上的。在平稳的建设型社会中,公共政策也会发生变迁。但在转型社会中,公共政策必须适应体制转型的需要实行创新。公共政策创新与社会制度安排的创新常是交叉的,但从一般的逻辑关联上来说,政策创新是促进并推进制度创新的手段。

公共政策的制定和实施是公共服务型政府的一项经常性工作。在转型社会中,公共政策创新是自身实行着变革的政府的一项重要任务。公共政策创新的本质是在社会转型中,政府提供的公共品的范围和界限发生了变化。在计划经济条件下许多物品的公共性与非公共性被搅乱了。在市场经济发展的条件下,国家和社会的关系、政府和市场的关系趋于正常化,公共性的界限也随之清晰起来。

顺应市场体制的发育和完善,作为治国理政重要手段的公共政策必须实施创新。政策创新并不是偏离政策或破坏政策的逻辑过程,而是政策子

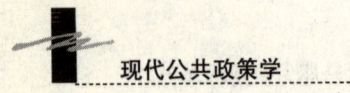

系统中存在的政府部门的政治行动主体和非政府部门的政策行动主体的矛盾,政策行动主体的行动与政策活动中的组织机构以及它们维护的规则体系的矛盾发生了变化。这些矛盾成为推动政策更新的动力。

考察社会转型时期的政策创新活动,必须注意其中包含的各种主要的影响因素,导致人们利益追求和行为变化的各种机制。另外,还需要从实际出现的政策创新的案例中概括出政策创新的基本模式。

公共政策创新给转型时期政府的治理增添了活力。改革、开放和社会转型对原有的政府层级安排和不同层级间的政府关系必然产生影响。在计划经济条件下,一直成为国家治理难题的条块关系,在既需要相对集权从而增强后现代化国家超越过程中国家的力量,又需要在全球化、市场化背景下地方政府具有创造性的情况下,开始转化为内容更为复杂的纵向府际关系。原先在计划经济模式和高度中央集权下几乎不存在的平等政府间的关系,现在则凸现为适应区域经济发展的跨域治理的横向府际关系。

由于历史的和现实的种种条件和因素的作用,中国选择了实施复杂的单一制的国家结构制度。它既不同于严格的单一制,也不同于许多幅员辽阔、人口众多的国家中实行的联邦制或邦联制。这种具有特殊性的国家结构的制度安排虽然具有一定的弹性,但也潜伏着许多矛盾。在这一既定的制度框架下,研究政府间的纵向和横向的相互关系已经成为公共行政学和政治学学科发展中非常重要的课题。

中国的改革、开放还在进行,中国社会的新旧体制转轨正在从经济领域向其他领域伸展。中国的社会主义社会转型正在进入决定性的时期,因此,公共服务型政府的建设还有很长的路要走。愿这套研究社会转型和公共服务型政府的丛书能为政府改革的进一步健康发展作出知识形态的贡献。

胡宁生
2006 年 12 月写于金陵

前　言

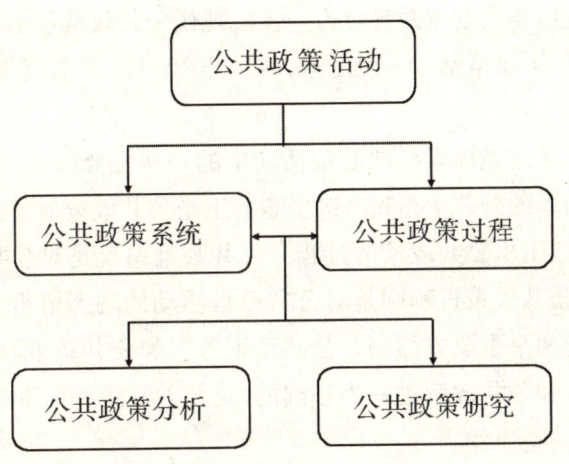

图　现代公共政策总体逻辑结构

现代公共政策是理论与实践的统一。公共政策的实践早已有之,但作为对公共政策实践作出专门研究的理论和学科知识则是到了20世纪50年代初才在西方国家建立起来。公共政策学科的出现需要一定的社会历史条件和知识准备,而社会实践的变化和学科内部的论争又推动着公共政策学科不断地明确自己的研究范围并使知识体系进一步发展完善。

现代公共政策理论以公共政策活动的规律作为自己的主要研究对象。规律是现象、事物、过程中内在的、必然的、重复出现的联系。规律是不依人们的主观意志为转移的。正因为这样,规律只能被发现,而不能被创造。现代公共政策理论和实践中所包含的规律也具有这种性质。但是,正像任何规律都需要解释和表述一样,现代公共政策过程中的规律也需要一定形式的理论来加以阐述和表述。这种对公共政策规律的阐释是相对的,因为不同的研究者会选择不同的逻辑框架来建构反映和展现现代公共政策活动的

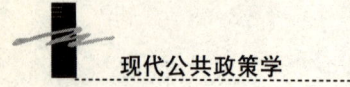

规律。从这一意义上来说,现代公共政策活动规律是被发现的,而有关现代公共政策规律的理论知识体系的逻辑表现形式则是被创造的。

本书所选择的表述和解释现代公共政策活动规律的理论形式是由五个部分构成的逻辑体系。作为理论知识体系起点的是公共政策活动。任何学科的知识体系都有其逻辑起点,而且人们通常都把学科知识体系表述的逻辑起点与研究的逻辑起点两者合为一体。现代公共政策也不例外。许多学者都赞成将公共政策活动作为公共政策学知识体系表述和研究的逻辑起点。

公共政策系统是探索公共政策活动中的一些主要因素,它们分别构成了公共政策活动的外部生态和内部生态。正是公共政策活动的内外生态间的相互作用,产生出公共政策的过程。公共政策系统是对公共政策活动的静态描述,而公共政策过程则是对公共政策活动的动态解析。作为公共政策活动的其他两个重要方面则是公共政策分析和公共政策研究,它们是以公共政策系统和公共政策过程为基础的,是公共政策系统和过程知识的具体运用。

第一编

公共政策活动

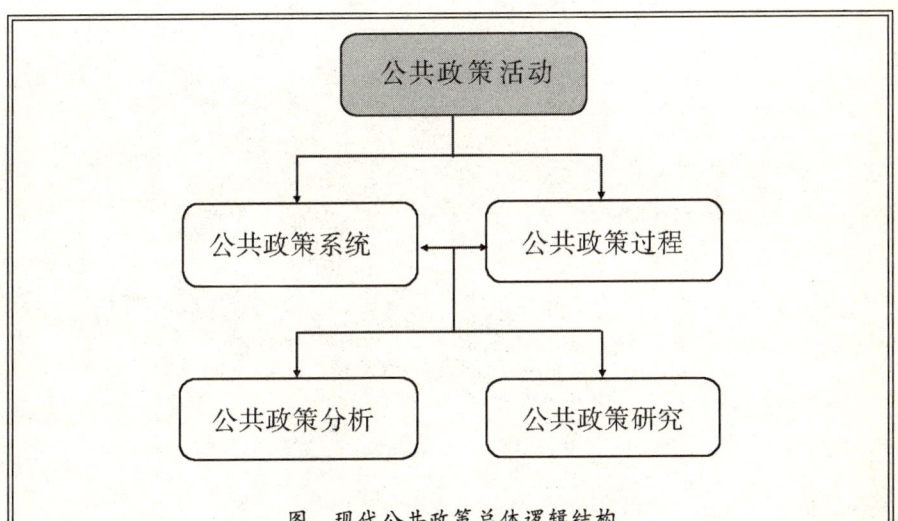

图　现代公共政策总体逻辑结构

与一般的政策活动相联系,公共政策活动是人类政策活动的连续谱上处于较高层次的环节。与一般的政策活动相区别,公共政策突出了自身活动中的"公共性"的一面。公共政策是公共部门为推动社会发展而及时、有效地解决社会公共问题的自觉行动过程。在现代社会中,公共政策活动总是与政治决定、政府治理和知识生产联系在一起。公共政策活动的积累与发展孕育出社会科学中的一个分支学科——公共政策学。在现实的社会治理中,公共政策活动则以系统与过程的方式表现出来。

第一章 公共政策活动的实质和功能

第一节 政策活动的连续谱

一、人类的政策活动

公共政策与政策有关。公共政策活动是政策活动中的特殊类别。因此,要了解公共政策活动,先要从分析政策活动开始。据考证,在中国古代并无"政策"这一固定的词组,只有"政"与"策"两个分开的字。在古汉语中,"政者,正也",其本义为"规范"、"控制"。而"策,谋术也",其本义为"计谋"、"谋略"。

在近代,中国人所使用的政策一词,其来源有多种说法。有人认为是从日本传来的。明治维新后,日本接受西方文化,出现英文。他们将"policy"就翻译为"政策"。1840年鸦片战争后,该词在日本明治维新期间又传回中国。①

也有人认为"政策"可能是由在中国生活的西方人翻译出来的。据载,英国传教士李提摩太,在1895年曾给大清朝廷呈送了一份《新政策》,要求清政府设置新政部,聘请英美等国人士来主管新政,故中国就有了"政策"这一词语。②

中国人中比较早地使用"政策"这一词语的是梁启超,1899年他写了《戊戌政变记》,其中就有"政策"一词。他认为"中国之大患在于教育不兴,

---

① 孙光:《政策科学》,浙江教育出版社1988年版,第1页。
② 邢国华:《政策学原理》,江西人民出版社1989年版,第3—4页。

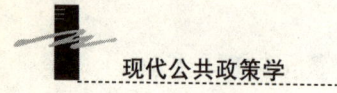

人才不足,皇上政策首注重于学校教育之中可谓得其本矣"。后来,孙中山也在文章中使用"政策"这一概念。此后,"政策"一词便在中国社会上流传开来。

历史的变迁和实践的需要推动着语言的流变。两个分立的字后来联结起来,合起来则是为解决问题、加以控制和规范而进行"对策"和"计谋"。这说明,人类的政策活动是与解决问题、对策和谋划,以及对行动的控制、规范紧密相联的。

二、政策活动的连续谱

政策是人们通过谋划来解决实际问题的手段和工具。但人们在社会生活中遇到的需要解决的问题是多种多样、各不相同的。有些问题是自然界的运动给人类的生存和生活带来的问题,如气温变高、刮风下雨、地震海啸,这些自然现象对于自然界本身来说,无所谓是问题或不是问题,但是一旦将自然界的变化与人类的具体生活联系起来,或者从人类的角度来观察这些现象时,有些自然现象就是问题,如全球气温变暖、地震、海啸,因为它们会造成人的生命财产的巨大损失,严重影响人类的正常生活,就成为全球人类普遍关心的问题。这些本属于自然的问题之所以成为人们关注的问题,乃是因为它们具有了社会的特性。因此,政策要处理和解决的对象应该是社会公共问题或具有社会特性的公共问题。

在社会问题中,有些问题是个人的问题,或者是由个人组成的家庭的问题,像个人恋爱问题、家庭财产的分割与享用问题、家庭成员之间的关系问题,等等。这些问题发生在个人身上,发生在家庭中,要解决好这类问题,需要制定和实施的则是个人的、家庭的、家族的政策。在个人、家庭之外则是企业、社会集团,它们也会碰到问题,比如企业的投资不足、产品质量不高、技术老化等问题。社会集团也会遇上种种问题,如内部成员的争执、与其他集团的竞争、发展的方向出现偏差等等,这需要企业、集团的政策来解决。

在集团、企业之上就是一个国家、一个执政党、各级政府碰到的问题。比如,一个国家能源短缺、环境污染、恶性生产事故不断、弱势群体增多、贫

第一章　公共政策活动的实质和功能

富两极分化等等,这些社会问题是地区性的,甚至是全国性的,关系到许多人的利益,而且只凭个人、家庭或个别企业、集团都无力加以解决。要解决这类问题,非执政党和政府出面不可,这就是国家、政府的政策。

随着全球化趋势的日益加强,有些与整个人类的发展密切相关的社会问题也日益显现出来,像跨国犯罪、跨国毒品贩卖、全球生态破坏、大规模杀伤性武器的扩散、世界各地出现的恐怖威胁等等问题,光靠一个国家或某些国家的政府,都解决不了,惟一可行的是实行全球的合作、协同治理,需要制定和实施的则是全球的政策。

由于人类需要解决的问题联成一个社会问题链,从个人、家庭问题到集团、企业问题,再到一个地区、一个国家的问题,乃至全球的问题,相应是解决这些不同层次问题的政策也就排列为一个政策连续谱:个人、家庭政策,集团、企业政策,国家、政府政策,直至全球政策。我们将这一政策连续谱上的国家、政府的政策,将全球政策称为是公共政策。而对一个具体国家而言,尤其重要的是需要研究和分析国家、政府主导的公共政策。

从一般政策到公共政策,突出的是政策的公共性增强。公共政策正是具有公共性的解决社会问题的政策。这里讲的公共性有四个方面的含义:一是强调政策活动发生在公共领域,二是强调政策活动中公共权力的运用,三是强调政策活动中协调的是公共利益,最后强调政策活动遵循的是公共价值。

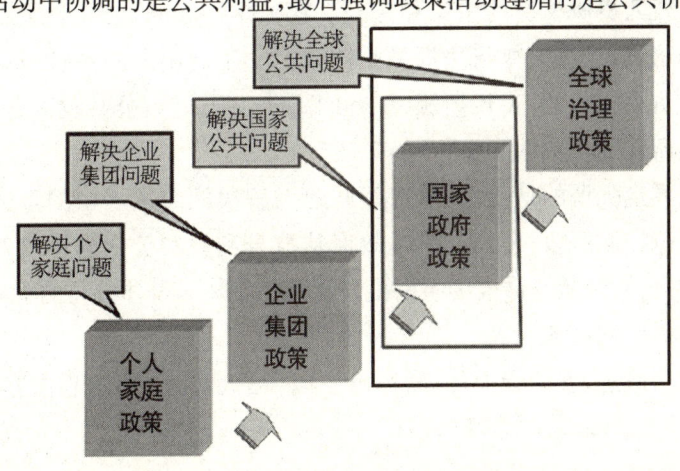

图1—1　人类政策活动的连续谱

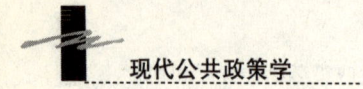

第二节 公共政策活动的实质

一、公共政策的简明定义

公共政策是政策连续谱上的环节,是具有公共性的一些特殊的政策。对于一个具体政府而言,公共政策是它用来解决在它的理政责任范围内出现的社会问题的手段。这种属于政府管理职能的、由政府通过一系列行为来实现的过程,具有复杂性、多因素性。正因为如此,人们在为公共政策作出界定时,就会有多重视角,得出多种定义。随便翻开哪一本公共政策的教科书,你都会发现十多种从国外到国内、从传统到现代的公共政策定义。

虽然公共政策的定义很多,但从现有的文献资料来看,有关的公共政策定义大体上可以归纳为三个主要类别:

1."管理职能"型定义

以威尔逊、伊斯顿为代表,提出了以管理职能为中心内容的界定,如威尔逊(Woodrew Wilson)就认为公共政策是具有立法权的政治家制定出来的由公共行政人员所执行的法律和法规。在威尔逊看来,公共政策主要是一些法律和法规;这些法律与法规又是由政治学制定出来的并且只是交给公共行政人员去执行的。[1] 伊斯顿(David Easton)则认为:公共政策是"对全社会的价值所作的权威性分配"[2]。

这类界定强调的是:公共政策是政府为解决社会发展中的重大问题而实施的规范控制手段;公共政策是政府从自身利益和公众利益出发进行的具体管理;公共政策是政府为主的由各种利益个体与群体参与的管理活动。

2."活动过程"型定义

以拉斯威尔、安德森为代表,提出了以"活动过程"为中心内容的界定,

---

[1] 参见伍启元:《公共政策》(上),商务印书馆(台湾)1985年版,第4页。
[2] D. East, The Political System, N.Y.: Knopf, 1953, p. 129.

第一章 公共政策活动的实质和功能

如拉斯威尔(Harold D. Lasswell)与卡普兰认为:公共政策是"具有目标、价值与策略的大型计划"①。安德森(J. E. Anderson)则认为公共政策是"一个有目的的活动过程,而这些活动是由一个或一批行为者,为处理某一问题或有关事务而采取的"②。

这类界定强调的是:公共政策是政府有明确目标的活动;公共政策是政府运用大量资源,通过相关的规定、措施来实施决定的活动过程;公共政策是包括决定、实施等环节在内的具有连续性的活动过程。

3. "行为准则"型定义

以国内多数学者为代表的以"行为准则"为中心内容的界定,如林金德在《政策研究方法论》中所说:"政策是管理部门为了使社会或社会中的一个区域向正确的方向发展而提出的法令、措施、条例、计划、方案、规划或项目。"③张金马在《政策科学导论》中认为:"政策是党和政府用以规范、引导有关机关团体和个人行动的准则或指南。"④伍启元在《公共政策》中指出:"公共政策是一个政府对公私行动所采取的指引。"⑤

这类界定强调的是:公共政策是政府为实现某一目标而制定的谋略;公共政策是引导个人和团体行为的准则;公共政策是管理部门保证社会或某一区域向正确方向发展的行动计划或方案。

上述三类有关公共政策的定义,既有差异性,也具有共同性。其共同性在于,都强调了公共政策是与以政府为主的公共部门的活动联系在一起的,都认为公共政策是必须付诸实施的、有目的的方案、计划、措施,都同意公共政策是为解决社会发展问题的活动。其差异性在于,有的人侧重于公共政策的公共管理方面;有的人更重视公共政策的活动过程方面;有的人较多地关注公共政策的行为规范和准则的方面。

公共政策定义是否准确、清晰,关系到整个公共政策知识体系的科学程

---

① H. D. Lasswell and Kaplan, Power and Society, N. Y.: McGraw - Hill Book Co., 1963, p. 70.
② 詹姆斯·安德森:《公共决策》,唐亮译,华夏出版社1990年版,第4—5页。
③ 林金德等:《政策研究方法论》,延边大学出版社1989年版,第3页。
④ 张金马:《政策科学导论》,中国人民大学出版社1992年版,第19—20页。
⑤ 伍启元:《公共政策》,商务印书馆(香港)1989年版,第1页。

度。但是,公共政策概念定义的多样性所反映的并不是概念本身的不准确与含混不清,而是表明:(1)公共政策是一个由多个学科的知识交叉渗透而形成的边缘性、综合性的新兴学科,由于其内容的复杂性,从而导致其特征、属性的多样性;(2)人们对公共政策的认识具有多视角、多层次的特征。不同的学者正是从不同的视角、不同的层次、不同的方面来对公共政策进行规定,才得出了不同的定义;(3)公共政策的实践与理论不是僵化不变的,而是处在动态的发展之中,因此,随着公共政策的实践经验的丰富与对公共政策认识的深化,就会出现不同的公共政策定义。

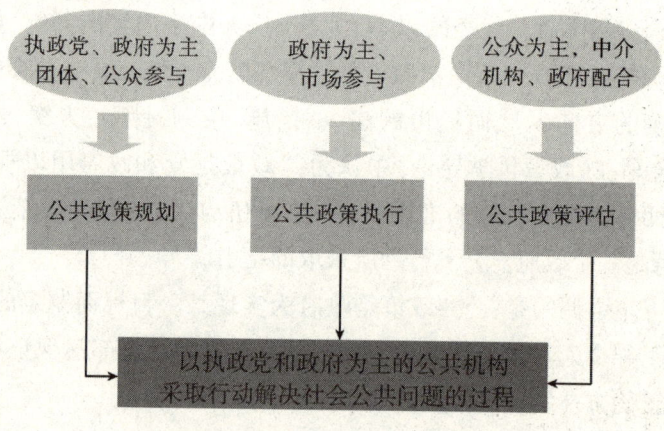

图 1—2 公共政策的简明定义

在前面对若干公共政策的定义作出分析的基础上,我们可以结合当前的实际需要与学科发展的趋势,对公共政策给出一个简单的、然而是本质性的规定:公共政策是以政府为主的公共机构,为确保社会朝着政治系统所确定、承诺的正确方向发展,通过广泛参与的和连续的抉择以及具体实施而产生效果的途径,利用公共资源,达到解决社会公共问题,平衡、协调社会公众利益目的的公共管理活动过程。公共政策是对社会的公私行为、价值、规范所作出的有选择性的约束与指引,它通常是通过法令、条例、规划、计划、方案、措施、项目等形式表达出来的。这一公共政策的简明定义既尽量保留已有定义中的共同内容,又将它们之中的差异有机结合起来。

二、公共政策活动的实质

上述定义说明,公共政策是以执政党和政府为主的公共机构采取行动解决社会公共问题的过程。具体地看,公共政策包括执政党和政府为主、团体和公众参与的公共政策规划制定过程,政府为主、市场参与的公共政策执行实施过程,公众为主、中介机构和政府配合的公共政策评估过程。

这一简明定义规定了公共政策活动的实质。

公共政策活动是以解决公共问题为取向的。 公共政策是政府为主的公共机构为解决社会公共问题而采取的行动。公共政策的灵魂就在于解决那些已经对社会发展和人民生活的提高构成阻碍甚至造成威胁的带有普启蒙性的公共社会问题。发现并确认社会公共问题是政府公共政策活动中最为重要的前提。

公共政策活动是以政府及其公共部门为主导的。 在转型社会中,公共政策活动的主体是一个社会网络,其中既包括执政党组织、政府及其各个部门,还包括数量不断增加的第三部门组织、宗教团体、志愿者组织、公民和市场组织。在这一社会网络中,政府及其部门发挥主导作用。

公共政策活动是以公共权力的运用为依托的。 公共政策是对社会进行政治统治和政治管理的方式。从根本上讲,制定一项公共政策就是决定和落实一项政治措施。制定、执行、评估公共政策的总体目标就是要保持社会稳定,保证社会公正、民主、和谐的发展。

公共政策活动是以科学民主决策为生命的。 公共政策活动的目标是为了回应社会公众提出的要求,制定和实施正确的规划、方针、措施,来解决那些阻碍人民生活水平的提高、社会持续发展的社会公共问题。

公共政策活动是以维护公共利益为目标的。 从具体的公共政策来说,其目标是为了解决已经客观存在并且对社会秩序的维护和社会的正常发展已构成威胁的公共问题,由此来协调、平衡公众的利益矛盾和冲突。以公共政策作为主要手段和途径的政府公共管理其根本目的是为了对社会公众利益进行协调和平衡。特别是在社会主义国家中,政府是人民利益的代表者,

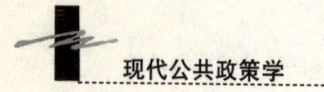

其公共管理的根本宗旨只能是为人民即绝大多数公众服务,这种服务的主要途径是制定、执行公共政策。因此,公众利益是一切公共政策的出发点与归宿点。政府要通过公共政策的制定、实施和评估,来进行利益选择、利益综合、利益分配、利益落实,以达到持续不断地发展公众利益的目的。

正是公众利益将公共政策、政治系统中的公共权力、政府的公共管理联结在一起,因此,理解公众利益是理解公共政策的重要前提。社会公众具有两方面的含义:一种含义是指具体社会中所有人的集合。在这种含义中,公众利益就是一个集合概念,它指的是与个体利益相对应的全体社会公众的利益或公共利益。另一种含义是指与政府或官方相对应的民众的总称,它是一个非集合概念。在这种含义上,公众利益指的是与国家、政府利益相区别的民众的利益,或称为群众利益。

在公共政策研究中是在上述两层含义上使用公众与公众利益的。作为可操作的概念,现实社会中的公众具有动态性的结构,公众利益具有多层次、多元性的特征。因此,要制定、实施公共政策,就必须对公众的构成加以具体分析,对公众利益的类型加以具体的区分。

首先,公众有多数人与少数人的区分。"多数人"通常指社会上追求某种利益要求的多数成员。"少数人"则是指社会上对这种利益追求不感兴趣的数量较少的社会成员。比如,社会上愿意出钱让自己的子女读大学的人可能是多数;而不愿意将钱花费在子女的大学教育上的人是少数。在多数情况下,人们使用人口中的"绝大多数"与"极少数"来衡量社会公众的数量结构。

"多数人"与"少数人"又是两个相对的概念。因为无论是多数还是少数,是就特定的政策问题、某种具体的情境和某种具体而现实的利益要求而言的。对于公众个体来说,在某个问题、某种利益要求上,他可能属于多数人的行列,而在另外的问题上、另外的利益要求上,他则可能站在少数人一边,即不存在不变的永恒的"多数人"或"少数人"。

一项公共政策是否合法,其重要的衡量标准是看绝大多数人满意不满意,绝大多数人答应不答应。只有绝大多数人满意的、答应的政策才是可行的、通得过的,即合理的,从而也是有效的政策。如果政策只是为了满足极

第一章 公共政策活动的实质和功能

小部分人的利益要求,这项政策即使制定出来了,也是不合理、不合情、不合法的,从而无法得到实施。多数人的利益与少数人的利益往往是矛盾的,甚至是冲突的,为了满足多数人的利益要求,有时就不得不牺牲少数人的利益要求。

对于少数人,政府在公共管理中也决不能忽视。尽管这部分人的利益要求与多数人是相矛盾的,但是,他们也是公众的一部分,也应当受到公平的待遇。因此,在制定和实施公共政策时,就必须兼顾或照顾少数人的利益要求。

其次,在公众中有强势团体与弱势团体的区分。由于现代社会中利益高度分化,容易形成明显的利益集团和潜在的利益集团。有些利益集团或群体由于掌握着较多的政治、经济资源,甚至与政府部门中的某些决策者有着种种关系,他们的利益要求总能得到反映与重视。这类集团就是强势集团。另外,公众中也有某些集团或群体,他们缺乏经济的与政治的资源,其利益要求很难得到重视与满足,这类集团就是弱势集团。政府在制定公共政策时,一定要对强势集团,特别是由少数人组成的强势集团加以限制;对于具有正当的利益要求的弱势集团加以保护。

第三,公众利益也有眼前利益与长远利益、局部利益与全局利益的区分。在不自觉的状态下,个体公众往往重视眼前利益和局部利益,甚至会做出以眼前利益去牺牲长远利益、以局部利益去牺牲全局利益的举动。政府制定公共政策就应当对各种利益要求加以选择、综合,将公众的长远利益与眼前利益结合起来,将公众的全局利益与局部利益结合起来。有时甚至要为长远利益、全局利益而放弃某些眼前的、局部的利益。在研究公共政策与公众利益关系时,还必须注意到政府制定与实施的公共政策既给公众带来利益,同时也需要公众付出一定的代价。在公共政策运行中,利益享受者与代价付出者,有时是一致的,有时是不一致的,并且对某一个个人或某个群体来说,享受到的利益与付出的代价在量上与质上,有时也是不一致的。通常有下列几种关系:享受到的利益与付出的代价相等;享受到的利益大于付出的代价;享受到的利益小于付出的代价。

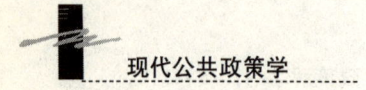

第三节 公共政策活动的特性

一、常态社会公共政策活动的普遍特性

规定和认识公共政策的特征必须遵循两个原则：一是要从公共政策的实质、地位来理解公共政策特点的原则。事物的实质或性质决定着事物的特点、特征，事物的特点或特征是其性质的表现。因此，只有依据公共政策的实质、地位才能确定其特征，而且研究公共政策的特征也是为了进一步深化对公共政策实质、地位的认识。二是要将公共政策的普遍特征与发展过程中产生出来的新特征即特殊的特征两方面有机结合起来，从动态的角度来考察的原则。公共政策既有其普遍的、稳定的即共性的特征，也有其在发展变化中显露出来的某些特殊的、变动的即个性的新特征。只有把两者结合起来，公共政策特征的研究才会既有历史感，又有现实感。

公共政策的实质、地位揭示了公共政策与政治系统、公共管理以及社会公众三者的关系。从公共政策与政治系统的关联来分析，公共政策具有阶级性、强制性、合法性的特性；从公共政策与公共管理的关联来分析，公共政策具有公共性、稳定性、效率性的特征；从公共政策与公众利益的关联来分析，公共政策具有公平性、变动性的特征。而这三方面所要求的特征并不总是一致的，它们是一种对立统一关系。

从公共政策的历史与现实的关联来分析，公共政策中的普遍特性即共性既是稳定的，也是变动的。在公共政策的实质、地位未变的情况下，其普遍特性不会改变；但是，公共政策新的实践会赋予它某些新的特征。这些特征不是否定其普遍特性，而是更充分、更具体地体现其普遍特征。对公共政策某些新的、特殊特征的考察，会使人们对那些普遍特性有更深入的理解。

公共政策具有辩证统一的一些普遍特性：政治性与公共性、稳定性与变动性、公平性与效率性、强制性与合法性。

第一章 公共政策活动的实质和功能

1. 公共政策的政治性与公共性

作为政治系统运行的重要环节的公共政策,必然服从于和服务于政治系统中公共权力所规定的意志、利益、任务和目标。这就是公共政策的政治性特征。政治系统是掌握社会公共权力的组织与机构,政府制定、执行公共政策的权力是由政治系统通过合法的途径授予的。因此,政府部门和社会公共机构制定与实施的任何政策都必须维护和巩固现行的政治统治。

公共政策的政治性在阶级社会中有时又表现为阶级性。当政治系统中占据统治地位的阶级与其他处于被统治地位的阶级的矛盾具有对抗性质时,政治性就表现为强烈的阶级性;而当二者的矛盾属于非对抗性时,政治性中的阶级性就不太强烈。在社会主义社会中,还存在阶级,但不是任何时候、任何政治现象都带有阶级斗争的内容。因此,作为政治系统运行主要内容的公共政策也不全是具有阶级性的。

与公共政策政治性相对应的特性是其公共性。日本公共政策学者药师寺泰藏说过,"'公共政策'的意思与其字面意思相同,即为'公共'而制定的'政策'"①。公共政策是政治系统、政府等公共部门进行社会公共管理、维护社会公正、协调公众利益、确保社会稳定发展的措施与手段,因此,公共政策必须立足于整个社会发展,从全社会绝大多数人的公共利益出发制定和实施各种行为规范。离开了公共性,公共政策就有可能变为某些个人、团体、阶层谋取私利的工具。

公共政策的政治性与公共性既有一致的一面,也有相互矛盾的一面。当政治系统中占据统治地位的阶级、政党,以及贯彻统治阶级意志的政府所具有的特殊利益与它们所代表的社会公众的利益一致时,政策的政治性与公共性就能很好地结合在一起;但是,当政治上、经济上占统治地位的阶级,取得执政地位的政党,以及由它们推选的代表组成的政府,所具有的利益与社会绝大部分公众的利益不相一致,甚至发生冲突时,政策的政治性与公共性就会相互矛盾。这种矛盾最为突出地表现在中国60年代中期至70年代"十年浩劫"时期所制定和实施的公共政策上。"四人帮"推行的极左的政

---

① 药师寺泰藏:《公共政策:政治过程》,张丹译,经济日报出版社1991年版,第2页。

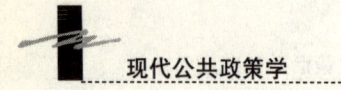

策,其政治性完全背离人民的愿望和利益,从而与其公共性发生了严重冲突。

2. 公共政策的稳定性与变动性

对于任何一个政治系统及其政府来说,追求社会的政治、经济、文化的稳定是其基本目标。公共政策作为政治系统运行的中心、政府履行自身职能的手段和进行公共管理的途径,就必须服从于保持社会政治、经济稳定的基本目标。政治系统和政府要想通过制定、执行公共政策来达到社会稳定,首先就要求社会的总政策、基本政策是稳定的。

公共政策稳定性的特征要求制定和实施的政策必须是正确的。政策的正确性是政策稳定性的前提,只有政策对头了,政策才能稳定。公共政策稳定性特征还要求制定和实施政策的相关因素是稳定的,比如政策的社会环境、制定和实施政策的相应组织机构以及政策制定、执行和评估的程序等等都是稳定的。另外,公共政策稳定性的特征还要求政策的内容具有连续性和政策的贯彻具有严肃性。"政策不但要对头,而且要稳定,要有连续性"①。政策只有保持前后一致、新旧衔接、连贯不断,才能稳定;在执行政策时,只有坚持原则,严肃纪律,规范程序,严禁曲解,政策也才能稳定。

公共政策既具有稳定性的一面,还有变动性的一面。公共机构制定和实施公共政策的目的是为了协调和平衡公众的利益,这种协调和平衡又都是具体的、有目的、有方向的,但是公众的利益处在变动之中,旧的差距和不平衡得到调整后,又会出现新的矛盾、冲突,又需要有新的政策来作新的协调。同时,任何公共政策的制定、执行和评估,都是依据政策环境、政策资源、政策效力的变化而变化的,当原有的政策环境、政策资源改变了,或旧的政策效力严重衰减乃至丧失了,政策就必须调整,代替以具有新的目的、新的方向的新政策。

公共政策的变动性与其不确定性是相互关联的。这种不确定性表现在政策的预定效果与实际结果之间的关系是变动的,公共政策不是机械钟的报时而是气象站的预报,报时钟是准确无误的,预报的天气与实际天气是有

---

① 1987年4月18日邓小平同志会见外宾时的谈话,《人民日报》1987年4月19日。

第一章 公共政策活动的实质和功能

差异的。人们"容易被报时钟和决定论的咒语束缚这一点是公共政策的陷阱。公共政策往往采用理工学式的思维方法,即认为人们像报时钟那样,只要进行政策干预,人们就会像机器一样准确无误地作出某种反应"[①]。公共政策的不确定性还表现在政策的目标、范围及实施的资源和手段在政策实施过程中必须及时地依据实际情况作出调整和改变。

公共政策的稳定性与变动性是一对矛盾。要解决这对矛盾,就不能将两者僵硬地对立起来。公共政策的稳定不是僵化不动的绝对稳定,而是一种灵活的相对稳定,是包含合理变动的稳定,是稳中有变;公共政策的变动决不是随心所欲地变来变去,而是有依据、有程序的相对变动。政策的变动必须遵循规律,保持前后的连续性,做到变中有稳。

3. 公共政策的公平性与效率性

公共政策是政府等公共机构进行公共管理的途径与手段。政府的公共管理不同于企业的管理,后者主要以较少的投入,获取较大的产出,争取更高的效率为根本目标;前者则不同,它的根本目标是实现社会的公正、公平。因此,评价一项政府政策的好坏,首要的标准是看它在实施以后,有没有使社会价值的分配更加公平、合理。这种公平不仅体现在个人收入的层面上,而且还体现在地区发展的层面上;不仅要求公众在物质享受方面是公平的,而且要求在精神、文化的享受方面也是公平的;不仅要求在机会上是均等的,而且要求在最终的结果上是包含着可接受差别的平等。

但是,政府的公共管理又必须讲究效率,即尽量做到"少花钱,多办事"。公共机构进行公共政策制定、执行、评估时需要有一定的政策资源作为支撑。在一定的时间内,政府所能提取和加以利用的政策资源,由于受到公共政策环境系统总体状况的影响、政府从社会提取资源的能力的影响,以及政府对已经提取到的资源合理配置能力的影响,从而政府在一定时期能够提取和支配的政策资源,尤其是经费与物质设施方面的资源是有限的。并且在一定的时期中,政府能将提取到的资源配置起来所能达到的有效性也是有限的,因此,政府运用政策解决社会问题的实际能力是有限的。

---

① 药师寺泰藏:《公共政策:政治过程》,张丹译,经济日报出版社 1991 年版,第 14 页。

但是，随着现代社会的发展，新的社会问题也变得越来越多。这就要求政府在规定的时间内更有效地解决更多的社会政策问题。在这种状况下，公共政策的运行就必须是高效率的。这种政策的高效率要求政府必须考虑：在资源耗费总量相同的情况下，必须解决更多的社会政策问题；在要解决的社会政策问题是既定的情况下，尽量少耗费。前者是用定量的钱多办事；后者是花少量的钱办好事。

公共政策的公平性与效率性是一对矛盾。最坏的情况就是将两者对立起来，要一方，不要另一方，以一方去损害另一方。人们需要努力达到的是两者的协调、统一，即找到某种结合点，在这一点上，政策的公平性与效率性实现兼容。政策的公平性在公共管理中应当放在首要位置上，因为公共政策就是要协调公众的利益，使之趋于公正、公平。但这种公平性决不是绝对平均，而是将差别控制在公众可接受的范围内，公平是包含一定差别的公平。这种差别恰恰是由竞争、创新带来的，只有允许这种差别存在，才能体现政策的效率性。公共政策的效率应当服务于公平，效率应当是公平基础上的效率，一定的效率也正是提供公正、公平的物质保证。

4. 公共政策的强制性与合法性

公共政策是政府等公共机构制定、实施的约束人们行为的规范与准则。由于政策的最终决定者是掌握公共权力的机构及其代表者，其执行者和评估者也主要是政府部门或政府授权的非公共部门。因此，公共政策的制定、执行更多地表现为自上而下的运动。作为这种运动的基础与支撑的是政府后面强大的国家力量。另外，公共政策都包含着奖惩机制，人们只要遵循政策去行动，就会获得好处；相反，人们违犯规定的准则去行动，就会受到惩罚。因此，任何公共政策都带有明显的强制性，有很多人感觉不到这种强制性，不是强制性不存在，而是它已经转化为内在的适应性了。

公共政策的强制性主要源于公众利益的差异性与多层次性。公众的利益要求是不同的，满足了一部分人的利益要求，就有可能满足不了、甚至还会损害另外一部分人的利益要求；满足了绝大部分人的利益要求，还会损坏一小部分人的利益要求；满足了人们眼前的、近期的利益，就有可能损害人们长远的、根本的利益。公共政策在协调、平衡公众利益时，不可能将这些

第一章　公共政策活动的实质和功能

利益上的差异性、层次性完全消除掉,对于那些利益要求得不到满足、甚至既得利益受到损害的人,他们就会明显地感受到公共政策某种程度的强制性。

公共政策还具有合法性。公共政策是政治系统凭借公共权力、政府机制具体操作,协调、平衡公众利益的途径与手段。任何公共政策要能让公众接受,在实际生活中发挥作用,就必须从内容到形式、从政策主体到制定与执行程序都是合法的。所谓内容的合法性,是指政策所规定的行为准则、所施行的计划措施,的确使公众的利益得到协调、平衡,符合多数人的、长远的利益要求,受到人民的拥护、认可。所谓形式的合法性,是制定出来的政策在其书面行文上、在向社会公众颁布的方式上都必须是规范的、合式的。所谓政策主体的合法性,是指政策规划、制定和最终决定者必须是合法的机构、组织。程序的合法性,是指公共政策在制定、执行、评估过程中,每一环节都必须遵循规定的程序和步骤来进行。公共政策只有在内容与形式上都具有合法性,才能发挥出应有的效力与效益。

公共政策的合法性是对政治系统和政府等公共部门行为的约束。首先,政策的合法性要求政治系统、政府是合法的。其次,政策的合法性要求政治系统、政府的行为是合法的。在政治系统中活动的国家组织、政党和领导者,都必须服从宪法和各项法律,做到依法治国;政府的公共管理也必须服从宪法和各项法律,做到依法行政。

公共政策的强制性与合法性必须统一起来。缺乏合法性的公共政策,其权威性与强制性就会受到损坏。一项政策如果得不到多数公众的认可、接受,也不是由法定主体按照法定程序制定、公布和执行的,虽然政府部门可以借助于手中掌握的资源,强制推行,但最终必定会妨碍社会稳定,损害公众利益,逐渐失去公众的支持和信任,从而也就失去了权威性与强制性,严重的还会导致社会动乱。政策只有具备了合法性,其权威性与强制性才有了坚实的基础。从另一方面看,也不等于政策有了合法性,就能自然而然地得到贯彻、实施。只有在合法性的基础上,依照特定的程序、依靠国家的强制力,对拒不执行政策或歪曲政策的行为人作出处罚,政策才有原则性和严肃性,也才能真正得到贯彻和落实。

二、转型社会公共政策的特殊特性

现代公共政策的特性是基于普遍性之上的个性、特殊性。它通过政策问题、政策内容、政策模式方法体现出来。

1. 公共政策问题更加复杂化

这主要表现在下列方面：一是社会日益网络化，从而公共政策问题具有更紧密的相关性。科技的进步、通讯的发达、交通的发展使得当代社会中各种因素紧密关联，各个领域相互依存。在这种背景下产生的各种政策问题不再是相互分割、互不关联，而是互相牵制、紧密相关的，往往是一个政策问题牵扯着一连串的政策问题，而且社会的经济问题、政治问题、思想文化问题常常会纠缠在一起；另外，国内的政策问题常常与国际社会的问题互相产生影响，解决国内社会问题不得不考虑整个国际社会的生态环境。

二是社会日趋整体化，从而公共政策问题具有更明显的交叉性。在现代社会中，不仅各种因素、各个领域相互依存，而且还相互渗透，这就导致各种公共政策问题不是分立的，不是纯粹的，而是渗透的、混合的。往往一个总问题中包含若干个小问题，或一个问题与另一个问题交叉在一起，呈现出你中有我、我中有你的复杂局面。特别是全球化进程的加快，使得原先界限分得较为清晰的国内问题与国际问题混杂在一起，边界较为模糊，两者相互渗透，使政策的制定更为困难。

三是社会发展快速化，从而公共政策问题具有更显著的动态性。现代社会的显著特征是发展速度加快，在以往要几年、几十年才能发生的变化，现在只要几个月、几年时间就能达到。生活节奏的加速，使得政策问题变化的速率也相应加快。这就要求人们重视政策问题的动态性，加强对社会问题变化的预测研究，力求在变动中把握政策问题。

2. 公共政策内容更为丰富化

这主要表现在下列方面：一是经济领域的公共政策增多。在现代社会中，政府与市场的关系发生了很大的变化。从总的趋势来看，市场存在种种缺陷，这些缺陷会导致市场的失灵或失败。因此，现代社会的政府决不仅仅

第一章 公共政策活动的实质和功能

是"守夜人",而应当成为积极的"掌舵者",特别是在由计划经济体制向市场经济体制转型的国家中,政府不仅要制定和实施政策以调节宏观经济、保持经济稳定和劳动者的充分就业,而且还要利用一系列政策来培育、规范市场。

二是社会领域的公共政策增强。在现代社会中,政府除了要制定与实施经济政策外,还需要将更多的资源花费在对社会领域的公共事务的管理上。在市场经济发展起来以后,社会领域中需要政府制定和实施公共政策来解决的公共问题日益增多,其中包括消除两极分化,实现社会公正;保护生态环境,保证可持续发展;发展国民教育,提高国民素质;加强科技进步,提升竞争能力;强化福利保障,解除人民后患之忧;等等。

三是国际领域的公共政策增加。随着经济市场化、区域一体化,金融、贸易、投资、生产全球化步伐的加快,每个民族、每个国家都真正的被包揽、融化、聚集到世界体系之中,一国的政府不仅要解决国内的政策问题,而且要确定对外的经济、政治、文化战略,积极参与到重大国际事务中去,制定和实施能维护和增进国家利益的各项对外政策。在旧的政治、经济格局瓦解,新的政治、经济格局还未最终形成之前,各国政府面临的国际领域中的问题与事务更为繁杂,从而制定与实施国际领域公共政策的任务就会变得更为繁重。

3. 公共政策模式方法日益多样化

这主要表现在下列方面:一是公共政策制定、执行的模型、模式变多,目前在公共政策制定中经常使用的模型有:政治系统理论模型、精英理论模型、团体理论模型、理性决策理论模型、渐进决策理论模型,等等。在公共政策执行中经常使用的模式有:过程理论模式、相互调适理论模式、循环理论模式,等等。二是公共政策分析方法多样化。在定性分析方面,人们更多地使用价值分析法、规范分析法、可行性分析法、斐德尔分析法、主观概率预测分析法、超觉理性分析法。在定量分析方面,人们经常使用的是预测分析法、效果分析法、投入产出分析法、模糊分析法,等等。

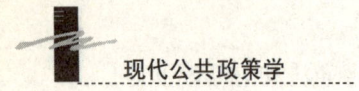

第四节 公共政策活动的功能

一、公共政策活动功能的向度与类别

事物的功能是事物的实质、特征在运动中表现出来的效用,它是事物内部结构要素间相互作用或事物整体与外界相互作用的结果。公共政策的功能就是借助于公共政策内部结构要素间相互作用,对社会发生的总体效能与效用,是政策的实质、地位、特性的表现。了解公共政策的功能又可以进一步加深对其实质、地位和特性的理解。研究公共政策的功能必须从其属性、向度、类别三方面着手。公共政策的功能具有时空性、互补性和系统性等属性。同时,公共政策在对社会生活发生作用时具有正向效应与负向效应两种相反的向度。另外,公共政策功能还可以从多个方面进行分类,其中比较重要的是其基本功能。

1. 公共政策活动功能的属性

公共政策活动的功能总是在一定的时间、空间中表现出来的,而且公共政策的许多功能之间是相互渗透、补充的。因此,研究公共政策的具体功能时,还需要对其功能的属性加以正确认识。一般地说,公共政策的功能具有时空性、互补性和系统性等属性。

一是公共政策活动功能的时空性。公共政策功能的时空性表现在:首先,任何公共政策的功能总是同一定的时间、空间相关联的,可以说是一定时空的函数。每一项公共政策都是具体的,它都具有既定的环境和一定的资源条件,其制定和实施都离不开一定的现实条件。因此,政策功能的发挥必须受到一定时间、空间内的政治现实状况、经济运行状态、技术条件和公众的实际需求的制约。任何一项公共政策总是内在地蕴藏着具体的人效、地效、时效。有效的政策执行就能将政策中包含的具体效能充分地实现出来。其次,任何公共政策的功能都会随着时间的推移和空间的扩展而发生

第一章 公共政策活动的实质和功能

变化。一旦时空发生改变,原先具有积极的、正向功能的政策,其效能就会逐渐丧失,乃至产生出消极的、反面的作用。如果出现这种情况,原有的政策就有必要终止,人们必须立即制定出新的政策来取代已经过时的政策。政策功能的时空性要求人们正确地制定政策,正确地理解和科学地实施政策,不能将不同时间、不同区域、不同文化下的政策生搬硬套。比如,在西方的市场经济结构和西方的消费传统下,凯恩斯学派所设计的一套经济政策,就能治理好消费疲软的公共问题,但是,将那一套政策搬到中国来,其收效就甚微。

二是公共政策功能的互补性。公共政策功能的互补性具有三方面的含义,其一是每一项公共政策对社会生活所发生的作用在性质、方向上具有互补性,主要表现为政策的前导性功能与其对现实的规范功能的互补,政策的显性功能与其隐性功能的互补,政策的奖励性功能与其惩罚性功能的互补,政策的经济性功能与政治性功能的互补,等等。其二是一个时期的公共政策功能在纵向与横向上具有互补性。在一定时空中,必然存在多方面的公共政策,任何一项具体的政策又总是与其他处于同一个横切面上的政策相辅相成,与处在同一个纵切面上的政策相互衔接,承上启下。因此,在一定时空中实施的公共政策形成一个系统,它们所发挥出来的功能是互补的。反过来,如果几项政策的功能不是互补的,政策就会失去协调,政策之间就会发生冲突,任何一个政策的功能就有可能被其政策的作用所抵消。其三是每一个时期的公共政策在调节社会生活领域上功能具有互补性。一定时期中的经济政策、政治政策、文化政策、教育政策、科技政策、卫生政策、人口政策等不仅在功能上不矛盾,而且是相辅相成的。

三是公共政策功能的系统性。公共政策是执政党与政府向社会公共领域所提供的公共产品,其目的是协调社会公共领域中人们多方面的关系,以保证公共领域的积极、正常的运行与发展。公共政策又是政府在市场经济体制下,发挥自身多方面职能的有效手段。因此,公共政策决不是解决或处理某一方面、某一领域的公共问题而制定与实施的行为规范,公共政策要解决与协调的是社会公共领域中的整体性、综合性的问题,政府依靠公共政策这一手段要解决和处理的也决不是哪一方面的职能,而是全方位的、整体的职能。正因为如此,政府为首要主体所制定和实施的公共政策就必然是系统性的,如果政府和执政党制定的、推行的公共政策是零碎的、分散的,它就无法去实现社会的整合,也就无法促进具有整体性质的公共领域的发展,也就无法从整体上维护社会公众的多方面的利益。

2. 公共政策活动功能的向度

公共政策在实施中产生出来的功能,也不全是好的,从其向度上来区分,可以分为正向功能或积极功能与负向功能或消极功能两大类,而且这两种功能向度在一定条件下会转化。

一是公共政策活动的正向功能。该功能表明政策实施后产生了积极效应,这是在公共政策周期中实行科学决策与对政策方案正确执行的结果,但是,并不是任何一项公共政策在实施后都能收到积极效应的,相当多的政策实施以后会产生决策者与公众所不愿意看到的负向功能,而研究公共政策的功能向度,最重要的则是要探讨政策负向功能的表征,分析产生政策负向功能的原因,研究克服政策负向功能的途径。

二是公共政策活动的负向功能。该功能有两种类型:一是政策无效,即政策实施后没有改变政策实施前实际存在的政策问题状态,或者说,原有的不良状态既未得到缓解,也没有加剧;二是政策负效,即政策实施后反而加剧了政策实施前实际存在的政策问题状态,或者说,使原有的不良状态进一步恶化了。

公共政策的负向功能是就政策实施的结果而言的。政策的负向功能大多是由政策的正向效应或快或慢地减弱、消失乃至转向相反方向而产生的。公共政策在制定时,多数要经过前景的预测分析,政策制定出来以后,在全面实施前,也会经过不同程度的试验,因此,公共政策在实施的初期,都会产生出一定的正向功能。但当政策全面付诸实施以后,或者是政策环境发生了未能预料到的改变,或者是政策之间发生未能预料的冲突,或者是政策执行中产生阻隔,都会导致政策从初期的有效转向无效,甚至负效。

公共政策实施中导致负向功能结果的政策正向功能的弱化、消失,乃至转向负效,与政策实施中需要进行政策调整的政策功能的变化是不一样的。政策经过必要的、及时的调整,最终可以使政策收到预期的效果。政策最终产生出负向功能,就说明政策的这种正向功能的弱化、消失、转向,并不是通过政策的调整所能克服并加以解决的。

3. 公共政策活动功能的类别

在考察公共政策功能时,有必要将其基本功能与辅助功能、显性功能与隐性功能、直接功能与间接功能以及不同时效的功能区别开来。这种区分,对政策的制定和实施有现实意义。

一是公共政策的基本功能、辅助功能。无论是就整个公共政策系统来说,还是就某一项具体政策而言,公共政策的功能都是多层次、多领域、多元的,但公共政策的这些众多功能也并不都是同等重要的,其中必有一些是主要的、处在首位的功能,还有一些则是次要的、次次要的,处在第二位、第三位的功能。通常我们将公共政策的主要功能称之为基本功能,其余的则称为辅助功能。就公共政策整体来说,其基本功能是规范引导功能、中介协调功能、监督控制功能、创新推动功能,但对于具体的政策来说,其基本功能与辅助功能的区分则是变化的,比如我国的计划生育,保持适度人口的政策,其基本功能是有效地降低人口增长率,至于优生优育、缓解城市住房紧张、改善人民生活水平等等,则是附带产生出来的功能。

二是公共政策的显性功能、隐性功能。公共政策是为了解决人民已经觉察到的社会公共问题而制定和实施的权威性的行为规范。公共政策实施的目的就是要解决公众迫切需要解决的矛盾与问题,这些问题往往是公开化的、显露出来的,公共政策的有效实施首先就是要缓解这些矛盾,消除种种已暴露的问题。因此,公共政策具有显性功能。而且就公众的心理来说,他们也企盼政府实施的公共政策能够解决一些看得见、摸得着的问题,为人民做一些实事,让老百姓获得一些实惠。但是,任何一项公共政策都不可能只注意其显性功能,公共政策在解决社会公共问题时要处理好局部与全局、眼前与长远、外表形式与本质内容的关系,有些政策功能是显性的,有些则是隐性的。有些政策的隐性功能可能要经历很长的时间才会显露出来,比如,实施素质教育政策,在个别学校、个别学生身上也会产生出一些明显的变化,但是,素质教育的功能只有在一个相当长的时间内才能间接地表现出来,所以想急功近利地搞素质教育必然是不妥当的。

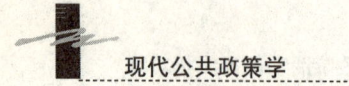

三是公共政策的宏观功能、微观功能。公共政策的功能还有宏观与微观之分。从公共政策制定主体与政策内容的覆盖面来区分,有些公共政策是由执政党中央与中央政府制定,对整个国家的相当长阶段的发展具有指导意义的,这类基本政策就具有宏观的调控、指引功能。同时,这类具有全面指导意义的政策也能在微观层面上起作用即具有微观功能。当然,两者相比,其宏观功能更为明显。也有一些公共政策,其制定者、执行者属于基层政府,其目标也只是致力于解决某些区域和时间内的社会问题,这类政策的微观功能比较明显,但它们也会间接地影响全局问题,从而也具有潜在的宏观功能。

公共政策的宏观功能与微观功能的区分是相对的。从整个国家来说,宏观功能表现为在系统上、在整体上起作用,而微观功能则是在中层与基层,或局部起作用。但是就某一具体的领域与地区而言,也存在一个宏观与微观之分。因此,凡是公共政策,其影响和作用都可以从整体与部分、宏观与微观的相互关联中去把握。

四是公共政策的直接功能、间接功能。公共政策的直接功能与间接功能的区分也具有相对的意义。政策的直接功能是指政策在实施过程中不需要经过中间环节就表现出来的作用,这种直接功能往往是短期的、微观的、显性的。公共政策的间接功能是指政策在实施后,要经过若干中间环节,要借助于其他的政策作用,才能表现出来的功能。政策的间接功能通常总是长期的、宏观的、隐性的。政策的直接功能具有重要意义,它能使公众迅速感受到政策的威力,从而增强对政策实施的信任与支持,政策的执行者也能从政策的直接功能中获取信心,但是决不能只满足于一项政策的直接功能,甚至去片面地追求直接效应。政策的功能是系统性的,它既需要让一些功能让公众直接感受到,但它也需要让政策在更深入、更持久的层面发挥作用。

五是公共政策的即时功能、短期功能、长期功能。公共政策功能的发挥与时间因素有很大的关联。有些政策刚一实施,社会问题就得到一定程度的缓解,效益就产生出来,比如,70年代末中国农村实行的联产承包责任制政策,一执行,农民就从中获得巨大好处,这就是政策的即时功能。能发挥

第一章　公共政策活动的实质和功能

即时功能的政策往往是内容十分具体的单项政策。公共政策的短期功能从政策作用显露的时间来说，要比即时功能长一些。有些带有调整性、刺激性的政策，其作用要求在较短的时间内显示出来，比如中央银行调低存款利率的政策实施以后，经过一段时间，市场购买力出现了增强趋势，但这种消费的增长经过一段时间后又趋于平稳。这种现象就是政策的短期功能的表现。公共政策还具有中期、中长期和长期功能，这些功能是政策在实施中慢慢发挥出来的效能。对于不同的政策来说，界定其中期、中长期与长期功能的标准是不一样的，比如，一个国家的社会经济发展规划，通常将10—15年定为长期，5年定为中期，5—10年则为中长期，5年以下为中短期或短期。若一项政策本来就预期5年解决某一具体的社会公共问题，那么，2年半就是中期，2—4年就是中长期，5年则为长期。政策的中长期乃至长期功能是在政策实施中，各方面的关系得到协调、政策资源逐步到位、政策执行走上正轨时发挥出来的效能。对于政策的制定与实施而言，人们应当兼顾政策不同时间段的效能，片面追求即时效应、短期作用，就有可能使政策行为短期化，急功近利，破坏政策的长期功能，比如有些城市在规划建设时，过分强调近期成效，专门上一些能立竿见影的项目，以显示某些当官者的"政绩"，结果，缺乏通盘考虑，打乱科学布局，造成了许多危害。

二、常态社会中公共政策活动的基本功能

不同的具体政策在不同的时空内，发挥着向度不同、类别不一和程度不等的功能。在对政策功能的一些具体属性进行考察以后，还有必要从宏观的社会运行和发展的角度来考察公共政策系统对社会生活的存在和运行所起的作用。只知道政策的具体功能属性，难免受微观视角的局限，陷入片面性，如果再从微观上升到宏观层面，从全局上把握住公共政策的基本功能，就能更进一步加深对政策功能具体属性的理解。从整体说，社会的公共政策系统对社会的存在、运行和发展起着导引、协调、控制、分配的作用。

1. 公共政策活动的导引功能

公共政策制导作用的依据。现实社会中，无论是个人，还是群体和组

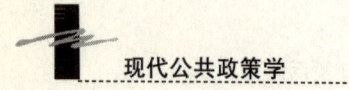

织,都有不同的利益要求,从而会产生出不同的行为,并形成不同类型的社会秩序。一定的社会秩序直接或间接地影响着社会资源在时间和空间上的配置,从而影响着社会发展的方向、速度,这些反过来又最终决定着个人、群体和组织的现实利益。在社会行为方式、社会秩序、社会资源配置与社会发展之间存在一个环环相扣的链条。处在链条开端的是社会行为主体的行为方式。因此,确保社会行为主体有合理的行为,是确保社会有合理的秩序、合理的资源配置和合理的社会发展的关键。

社会活动主体的行为是可以规范和引导的。制定与实施公共政策正是针对社会利益矛盾而引发出来的公共社会问题去确立一定的行为准则,凭借这些准则规范和制导人们的行为,从而改变社会的人力、物力、财力等资源在空间的分布与时间流动上的配置,对社会过程的发展方向、速度、规模进行约束,使社会生活中基于利益的、复杂的、相互冲突的行为被有效地纳入到统一的轨道上来,保证社会形成合理的秩序,并依据某种既定的目标前进。

公共政策发挥制导作用的途径。公共政策的规范导向功能主要通过两种途径表现出来,一是借助于目标要素,规范行为方式。凡政策都有明确的目标,政策的制定则是依据公众的利益、社会的条件与政府的能力,确定科学的、有效的目标体系。政策的实施则是将社会生活中原来存在的复杂多向、相互冲突的目标强制地纳入一个统一的既定目标体系的轨道,从而使社会朝着同一个方向有序地前进。

二是借助于价值要素,规范行为方向。凡政策都包含一定的价值系统、规范系统和行为系统。价值系统的作用在于告诉人们政府所提倡的政策的有用性、有效性及其对社会发展的意义;规范系统的作用在于告诉人们政策的界限,指出哪些是允许的,哪些是不允许的;行为系统则告诉人们为达到政策的目标应当怎么做,采取何种途径去做。通过价值、规范和行为方面的指导,人们就能改变观念,统一认识。

公共政策发挥制导功能的方式。公共政策的规范导向可以分为直接导向与间接导向两种类型。直接导向是指政策对其调节对象的行为方向与行为准则产生直接作用;间接导向是指政策对其非直接调节对象的行为产生

第一章 公共政策活动的实质和功能

的制约与引导作用。这两种导向类型并不是一直不变的,在一定的条件下,直接导向与间接导向可以相互转变。公共政策的导向功能,从作用的结果来衡量,可以有正向的导向,也可以有负向的导向。正向导向是指政策所发挥的作用与政策所调节的对象的本来的发展方向是一致的;负向导向是指政策作用的方向与其所调节的对象本来的发展方向是相反的。

2. 公共政策活动的协调功能

公共政策协调功能的基础包括两个方面:一是这种协调的必要性,二是这种协调的可能性。社会之所以需要运用政策进行协调,乃是因为现代社会的运行不是一个自发的、无序的过程,而是一个依据客观规律的、有秩序的、按比例的过程。只有有意识地去调节人与人、人与社会、人与事物、事物与事物之间的关系,才能保证公众利益的均衡合理,保证社会发展的持续有序。社会活动之所以能进行协调乃是因为现实社会中的个人、群体和组织所具有的利益,不仅是客观的,而且是具有弹性和可替代的。公共政策对社会利益、行为的协调具有事后性、互动性和多样性的特征。

公共政策的协调功能既可以在社会常态运行下表现出来,也可以在社会的非常态运行下表现出来。在社会的常态运行下,由于社会经济、政治、文化环境的变化,会导致社会现象、社会过程的变动,从而产生利益矛盾,甚至会出现利益冲突。政策的作用就是对这些一定范围内的利益矛盾、冲突加以缓解、调和、协调,使之趋于和谐。在社会非常态运行时,即社会处于激烈变迁、较大转型时期,政策的作用在于重新调整、调适和规范人们之间的行为和行为关系,以保证新的体制、制度和模式的建立。公共政策对社会利益、行为的协调还具有渐进的与激进的两种方式。

3. 公共政策活动的控制功能

公共政策活动的控制作用具有现实的依据,政府运用公共政策对社会公共事务中出现的种种利益矛盾进行调节与控制,现实社会中存在着各种不同的利益群体,它们之间不可避免地会有摩擦、冲突以至对抗,政府必须使用公共政策这一有效的工具来对各种利益群体的矛盾进行调控。调节与控制是紧密联系的,人们往往是在控制各种利益矛盾中调节、平衡各种利益关系的,人们也都是在调节各种利益矛盾的过程中来控制社会利益矛盾的。

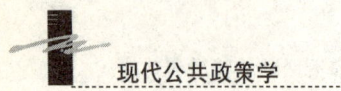
现代公共政策学

公共政策活动发挥控制作用有直接与间接两大类。一般地说,一项政策对于其控制的领域所起的作用是直接性的,而对于相关的领域,其作用则是间接的,比如作为基本国策的人口政策,它对于人口增长与优化有直接的调控作用,但对于产业结构的提高与优化,则只有间接的作用。

公共政策的调控还可分为平衡调控与非平衡调控两种方式。社会的发展既可以在各种利益平衡的状态下实现,也可以在突出重点的非平衡的状态下实现,平衡与非平衡在社会发展中是交叉出现的,因此,政府在利用公共政策调控社会发展时,既可以使用平衡的方式,也可以使用非平衡的方式来调控。

就公共政策调控的结果来说,有积极调控与消极调控两类。政府制定的政策在付诸实施后,其最终的效果可以是积极的、正面的,也可能是消极的、负面的,这主要取决于公共政策的目标、目标与实施方案之间的联系、政策实施的条件与途径。如果公共政策的目标正确,实施方案能确保政策目标的实现,并且实施政策的条件具备,途径也正确,那么,公共政策调控的最终结果就能推动社会发展,表现出正面的效应;反之,政策目标不正确,或目标是正确的,但实施方案有问题,或实施的条件不具备,那么,其调控的结果只能是导致社会利益矛盾加剧,产生负面效应。

4. 公共政策活动的分配功能

公共政策之所以具有分配功能是由政府具有参与社会再分配的职能所决定的,政府制定与实施公共政策的目的就是要将社会公共资源正确有效地在它所服务的公众中加以分配。任何政府在分配社会公共资源时,总是要解决向谁分配、怎样分配的问题,公共政策正是围绕这些问题制定与实施的。在不同的社会经济、政治下,政府制定的权威性的分配原则是不一样的,从政府的公共政策中获得好处的公众群体也是不一样的。

一般地说,政府的公共政策所体现的分配原则主要有三种:一种是为追求效率而鼓励扩大差别的原则;二是为消灭差别而牺牲效率的原则;三是效率与公平相统一的原则。在计划经济体制下,政府推行的公共政策在分配功能上贯彻的是牺牲效率的平均主义原则。在市场经济体制下,社会主义国家的政府所制定与实施的公共政策实行的是效率与公平相兼顾的分配原则。

能从公共政策中获益的社会公众通常有几类:一是与政府的主观偏好相一致的公众。政府是公共政策制定与推行的主体,也是社会公共资源分配的主体。任何政府要维持自身的存在与发展,一方面要考虑社会的总体利益,另一方面也必然要维护与坚持其主观利益,因此,凡是与政府主观利益或主观偏好相一致的公众,必然会首先获利。

能从政府的公共政策中获利的另一类公众是能代表社会发展方向的公众。对于政府来讲,其任务和责任是顺应历史潮流,遵循社会发展规律,推动社会发展。它所制定和实施的公共政策都是为此服务的。凡是行动和社会发展方向相一致的公众,他们必然能从政府的公共政策中获取好处。

从政府的公共政策中获取好处的还有在社会中成为大多数者的公众。对大多数政府来说,它要维持自身的存在与发展,就必须考虑社会中绝大多数人的利益,如果一项政策遭到社会中绝大多数人的反对,那么所造成的结果或者是政府会垮台,或者是政策贯彻不了,因此,政府在制定公共政策时,会顾及公众中的大多数。凡是能成为公众大多数的人,就会从公共政策的实施中获得一定程度的好处。

三、转型社会中公共政策活动的特殊功能

1. 维持社会均衡稳定的功能

在转型社会中,由于新旧体制交替、摩擦,社会利益出现新的分配和配置,这些都会导致原有既得利益团体的不满和社会新的弱势群体出现。当社会出现新的不均衡时,就会产生新的社会矛盾。当这些矛盾显露并加剧时,社会就会出现动荡。公共政策的作用就在于当矛盾还没有加剧和激化时,协调社会不同群体的利益,化解这些矛盾。当某些矛盾激化,引发社会动荡时,公共政策的作用则是缓解社会冲突,防止社会混乱,使社会有良好的秩序,保持稳定,促进社会转型和体制转型。

2. 保证社会公平正义的功能

在转型社会中,效率和公平是需要经常注意和处理的一对矛盾。社会

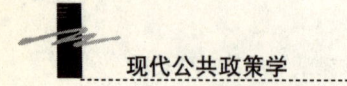

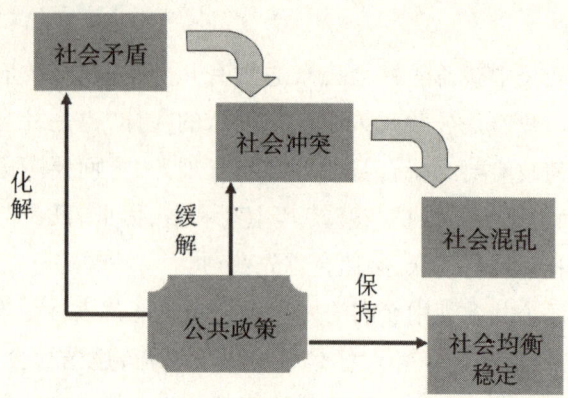

图1—3 维持社会均衡稳定的功能

的改革、开放,其目的就是让人民提升生活质量,实现社会的共同富裕,这就要求人们能充分利用现代市场经济体制的优越性,提高效率,但是,在新旧体制交替时,效率也可能带来新的不公平,这种不公平可能发生在个体之间,也可能发生在不同团体、不同层次之间,也可能发生在代际之间。社会不公平一旦超出一定的限度,就会引发处于弱势位置上的个人、团体和群体的不满,就会妨碍效率的持续上升。公共政策的作用就在于通过各种协调、补偿措施,尽量实现个体之间、社会集团之间、社会层次之间、代际之间、人们的机会方面的公平、平等、公正。

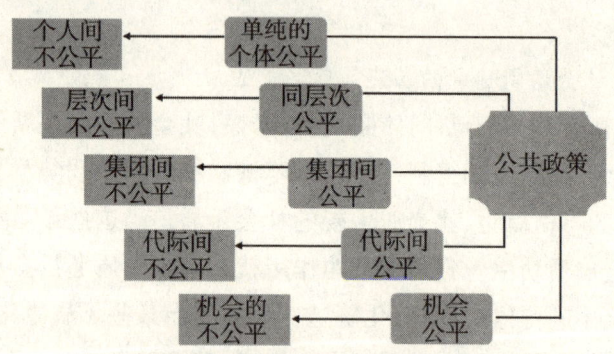

图1—4 保证社会公平正义的功能

3. 促进社会变革求新的功能

在社会转型时期,重要的任务是破除旧的无效率的、已经同社会发展要

第一章 公共政策活动的实质和功能

求不相适应的旧体制,这就需要解放思想、大胆变革、对外开放,但是旧的体制具有顽固性,并且总是同社会旧的利益结构、旧的机构设置及制度安排联系在一起的,因此,旧的体制是不会轻易消失的。公共政策的作用就在于,通过基于新的利益追求和新的行为规则的设计的公共政策创新,来突破旧的机构设置和旧的制度安排,逐步形成新的组织机构、新的制度安排,保证新的利益结构出现,以促进社会的变革、发展。

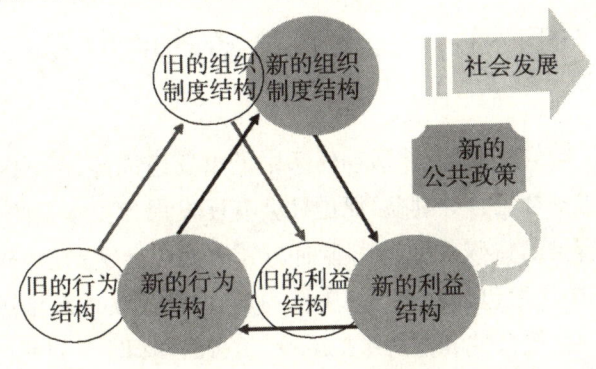

图1—5 促进社会变革求新的功能

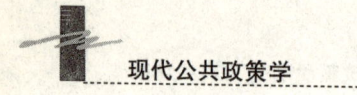

第二章 公共政策活动的内容和类别

第一节 公共政策活动的内容

公共政策活动是人类总体活动体系中的重要组成部分。作为以解决社会公共问题、维护社会公共利益、促进社会有序发展为根本目的的公共政策活动,也因为有自己特殊的活动内容而与其他的社会活动区分开来。现代公共政策活动中一般包含四方面的主要内容:政治系统的政治决定、政府的社会治理措施、社会公共利益的维护手段、学科的知识生产过程。

一、作为政治决定的公共政策活动

日本的政治学者药师寺泰藏写过一本《公共政策》,该书是作为"现代政治学丛书"的一本而出版的,副标题为:"政治过程"①。另外,美国一位公共政策学者史蒂文·凯尔曼在其著作《制定公共政策》中将政策的制定看成是"政治选择",并把它与政策思想、政策实施结合起来,"一旦政治选择已经作出时,政策就必须得到落实","实施是政策制定过程的一部分,因为正如政治选择详细说明和限定政策思想一样,实施过程也是详细说明和限定那些已经作出的政治选择"。② 这说明,公共政策是政治的一部分,公共政策过程即政策的制定、实施和评估,实质上就是一个政治过程。正因为公共政策是政治生活的重要部分,所以有些学者将公共政策学科作为政治科学的一个分支。

---

① 参见药师寺泰藏:《公共政策:政治过程》,张丹译,经济日报出版社1991年版。
② 史蒂文·凯尔曼:《制定公共政策》,商正译,商务印书馆(北京)1990年版,第4页。

第二章 公共政策活动的内容和类别

人类是从整个社会系统来考察和研究政治生活的。政治生活被看成是整体社会生活大系统或总系统中的一个子系统。对于这一系统的运行,美国政治学家伊斯顿曾经作过比较深刻的分析,他认为政治系统是一个开放系统,在它之外是社会大系统中除政治系统外的其他各种子系统组成的政治生态环境。政治系统正是在这种生态环境中存在和运行的,而这种运行恰恰是围绕公共政策进行的。公共政策既是政治系统运行的起点,又是这一系统运行的产出或产品。许多学者从政治系统、生态环境、系统输入、系统输出、反馈等方面研究了政治系统中的公共政策运行。

政治系统与其生态环境是相互制约、相互渗透的。外部生态环境对政治系统产生影响,它是社会活动主体对政治系统提出的要求或提供的支持。要求是指个人和团体为获得自身的利益满足而向决策者提出的各种政策主张;支持则是个人和团体对政治系统决策的接受或服从。要求过多或支持过少都会给政治系统造成压力。政治系统为了维持生存与发展,就必须对来自社会内外的压力作出反应,这种反应就是由权威当局即决策者制定新的公共政策。环境对政治系统的要求和支持是对政治系统的输入,制定和实施的公共政策就是政治系统的输出。这种输出对政治环境产生作用,引起要求与支持的变化。这种变化又成为新的输入,再产生新的输出。如此循环往复,形成政治系统的运行。

如果深入到政治系统的内部考察,人们还会发现,整个政治系统的核心是公共权力,在政治系统制定和实施公共政策的过程中,起着决定作用的是公共权力。政治系统围绕公共政策的运行,实质上就是公共权力的运行。公共权力是一种集中起来的、掌握在法定的公共组织或机构手中的、对整体社会公共事务进行管理的力量。公共权力所起的作用不是针对个体,也不针对零散的事务,它所要关心的是整个社会的秩序、矛盾与发展。因而,政治与经济相比,由于其全局性、整体性的特点,而不能不占有首要地位。政治系统运行的总体框架是体现公共权力配置的政治制度,但它只是一种相对静止的、相对稳定的框架形式。在相同的政治制度下,各国的政治生活各具特点,甚至相差甚远,这说明,在政治制度的框架中实际起着作用的,是作为公共权力具体体现的公共政策的制定、执行和评估。

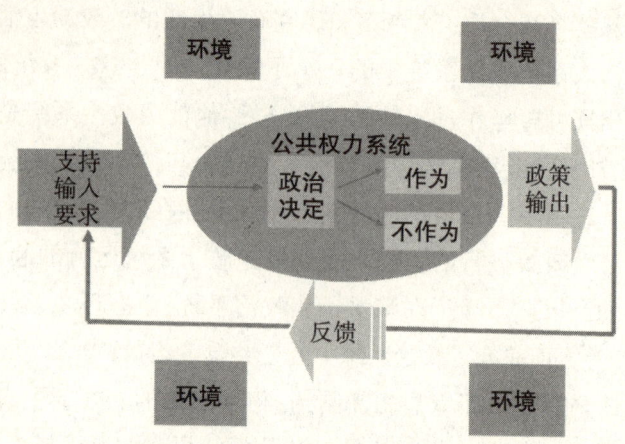

图 2—1 作为政治决定的公共政策活动

公共政策与政治生活中公共权力的这种关联,使公共政策对公共权力的分配和配置产生了作用。公共权力作为整体的、集中起来使用的权力,它要正常地运行并发挥作用,就必须进行合理的分配与配置。公共权力的分配与配置有两个方向,一个是横向的分配和配置,这就是通常所讲的将国家权力划分为立法权、行政权、司法权几个部分,合理分工,相互制衡。另一个就是纵向的分配和配置,这就是通常所说的中央权力与地方、基层权力的划分。公共权力无论是横向的还是纵向的分配和配置,都是通过制定和实施具体的公共政策来实现的,比如,在我国,中央的公共财政权力与地方的公共财政权力的划分是通过实施分税的政策来实现的。

二、作为治理工具的公共政策活动

在人们的观念中,政治生活系统、公共权力好像都和一个传统的概念即国家联系在一起,好像政治生活的中心永远是国家,公共权力全部集中在国家,研究政治就是研究国家。现在来看这种见解至少有两点是不确切的,一是现代社会的发展,使传统的国家中心地位开始动摇。社会中出现越来越多的利益团体、利益集团、民间组织、非营利性组织,个人的作用也日益加大,社会自治的领域不断扩大。所有这些使得以往的以国家为中心的社会

第二章 公共政策活动的内容和类别

结构开始向以社会为中心的社会结构转移。二是一个国家要存在并发挥作用，必须有政府。真正在政治生活和社会生活中起作用的是政府，而且在现代社会中，对社会进行治理的是以政府为主导的包括各类利益团体、民间组织、非营利组织、宗教组织、企业和社区在内的社会网络，因此，不研究政府的职能、作用方式，就不知道政治系统的运行，也就搞不清社会的治理。所以，研究了公共政策与政治系统、公共权力的关联，自然就需要进一步考察公共政策与政府的关系。

在讨论政府与公共政策的关系之前，先要确定政府的含义。通常人们所讲的政府包括"广义政府"和"狭义政府"两种。所谓广义政府乃是指包括立法、行政、司法、强力机关等机构和部门在内的政府。所谓狭义政府是指只包括掌握行政权力的机构和部门的政府。公共政策学科在研究政策与政府关系时，既指广义政府，也指狭义政府。一般来说，当讨论政策的规划、制定、控制、评估时，这时的政策主体较多地是指广义政府；而在讨论政策执行、调整时，这时的政策主体通常是指狭义的政府。

不同规模、结构和职能的政府与公共政策的关系是不一样的。古今中外，出现过许多不同规模、不同结构、不同职能的政府。就一个国家而言，在不同的社会经济发展阶段、时期，政府的规模、结构和职能也会发生变化。总的来说，在20世纪80年代、90年代以前，特别是在50年代至70年代，无论是实行社会主义制度的国家，还是实行资本主义制度的发达国家，都经历过大政府的时期。在几个主要的社会主义国家中，建立了全能政府，这种政府将全社会的事务都全揽在自己手中，无所不包、无所不管，政府管的范围太广、机构太乱、人员太多、职能太杂，政府更多地是凭借政治的、行政的、道德的手段进行管理、控制，政策手段没有成为主要手段。在西方主要的发达资本主义国家中，为了应付突发的经济危机、日益增多的社会问题、不断出现的国际冲突，政府规模扩大，公职人员增多，财政开支加大，出现"行政国"现象。在这种巨型或全能政府条件下，政府很难集中精力对社会公共领域的事务加以管理，即很少进行现代意义上的公共管理。同时，在进行有限的公共管理时，政府虽然也会制定和实施某些公共政策，但政策不会成为政府主要的管理手段和途径。

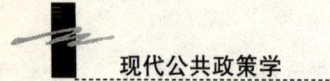
现代公共政策学

到 20 世纪 80 年代、90 年代,无论是西方发达国家,还是社会主义国家,都提出了改革政府的要求。在这场全球性的跨世纪的政府改革中,人们关心的是两个问题:一是在经济全球化、全球市场化的大趋势下,社会还需要不需要政府,如果还需要政府的话,需要一个什么样的政府?二是现代政府运用何种手段和途径才能最公平、最有效地实施对社会的公共管理?

在第一个方面问题的争论中,除了少部分的坚持绝对的自由主义观点的理论家和实际工作者外,人们普遍认为虽然不断走向完善的市场经济能够解决很多问题,但市场终究具有自身无法克服的缺陷,这就要求人们借助于政府来保证社会经济公平、稳定、持续地向前发展。市场是一只"看不见的手",它能推进经济竞争,提高效率,但是它本身无法克服运行的周期性、无法解决消费者"搭便车"的现象、无法限制和消除垄断现象、无法消除个人收入上的两极分化和地区发展上的不平衡、无法提供包括国家安全等等在内的公共物品、无法解决外部不经济的现象。市场的这些固有的缺陷,会导致市场的失败。正是为了防止和挽救市场失败的客观需求决定了现代社会必须存在政府。

但是,以往的巨型政府、全能政府却给社会造成了许多的损害,现在,人们在同意保留政府时,就不得不考虑一个严肃的问题:社会需要的是什么样的政府?对于这一问题,西方国家和社会主义国家都作了思考,并在实践中作了回答。西方一些发达国家,从时代的变化和本国社会经济发展的需要出发,提出了"重塑政府"、"改革政府"的口号,努力进行政府治道的变革和政府治理范式的创新。美国、英国、日本等国家,大力缩减政府规模,改革政府结构,更新政府管理途径与方式。社会主义国家在 80 年代、90 年代也开始了政府改革,在全方位的社会改革和对外开放中,社会主义国家逐步构建起市场经济体制,传统社会迅速向现代社会转型。这些变化最终都汇集为促进政府改革的推动力量。要把社会主义改革、开放彻底、深入地开展下去,要构建完善的市场经济体制,建成真正民主、法治的政治体制,建设高度文明的思想文化体制,关键就在于要通过精减机构、分流人员、转变职能、依法行政,建立起一个职能合理、精干高效、廉洁民主的政府。

通过变革,人们现在已经普遍认识到,作为一个规模适当、机构合理、依

第二章 公共政策活动的内容和类别

法行政的政府必须限制自己的活动范围,规定自己的合理职能,选择切实可行的管理手段和途径。现代的政府无需去取代、干涉个人的家庭生活和个人的发展,也无需去干预不属于政府组成部分的企业经营。政府活动的正确范围是社会中的个人、企业、自治组织所无法管理的公共领域。政府应当将主要精力放在利用控制的公共资源、公共财政,为社会公共领域提供公共物品和公共服务。

在公共管理中,政府需要履行法定的职能,首先是政治管理职能。政府作为国家公共权力机构的一部分,必须通过立法机构依据一定程序表达社会的公共意志,同时还必须执行那些已经表达出来的社会公共意志。政府作为国家的组成部分,又必须担负起建设国防保卫领土和主权完整的职能,另外,政府还有保障社会安全的责任。其次是经济管理职能。政府作为社会的最重要的管理机构,必须对社会经济稳定和发展负有责任。在市场经济条件下,政府合理职能的基础是培育市场、规范市场、防止和挽救市场失败。第三是社会管理职能。政府也必须对社会的教育、科技、卫生、精神生活的发展发挥作用。因此,现代社会中的政府必须肩负起政治管理、经济管理和社会管理的职能。

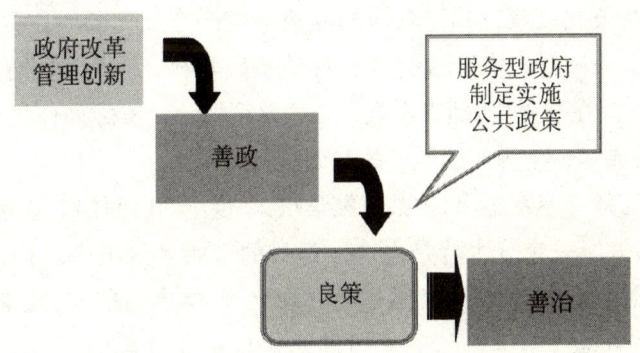

图 2—2 作为治理工具的公共政策活动

政府履行合理职能,对社会进行公共管理的手段是多种多样的,可以是政治的、行政的手段,也可以是道德的、文化的手段,还可以是法律的手段。但对于一个机构较少、人员精减、依法行政的政府来说,它要依据上述的职能对社会加以管理,最科学、最民主、最有效的途径和手段是在公共领域中为个人、群体的行为制定并实施具有约束性的规范和准则,这就是公共政策。公共政策是现代政府履行合理职能、进行公共管理的最主要的、也是最重要的方式。政府机构就是制定、执行、评估公共政策的机构;政府公职人员就是公共政策的分析者、规划者、制定者、执行者、评估者。人们理想的社会治理体系是:建立服务型的政府,通过科学、民主的途径制定和执行好的公共政策,从而实现社会的好的治理,即善政、良策、善治。当然,现代政府也不是万能的,政府行为不当也会导致政府失灵。而政府失灵首先是公共政策的失败。

三、作为知识生产过程的公共政策活动

当我们从知识生产过程的角度来审视公共政策活动时,就需要了解公共政策学、公共政策学科和公共政策科学这三个概念。这三者是属于同一层次的概念,只是各自的侧重点不一样。日本学者药师寺泰藏曾经结合公共政策学的发展过程,对公共政策学的学科地位及其性质作过研究。他首先认为公共政策学"的确具备与基础科学不同的工学的性质。就像工厂制造产品一样,公共政策也制定具体的政策。生产产品需要一定程度的基础研究,制定政策同样也需要成为其支柱的基础学科。这门基础学科就是公共政策学"①。在这里,药师寺泰藏将公共政策视为是实际操作过程,而将公共政策学看成是一个为实践服务的基础学科。

接着,药师寺泰藏指出,公共政策学从 20 世纪 50 年代到 70 年代共有过两个分水岭。第一个分水岭是由这一学科的创始人拉斯韦尔构筑的,由于他过分地强调将自然科学方法运用于公共政策,结果"把公共政策学变成一门'冰冷'、'生硬'的学科",它不可能对执行具体政策的人产生任何的冲击,从而这一分水岭也就脆弱地崩溃了。显然,在拉斯韦尔那里,公共政策学更多的是提供政策制定过程的分析方法,而不是构筑学科基础的理论体系。②

---

① 药师寺泰藏:《公共政策:政治过程》,张丹译,经济日报出版社1991年版,第154页。
② 药师寺泰藏:《公共政策:政治过程》,张丹译,经济日报出版社1991年版,第155页。

第二章 公共政策活动的内容和类别

药师寺泰藏认为公共政策学的第二个分水岭是由以色列学者叶海亚·德洛尔构筑的,德洛尔运用"系统群研究"的方法,建立了"政策系统"。德洛尔指出,公共政策学是从各相关科学,尤其是管理科学、行为科学、经济学等学科的结合中发展成为一门学问的。德洛尔对拉斯韦尔的单纯方法论进行了批判。他提出的"总体政策"是一种"超"政策体系,是促进公共政策学发展的指导方针。到德洛尔这里,公共政策学成为政策理论的科学,但是德洛尔却"试图在统一的公共政策学的旗帜下统率其他各相关学科"。药师寺泰藏认为,这也正是公共政策学第二个分水岭失败的原因。可以看出,在德洛尔那里,公共政策学实际上是公共政策的"政策",即公共政策的原则、规范。

但是,正如药师寺泰藏所指出的,德洛尔同时对公共政策学研究教育机构进行了探讨,并推动美国大学在20世纪60年代后期开设了公共政策学课程。在这一点上,德洛尔又把公共政策学视为是一个学科,它具有特定的研究和教学体制。

在分析了公共政策学的两个分水岭以后,药师寺泰藏提出要构筑公共政策学的第三个分水岭。他认为新的公共政策学具有四个特征:一是仍然"以多民族、无政府国家的状态存在下去"。他把公共政策学比喻为"国家",由于参与公共政策分析的"不单单是负责公共政策的人和社会科学家的工作,它还需要动员起自然科学领域的优秀人才",而"所有参与创建这门新学科的人都拚命维护自己的存在价值,主张自己就是公共政策学的中心",因此,公共政策学这个"国家"是一个"多民族的、无政府国家"。

二是新的公共政策学应当从各个相关学科的角度来回答什么是公共政策。药师寺泰藏认为,德洛尔的错误不是在于他所持的公共政策学中应当包括多个学科知识这一点,而是,他想将其他学科都统一地包括到公共政策学的旗帜下,将公共政策变成科学的科学。正确的做法是,与公共政策相关的学科仍旧是独立的,政治学就是政治学,但在公共政策学中,应当致力于论述公共政策在政治学中的意义与地位;经济学就是经济学,但公共政策学必须论述经济与公共政策的关系;等等。

第三,新的公共政策学应当回归到拉斯韦尔以前的出发点,即重点对"解决问题"的主体进行研究。要研究人类具有多大能力和靠什么制度来解决社会公共问题,有哪些问题人类能够解决,有哪些问题人类不能解决。如果对这些不作研究,只是在方法上想主意,一遇到不能解决的问题,就试图单纯地寻求"方法论的进步",这就如同在没有航海图的条件下去航海,必然触礁。

药师寺泰藏所讲的公共政策学,既有公共政策科学、公共政策学科,又有公共政策学的内容。从他对公共政策学发展历史的分析中,可以看出公共政策学是一种有关公共政策研究、分析和实际操作的基础理论,它主要是对公共政策的实质、地位、功能、历史、学科范围、学科构成、政策制定系统、政策过程等方面进行的理论思考。

公共政策学科则是一种知识传播、人才培养和科学研究的建制。公共政策学科包括传授公共政策知识的专业应当讲授的主要课程和相关课程,公共政策专业人才培养层次和各个层次的学生应当具备的知识结构。公共政策学科还包括相应的科学研究建制。另外,作为一个传授知识、培养专门人才和科学研究的建制,还需要建立相应的学科规范。这些由课程体系、人才培养层次与规格、教学和研究规范等构成的体制就是公共政策学科。在这一学科中,公共政策学无疑是其核心。

公共政策科学则是指人类知识中的一个特殊的领域。它是在公共政策学这一基础理论之上,融合社会科学、自然科学、工程科学等多个学科的知识和方法,将规范、技艺、方法溶于一体,把规划分析、选择决定和计划实施有机结合,以解决重大社会公共问题为目标的知识领域。

公共政策科学首先是一个以"解决问题"为取向的、重在行动的知识领域。公共政策科学是面向社会公共问题的科学,它要求理论工作者、实际工作者结合起来,制定科学、民主、可行、有效的行为规范,去真正解决社会问题,以保证人类社会持续有序的发展。解决实际社会问题是这一科学知识体系发展的动力,对实际问题的解决也是这一知识体系赖以存在和发展的依据。

公共政策有自身的理论,有自己的方法,是一门科学,但是,政策研究不是仅仅为了完善政策的理论与方法,而是为了给政策的制定者、实施者提供可行的程序与技巧,去更有效、更快捷地发现政策问题,确定政策目标,提出

第二章 公共政策活动的内容和类别

政策方案并作出尽可能满意的抉择。因此,政策研究的宗旨是为了更好地运用政策工具解决社会问题,这就要求公共政策科学在本质上是应用性的。杰克·普拉诺就公共政策的这一特点指出:"政策科学与相关学科的'纯科学'不同,它主要是一门'应用性'科学。"①

公共政策科学又是由多种知识的相互渗透为特征的知识体系,因为这一科学所要完成的任务是解决与人类社会、自然环境、工程实施相关的社会公共问题,因此,它需要有处理人与人、人与社会关系的社会科学和人文科学的知识,需要有处理人与自然关系的自然科学知识,需要有处理人与工程关系的工程科学方面的知识。正是在这一意义上,杰克·普拉诺认为:公共政策是"注重科学的方法和观点来研究公共政策的制定以及解决公共问题的跨学科性学科"②。著名政策学家克朗也指出:"越来越多的具有必要的学术素养和实际经验的学者、科学家、政策顾问都感到要有明显具备跨学科特点的政策科学。"③

公共政策科学还是将规范、技艺和方法有机结合的知识领域。公共政策与物理学、化学、生物学这类"硬科学"不同,它主要不是给人提供各种有关事物性质、属性的知识,而是在发现社会公共问题后,给人们提供某些行为规范,通过人的活动的改变,进行利益调整,从而解决现实的社会公共问题。公共政策科学还注重综合运用系统分析与经济学的定量分析方法,再加上政治学的定性分析方法,借助于各种模型和各种解决问题的技巧,处理和整理信息,以识别和发现可能的政策选择,从而制定出反映公众利益、又符合社会发展目标的满意政策。

公共政策科学还要求政策的分析者具有获取真实信息的技术,提出各种政策建议的技术。要求参加政策制定的利益团体、政府官员、政党组织的代表在政策辩论中发挥出协商、说服、竞争的技巧。要求政策的执行者在贯彻政策时发挥驾驭全局、调动大多数人积极性、化消极因素为积极因素的艺术。

---

① 杰克·普拉诺:《政治学分析辞典》,中国社会科学出版社1986年版,第104页。
② 杰克·普拉诺:《政治学分析辞典》,中国社会科学出版社1986年版,第104页。
③ 克朗:《系统分析和政策科学》,商务印书馆1986年版,第29页。

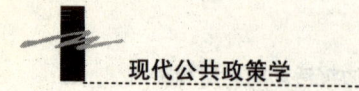

第二节 公共政策活动的类别

把公共政策活动视为一个整体,它可以依据在其中活动的主体工作的不同内容和任务分成几大类别:公共政策操作、公共政策分析、公共政策研究、公共政策管理。这些细分出来的公共政策活动类别并不是相互割裂的,它们既互有区别,又相互交叉、相互渗透。这种公共政策活动类别的划分,有利于形成不同类别的公共政策活动职业。

一、公共政策活动的四大类别

1. 公共政策分析

对公共政策科学发展作出了卓越贡献的以色列政策学家德洛尔曾提出,今后的公共政策活动的重点是公共政策分析。他提倡高等学校担负起培养适应未来需要的政策分析家的重任。从德洛尔开始,政策学家开始重视政策分析。在公共政策科学这一知识和活动领域中,政策分析在一些发达国家逐渐分离并独立出来,成为一个重要的职业活动领域。

在学术界,对政策分析的范围和内容存在两种理解。一种是较宽泛的理解,另一种是较狭窄的理解。前者将政策分析扩展到整个政策过程,认为完善的政策分析应当从政策的规划、制定,一直延伸到政策的执行、终止。也就是说,政策分析家的工作是与整个政策运行过程相伴随的。后者则将政策分析限定在政策执行前的规划与决策阶段。政策分析家只是为政策制定者进行政策问题、政策目标、政策备选方案、已经采纳的政策的可行性等方面的分析、调查、评价。

广义的政策分析把凡是对政策系统所作的知识投入,包括政策专家的智力投入都统称为是分析。这种政策分析不仅包含政策规划、制定阶段的分析,也包含政策执行中对政策计划、政策修正、政策控制的分析,还包含对政策评估的类型、结果的分析。比如兰德公司数学部主任爱德华·奎德就

第二章 公共政策活动的内容和类别

认为,政策分析"关心政策的影响","还更多地重视执行,重视政治与组织方面的考虑"。① 这种宽泛的政策分析实际上已经等同于狭义的政策研究。所以,有的学者,如艾伦·希克干脆认为"政策分析"一词乃是政策研究的一个"总名称"。②

我们赞同对政策分析作相对狭窄的理解。较为狭义的政策分析指的是在政策规划和决策阶段,由政策专家所作出的分析。但是,即使是对政策分析作狭义的理解时,也决不能将它仅仅局限于方法的范围,政策分析不是一种方法学,而是一种过程。其目的是要在确认政策问题和政策目标的基础上,通过对各种备选的政策方案进行充分的比较,然后为决策者作出最终决定提出建议。

这种理解的政策分析决不是在已有备选方案的基础上,只作一些消极的推荐工作。政策分析家既可以对已经有的备选方案作出评价,也可以提出自己的建议方案。同时,好的政策分析是建立在对以往实施过的同类政策、相关政策进行研究的基础上作出对具体政策方案选择的建议的。因此,政策分析实质上是一种能动的创造性思维活动。

在政策分析中,人们需要使用大量的信息,借助于运筹学、系统分析的方法。对政策分析作过详细研究的兰德公司数学部主任爱德华·奎德曾经对政策分析作过下列的精辟论述:"运筹学想要帮助人们把事情办得更好;系统分析也试图做这一点;另外,它还要找到那些不仅能办得更好,而且要少花钱的目标;政策分析试图做到系统分析所要求的一切,此外,它还要求把事情办得更公道。因此,系统分析可以看作包括了运筹学,加上经济上的考虑和目标的调查以及有关的方法。"③

2. 公共政策研究

在公共政策活动体系中政策研究具有重要的作用。只有经过深入持久

---

① 引自张金马:《公共政策:学科定位和概念分析》,《管理科学》2000年第12期,第58页。
② 参见曹俊汉:《公共政策》,三民书局(台北)1997年版,第6页。
③ 引自张金马:《公共政策:学科定位和概念分析》,《管理科学》2000年第12期,第58页。

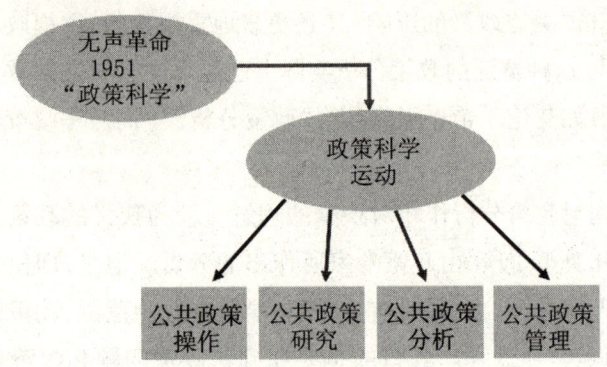

图2—3 从政策运动分化出来的政策活动类别

的、不断积累的科学研究,从而使得获取的政策知识存量不断增加的情况下,公共政策科学才能发展。人类社会一直存在以决策为中心内容的政策活动。在没有公共政策科学之前,人们早就有了公共政策实践活动。公共政策科学只是在这种人类大量的自发性的政策活动的基础上产生出来的专门的知识领域。但是,要将人类自发的、经验性的政策实践转化为带有确定性、规律性和重复性的理论、技艺和方法,就需要进行专门的科学研究和知识创造。

关于公共政策研究的内容与范围,在国外也有两种见解。一种是广义的政策研究,一种是狭义的政策研究。前者认为公共政策研究几乎涵盖了整个政策过程的环节和方面。比如,美国学者安·梅伊克尔扎克就认为:"政策研究是科学,是基于技艺的知识和艺术的综合。这里科学是理论、观念和方法原则的体系;这里基于技艺的知识是可用的技术、经验的原则和标准操作程序的整体;这里的艺术是指步骤、风格和一个人的工作态度。"同时,她还指出:"政策研究可以被定义为一个指导研究或分析的过程,旨在为政策制定提供行动指南。在这一点上,政策研究与其他类似的科学(如应用社会学)有本质的不同。"①

另一种观点是对政策研究采取了较为狭窄的理解。他们认为政策研究

---

① 引自张金马:《公共政策:学科定位和概念分析》,《管理科学》2000年第12期,第58页。

第二章 公共政策活动的内容和类别

仅仅是为了对公共政策的制定、实施和评估提供帮助,比较有代表性的是美国著名政策学家内格尔。他曾指出,政策研究可以界定为是"为解决各种具体社会问题而对不同公共政策的性质、原因及其效果的研究"。

我们赞成对政策研究采取较为宽泛的理解,政策研究首先是对政策基础理论进行研究,其中可以分为下列几种:一是研究社会政治制度、体制、意识形态对公共政策活动的影响,比如研究民主政治体制和宪政社会与政策系统运行的关系,研究政治体制变革对公共政策变迁的作用。二是研究政府变革与公共政策的关系,比如研究现代政府治道和治理改革与政策系统的关系,研究社会转型与政策运行周期的关联。三是研究公共政策与社会结构变化的关系,比如社会利益层次的分化对公共政策的影响。

其次是对公共政策的过程加以研究,主要包括:研究政策阶段论与政策非线性过程的关系;研究政策制定中的触发机制、政策联盟、政策创新、政策传播、政策话语、政策博弈等环节和形式;研究政策周期、政策结构。

第三是对政策模型、方法、技术加以研究。要研究公共政策活动中模型的性质、类型与作用,要研究公共政策的研究方法和技术。

第四是对社会发展某一时期的重大公共政策加以研究。研究这类对社会发展产生重要影响的公共政策的状况、变迁、绩效。

3. 公共政策操作

公共政策操作,即具体从事公共政策的制定、执行、评估的实践活动。现实的公共政策活动并不是教科书上所描述的那样依据程序、阶段,有条不紊地展开的,实际的公共政策过程呈现出复杂性、不确定性、零碎性、间断性。有些政策的制定在短时间内就完成了,而有些公共政策的规划,则会拖延很长的时间,反反复复,议而不决;有的政策执行了一段时间就终止了,但有些政策要持续执行10年、15年。

由于实际的政策过程既错综复杂又曲折漫长,很少有人能够从一项政策的问题调查开始一直到这一政策最终终结为止,即从政策的开头到结尾都参与操作。多数从事公共政策实践的人员只负责某些局部性的政策操作,比如只参与某项政策问题的调查,或只参与政策预案的评估,或专门从事对某几项政策执行的协调,或专门参加某项政策的调整设计,等等。

4. 公共政策管理

也有人将公共政策的操作与管理都合并到公共政策操作的类别之中。在公共政策活动发展的初期阶段,政策操作与政策管理的确是混合在一起,但是,随着公共政策活动的发展,公共政策管理就会成为一个相对独立的政策部门。正像人类很迟才将管理职能从一般生产过程中独立出来一样,公共政策的管理活动只有在公共政策有了相当程度发展的前提下,才能从一般的公共政策活动中分离并独立出来。以政府为主导的公共机构不仅需要以民主化和科学化的观念、程度和手段去制定和实施公共政策,还需要对复杂的公共政策活动加以管理、组织。

公共政策管理的任务有三个方面,一是要对具体的经济社会发展周期中的多个领域的公共政策的制定、执行和评估,在资源配置上、时间上加以协商。二是要对单项重大政策的制定、执行、调整、评估、终止,从时间上、资源上加以协调、安排。三是对政策过程中出现的重大失误和失败进行紧急、有效的管理。

二、公共政策活动类别间的关系

1. 公共政策学科与公共政策分析的关系

公共政策学者瑞诺尔士的观点是:首先,公共政策学家是相对独立的研究者,从事着自己感兴趣的学术研究,而公共政策分析者则是专业性的实务工作者,在政府机构中,基于自己的职责和职业伦理,依据公共政策知识,从事政策咨询及对制定的政策作政治的、经济的、技术的可行性分析。这两者的区别之一是前者具有独立兴趣,后者具有职业责任。

其次,公共政策科学家在理论研究中可以选择自己认定的政策价值和标准,而公共政策分析者则必须依据自己工作的职责和道德标准进行政策咨询可行性分析。这两者的另一个区别是前者是自定价值,而后者则必须履行职业道德。

第三,公共政策科学家更多地依据政治过程来建立公共政策的规范体系,而公共政策分析者则更多地要依据行政的、法律的权威来建立自己的规范框架。

另外,公共政策科学家关心广泛的政策问题,试图建立一般性理论与模型,是务虚者;而公共政策分析者则关心具体的政策议题,是务实者。这两者还有一个区别是前者较多的是务虚的,而后者则是务实的。①

2. 公共政策研究与公共政策分析的关系

公共政策学者马吉萨克的观点是:首先,公共政策研究是以与公众的生存密切相关的基本社会问题为自己的探究对象,例如社会福利、环境污染、居民住宅等;而公共政策分析则侧重于信息和技术问题。两者的区别之一是前者重视价值,而后者重视技术。

其次,公共政策研究必须具备高度的应用背景,其成果能够用来指导政策制定、实施和评估;而公共政策分析具有直接的实用性,它直接介入政策的制定、实施和评估。两者的区别之二是前者对公共政策实践具有指导作用,而后者则完全是实用的。

第三,公共政策研究结果的应用能够从总体上、趋势上帮助政府缓和与解决公共社会问题;公共政策分析则能直接得到解决具体社会问题的方案、实施步骤和技术。两者的区别之三是前者重视的是战略,而后者重视的是战术。

最后,公共政策研究者多数立足于学术社区(Academic community),而公共政策分析者多数立足于实践社区(Practicing community)。②

3. 公共政策学科与公共政策研究的关系

公共政策学者汉纳斯克认为,首先,公共政策学是指一个学科研究(Disciplinary Research),其重点在于知识体系,其学术理论的意义要重于政策应用的价值,而公共政策研究则侧重于应用,其行动取向重于学术兴趣。这两者的区别在于前者的重点是构建知识体系,而后者的重点是应用指导。

其次,公共政策学科重视理论建构,重视方法论的研究;而公共政策研究侧重直接研究政策问题,重视技术,而对方法论不一定偏重。两者的另一

---

① Eric A. Hanushek, "The Policy Research Market," Journal of Policy Analysis and Management, Vol. 9, No. 2, 1990, pp. 146—154.

② Ann Majchrzak, Methods for Policy Research. Beverly Hills, CA: Sage. 1984.

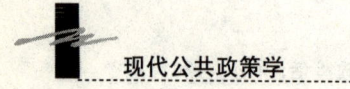 现代公共政策学

个区别是前者重视的是理论体系,而后者看重的是行动战略。①

4. 公共政策操作、管理与公共政策研究、分析的关系

虽然公共政策操作与公共政策管理之间也存在差别,但它们的相似性要多于差别性。公共政策研究与公共政策分析的区别已经分析过了,但相对于公共政策操作和管理来说,公共政策分析与研究之间的差别就不是主要的了。公共政策操作、管理与公共政策的研究、分析的区别在于:一是公共政策操作,包括公共政策管理是感性的、实际的政策实践活动,而公共政策研究、公共政策分析则是理性的、政策思维活动。二是公共政策操作、公共政策管理都是以社会公共问题的解决作为目标的,而公共政策研究则是以获得新理论、新见解为目标,公共政策分析则更多的以政策建议被采纳为目标。三是公共政策操作、管理积累的是实际经验,而公共政策研究、分析积累的是公共政策的理性知识。

5. 公共政策科学、公共政策研究和公共政策分析之间的关联

公共政策首先可以从理论与实践两个方面来理解。这两个方面是交互作用的。从认识论的角度来衡量,政策实践是政策理论的基础,但是这两者的关系并不是简单的决定和被决定的关系,它们之间是要通过许多其他的环节来实现相互作用的。

从另一个角度来划分,则可以将公共政策分为三个领域:一是知识。公共政策作为人类知识总体系统的组成部分,成为一种资源。公共政策还是一种技艺,因为一旦掌握了公共政策的理论和方法,它就能转化成对社会问题进行作用的技术、手段和工具。另外,公共政策也是一种社会劳动分工的职业。叶海亚·德洛尔就曾经设想过,政府必须有大量的政策分析家,政策分析将变成进行社会公共管理的专门职业。

这三个领域之间的关联是通过技艺这一纽带来实现的。知识到职业必须借助于技艺来实现转化。职业本身既领带一定的技艺,同时也能促成技艺的创新,一定的技艺会上升为知识。同时这三个领域又和公共政策的理论与实践相对应。公共政策的知识与技艺较多地与公共政策理论相对应;

---

① Eric A. Hanushek, "The Policy Research Market," Journal of Policy Analysis and Management, Vol. 9, No. 2, 1990, pp. 146—154.

第二章 公共政策活动的内容和类别

公共政策的技艺和职业则与公共政策的实践相对应。

如果将公共政策的这三个领域再与公共政策活动的四个层次结合起来思考,公共政策的学科、研究、分析和操作则分别与公共政策的知识、技艺、职业发生关联。公共政策的操作和分析与公共政策职业相联系,因为从事公共政策职业必须既具有政策分析能力,又必须能够进行政策的实际操作。公共政策的分析和研究与政策的技艺相联系,这表明要发展政策技艺必须有政策分析和研究作为支撑。公共政策研究和学科与公共政策知识相联系,这说明公共政策知识体系的建立有待公共政策研究和学科的进展。

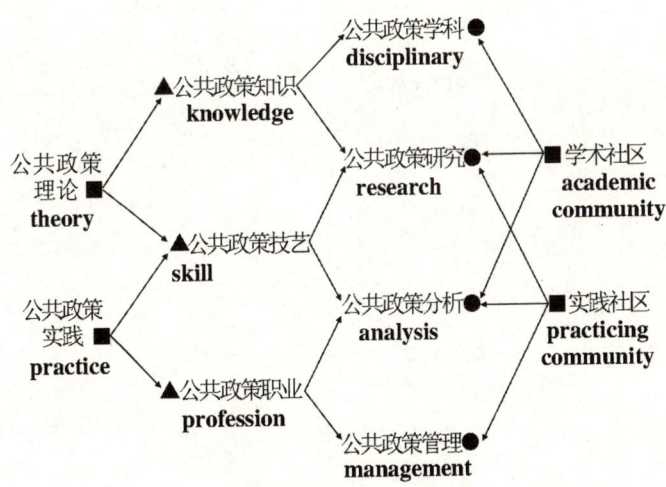

图2—4 公共政策活动类别之间的关联

从上述的分析中,可以知道,公共政策研究处在一个重要的位置上:(1)公共政策研究对整个公共政策活动具有促进作用。一方面公共政策研究能够为政策学科的建立和发展提供知识和理论的支持,另一方面公共政策研究又能为公共政策分析、技艺、职业和操作提供指导。(2)公共政策研究要能取得进展,又不能离开公共政策的其他方面。公共政策学科的总体发展水平直接制约着政策研究的水平。同时,公共政策的实践活动,包括政策操作、分析的水平也制约着政策研究水平的提升。(3)公共政策研究有自己的内容和范围。公共政策研究既与理论有关,又扎根于实践。政策研究不是

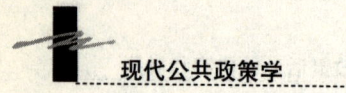

去直接地制定、实施某项具体政策,但是,它又与具体政策的分析保持联系。政策研究更多的是一种学术的、理论的建树,它着眼于更新理论,丰富知识体系,但是,它又必须为实际的政策分析提供依据和原理。

第三章 公共政策学科的发展和规范

第一节 公共政策学产生的条件与特点

一、公共政策学科产生的条件

一门学科究竟何时、何地被创建出来,这一问题很少能得到精确的答案,这是因为作为某个知识领域、某个知识门类,其产生不可能是在哪一个时刻、哪一个地点发生的,而都是这方面的知识和经验长期积累的产物,不同地方的人在漫长的时间中都为这种积累付出过辛劳,要把这一切都搞清楚不是一件容易的事。因此,在谈到学科的产生与发展时,人们对学科初创的情况都持有一种谨慎的立场。但是,人们还是孜孜不倦地研究和争论着特定学科产生的时间、地点和条件,并且总想较为清晰地讲出学科的创始人、创始地。这一方面是为了给学科的产生和发展划出一条清晰的历史线索,另一方面可能是更多地想探索某些思想、知识终于汇集为一种特殊的逻辑体系时的社会历史条件,而这方面的研究往往对该学科以后的发展会产生巨大的影响。有时,当某个学科在发展中遇到范式转换时,许多人都会重新回到学科的起点上,寻找该学科当时产生的原因和社会历史条件,并以此重新确定今后的发展方向。

这也就是引发人们探究学科起源的真正原因。一个学科在什么时间和地点首先产生出来,这有很大的偶然性,但这种偶然性中也包含着一定的必然性。多数研究公共政策的学者都赞同把美国学者拉斯威尔作为公共政策学科之父,也赞成将 20 世纪 50 年代初在美国出版的以政策科学命名的论文集作为这一学科的开山之作。正如上面所分析的,这种似乎精确的说法其实只具有相对的意义。重要的是人们必须深入分析西方公共政策学科产生的历史条件、知识条件和社会条件,正是在这些条件中包含着规定公共政策学科性质和传统的重要因素。

1. 西方公共政策产生的历史条件

西方思想家们很早就开始关注政府的政策导向。16世纪至18世纪,欧美主要国家的市场还远远没有发育齐全。在当时的欧美国家中,尽管人们希望市场这只看不见的手发挥作用,但市场自发的调节控制功能并不强,这就为政府对经济运行的主导性控制功能的发挥创造了条件。在较长时期中,政府借助于政策对市场形成了较强的干预能力,这就吸引了不少思想家特别是政治学家将注意力集中到政府的政策引导上来,较多的学者讨论了国家、主权、权力与政策的关系,还有一些政治学家像洛克、孟德斯鸠、卢梭等人,则专门研究过国家的基本政策问题。

到了18世纪,西方重商主义者则重视经济政策对社会发展作用的研究。18世纪中叶,重商主义在资本主义的中心欧洲占据了统治地位。倾向重商主义的经济学家们注重研究和倡导各种经济政策,并确信只要有了好的经济与社会政策,就可以建立和发展现代国家。即使是亚当·斯密,虽然强调最好的政府是什么也不管的政府,但他也十分重视政府对政策的制定。在《国富论》中,斯密提出,应当将国民生产作为国家经济政策的中心目标,追求最大或最多的"国富"乃是一个国家必须实行的基本经济政策。

到19世纪中叶,西方自由主义思想家们起来反对经济政策研究。在19世纪中叶,一些资本主义较为发达的国家,市场经济体制已经日益走向成熟,相当多的原先由政府来承担的经济功能开始让位给市场。与此相适应,在英国的经济学领域,自由主义学派取代重商主义成为主流思潮。自由主义经济学家们则主张政府放任自流,无为而治,听任市场这只"看不见的手"去调节各种经济活动。在这股思潮的作用下,西方许多国家的政府不再像以往那样花费财力和人力去积极地研究和制定经济政策。一些大学的经济学系甚至停开"经济政策"课程。

到了19世纪80年代,在美国,以威尔逊与古德诺为代表的公共行政学

第三章　公共政策学科的发展和规范

者则开始对公共政策产生学术兴趣,公共政策研究与公共行政的发展是分不开的,美国是最早建立公共行政的国家,因而最早的对现代意义上的公共政策作出探索的自然也是美国人。1887年伍德罗·威尔逊(Woddrow Wilson)在《政治学季刊》第二期上发表了题为"行政研究"的学术论文。在该篇论文中,威尔逊从公共政策制定与执行的角度对政治与行政加以区分。他认为政治制度只负责制定或决定公共政策,而行政则负责执行公共政策。威尔逊特别强调政治学要关心公共政策的发展,政治学家应当细心地分析法律、法令的产生与变迁的历史。

在威尔逊之后,对美国公共行政作出重大贡献的公共行政学家是弗兰克·古德诺(Frank J. Goodnow)。他也十分重视公共政策问题。他同意威尔逊将政治与行政分开的观点。他认为,政治家依据一定的标准,从各自集团的利益出发制定公共政策,而行政则是以价值中立的态度去执行公共政策。实际上,古德诺将公共政策制定过程视为是非理性的过程。在他看来只有公共政策的执行才是理性的。古德诺与威尔逊都否认政治学是科学,在他们看来,只有执行公共政策的公共行政才能依据科学和理性有效地运行。

在19世纪末20世纪初,无论是研究政治学理论的学者,还是注重对实际政治生活进行探索的学者,他们都开始关心公共政策问题。但是,在这一时期,人们对公共政策的研究或阐述,还只是局限在某些方面,比如研究政策制定的主体,讨论国家、主权与权力、政府组织在政策制定中的作用。人们也研究一些特定政策的制定,像法律的制定。人们还开始探讨政治对公共政策的影响,研究平等、自由、民主与公共政策的关系。至于有关公共政策的本质、效能、结构、体系、原则、周期等方面的问题还没有完全进入研究者的视野。

2. 西方公共政策产生的知识条件

为公共政策学科的出现积累了大量知识的首先要数行为主义政治学。从20世纪20年代后期开始,一股新的政治学研究浪潮在美国流行开来,这就是行为主义。早在1925年,芝加哥大学政治学系年轻的系主任查尔斯·梅里安(Charles E. Merriam)教授就在其政治学会会长的任职演说中强调,政治行为学将是今后政治学研究的方向。1928年,一位名叫弗兰克·肯特的美国记者出版了一本小册子,书名是《政治行为》。在这本书中,肯特对传统的政治学状况进行了抨击。他指出,当时多数的政治学家只顾埋头于规范性研究,总是在追问政府"应该"怎样进行统治,而对实际的政治生活中发生的事情却不屑一顾。结果,满腹经纶的政治学家们连一次总统竞选最终有谁胜出事先都预测不出来。在他看来,政治学必须抛弃规范方式的研究,转向对实际问题作出探索。

对于这位新闻记者提出的挑战,美国的政治学家们开始并不以为然,而且还觉得是不可能的,倒是瑞典的一位政治学家哈伯·丁伯根很在意并作出了回应,他专门花功夫对欧洲各国的选举行为作了个案分析,写出了《政治行为:欧洲选举的统计研究》一书。这一著作在美国的政治学界,特别是在芝加哥大学的年轻政治学家、政治学研究生中间产生了强烈的反响。他们在梅里安教授的指导下,着手进行政治行为研究。

与此同时,另外两股力量也推动了行为主义在美国的发展。一是一批崇尚实证分析的犹太学者为美国政治学研究注入了行为主义活力。二战中,大批犹太学者从纳粹政权下逃出来,纷纷云集到纽约的哥伦比亚大学。由于当时欧洲社会科学中正时兴E.杜尔克姆的以数据分析为中心的行为主义,因此,欧洲的移民们自然而然地就将这种行为主义方法移植到美国。有不少相信行为主义的移民学者接受美国政府的委托进行政治行为分析,比如对复员军人作全面的社会调查,并取得了许多成绩。

另一股力量是一些财团出资支持对美国的政治行为进行研究。比如,政治社会学家保罗·罗斯菲尔德在美国社会科学研究院(SSRC)和洛克菲勒财团的支持下,以1940年的美国总统选举为焦点,对俄亥俄州艾利城的选民的选举动向进行了细致认真的跟踪调查。这项研究成果后来以《投票:关于总统大选中的决断过程的研究》为书名,在芝加哥大学出版社出版。

在上述两股力量的推动下,再加上运用计算机进行选举行为的数据分析,选举的量化研究渐成气候,大量的选举数据资料汇集到由美国社会科学研究院资助的密执安大学的测量研究中心。

一直到20世纪60年代以前,美国的政治学家们对行为主义都推崇备

第三章 公共政策学科的发展和规范

至,行为主义促成了美国的"新政治科学运动"。而以梅里安为首的政治学家对"新政治科学"的倡导,在较大程度上是出于他们对公共政策的关心。比如梅里安就指出,之所以要掀起这股运动,就是要促使人们对政府机构的运转过程加以明智的控制,从而消除政治运动中的浪费,减少或消除各种动乱因素。梅里安经常使用"政治谋略"这一术语,后来则被他的学生拉斯威尔发展为"政策科学"概念。

其次,二战前后发展起来的一些新兴知识类别对公共政策学科的出现也起了作用。这些新兴的知识主要包括三个方面:(1)和数学的发展与应用有关系的新型知识。在20世纪40年代中期,产生出新的数学分支博弈论。博弈论又称为游戏理论,它主要是研究游戏和谈判过程中人们必须遵循的规则和在规则控制下所采取的策略。博弈论很快渗透到社会生活的许多方面,比如人们运用博弈论研究制定和评估外交政策,博弈论也在商务谈判中得到重视。同时,数学中的其他知识作为方法被运用到统计和企业以及社会机构的管理中来,产生出统计决策和管理决策这些新的知识领域。(2)与横断学科相关的新兴知识。二战不仅是两种社会力量的血与火的较量,也是科技能力的大比拼。交战的双方都需要大量的准确的有关敌我双方武器、装备、作战意图的详细信息,远程炮击和打击敌方飞机、军舰都需要对打击对象的速度、实施打击一方速度和射程加以控制。同时,要取得战争的主动权,军事指挥人员就必须将战争的内外环境、双方的兵力、技术设备及士气、政治局势、经济条件等因素综合起来作整体思考。这些都对在20世纪40年代中后期相继建立的信息论、控制论和系统论等学科起到了催生作用。(3)与主张政府扩大职能相关的知识不断出现。20世纪20年代末30年代初在西方爆发的经济危机,既对经济学的发展产生了巨大影响,也对政府的社会治理观念产生了重大影响。作为医治西方社会中通货膨胀、工人严重失业这一病痛"药方"的凯恩斯经济学应运而生。与此相对应,美国的罗斯福总统也以推行"新政"的名义,加大了政府对社会经济事务的干预力度。上述的这些新兴知识的出现,为公共政策活动提供了模型、技术上的支持。

3. 西方公共政策产生的现实条件

人们常常所讲的西方公共政策科学实际上指的是美国的公共政策学

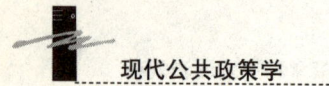

科,公共政策学科首先在美国形成并获得巨大发展。日本学者药师寺泰藏曾指出,公共政策学之所以诞生于美国,是因为美国"的确具有适合公共政策学生长的土壤"①。所谓适合公共政策学产生的土壤主要是指当时的美国社会具有三种特别的因素:除了上述的普遍流行行为主义方法外,日益加剧的社会问题、现实的政策辩论、接受政策替代方案的文化,正是这三种社会文化因素构成了公共政策学在美国诞生的现实条件。

二战后社会问题不断增多是美国孕育公共政策运动的重大原因。二战以后,西方主要的资本主义国家尤其是美国,在经过一段时间的平稳发展后,到50年代初,国内外矛盾开始激化。从60年代开始到80年代,美国的社会问题日趋增多,而且程度日益严重,这一时期主要的社会问题有社会贫困、越南战争失败、水门事件等,政治学家、科学家和学者们一方面对政府的错误政策提出猛烈的抨击,另一方面也提出要对公共政策的制定系统进行研究改进。

20世纪60年代,美国产生了大量贫困人口,约翰逊政府提出"向贫困宣战"(The War on Poverty)的口号,推行包括发展教育、兴建住宅、增加营养、扩大就业等在内的社会福利计划。向贫困宣战的结果,不仅加大了政府的开支,而且福利计划的实施并没有达到预期目标,从而招致社会不满。政府消灭社会贫困的行动对政策研究产生了作用,许多政策学家从政府和民间得到研究经费的资助,政策分析开始介入到政府的决策过程之中,政策实施和政策评估的研究开始受到人们的重视,政策学家也开始认识到现有知识不足以解决复杂的社会问题。

越战的失败是这一时期对美国社会产生深远影响的事件。美国为了取得在亚洲的控制权,不惜人力、物力,不顾世界舆论的反对,支持南越反动政权发动了一场根本无法取得胜利的肮脏战争。越南战争和越战的失败对美国公共政策研究产生了很大影响。在越战中,为帮助美国空军和国防部进行研究,由它们资助的政策研究机构兰德公司发展出系统分析与成本估计技术。在与越南共产党的交战中,政策学家发现了理性模式的局限性,从而

---

① 药师寺泰藏:《公共政策:政治过程》,张丹译,经济日报出版社1991年版,第33页。

第三章 公共政策学科的发展和规范

更重视渐进主义的分析模式。战场的瞬息变化暴露出静态分析的缺点,动态的政策分析得到发展。越战的最终结果要求政策学家在政策规划和分析中重视道德和价值的因素。

水门事件不仅导致尼克松总统下台,而且暴露出美国政治生活的混乱与丑恶。在水门事件中,尼克松一边义正词严地保证"我不是一个骗子",但第二天就引咎辞职。从水门事件中,政策学家进一步认识到道德标准应当成为政策科学的核心,伦理与价值判断应当融入政策规划和制定的过程。①

与公共政策产生有关的另一个争论是由奥本海姆事件引发的原子能政策的讨论。约瑟夫·奥本海姆是犹太理论物理学家,他不仅有物理学的才能,而且还有经济管理才能。在他担任美国加利福尼亚大学物理学教授时,他被提拔为美国最早的原子弹实验基地罗斯·阿拉莫斯研究所所长,成为美国原子弹研究的一号人物。二战后,奥本海姆成为美国核能委员会成员。但后来,由于他反对开发氢弹,并主张和平利用原子能,被美国政府当作"赤色分子"解除公职,并遭到批判。

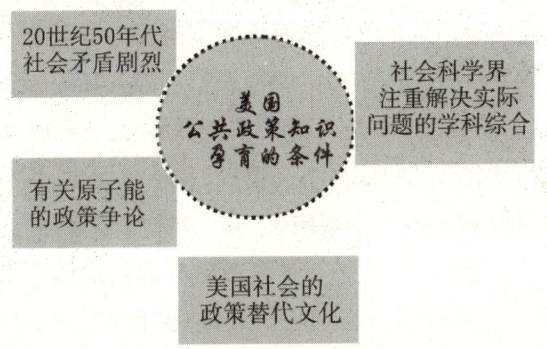

图 3—1 美国公共政策学科产生的条件

这一事件引发了一场关于如何正确选择原子能政策的争论,出现了两种针锋相对的政策观点:一些人认为在制定原子能政策时,应首先考虑将其用于国防和军事,从而来保障美国的安全。另一些人则主张在制定原子能

---

① 参见丘昌泰:《公共政策:当代政策科学理论之研究》,巨流图书公司(台北)1997年版,第42—43页。

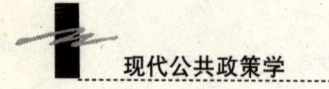

政策时,要考虑将这一技术优先用于和平,为全人类造福,防止发生核军备竞赛。于是,有关原子弹的政策问题成为严峻的政治问题。

美国特有的接受政策替代的文化也是促使公共政策产生的重要因素。日本学者在考察美国总统竞选中选民的投票倾向时,发现美国人具有从"党派投票倾向"向"问题投票倾向"转变的文化。美国通行的是政党政治,有民主党和共和党两大党,民主党略倾向于自由,共和党略倾向于保守,但总的说来,美国的政治斗争并不是基于不同意识形态的政党之间的抗争,这就决定了美国选民的投票行为。当两党的政策相差不大时,选民一般表现为"党派投票倾向"。选民依据所属的社会阶层以及收入、学历、地区性等因素,依照党派倾向投票。最终也就是按照选择自由政策即民主党的政策倾向或选择按照保守政策即共和党的政策倾向来投票。但是当社会问题激化,美国两党的路线分歧就逐渐加大。共和党日益发展成为白人和高薪阶层的代表,而民主党则成为美国社会弱者的代表。原先处于意识形态天平正中央的这两个党,开始在天平上滑动,自由党逐渐滑向左边,民主党逐渐滑向右边。这时,选民投票时不是早就事先定好要支持哪一个政党,而是要在悉心了解候选人的政策纲领之后,才决定如何投票。换句话说,选民这时不是考虑自己是哪个党的支持者,而是考虑是左倾政策还是右倾政策的支持者。在美国的选举政治中,选民会依据不同情况,从认可政党,到认可政策,即从"党派投票倾向"转向"问题投票倾向"。在"党派投票倾向"中,党派成为政治的中心,而在"问题投票倾向"中,政策讨论成为政治的中心。这就是"政策替代方案"(Policy Alternatives),只有在这种政治文化中,才有利于政策科学的发展。

二、公共政策学科的特点

1. 公共政策学是一门交叉科学

公共政策学与政治学、公共行政、社会学、管理学、系统科学、数学是相互渗透、相互交织的,从事公共政策研究必须具备多方面的知识:理解、控制和改造环境的知识;理解、控制和改造人的知识;利用环境和人对社会事务进行控制、计划、协调的公共管理知识。正是在这一意义上,杰克·普拉诺认为:公共政策是"注重科学的方法和观点来研究公共政策的制定以及解决公共问题的跨学科性学科"①。著名政策学家克朗也指出:"越来越多的具有必要的学术素养和实际经验的学者、科学家、政策顾问都感到要有明显具备跨学科特点的政策科学。"

2. 公共政策学是一门软科学

公共政策学与物理学、化学、生物学这类"硬科学"不同,它主要不是给人提供有关事物性质、属性的知识,而是提供运用理论、模型、系统的方法,以便帮助政策的制定者、执行者和评估者更便利地工作。比如政策分析就是综合运用系统分析与经济学的定量分析方法,再加上政治学的定性分析方法,借助于各种模型和各种解决问题的技巧,处理和整理信息,以识别和发现可能的政策选择,从而制定出既反映公众利益又符合社会发展目标的满意政策。在公共政策研究中,理论的运用是为了引导政策制定和分析,而避免出现立即将政策用于实践来检验其是否正确的"试误法",这样就不会导致不必要的政策失败和社会动荡。政策研究中模型的运用则在理论与现实之间架起桥梁,可以利用模型来表述、演绎或检验理论思维的成果。这些都属于软科学。

3. 公共政策学是一门应用科学

公共政策学有自身的理论,有自己的方法,是一门专门科学,但是,公共政策研究不是仅仅为了完善政策的理论与方法,而是为了给政策的制定者、实施者提供可行的程序与技巧,去更有效、更快捷地发现政策问题,确定政策目标,提出政策方案并作出尽可能满意的抉择。因此,政策研究的宗旨是为了更好地运用政策工具解决社会问题,这就是公共政策学的本质特点。杰克·普拉诺论及公共政策的这一特点时指出:"政策科学与相关学科的'纯科学'不同,它主要是一门'应用性'科学。"

公共政策学科的应用性特征决定了其生命力和发展的源泉就在于它能运用于社会实践,并在实践中不断发展。因此,公共政策学科的内容安排及

---

① 杰克·普拉诺:《政治学分析辞典》,中国社会科学出版社1986年版,第104页。

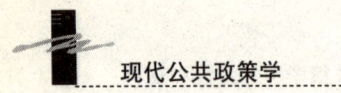

其取舍,是以能否符合实际操作为前提的。依据这一前提,公共政策学科的基本内容可以分为两大块:一是有关模型的知识;二是有关模型运用的知识。这两大块知识是紧密联系、相互依赖的。只有建立了相应的模型,操作应用才有依据;只有通过实际的操作运用,人们才能检验和改进模型。在一定意义上也可以把整个公共政策学科视为是一个大政策体系。模型的知识是元政策,运用模型的知识就是具体政策。

公共政策学科的模型知识分为三类:第一类是公共政策理论模型知识,主要研究公共政策的本质、要素、结构、功能、环境、过程、周期。第二类是公共政策过程模型知识,主要研究公共政策的制定、执行、评估。第三类是公共政策的分析模型知识,主要研究公共政策分析的功能、组织、模式、方法。这三类模型知识是环环相扣,从抽象到具体,从理论到实践的。理论模型演绎出过程模型,而分析模型是服务于过程模型的。

第二节 公共政策学科的发展轨迹

一、西方公共政策学科发展的轨迹

如同其他任何学科都有自身的历史一样,公共政策科学在西方也经历了创建、发展、批判反思和拓展新方向等几个阶段。以美国为例,从20世纪50年代至20世纪末,公共政策学科的演变先后经历了创建、发展反思和拓展等阶段。

1. 西方公共政策科学的创建时期(20世纪50年代)

美国政策科学的创建与两次大的政策争论和一次学术讨论会有关。所谓两次政策争论,一次是有关罗斯福"新政"的政策争论,另一次是由奥本海姆引发的原子能政策争论。一次学术会议是指"关于国际关系论的革命性、发展性学术讨论会"(简称RADIR学术会议)。

美国是一个实行自由经济的国家,其传统的政治文化中较为重要的一

第三章 公共政策学科的发展和规范

个内容是限制联邦政府干预民间领域,政府不能简单地干预经济界和产业界的活动。但是,在1929年爆发世界经济危机后,美国国内的经济也出现混乱和衰退。为了减少经济危机带来的失业和严重的经济萧条,当时的总统罗斯福要求议会批准他在特殊时期采取各种措施,协调各个经济领域的关系,以减少经济行为之间的摩擦。这种因经济危机而采用的政府消极干预的政策,后来被称为罗斯福"新政"政策。

针对罗斯福新政的消极干预政策,美国经济学家阿尔文·汉森和英国经济学家约翰·凯恩斯则提出积极干预政策。汉森和凯恩斯的经济学理论认为,失业乃是自由经济体制内部固有的组成部分。只要实行自由经济体制,就会有大量失业,从而导致经济危机。因此,政府惟一的选择是采取积极干预经济的政策,创建新的公共事业以吸纳失业人口,才能缓解经济危机。在汉森和凯恩斯看来,政府的经济政策不能只是为了应付眼前的困难,而必须建立在一个科学的经济体制之上,立足于科学知识,才能制定和实施好的公共政策。在当时,人们只顾忙于采取实际措施解决经济危机,而没有意识到这是一次重要的政策争论。直至二战后,人们才对这场政策争论进行反思,并由此形成了公共政策研究热潮。

导致美国公共政策学产生的另一个重要事件是在美国西部斯坦福大学召开的"关于国际关系论的革命性、发展性学术讨论会"。这次会议是由纽约卡内基财团赞助的,它是一次美国社会科学界罕见的众多泰斗云集的盛会,与会的有当时闻名于世的一些社会科学界英才,如:政治学家丹尼尔·勒纳、哈罗德·拉斯威尔,文化人类学家玛格丽特·米德,经济学家肯尼思·阿罗,心理学家爱德华·华尔兹,社会学家罗伯特·默顿。作为这次会议的主要成果之一的论文集,1951年由斯坦福大学编辑出版,其书名就是《政策科学》(The Policy Sciences)。虽然该书是由许多学者分头写作的,当时在社会上也没有产生太大的影响,即使在攻读社会科学的学生中也未能树立较高的声望,但是,不管怎么说,它终究是公共政策学的开山之作。RADIR也因此而被称为是高举大旗向公共政策进军的誓师大会。

在这次有名的政策科学大会上,斯坦福大学的政治学教授哈罗德·拉斯威尔给公共政策学下了一个定义:公共政策学就是"以制定政策规划和政

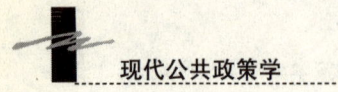

策替代方案为焦点,运用新的方法论对未来发展趋势进行分析的学问"。也正因为如此,拉斯韦尔被公认为是公共政策学的创始人或创始人之一。

20世纪60年代,美国的公共政策学者致力于对公共政策的制定进行研究,出版了一系列对公共政策制定中议会、政府、政党的作用加以研究的著作,许多学者还对政策制定中需要使用的方法和模型作了富有意义的探索。这一时期,对政策制定过程的研究,大多采用的是线性思维,将政策制定规划视为是由若干环节按照程序组成的过程。

从50年代到60年代的美国公共政策发展的基本特征可以由拉斯韦尔概括的公共政策的六大规定性中体现出来。拉斯韦尔认为,公共政策学应当具备以下的规定性:(1)公共政策学是关于民主的学问。公共政策与个人有关,因此,分析政策必须分析个人对政策的反应。但是个人意志反映在民主的政治体制中,因此,政策分析必须对政府和政治权力有敏锐的洞察力。(2)公共政策学的哲学基础是理论实证主义。拉斯韦尔非常赞赏卡尔纳普的理论实证主义,他认为公共政策学就是要追求政策的"合理性",使用数学公式和实证性数据。因此,公共政策学是一门动用科学方法进行分析的科学。(3)公共政策学是一门对时间和空间都非常敏感的科学。他认为,当人们选择某一模型进行分析时,必须在时间和空间上有明确的记录。(4)公共政策学是一门跨学科的学问。拉斯韦尔虽然重视公共政策学与政治学的联系,但他并不认为公共政策学就完全等同于政治学,它是融汇了多种社会科学在内的崭新的学术体系。当时,人们比较多地强调两大学科的结合,一是政治学,一是经济学。(5)公共政策学是政府官员与学者共同研究的学科。在这次大会之前,美国官方的决策有时偶尔邀请学者参与,但政府官员却从未参加过政策科学的学术讨论。拉斯韦尔认为,学者们特别需要了解官员掌握的数据,因此,提出在公共政策研究上官员与学者联盟的设想。(6)公共政策学是包含"发展概念"(Developmental Construct)的学科。在公共政策研究中,经济学家应研究经济发展模型,政治学家应研究政治发展模型,社会学家和文化人类学家应研究社会文化发展模型。公共政策学应当以社会变化和发展为学科的核心内容。

在美国公共政策学50年代、60年代的产生与成长过程中,形成了以上

第三章 公共政策学科的发展和规范

述规定性为特征的本土公共政策学的第一个范式,即第一个发展形态。日本学者药师寺泰藏将它称之为是第一个分水岭。① 拉斯韦尔这一代人对公共政策学的理解中有许多科学合理的方面,比如,他们强调公共政策学是多学科的结合,是跨学科的崭新科学;强调公共政策研究运用实际经验,要同具体时间和空间结合起来;强调在政策研究中要重视政治权力,要与官员结合。这些对公共政策学的健康成长无疑是有帮助的。

但是,由于这一时期行为主义事实上在美国的社会科学中已经占据统治地位,各门学科都普遍接受了行为主义,政治学中的行为主义完全取代了规范的、理性的研究传统。在这种背景下,拉斯韦尔等人创立的公共政策学完全浸染了行为主义的色彩。他们过分看重自然科学的方法,将这种方法等于理性。他们惟一感兴趣的是对行为进行量化处理,用数据说话。人们在进行政策分析时,不考虑伦理价值,使公共政策游离于价值判断之外,而且这一时期的公共政策研究也是与经济学相脱节的。

依据这种范式发展的公共政策学,只重视自然科学,只有枯燥的数字,因而是"一门'冰冷'、'生硬'的学科"。药师寺泰藏曾将研究动态的人类活动、具有不确定性的科学比喻为研究天上"云霞"的科学,因为天上的云霞是变动不居的,将承认机械的因果联系的科学称之为"报时钟"的科学。他认为拉斯韦尔创立的公共政策学不但没有描绘出"云霞",反而助长了只描绘"报时钟"的风气。"这种粗鲁的公共政策学不可能对推动社会前进、执行具体政策的人产生任何冲击。公共政策学的第一个分水岭就这样脆弱地崩溃了。"②

2. 西方公共政策科学的发展时期(20 世纪 70 年代)

西方公共政策学进入发展阶段的标志是以色列耶路撒冷希伯莱大学教授叶海亚·德洛尔(Yehezhel Dror)在 1968 年至 1971 年旅居美国期间,写出了被称之为公共政策科学"三部曲"的《重新审查公共政策的制定过程》(1968 年)、《政策科学探索》(1971 年)、《政策科学构想》(1971 年)。

现代政策科学的研究虽然在 60 年代已经显示出力量,但是,由于行为主

---

① 药师寺泰藏:《公共政策:政治过程》,张丹译,经济日报出版社 1991 年版,第 155 页。
② 药师寺泰藏:《公共政策:政治过程》,张丹译,经济日报出版社 1991 年版,第 155 页。

义的势头还在,所以现代政策科学的研究暂时还无法占据主流地位。到70年代,情况就大为改观了。这时,计算机的运用已经在一定的社会层面上得到推广,政府在更为复杂的经济运行中的干预作用得到进一步的增强。同时,随着"后工业化社会"的到来,公共社会问题增多。所有这些变化,一方面要求政府能制定出更为科学、合理的政策来引导社会发展,另一方面又要求政府能将合理、科学的政策有效地付诸实施。显然,原有的公共政策范式已经不能适应这种需要了。

德洛尔批判了行为主义对公共政策学发展的阻碍。他指出行为主义有下列缺陷:不具备严格区分微观理论和宏观理论的功能,片面地接受了所谓的均衡概念,回避了复杂而具有重要意义的伦理道德问题,将人的行为设想得过于完美。德洛尔指出,由于以往的公共政策学过于强调行为主义,而忽视了公共政策中的管理成分,这就使得公共政策学不能健康发展,几乎陷入崩溃的境地。

德洛尔认为公共政策要重新站立起来,就必须构建一个模型,即能够将各种与公共政策有关的学科融于一体的特殊模型。在这一模型中,既要包括管理科学家所强调的方法论,又要包含行为科学家强调的个人意志决定论。他用医学上治疗的比喻来说明这种模型,一般医生发现病人"有病",则采取两种治疗模型:一种是通过外部处理的治疗模型,一种是让患者自己慢慢恢复功能的治疗模型。这种医生不算好医生,好医生是将两种治疗模型结合起来。公共政策的旧范式就是只强调患者自我恢复功能的模型。应当形成将两种模型结合起来的新的范式。当然,德洛尔正确地指出,公共政策模型与医生治疗模型,这两者是有区别的,因为公共政策研究的是社会病理,它与价值观念、意识形态有关。

德洛尔要确立的公共政策模型是一种政策的政策,即元政策,是一种"总体政策"。这种需要确定的总体政策包括下列成分:首先,在制定具体政策之前要确定总体目标,即要有制定总体目标的政策。其次,要确定政策范围,确定将什么划入政府的政策之中,这是制定政策范围的政策。第三,要设定时间单位,只有有了严格的时间概念,才会有政策的连贯性,这是设定时间单位的政策。第五,要设定风险承受力,必须预测一个政策可能遇到的

第三章 公共政策学科的发展和规范

风险,这是设定风险的政策。第六,要在普遍性与特殊性中进行选择,虽然所有政策都具有这两种特性,但对不同的政策来说,总有某一种特性明显一点,这是选择普遍性或特殊性的政策。第七,要确定制定的政策是重在协调,还是有所侧重,前者是实现均衡,后者是倾斜,这是选择协调性与侧重性的政策。

与这些要求相适应,在美国60年代后期和70年代前期出现了公共政策研究中的"趋前倾向",在70年代中期则出现了"趋后倾向"。所谓"趋前倾向"则是指政策研究偏重于在政策制定中加强"政策咨询"的趋势。这一时期美国建立了一批负有盛名的以公共政策咨询研究为主要任务的研究所、研究中心,如兰德公司。由于这些机构广泛地运用统计学、数学、心理学、系统论等方法起草各种政策方案,进行各种政策模拟,提出各种政策建议,作为政府在制定公共政策时的参考,因此人们又称它们是政府决策的"思想库"、"智囊团"或"外脑"。

所谓"趋后倾向",乃是指公共政策研究中偏重于政策周期研究的趋势。政策咨询固然可以为政策制定提供必要的信息,但是,公共政策决不仅仅是信息获取、筛选与理论设计的结果,政治与行政方面的公共政策涉及到政党、行政机构、利益集团之间的复杂的利益关系,一项公共决策往往是各种利益冲突与妥协的结果,因此,要研究科学、合理的公共政策制定就必须考虑政策制定系统的改进与完善。另一方面,一项好的公共政策光制定出来是不够的,还需要去说服和组织贯彻。因此,公共政策的重要一环在于制定出来的政策的推行和实施。这样,对公共政策的研究就转向于对整个政策的生命周期进行探讨,特别是加强了对公共政策执行的研究,发展出一批公共政策执行的模型。

德洛尔面对趋于崩溃的公共政策学,勇敢地进行了重建工作。他认为应当批判行为主义,对整个政策科学的基础进行建设。他主张对制定政策的系统加以研究,并提出了构建总体政策即制定政策的若干设想。这有力地推动了政策科学的发展,这是公共政策学的第二个范式,即"第二个分水岭"。①

虽然德洛尔对公共政策学的发展作出了许多努力,但是,德洛尔的理论本身也存在问题。首先,德洛尔构建的总体政策是一种元政策或"超政策",这种总体政策因为过于理论化,很难理解。虽然他"像走残棋一样,将拉斯韦尔的错误一个个地加以纠正。但是他的这张残棋谱极其抽象,对于那些决心学习公共政策学的人来说,甚至连规则本身都搞不清楚"②。因此,也就不可能对政策科学起太大的作用。

另外,德洛尔为了建构一个总体政策系统,他不但要求将行为主义和管理科学纳入其中,而且他要求把更多的其他学科汇集到政策科学之中,从而使公共政策学成为一门包揽许多学科的总科学。"德洛尔的失败就在于:他试图在统一的公共政策学的旗帜下统率其他相关学科。"③

3. 西方公共政策科学的自我批判时期(20世纪80年代)

公共政策研究从50年代正式成为政治科学、公共行政科学中的重要分支以后,经过60年代的政策咨询研究,70年代的包括政策执行、政策评估、政策终结在内的政策周期研究,发展至80年代开始进一步转向有关政策效率、政策信息多元化、政策学家与政治家关系的研究。在这一时期,政策学家比较多地对学科采取谨慎的批判态度。

在政策效率的研究方面,西方学者并不仅仅局限于就政策的效率去考究效率,而是从两个更为深入的角度去研究政策效率问题。一个角度是从公共政策的比较中研究效率。这种政策的比较,不仅是就一个国家内部各项政策而言,而且还对国家之间的政策进行比较分析。另一个角度是从公共政策产生与运行的生态方面去考究政策的效率,深入探讨一项政策制定与执行的政治环境、经济社会环境、文化环境。

在政策信息多元化的研究方面,西方学者开始认识到政策研究在提供分析技术、解决人类社会面临的问题方面的能力是有限的。政策研究只能促成政策的形成,但不能取代政策的决定。因此,政策科学家不要再自认为

---

① 药师寺泰藏:《公共政策:政治过程》,张丹译,经济日报出版社1991年版第156页。
② 药师寺泰藏:《公共政策:政治过程》,张丹译,经济日报出版社1991年版,第156页。
③ 药师寺泰藏:《公共政策:政治过程》,张丹译,经济日报出版社1991年版,第156页。

第三章 公共政策学科的发展和规范

是政策方案的设计者,他的主要任务是要从诸如立法机关、联邦机关、州政府、地方政府、宣传团体、法院等与政策制定和执行有关联的政策利害人那里获取政策信息;政策科学家的主要任务也不是协助决策者找出一个解决问题的最佳方法,而是要在许多不同的政策利害人中,取得共识,制定出能够平衡不同观点和意见的满意政策。

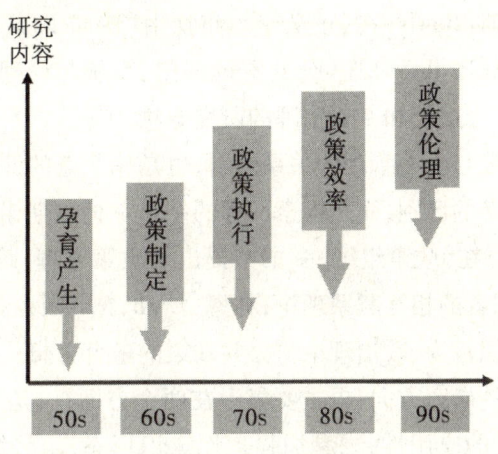

图 3—2 美国公共政策发展的轨迹

在政策学家与政治家关系的研究方面,政策学家认识到过去过分强调科学家与政治家各自拥有一套分离的价值标准与规范、政策科学家采取中立的、远离政治的立场是不合理的。相反,政策学家应当在政治领域中发展政策科学规范,政策分析家应当与追逐权力的政治家合作,融入到政策制定过程之中,与政策制定者成为知识上的伙伴。[①]

这一时期具有代表性的著作有:奈格尔(Stuant S. Nagel)的《政策研究百科全书》,阿尔蒙德(Gabriel A. Almond)的《比较政治学》,阿斯福特的《比较的公共政策》。

4. 西方公共政策科学拓展新的研究方向时期(20 世纪 90 年代)

20 世纪 90 年代西方公共政策的研究表现出两种主要趋势:一种趋势是

---

① Robert Mayer and Ernest Greenwood, The Design of Social Policy Research. Englewood Cliffs, N. J. : Prentice – Hall. 1980, p. 16.

对原有的研究主题进行深化,另一种趋势是拓展新的研究方向。关于对原有主题的深化研究主要集中在两个问题上,一个问题是公共政策的伦理、价值,另一个问题是公共政策与公共管理的关系。

关于公共政策的伦理、价值问题,自从有了公共政策研究,人们就已注意到了。至90年代,学者们感兴趣的是究竟从哪些途径去探索公共政策的伦理价值。罗尔斯(Rawls)在《正义论》、布坎南(Beaucham)在《伦理与公共政策》、高斯罗伯(Gawthrop)在《公共管理部门、系统与伦理》中分别提出了有关社会哲学、社会道德和专业伦理的研究方法。

关于公共政策与公共管理的关系问题,也是一个老的课题,90年代学者们不是去讨论两者的区别,而是探索两者的结合。梅尔斯诺和贝拉威(Meltsner and Bellavita)在《政策组织》一书中提出了政策管理、政策沟通、政策组织、政策行动等四者的相互联系理论;林恩(Lynn, Jr.)则在《管理公共政策》一书中提出了组织行为、政治理论与公共政策的融合思想。

关于拓展新的研究方向,也主要集中在两个方面:一是开辟新的研究领域,增强公共政策的应用性;二是加强理性意识形态,由传统的政策决策研究转向政策调查研究。在开辟新的研究领域方面,公共政策学家将研究的兴趣转向一系列新的社会问题,比如电脑犯罪、信息政策、试管婴儿、温室效应,等等,因为这些新的社会公共问题既是对人类的挑战,也是对公共政策研究的挑战,不少研究者感到单靠以往的纯客观研究方法不能完全解决这些问题,还必须采取后实证主义为主体的主观研究方法。

另一方面是政策调查的兴起。以往公共政策学家过于重视经济与技术理性为主体的政策抉择研究,总是强调如何使"利益最大、损失最小",强调如何依据政策制定者的偏好,排列方案的优先顺序。这种研究方法在实际生活中已暴露出弊端,许多政策学者转向政策调查研究,他们认为不存在一个最佳的即能为社会全体大众都能接纳的政策,所谓好政策就是具有法律正当性的政策。为此,就必须通过政策调查、政策辩论获得合理性,并由此确定出是否接受某项政策的前提条件。

二、中国公共政策的传统与发展

公共政策学科在中国不同地区出现的时间不相同。在香港地区和台湾地区,上个世纪的 70 年代就已经有学者编著和翻译了公共政策方面的教材和著作。在这些地区的大学中也陆续开设了有关公共政策的课程,但这些有关公共政策的著述也多是以引进美国的公共政策知识体系为主。在中国大陆地区,公共政策学科的出现则较晚,直至 20 世纪 80 年代中后期,少数出版社才出版了这方面的著述。

虽然带有中国本土特色的公共政策学科出现较迟,但是中国却是具有公共政策思想和经验的民族,具有构建这一学科的丰厚的资源。而今天大陆地区的改革、开放和社会转型过程中丰富的公共政策实践又积累了最为珍贵的经验,这些都为中国本土化的公共政策学科的发展提供了基础。

1. 中国公共政策产生的历史渊源

中国公共政策不仅有悠久的实践历史,而且有深厚的思想基础,这主要是古代的谋略思想和马克思主义的政策思想传统,但这些丰厚的理论素养只是以零星的知识存在于其他的学科体系中,没有独立出来成为自成一体的知识系统。发掘这些光辉的政策思想是建构有中国特色的公共政策科学体系的宝贵财富。

中国古代产生并积累了丰富的政策谋略思想。中国古代虽然没有形成专门的政策科学门类,但是在中国的文化传统中有着丰富的政策谋略思想和政策实践经验,主要表现在如下几个方面:(1)形成了以民为本、事异备变的政策思想。中国古代有作为的封建思想家与政治家大多提倡"民为邦本、政在得民"的治国策略,在制定政策时,多考虑"养民"、"惠民"和"富民"。古代中国的明智的统治者在制定政策与策略时坚持"世异则事异,事异则备变"的谋略原则。(2)建立了恩威兼施、以柔克刚的施政原则。中国古代勤于治国的政治家与官吏有一套施政方法:韬光养晦,以曲求全,以退为进;恩威并重,分化瓦解,征服吞并;力倡仁信,厚施绥靖,倍加安抚;中央集权,镇国封疆,分而治之。(3)形成了重政策辩论、政策分析的传统。中国古代留下了许多政策辩论与政策分析的文献。如《盐铁论》就记载了汉昭帝时以御史大夫为首的政府官员和应召而来的当时全国60多位贤良学士聚集一起,就制定、实施盐铁官营、酒类专卖的政策进行辩论的真实过程;西汉时期的《论积贮疏》、《论贵粟疏》则是两部有关制定合理的农业与粮食政策的政策规划文献;明代的《智囊计》则是政策案例分析的文献。(4)形成了完整的国策谋略体系。最为突出的是《孙子兵法》,最初人们仅仅将这一著作看作是兵书,但依据当代国内外的研究成果,人们发现《孙子兵法》中包含有大量的国策条目、谋略思想和管理策略,从而使这一著作不仅成为中国政策文化中有价值的经典,而且也成为世界政策科学研究的宝贵遗产。早在19世纪,法国拿破仑就经常运用《孙子兵法》;20世纪60年代,英国蒙哥马利元帅就提出要将《孙子兵法》作为世界各国的军事教材;1989年美国海军陆战队司令格雷上将决定将《孙子兵法》作为部队军官的必读书;日本商界也将《孙子兵法》作为拓展海外市场和加强市场竞争的策略指导。

马克思主义为当代中国准备了宝贵的政策研究传统。在中国当代的政策文化中,除了有古代的政策思想和政策研究的遗产外,具有重要指导意义的还有马克思主义的政策策略思想与原则。首先是马克思、恩格斯、列宁、斯大林等无产阶级政治家留下的政策思想与政策实践。对政策和策略,马克思和恩格斯非常重视,他们毕生除了从事理论写作外,毫不松懈地注视着无产阶级斗争的策略问题。列宁总是将党的策略视为是党的政治行为、党的政治性质、方向和方法。斯大林也将战略和策略看作是无产阶级斗争的科学。

在政策和策略的依据方面,恩格斯作了经典的阐释,他认为党的政策是根据经常变化的条件制定的。列宁也指出,只有客观地考虑某个社会中一切阶级相互关系的全部总和,考虑社会发展的客观阶段,考虑该社会和其他社会之间的相互关系,才能成为先进阶级制定正确策略的依据。在政策和策略的原则方面,马克思和列宁这些经典作家提出了如下思想:要把当前斗争和长远斗争、当前利益和长远利益结合起来;要坚持说服和争取人民的大多数;要将政策的原则性与灵活性结合起来;要善于利用矛盾争取同盟者。

其次是毛泽东关于政策策略的光辉理论与实践。毛泽东在领导中国革

第三章　公共政策学科的发展和规范

命与建设的实践中,对政策和策略问题作了研究。毛泽东重视政策,提出"政策和策略是党的生命"的光辉论断。他认为政策是革命政党一切实际行动的出发点,并且表现于行动的过程和归宿。一个革命政党的任何行动都在实行政策,不是实行正确的政策,就是实行错误的政策。因此,共产党领导机关的基本任务就在于了解情况和掌握政策两件大事。在中国这样复杂的环境中工作的每个干部,必须将自己锻炼成为懂得政策和策略的战士。

毛泽东对政策和策略的制定的依据作了透彻的研究。他强调客观实际和具体国情是制定政策和策略的基础和前提。他认为,政策是要解决问题的,要解决问题就要发现和弄清问题,为此,就必须深入实际,调查研究。在此基础上,毛泽东又把对事实材料所进行的"去粗取精、去伪存真、由此及彼、由表及里"的加工整理和加以分析、综合科学思考看成是决定政策和策略的中心环节。同时,他还把广大人民群众的根本利益作为一切政策和策略的出发点和落脚点,把占全人口90%以上的广大群众的目前利益和将来利益的统一作为出发点。

毛泽东全面地阐述了政策和策略的原则要求。他指出,无论是在革命还是在建设中,都必须将政策的长远目标与当前的奋斗结合起来。在具体实施政策和策略时,要讲究艺术,要在战略上藐视敌人,但在战术上要重视敌人。毛泽东将团结一切可以团结的力量,孤立和打击主要敌人作为一项政策原则提出来,为此,他总结出一系列政策措施,如既要防左,又要防右;利用矛盾、争取多数、反对少数;有理、有利、有节;等等。另外,毛泽东特别强调在实施政策时,要将原则的坚定性与策略的灵活性有机结合起来。

2. 中国公共政策发展的主要阶段

真正学科意义上的中国公共政策研究是从改革开放以后才兴起的,先后经过了孕育和开创两个主要阶段。

中国公共政策学科的孕育阶段(20世纪80年代)。从20世纪70年代末开始,中国社会进入改革开放的新时期。从1979年至90年代初,以邓小平为代表的中国共产党和中国政府在东方辽阔的土地上进行了成功的震惊世界的制度和政策创新的实践。在这一阶段上,邓小平支持和领导了真理标准大讨论,实现了第一次思想大解放。在此基础上,果断地抛弃了"以阶

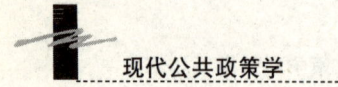

级斗争为纲"的错误政策,提出了以"一个中心、两个基本点"为主要内容的党在初级阶段的基本路线。与此同时,邓小平还在许多领域提出了一系列的新政策,比如"一个国家,两种制度"的政策;"发展是硬道理"的政策;物质文明和精神文明要两手抓,两手都要硬的政策;科技是第一生产力的政策;允许一部分人、一部分地区先富起来的政策;等等。

在领导政策创新实践的同时,邓小平对新时期的政策理论作了研究。他指出,政策的本质要求是要讲求实效,给人民以物质上的实惠;检验政策是否正确的标准,不是人们的主观愿望,而是客观实践;政策的合法性是由多数群众满意来决定的,一项政策好不好,主要看工人、农民和知识分子赞成不赞成;政策执行必须坚持稳定性与连续性的原则,一项政策经过实践检验是正确的政策,就必须坚持,凡被实践证明是不完全正确甚至错误的政策,就必须修正或抛弃。

公共政策的丰富实践为政策科学门类的创立提供了条件;同时,改革开放中出现的大量政策问题特别是社会转型时期的经济政策方面的问题也向公共政策研究提出了要求。在80年代初,邓小平就提出,在学科发展上要赶快补课,要重新恢复政治学、社会学、法学和行政学,其中也包括公共政策的学科建设。这为公共政策学科的发展提供了条件。

随着政治学、行政学等学科的恢复,高等学校、社会科学研究部门开始进行政治决策和行政决策方面的研究。此时的公共政策还远未独立出来,还包含在公共行政学和政治学这两门学科之中。与此同时,一些学者开始介绍和翻译台湾地区和国外的公共政策的文章和书籍,同时也编写出有关政策科学的教材与读物,其中比较重要的国外著作有:《政治制定过程》(查尔斯·林德布洛姆著,朱国斌译,华夏出版社,1988年)、《系统分析和政策科学》(R.M.克朗著,陈东威译,商务印书馆,1986年)、《经济政策:原理与设计》(J.丁伯根著,张幼文译,商务印书馆,1988年)、《公共政策》(伍启元,香港商务印书馆,1989年)、《公共政策析论》(张世贤,台北五南图书出版公司,1986年)、《政策科学》(孙光,浙江教育出版社,1988年)、《政策研究学概论》(孙效良主编,中国经济出版社,1989年)。

中国公共政策学科的开创阶段(20世纪90年代)。20世纪90年代是

第三章 公共政策学科的发展和规范

中国公共政策开始从政治学和公共行政中分离出来成为一个独立的研究领域的时期。其标志主要有以下三方面：(1) 开设了公共政策课程，创办了研究机构，培养了研究生。90 年代，在一些全国重点高等学校的政治学、行政学专业中，开设了以"政策科学"或"公共政策"为名称的课程；成立了从事政策研究的机构；在未被列入国家学科专业目录之内的情况下，一些高校在其他专业的名目下，招收了以公共政策、政策科学或政策分析为研究方向的硕士生与博士生。(2) 出版了一批公共政策教材。主要有《公共政策学导论》（桑玉成等著，复旦大学出版社，1991 年）、《政策科学原理》（陈振明主编，厦门大学出版社，1993 年）、《政策科学导论》（张金马主编，中国人民大学出版社，1992 年）、《行政决策分析》（胡象明，武汉大学出版社，1991 年）、《政策学》（兰秉洁等编著，中国统计出版社，1994 年）、《公共政策分析》（陈庆云，中国经济出版社，1996 年）。(3) 建立了全国性的公共政策科学研究会。1991 年 8 月，中国行政管理学会在吉林省长春市召开全国首届政策科学研讨会，这次会议除了进行政策科学研讨外，还就成立全国政策科学研究会的事宜作了讨论。1992 年 10 月，在山东省曲阜市召开了全国政策科学研究会成立大会，全国政策科学研究会作为中国行政管理学会的研究分会而存在。1999 年 10 月，全国政策科学研究会在江苏省苏州市召开第二次代表大会暨理论研讨会。

第三节 公共政策学科的学科规范

一、公共政策学科形成的标志

在西方公共政策产生和发展的过程中，曾经发生过公共政策学是否是一个学科的讨论。讨论的焦点是两个：一个是公共政策研究是不是具有价值因素？因为在行为主义看来，科学与价值是不能结合的，如果一种研究具有价值取向，就会妨碍其客观性、真理性。另一个是公共政策学科有没有自

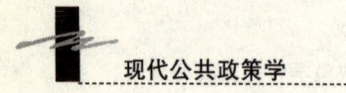
现代公共政策学

己特殊的研究理论和方法?因为在不少传统学科那里,它们有专属于本学科的理论与方法,如果一种研究总是借用其他学科的理论与方法,它就算不上科学。

上述这些争论都带有某种片面性。在社会科学研究中,完全的价值中立其实是不可能的。在现代科学发展中,学科的交融、渗透和交叉是一种趋势,如果一味坚持学科理论与方法的单一性、独特性,只能阻碍学科的进步和发展。因此,判断公共政策学科是否存在,或公共政策学能否成为一门科学的学科,并不取决于公共政策研究是使用一个学科还是多个学科的知识、理论、方法,也不取决于是否讨论价值问题,因为在现代的科学结构中,几乎没有一门学科不在借用或干脆移植其他相关学科的知识、理论、方法,也几乎不存在一门与社会伦理、价值问题完全隔离的社会科学。衡量和判断一门学科是否是科学门类的标准或条件则是:有无独立的研究对象,有无完整的知识体系,有无规范的学科建制。

公共政策研究之所以成为一门专门学科,以其在美国产生时为例,是因为:

1. 它具有了独立的研究对象

公共政策曾经是政治学研究的内容,行为主义和后行为主义的政治学家都将公共政策视为是政治系统的政治产品,甚至认为关注现实的政治学应当特别重视政策。但是,政治学不可能撇开政治行为主体的结构、政治权力的配置、政治系统的运行、政治生活的发展,来专门研究公共政策。公共行政也将政策作为自身的重要研究内容,特别是西方60年代的公共行政研究中出现了三大主要趋势,其中一个就是公共政策。[①] 但是,公共行政也只是强调政策的功能,只是重视研究行政决策过程,而不会将整个学科都变成对公共政策的探讨。社会学也研究社会问题和社会政策,但也只是作为学科的研究内容之一。唯有公共政策学科专门将公共政策作为自己的全部研究内容,并且将公共政策活动的规律及其发生作用的领域如公共政策理论构建、公共政策系统、公共政策过程、公共政策分析、公共政策研究以及具体

---

① Allen. S. Chick, "The Trauma of Politics: Public Administration in the Sixties," F. C. Mosher, ed. op. cit., pp. 142—180.

第三章 公共政策学科的发展和规范

的公共政策的实践作为自身的研究内容,形成与其他学科不同的独立的研究对象。

2. 它建立起系统的知识体系

围绕独立的研究对象,公共政策学科在发展中逐步形成完整系统的知识体系。以美国为例,在20世纪50年代至60年代,美国的政策学家和政府官员在公共政策的研究和实践中最为关心的只是有关政策制定系统和政策规划方面的知识。比如,由拉斯韦尔和德洛尔所确立的政策科学范式则过分重视政策制定的研究,而很少涉及政策过程的其他环节。德洛尔甚至将整个政策过程只分为元政策制定、政策制定和后政策制定几个阶段。到了20世纪70年代至80年代,美国公共政策的研究开始向政策过程的其他环节发展。60年代美国联邦政府实施的大约300项政策,到70年代就需要进行评估,实践的需要使得有关公共政策评估的知识大大丰富起来。70年代对政策评估的结果说明,美国联邦政府60年代相当多的社会改革政策之所以失败其中重要的原因在于政策执行出了问题,这启发了相当多的公共政策学家将研究重点转移到政策执行方面,从而导致公共政策的知识迅速得到增长。同样是70年代的政策评估,使公共政策终止的知识得到充实和发展。

到了20世纪90年代,美国的公共政策研究又开始在原有的主题上加以深化并努力拓展出新的研究领域。在这一时期,公共政策学科中又增加了有关公共政策与社会哲学、公共政策与政治伦理、公共政策与社会道德的关系的知识;公共政策与组织行为相互联系的知识得到阐发;公共政策调查方面的知识也变得更为充实。

可见,公共政策作为一个学科门类,其知识的结构是随着实践的扩展和研究的深入而日益合理化的,其知识的整合也是随着实践的增多和研究的发展而不断走向系统化的。现代公共政策学科主要包含下列四方面的系统知识:公共政策的理论知识;公共政策的过程知识;公共政策的分析知识;公共政策的实践案例知识。

3. 它具备了一定的学科建制

从公共政策研究比较发达的国家和地区来看,公共政策之所以能成为

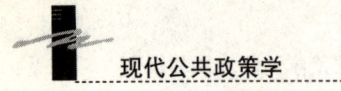

一门学科,还在于它具备了一定的学科建制。在大学中建立系科,建立政策科学的专业协会,出版专业刊物,成立专门的政策研究机构,使政策研究专业化。到20世纪70年代末,美国许多大学开始招收公共政策的本科生,有些大学设立了公共政策专业的硕士点和博士点,形成了公共政策方面规范的课程体系。美国不少大学的校园内成立了独立的公共政策研究机构,如密西根大学、哈佛大学、加州大学伯克利分校、匹兹堡大学、耶鲁大学先后都有了公共政策研究所。

20世纪70年代,美国还相继成立了公共政策方面的社团,如1971年建立了美国政策研究学会(The Policy Studies Organization),1977年成立了美国政策评估研究学会(Evaluation Research Society),1979年成立了公共政策分析和管理学会。与此相适应,出版了一批公共政策的期刊,比较著名的有《政策科学期刊》(Journal of Policy Sciences)、《公共政策期刊》(Joutnal of Public Policy)、《政策研究期刊》(Policy Studies Journal)、《政策分析与管理期刊》(Journal of Policy Analysis and Management)等。另外,一批民间的公共政策研究机构也产生出来,比较著名的有:布鲁金斯研究所(The Brookings Institution)、斯坦福研究所(Stanford Research Institute)、美国企业研究所(American Enterprise Institute)与传统基金会(Heritage Foundation)。

以此来衡量,中国大陆地区自20世纪80年代中期以来,经过学者、政府部门公共政策的实践者们的共同努力,中国公共政策的研究、教学、实践也逐步具备了上述提及的条件。从中国的实际出发,紧密结合社会转型的特殊经验,形成了中国公共政策特有的研究对象。经过20多年的努力,已经初步建立起公共政策的知识体系,这套知识体系已经被运用到高等学校的专业教学中去,也成为公务员培训的内容。另外,在高等院校,已经设立了公共政策的教授席位,已经建立起以研究公共政策为任务的专门研究机构,在本科、硕士、博士培养中也逐步设立了公共政策专业方向。另外,公共政策研究的学会和公共政策研究的刊物也相继出现。这些都说明,中国的公共政策学科不仅已经存在,而且正在健康发展。

二、公共政策学科的范围

公共政策学科是新兴的边缘性学科。这种学科的性质决定了它与社会学、政治科学、公共行政学、法律科学是相互交融、相互渗透的,但是,公共政策科学与这些相关学科中的任何一门都是有区别的,任何一门其他学科都取代不了公共政策学。

1. 公共政策学科与政治科学的关系

在西方政策科学的发展中,许多学者把公共政策看作是政治生活的一部分,将公共政策学视为是政治学的研究内容之一,如美国政治学家 G. A. 阿尔蒙德在他与小 G. 鲍威尔合著的《比较政治学:体系、过程、政策》一书中,就将政策看成是政治体系运行过程的政治产品。美国另一位政治学家林德布洛姆在其著作《政策制定过程》中,将政策制定完全归结为政党、利益集团相互争斗、讨价还价以达成妥协的政治渐进过程,因而政策科学也就成为政治科学。甚至有些学者还特别强调公共政策学在政治科学中的重要地位,将它上升为政治学的核心,如日本学者药师寺泰藏就曾说过:"应该了解政治学与公共政策学之间存在一种独特性。这并非指政治学是高居于公共政策学之上的霸权者。毋宁说公共政策学是政治学的核心。"不仅如此,公共政策学由于同现实相联系,通过政策分析,可以让抽象的政治学理论"大白于天下",且能对政治概念加以检验,从而成为政治学进步的动力。①

公共政策科学在形成与发展过程中曾经从属于政治科学,但是,当公共政策研究在实践的推动下逐渐发展起来,形成自己的特殊对象、理论体系和研究方法以后,它就从政治科学中分离出来,成为独立的知识门类。公共政策与政治科学既相互联系,又相互区别。

公共政策与政治科学两者的联系主要表现在:(1)在起源上,公共政策是从政治科学中分化出来的。在政治科学中原先就包含着公共政策的内容,这部分知识后来获得发展,从政治科学中分化出来,成为一个专门学科。

---

① 药师寺泰藏:《公共政策:政治过程》,张丹译,经济日报出版社1991年版,第158页。

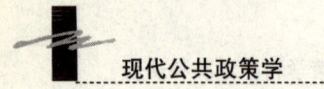

(2)在内容上,公共政策是政治科学的重要组成部分。公共政策的制定、执行、评估本身就是政治事务,作为现实政治生活实际内容的政治过程主要的就是在政治系统中居于统治地位的阶级与政党运用手中掌握的公共权力制定与实施公共政策的过程。(3)在保障上,公共政策需要政治科学提供支撑。公共政策的制定和实施必须运用公共政治权力,公共政策合法性的基础是政治系统的合法性,公共政策的实施也需要政治权威作为重要资源。

公共政策与政治科学两者又存在差别,主要表现在:(1)公共政策与政治科学研究的重点不同。公共政策研究的重点是政策制定、执行和评估的模型和方法;政治科学研究的重点则是政治行为主体的活动、政治权力的配置、政治制度的维持与创新、政治系统的运行和发展。(2)公共政策与政治科学使用的主要范畴不同。公共政策科学使用的主要概念是政策问题、政策议程、政策规划、政策执行、政策评估、政策终止等;而政治科学使用的主要概念是政治行为、政治主体、政党、政治权力、政治制度、政治文化、政治系统等。(3)公共政策与政治科学运用的主要研究方法不同。公共政策研究中更多地是使用程序、模型等分析工具,而政治科学研究更多的是使用结构、功能、系统等分析工具。

2. 公共政策与公共行政的关系

公共政策研究与公共行政的发展是分不开的。美国是最早建立公共行政的国家,因而最早对现代意义上的公共政策作出探索的自然也是美国人。1887年伍德罗·威尔逊(Woddrow Wilson)在《政治学季刊》第2期上发表了题为"行政研究"的学术论文。在该篇论文中,威尔逊从公共政策制定与执行的角度对政治与行政加以区分。他认为政治制度只负责制定或决定公共政策,而行政则负责执行公共政策。威尔逊特别强调政治学要关心公共政策的发展,政治学家应当细心地分析法律、法令的产生与变迁的历史。①

公共政策在很长时期中是作为公共行政研究的重要内容而存在的,公共行政学在发展中曾经有过相当长时期是以政策作为研究取向的,西方一些较为著名的公共行政学家在20世纪50年代和60年代的公共政策著作中

---

① 彭和平等编译:《国外公共行政理论精选》,中共中央党校出版社1997年版,第14—15页。

第三章 公共政策学科的发展和规范

程度不等地论述过公共政策,比如 R.J.斯蒂尔曼在其有名的著作《公共行政学》中就以较多的篇幅论述了公共政策问题。

公共政策与公共行政之间也存在既相互联系、又相互区别的关系。公共政策与公共行政的联系主要表现在:(1)两者的主体是相同的,公共政策制定、执行的主体主要是政府及其部门,而公共行政管理的主体也主要是政府和政府部门。(2)两者的资源是相同的,公共政策运行中所需的人员、经费、权威来源于公共人力资源、公共财政、公共权力,而这些也正是公共行政管理所需要的资源。(3)两者的目标是相同的,科学、合理的公共政策的制定和实施与合理、依法的公共行政管理都是为了管理好社会公共事务,树立政府的良好形象,保证社会的稳定发展。

公共政策与公共行政的区别在于:(1)两者需要解决的问题不同,制定与实施公共政策是为了解决社会中出现的公共问题,严格意义上的公共行政管理的目的是为了首先解决各级政府及其部门的职能、效率、编制、程序等方面的问题,以便构建精干、高效、廉洁的政府。(2)两者研究的重点不同,公共政策研究的重点在政策的制定、实施与评估上,公共行政也研究决策问题,但政策的制定、实施只是其管理的一个方面,公共行政管理还要解决公共人事、依法行政、公共管理质量等其他方面的问题。

3. 公共政策与公共管理的关系

公共政策与公共管理都是近年来在国内刚刚兴起的新学科,这两者的关系既有相互联系的方面,也有相互区别的方面。就其联系性来说,主要体现在下列几点上:(1)在研究对象上,公共政策与公共管理有相同的内容。无论是制定、实施公共政策,还是进行社会公共管理,都是管理社会公共事务、解决社会公共问题。(2)在实施过程中,公共政策与公共管理有相同的环节。两者都要经过确认问题、制定方案、计划实施到结果评估的程序。(3)在行为指导上,公共管理要在公共政策的指导下进行。公共政策为公共管理确立整体性的行为方向与总目标,公共政策规定着公共管理人员在管理中必须遵循的基本准则和要求。(4)在目标实现上,公共政策的目标要通过公共管理来实现。公共政策从总体上来说,只是一种抽象的行为原则与规范,只有通过公共管理的具体行为,才能将公共政策变为现实。

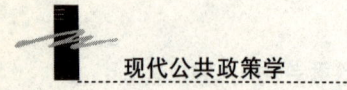

公共政策与公共管理也存在差别:(1)两者的范围不完全一致。公共管理主要体现政府对社会公共事务进行管理的职能,而公共政策不仅涉及公共事务,而且还涉及带有共性的私人事务。(2)两者的主体不完全相同。公共政策的主体主要是政府机构,但也包括立法机构、司法机构,公共管理的主体主要是政府行政部门及其工作人员,立法、司法机构及工作人员并不直接参与对社会公共事务的管理。(3)两者的实施方式不完全一样。公共政策的贯彻、实施,主要是通过规范人们的行为来对利益关系进行权威性分配,公共管理则更多地设立和实施公共项目,直接改善人们的生活质量。

4. 公共政策与法律科学的关系

公共政策与法律科学既相互联系,又相互区别。两者的联系表现在:(1)在功能上,公共政策与法律都是利用公共权力对社会的公共利益进行调节,而且调节的手段都带有强制性,只是强制的程度不完全相同。(2)在形式上,公共政策与法律都是以条文、规定、规范的方式出现的,法律属于严肃的公共政策,是高层次的公共政策。(3)在与政治的关系上,公共政策与法律都是政治的重要产物,又都是政治的主要实现环节。

公共政策与法律的区别表现在:(1)两者制定的主体有差别。法律的制定者只能是一个国家中宪法规定的权力机构,公共政策的制定者既可以是行政机构,也可以是立法机构、司法机构。(2)两者的实施主体不同。法律的实施主体只能是司法机构,公共政策的执行者主要是行政机构,但立法机构、司法机构也可以实施公共政策。(3)两者的表现形态也有差异。法律具有统一的实行标准和很强的可操作性,公共政策只是一定的规范、原则,要实施还需要将其具体化,转换成执行细则。(4)两者的稳定性不一样。法律一旦制定,就比较稳定,长期有效,不允许经常更改;公共政策是针对一定的问题制定的,一旦问题解决,或环境发生变化,政策就需要终止或修正。

第二编

公共政策系统

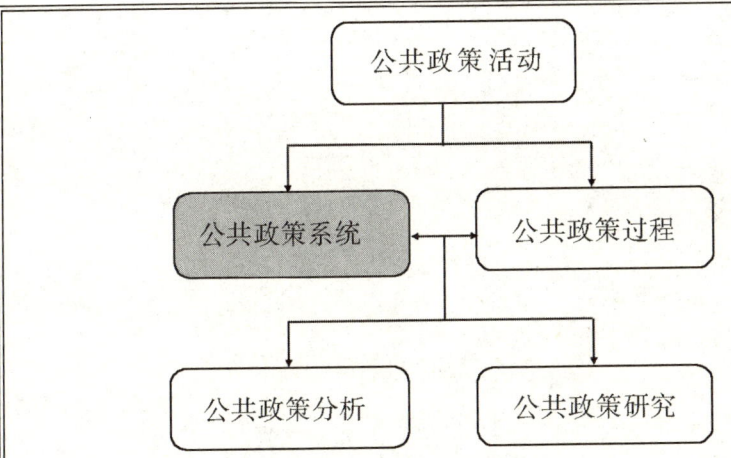

图　现代公共政策总体逻辑结构

　　作为人类积极、自觉的以解决社会公共问题、维护社会公共利益为目的的公共政策活动，无论其规模大小，也不论其简单还是复杂，都是由许多内外因素构成的一个有机系统。在公共政策的有机系统中，有政策活动赖以存在和运行的背景、环境、条件等外在因素，它们按照一定的层次和作用的大小，形成了政策活动的外部生态体系。在公共政策的有机系统中，还有政策本身得以产生和运行的包括主体、客体、价值、资源、信息、咨询和工具等各种要素，按照一定的结构、机制，形成了政策活动的内部生态体系。在具体的公共政策存在和运行中，政策活动的内部生态体系和外部生态体系两者通过互动实行相互建构。研究公共政策系统，了解其内部和外部生态体系及其相互关系，是从静态结构的角度认识和理解公共政策的重要步骤。它为进一步从动态的角度认识和理解公共政策提供了前提。

第四章 公共政策的外部生态体系

第一节 公共政策外部环境的特征和影响

一、公共政策外部生态的特征

在观察公共政策活动时,可以将与公共政策活动有关的因素都纳入到一个整体系统中来思考。这样作为公共政策活动条件的环境因素也就成为系统的一部分。为了将公共政策活动的环境因素与公共政策活动自身的因素区分开来,我们把与公共政策活动相关的环境因素及其相互之间的关系称为公共政策系统的外部生态,而公共政策自身的因素及其相互关系则称为公共政策系统的内部生态。之所以加入生态一词,是为了表明在对公共政策内外部因素加以思考时,要避免机械性,要把与公共政策活动相关的外部环境因素有机地结合起来考虑。同时,也要将公共政策自身的因素视为是有机结合的。

可以从不同的角度描述公共政策系统的外部生态因素的特征,由此得出的政策外部因素特征就会是多种多样的。研究政策系统中外部生态因素特征的目的是为了更好地进行政策规划和政策分析,从而更有效地制定和实施具体政策。因此,就需要从实际运用的角度来寻找政策系统的外部生态因素的基本特征及其相互之间的关联。

1. 政策外部生态因素的多样性与归类性及其统一

可以从范围、内容、形式、时间和影响力度等方面去理解政策系统中外部生态因素的多样性。从范围上看,政策系统的外部生态因素既有国际的,

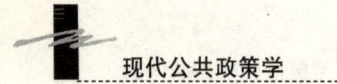

也有国内的,而且常常相互影响;既有全局的,也有局部的,而且经常变换位置。从内容上看,政策系统的外部生态因素有政治的、经济的、文化的、社会的、心理的等不同类别。而每一大类中又可分出更为细微的类别,如制度的、结构的、过程的等等。从形式上看,有些政策系统的外部生态因素是显露的,有些则是潜在的;既有实体性的因素,也有精神、观念性的因素。从时间上看,政策系统外部生态因素中有一些因素是长时间起作用的,有些则是短时间起作用的。从影响力度来看,有些因素的影响是强烈的,有些影响则是微弱的。因此,在制定、执行政策时,必须从多方面、多角度了解具体政策运行所面对的多样性的外部生态因素。在这一方面,要求政策主体在思考问题时,尽量坚持全面性。

政策系统的外部生态因素虽然是多样的,但也决不是杂乱无章的。处在社会生活中的政策主体是政策系统外部因素的创造者、辨认者和改造者。现在人们面对的公共政策系统的外部生态因素,都是以往的政策主体的活动或现在的政策主体以往的活动创造出来的。表面看客观的、自然的环境似乎是与人无关的,但是,除了人迹罕至的原始区域外,所有的自然都是人化自然,即经过人改造过的自然。至于政治的、经济的、文化的等外部生态因素,则完全是人类通过自身的活动创造出来的。这些公共政策的外部生态因素,原先都和政策活动不相干,正是通过政策主体的思考,才被确认为是政策外部生态因素的。正因为人们以特定的活动方式创造或确认了政策系统的外部生态因素,因此,政策的外部因素都是可以按照人们政策活动的需要分类的,一定类别的外部因素总是与一定领域的、特定内容的政策联系在一起。所以,人们在制定和实施具体政策时不是将所有的外部因素不加区分地都加以考虑,而是有选择地辨认和评估相对应的外部因素。比如,人们在制定与实施政治政策时,首先要考虑的是社会政治法制的因素,在制定和执行经济政策时,最重要的是要考察社会的经济因素,在制定教育、科技等方面政策时就要考察社会的文化心理因素。在这一方面,要求政策主体在思考问题时要尽量有针对性。

2. 政策外部生态因素的确定性与变动性及其统一

相当多的政策系统的外部生态因素在一定时期中是较为确定和稳定

的,一个国家、一种制度总要追求某种稳定性,只有在相对的稳定和保持一定秩序的情况下,社会才能运行和发展。社会的稳定性首先是通过其自然地理环境的固定性来实现的。另外,社会生活的稳定又是通过政治、经济、文化生活的结构、体制的稳定体现出来的,比如一个国家的政治、法律结构与制度总具有一定的稳定性,一个国家的社会文化结构与内容,通常以风俗、传统的方式表现出来,这些也都具有稳定性。政策外部因素的相对稳定性为人们制定和实施政策提供了起码的前提。

但是,作为政策限制条件和资源条件的外部因素又不可能是一成不变的,这种变化主要是由两方面原因引起的,一方面的原因是外部因素自身的矛盾运动,比如,一国的政治环境,无论是政治结构、政治体制,还是人们的政治心理,都处在变化之中。至于经济、文化因素,无论是在社会平稳发展时期,还是社会的急剧转型时期,都会发生变化。另一方面的原因是政策系统中的内部因素与政策系统中的外部因素相互作用。政策系统不仅仅是其外部因素影响的产物,而且政策一旦形成和实施,就会反过来对产生和制约它的外部因素发生反作用,从而引起外部生态的变异。政策外部因素的变动性要求政策行为主体要善于审时度势,因时、因地制定、实施和评估政策。

3. 政策外部生态因素的连动性与定向性及其统一

政策外部生态因素对公共政策的作用不是一个简单的作用与反作用的循环,而是表现为或者是一环扣一环的连锁反应,或者是相互影响的交叉反应。所谓政策外部生态因素的连锁反应是指当某些外部因素 C 作用于政策 A 后,外部因素 C 与政策 A 又成为新的外部因素,再作用于政策 B,外部因素 C、政策 A、政策 B 又构成新的外部因素作用于政策 D,从而形成外部生态因素与政策作用的因果链条。

所谓政策外部生态因素的交叉反应是指环境因素 C 作用于政策 A、政策 B、政策 C,政策 A、政策 B、政策 C 分别以对方为自己的环境因素,发生相互作用,这种作用所产生的状态连同原来的环境因素 C,交叉对政策 D 发生作用。外部生态因素的连锁性与交叉性要求政策主体在制定、实施某个具体政策时,必须考虑外部环境因素的影响是动态的,同时还要考虑其他政策可能产生的影响。

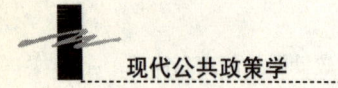

政策外部生态因素作用的交叉性,使得政策的外部生态因素的作用的方向性变得难以捉摸。但是,政策外部生态因素由于其归类性的特征,从而也具有定向影响的特点。社会政治法制因素和政治、法制政策固然会对经济政策、文教政策产生一定的作用,但是,它的主要作用还是指向政治政策和法律的。同样,资源因素通过对经济政策的影响,又会和经济政策一起去影响卫生政策、公交政策,但是谁也不会否认资源因素的影响主要还是指向经济政策的。

对于政策外部生态因素和政策间的连锁性作用来说,虽然作用有传导性,但作用的力度是不一样的。在连锁作用因果链条的开始环节上,特定的外部生态因素对某一具体政策的作用力度显然是最强的。越是向后,这一外部生态因素对其他的政策的作用力度就逐渐减弱。

4. 政策外部生态因素的常规性与突发性及其统一

政策的外部生态因素由于上述的稳定性特征而表现出一定的确定性。这种确定性是表明一定社会的政治、经济和文化环境其数量、质量、发展变化的趋势是政策主体在事先都能知道,或者都能预测出来的,这也是政策规划中人们能够利用事前掌握的信息进行方案预期效果分析的依据。因此,大多数外部生态因素,其出现、变化都是有规则的,或者说是符合常规的。

但是相当多的政策外部生态因素的出现、变化却是突发性的,往往出乎政策主体的预料之外。这些突发性的外部生态因素主要有下面几类:一类是特大自然灾害,虽然人类对自然的变化已有种种方法进行预测,但是人类仍然无法事先准确地了解和预防特大自然灾害;一类是国际范围的危机,人类现有的国际关系的知识还不足以准确预测和防范特大国际事件;另外还有一类就是综合性危机,人们虽然能够对一些显露出来的、个别的外部生态因素的发展趋势有所认识,但对外部生态因素中潜在的矛盾与综合性的危机缺乏预测与预防能力。外部生态因素的突发性往往给政策过程造成巨大影响。

二、公共政策的主要外部生态因素的影响

公共政策内部生态与其外部生态之间是相互制约、相互影响的关系,一

第四章 公共政策的外部生态体系

方面政策的外部生态是政策内部生态形成和运行的条件和背景,另一方面公共政策的内部生态的变化又会改变外部生态因素的状态。政策外部生态对政策内部生态的影响总是有指向性的。

1. 经济地理因素对公共政策的影响

政策的外部经济因素是指人们在制定与实施某一项具体政策时,可能面对的总体经济状况。它是政策主体所面对的各种经济状态和可供运用的各种经济资源的总和,它是由整个世界经济的格局与运行状态,一国或一个地区的经济体制、经济结构、经济发展速度、经济总量等诸要素有机组合起来的系统,主要包括世界经济的格局,世界金融、贸易、投资体制与状态,一国或一个地区的经济体制,产业政策与产业结构状况,货币政策、金融机构及其监管机制,贸易体制与政策,消费品市场与生产要素市场的供求状况,税收政策与财政状况,个人收入分配的差距程度与地区发展的不平衡程度,个人消费的水平与特征,等等。

公共政策的地理资源因素是指在一定的地理位置上的自然资源、生态系统的总和,主要包括地理位置,如国土面积的大小及肥瘠程度、海岸线的长度、地形地貌、气候、与周边国家或地区的关系;自然资源,如矿产种类、品位与分布,以及能源、水资源、动植物种类与分布,等等;生态系统,如环境污染的状况与程度、环境监测系统、环境治理的政策与技术,等等。

由于地缘经济和区域经济的出现,公共政策的实践者们开始将目光投向空间地理位置。虽然地理位置不可能从根本上决定一个国家或一个地区的经济制度、体制、产业结构、总体经济状态,但是一定的地理位置与资源的分布却是有着十分密切的联系,因此,在公共政策实践中,人们常常把经济因素和地理因素结合起来考虑。

首先,经济、地理这一外部生态因素是制定、实施公共政策的基本出发点。公共政策的制定与实施必然要涉及到经济资源的配置问题。任何一个社会的政府都只能对社会经济资源的存量加以合理配置,而绝不可能进行超量配置。同时,公共政策对资源的配置又必须在既定的经济制度和体制框架内进行,离开了一定的经济结构、制度和体制去制定和实施某种公共政策,必然要引起经济制度、体制制约和反弹。因此,资源的分布与既定的存

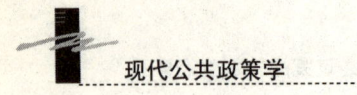

量、既成的经济制度和体制乃是公共政策过程运行的基础。

其次,经济、地理这一外部生态因素是公共政策过程运行的必要条件。公共政策的制定、执行和评估都要耗费一定的人力、物力和财力,并需要一定的经济制度作为支撑,这些就构成了政策过程的成本。因此,要使公共政策过程正常运行,就需要一定的资源和经济条件。资源的多少和经济条件的好坏对公共政策的质量和运行状况具有较大的影响。

第三,经济、地理这一外部生态因素会影响公共政策的经济目标和方向。现代公共政策体系中占主导地位的是政府的经济政策。政府不可能仅仅凭自己的主观愿望去制定和推行某些政策。不同国家的政府,一个国家不同地区、不同层次的政府,只能依据本国、本地区的资源状况、经济情况来制定和推行适当的公共政策,现实的状况、实际的经济制度和结构制约着公共政策的经济目标与方向。

2. 政治因素对公共政策的影响

公共政策外部生态中的政治因素是指制定与实施具体的政策时,可能面对的总的政治状态,它是一国或一个地区政治体制、政治结构、政治关系的总和,主要包括基本的政治制度、党政关系状况、政党制度、执政党的权威与作风、阶级与阶层的结构与分化、利益集团的构成与活动状况,以及政府的结构、功能与效能,还有政治稳定程度、政治民主化进程与状况等。

在思考公共政策外部生态中的政治因素时还应考虑国防因素,它是指制定与实施公共政策时所依赖的军事、国防状态,主要包括军事机构和军队在社会生活中的地位、军事设施和装备的技术水平与实战能力、军费开支在国民生产总值中所占比例、军队在应付外在敌对势力的突发性入侵时的应变能力等等。

首先,外部生态中的政治因素决定着公共政策的政治性质。一国政治生活中最根本的方面是不同阶级、阶层、政党、利益群体与国家公共权力的关系。当公共权力掌握在占社会人口绝大多数的阶级、政党和利益群体手中时,公共政策所要维护的就是绝大多数公众的利益;反过来,国家政权掌握在占人口少数的阶级、政党、利益群体手中时,公共政策只能为社会公众中的少数人服务。

第四章 公共政策的外部生态体系

其次,外部生态中的政治因素决定着公共政策的民主化程度。政治生活的核心问题是政治制度的民主化。在一个专制社会中,政策的制定与实施完全是由少数官僚与政客操纵的,公共政策不是实现社会公正、自由的途径,而是成为维护少数特权阶层利益的工具。只有实现了政治生活的民主化,公众能够参与决策,公共政策才会成为增进社会民主的有效手段。

第三,外部生态中的政治因素决定着公共政策合法化程度。一项好的公共政策必须是合法化的政策,公共政策的合法化程度是由整个社会的法治状况决定的,只有在一个法律制度健全、司法独立、真正做到依法治国、依法行政的社会中,公共政策才可能从内容到形式都实现合法化。有了合法化的政策,再有完善的法治环境,公共政策才能得到贯彻和实施。

3. 社会文化因素对公共政策的影响

公共政策的外部生态中的社会因素是指制定和实施具体政策时,可能面对的总的社会状况,它是社会人口、群体、职业、规范等等的总和,主要包括社会人口的规模、性别与年龄比例、地区和民族分布、人口增长率、人口政策、社会职业构成与就业政策、劳动保护与失业救济、社会福利与保障体系、社会问题与社会越轨现象、社会人伦关系、道德风尚、传统习惯、民族心理、价值取向等等。

首先,外部生态中的社会因素决定公共政策运行的智力条件。一个教育、科技、文化比较发达的社会,就能在公共政策运行的各个环节上,配备高知识素质的人员,提供各种现代化的科技手段,准备周全和齐整的资讯条件。反过来,教育不发达,科技水平不高,高素质的人才缺乏,没有现代化的技术手段,公共政策运行的效率必然低下。

其次,外部生态中的社会因素影响公共政策运行的伦理、心理条件。一个社会具有讲究伦理道德的传统,风气良好,秩序井然,制定政策的人有正义感,执行政策的人有责任感,政策目标群体的成员有良好的心理素质,那么不仅制定的政策体现公正、合理,而且执行起来也比较顺畅。反过来则是另外一种状况,制定政策的人没有道德观念,执行政策的人缺乏责任心,社会秩序混乱,人心浮动,不仅好的政策制定不出来,而且即便制定出来了,也实施不了。

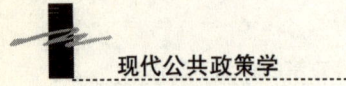

4. 全球和国际因素对公共政策的影响

对于一个国家来说,政府制定、实施公共政策,不仅要冷静地面对国内的各种政策的外在因素,而且还需要认真认识和估计现实的国际外部因素。公共政策的国际因素指的是对一个国家或地区的生存与发展产生影响的,由国家、国际组织相互之间的竞争、合作、冲突所形成的带有一定稳定性的世界政治、经济、文化运行的秩序与格局。

当代公共政策的外部生态中的国际因素虽然还没有从变动中完全稳定下来,但是,其主要的趋势已经显露出来。趋势之一,国际因素正朝着和平与发展的方向演变。冷战结束后,以美国和苏联为首的两大阵营争夺世界霸权的国际格局,随着苏联的解体而宣告结束。20世纪90年代以来,虽然爆发过波黑战争、海湾战争、科索沃战争,美国也企图凭借其经济的繁荣、科技的发达,借口人权大搞强权,试图构建独霸世界的格局,但是美国的这一企图已经遭到世界爱好和平的国家与人民的反对,和平与发展仍然是当代世界的主题。

趋势之二,全球化、市场化和信息化是当代人类社会发展的三大主要浪潮。信息化是席卷当代世界的浪潮。通讯技术和计算机技术的发展使人类社会进入信息时代,无论是发达国家还是奋力追赶的发展中国家,都在进行一场以信息和知识为动力的产业革命。知识与信息的制造、加工、贸易已经成为新的经济增长的重要源泉。市场化是20世纪末出现的另一种强大潮流,占世界人口约2/3的国家实现了从计划经济向市场经济的转型,市场经济以一种神奇的力量将旧的经济体制冲垮,一只看不见的手将世界经济按照相同的规律整合起来,真正的世界市场正在形成。以市场化、信息化为基础,产生出当代世界的另一种潮流即全球化,它是一种不以任何国家、任何人的意志为转移的客观历史进程,现代的交通工具、信息传输手段、计算机网络和几十万个跨国公司,将各国、各地区的经济、政治、军事、科技和文化等方面结合起来。全球化首先是经济的全球化,世界金融、世界贸易和跨国的投资、生产,使全球经济紧密地融为一体。

首先,政策的外部生态中的国际因素、全球因素影响着公共政策的价值选择。当代世界和平与发展的主题要求各国政府应当将主要的注意力集中

第四章 公共政策的外部生态体系

在经济建设上,尤其是现代化的后发国家和民族,更应全力以赴地把经济搞上去,但是,合理的、多极化世界格局和秩序还没有完全建立起来,发展中国家,特别像中国这样一个大国,在制定对内对外政策时,既要维护本国的国家利益,又必须坚决反对强权政治、霸权主义。

其次,政策的外部生态中的国际因素、全球因素影响着公共政策的目标选择。当代世界的全球化趋势为发展中国家技术的进步、资金的引进、产业的升级提供了机遇,这就要求发展中国家在制定新的经济政策、科技政策时,要把目标放在积极参与世界经济的分工与流通上。同时,经济全球化又是一把双刃剑,它也会对发展中国家的经济、政治、教育、科技、文化等方面产生巨大的冲击。因此,发展中国家在制定相关政策时,不得不考虑捍卫国家主权、维护国家安全等方面的目标。

第三,政策的外部生态中的国际因素、全球因素影响着公共政策途径、工具的选择。在既充满机遇又潜伏危机的国际环境中,各国政府在制定和实施公共政策时,一方面要选择加强国际合作的政策途径和工具,通过双边的、多边的参与合作,壮大自己,另一方面又要利用已有的国际规则,依靠实力参与竞争,在竞争中发展自己。

第二节 公共政策外部生态的层次性与现实性

一、公共政策外部生态的层次性

在研究和分析公共政策系统的外在因素时,很重要的一点是,必须以具体公共政策为聚焦点,将围绕在具体政策周围、事实上对具体政策的形成、实施和评估产生影响作用的种种外在因素纳入一个有层次的体系中来考察。对于某个具体的公共政策来说,不论其延续的时间长短、不论其覆盖的范围大小,也不论是单项政策,还是政策集群,它们都有若干具体的、对其运行有着直接影响的外部因素。这些诸多的外部因素依据它们与具体政策的关联,形成有机的政策外部生态体系。具体的政策正是在特定的政策外部生态体系下制定、实施和得到评估的。

对于特定的政策外部生态体系来说,政策制定和实施主体需要对生态体系中的多种影响因素作出层次的划分。在当今时代全球化、区域化的趋势日渐明显的条件下,处于政策外部生态体系最外层的是与具体政策运行发生影响作用的全球性的政治、经济、文化、技术因素。另外还有一些区域性的社会、经济、政治、文化因素也在外围起着作用,对于不断扩大对外开放的国家来说,融入世界,积极参与地区发展,已经是既定的国策。这种开放和接纳全球化、区域化的结果,必然使得公共政策系统中外在生态体系中国际性的成分日益浓厚。许多公共政策的设计与实施必然更多地以国际上发达国家通行的机制、惯例为背景。

在公共政策有机系统的外在生态体系中,一国境内一定时期中的政治、经济、文化和社会的状况乃是政策的制定和实施主体需要考虑的第二个层次的外部因素。一般地说,当社会处于相对稳定的时期,一国总体的社会政治经济和文化状况是较为稳定的,人们可以据此来设计各项政策,但是,在社会转型时期,这种社会经济文化的稳定性就很容易被打破,因此,政策系统中作为内部生态体系中能动性的政策主体,就必须深入研究社会经济政治的变化,以便能审时度势,制定并实施合乎时宜的有效的公共政策。比如,当执政党和政府的社会经济发展的总体战略已经转移到以新的发展观为灵魂、以以人为本为核心、以建设和谐社会为目标上来时,地方政府的公共政策就必须主动体现这一新战略要求。

在公共政策的外部生态体系中,还有一个层面,就是最为接近政策内部要素的那些因素。这些政策的外在因素,其实已经和政策自身的内在要素直接联系在一起,比如一个县的政府要制定和实施乡乡通公路、解决农民交通运输困难问题的政策,县公共财政的状况就是一个外在条件,这一条件又成为这一具体政策中的政策资源要素。只有县财政有能力支付修筑公路的费用,政策才能贯彻落实。

上面所讲的公共政策外部生态体系中的层次排列,只是从一般情况来推论的,在具体公共政策的设计和实施过程中,究竟将哪些因素摆在什么层面上,要视具体情况而定。如果一个县,主要的产业是纺织业,在遇到欧盟对中国纺织品实行反倾销诉讼时,国际的贸易形势就成为与该县制定纺织业发展政策关系最为密切的外部因素。而原先本县财政状况这一处于最里层的政策外部因素,现在的重要性可能就降低了。

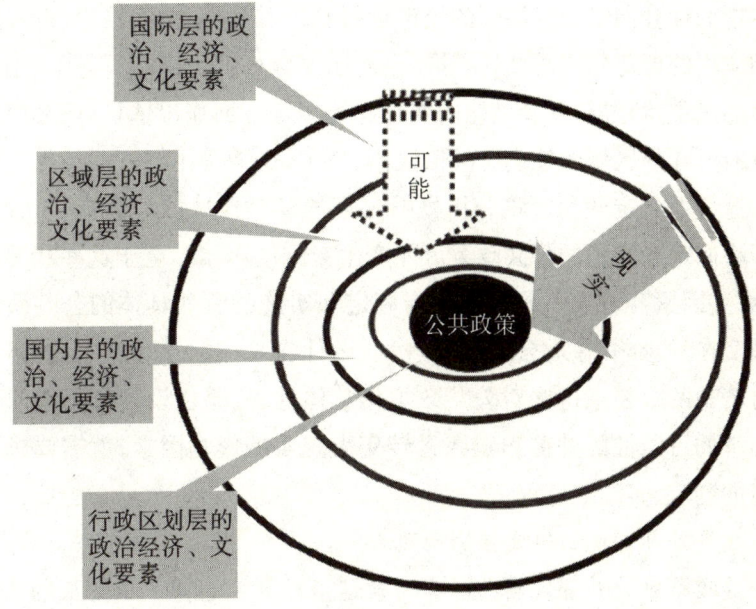

图4—1 公共政策外部生态的层次性

二、公共政策外部生态的现实性

1. 政策外部环境的可能性影响因素

公共政策系统的外部生态体系中的多种因素对具体公共政策的形成、运行所发挥作用的性质并不是一样的。从一般的情况来考察,所有的外在因素对某个公共政策或公共政策集群都具有可能的影响,或者说这些纳入到外部生态体系中的因素都是具体公共政策或政策集群的可能性影响因素。研究和分析公共政策的可能性影响因素对于理解具体空间和时间中公共政策的制定、实施和评估是有作用的。在转型社会中,由于社会变革进展

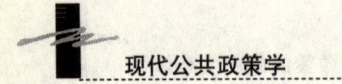

的速度不同,采取的变革策略不同,在不同区域、不同时段,以政府为主导的公共政策活动会呈现出不同的周期性特点。因此,需要对不同区域、不同时期公共政策形成和运行的总体外部生态有确切的了解。在对一定区域的特定时期的许多领域的公共政策进行总体的、战略性设计时,以具体层级的政府为主导的社会网络会对国际的经济运行状态、国际政治的格局、世界技术发展和应用的形势作出总体性把握,会对国家整体的经济运行态势、国内政治生活的民主化程度、社会结构的变化趋势等等方面作出估计,还会对这一层级政府所在的区域的社会、经济、政治、技术、交通等主要方面的状况作出判断。这些通过定性和定量分析概括出来的各个层次的社会现实状况,只是对即将制定和实施的公共政策可能产生影响的因素。至于这些状况和趋势中,哪些因素会对某一层级的政府制定和实施的哪些具体的公共政策产生何种实在的影响,在对公共政策规划、设计作总体的、战略性分析时并不是非常清楚的。要把这些对公共政策作总体性、战略性设计和思考时罗列的或列举的可能性的外部影响因素转变为现实的影响因素,就需要进入具体政策的制定、实施的过程。

2. 政策外部环境的现实性影响因素

公共政策系统外部现实性影响因素是指外部生态体系中的某些从原先仅仅是可能性影响因素转变为对具体公共政策的产生和运行发生实在作用的因素,在政策系统的外部生态体系中,可能性影响因素的数量是很多的,但是,这些可能性影响因素要成为对人们的公共政策活动发生现实作用的因素,必须出现具体的公共政策活动。比如,某个地区在两年前还没有发展小型家用电器产业,当时,国际上对中国廉价的家用电器产品的出口已经实行阻拦,但这一因素并没有引起这一地区产业部门的认真注意。因为尽管存在这种国际贸易形势,但对这一地区的影响暂时还只能是可能的,一旦有外商来该地投资设厂生产小家电,并且有多种产品准备销往国外市场时,该地政府在制定和实施产业发展政策时,原先对本地工业发展仅仅是可能性影响因素的国际贸易的格局和状况,现在就转化成非常重要的、不得不直接面对的现实性影响因素。

公共政策系统的外部生态体系中的可能性影响因素向现实性影响因素

第四章　公共政策的外部生态体系

转变的条件是具体的公共政策的规划与运行。因此,在设计和落实某项具体的公共政策或具体的公共政策集群时,必须要审慎地找出对具体的公共政策活动产生现实影响的外在因素。也有学者把这些从政策外部生态体系中找寻出来的、有现实影响作用的因素的总和称为具体公共政策设计和实施的"政策的工作环境"。

公共政策的具体工作环境因素只是一般的政策外部生态体系的一个组成部分,任何国家的经济、政治、文化、社会因素都有一定的空间与时间的分布性,它在空间与时间上的分布都不可能是持续的、均匀的,而是不断变化的。一个国家或一个地区在一个时段中可能经济相当发达,有足够的人力、物力和财力去支撑某项政策的实施,但是在另一个时段内却无足够的资金、人力和物力去实施同样的政策,比如在20世纪50年代和60年代,西方许多发达国家有足够的经济力量去实施福利主义政策,但是到了20世纪70年代,这些国家则也没有能力去实施福利主义政策了,因为原先发达的经济所形成的政府巨大的转移支出的能力这一因素衰弱或者干脆消失了。因此,在制定与实施具体的公共政策时,必须细心、谨慎地考虑原先的政策工作环境因素是否还存在着,有没有发生变化。

具体政策的工作环境因素与其政策的总体的、可能发生影响作用的外部因素是不一样的。政策的工作环境因素是多样的、变动的、交叉的,甚至是突发性的。要从政策外部的、总体的因素中找出政策的具体工作环境因素,就需要充分考虑资源的现实可提取性。比如,要制定和实施在中国南海开采深海能源的政策,就必须考虑大陆的经济、科技力量向南海伸展的现实能力,还必须考虑对深海能源开发的安全保卫能力,以及这一政策的实施与周边国家外交关系的协调,等等。

公共政策的外部生态体系中的因素与工作环境因素的区分并不是十分严格和刻板的,两者的界限不是非常分明。在同一时间内,对于具体的政策C来说,因素A是政策外部生态体系中的可能因素,因素B则是政策工作环境因素;但对于另一项具体政策D来说,情况可能正好相反,外部生态体系中的因素A反而成为政策的工作环境因素,而原先是政策的工作环境因素的B则成为可能性外部因素。这种情况也可能发生在不同时段但具有相同

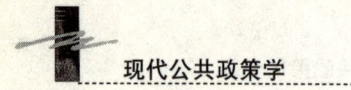

内容的具体政策上,原来对于政策C来说,外部因素A只是可能的政策影响因素,而到了另一个时段上,可能因素A则成为政策C的工作环境因素。在2003年以前,许多地方电力供应不足对于工业发展政策来说,只是一个可能性的影响因素,而且有不少地方当时电力有剩余,需要鼓励用电。许多政府在制定工业发展政策时,甚至没有考虑电力供应这一因素,但是到了2003年以后,特别是2004年、2005年的夏季,各地普遍出现"电荒",这时制定和实施工业发展政策时,几乎所有的政府都把解决电力这一因素作为制定和实施包括工业发展政策在内的许多政策的政策工作环境因素。

公共政策系统的外部生态体系中的可能性影响因素向政策工作环境因素即现实影响因素的转化,也与政策主体的政策思维有关。政策外部生态体系中的可能性因素不会自然而然地成为具体政策的工作环境因素。虽然政策外部生态体系中的可能性影响因素是客观存在的,它要成为具体政策的工作环境因素,需要政策活动主体去观察、识别、理解和寻找。只有政策主体通过对政策外部生态体系中的大量信息进行收集、加工、整理、选择,才能产生出与需要制定和实施的具体政策的目标、客体、组织、资源、手段相联系的工作环境因素。

三、公共政策外部生态因素的优先性

1. 政策外部生态中的显性影响因素

在寻找和考虑对具体政策活动有直接和最重要作用的外部生态的影响因素时,善于将潜在的影响因素转变为显性的环境影响因素是重要的政策思维艺术。在制定具体的公共政策时,人们一开始对何种外部生态因素将成为对政策活动产生影响的因素并不是完全清楚的,因为政策问题并不是一开始就十分确定地摆在政策制定者面前,政策问题的主观性、人为性、交互性和动态性,常常需要政策分析人员在大量调查的基础上并经过过滤、论证、辨析,在建构政策议程中才能对其逐步地确认。一旦政策问题得到确认,在围绕解决政策问题作种种设想时,对具体政策活动会产生影响的环境背景才能清晰起来。但是,即便是这样,对具体公共政策活动产生影响的外

第四章　公共政策的外部生态体系

部生态因素仍然不是一下子就完全显现的。也就是说,很可能有许多对政策活动产生影响的外部生态因素开始时仍然处于隐蔽的或潜在的状态,比如在设计和执行人口计划生育政策时,在相当长的时间里,人们并没有将经济发展水平、不同民族的生育传统、社会福利保障状况这些影响因素考虑进来,待这一政策实施了一段时间,这些影响因素才显露出来。

政策活动中的某些外部生态影响因素之所以在某些阶段上不显露,其主要原因可能有两个:一是这些外部生态因素本来是存在的,只是政策的制定者或执行者没有去"发现",比如经济发展水平与人们的生育观念以及生育行为存在一定的关联,经济发展水平低下会成为计划生育政策推行和贯彻的障碍,但是,很多计划生育政策的执行者只把注意力集中在重男轻女的传统观念这一文化影响因素上,认为人们之所以不能做到有计划生育,是因为传统观念是重视男孩,一家生了女孩后还是千方百计地想生男孩,从而生养的小孩数量就会增多。在这种情况下,由于忽略了经济发展水平这一重要影响因素,使得这一重要影响因素成为潜在的,人们在执行计划生育政策时就会较少的考虑通过提高某个地区的经济发展水平来保障计划生育政策的贯彻落实。在改革、开放过程中,经济建设的中心地位使得人们更多地从经济发展的背景上来思考计划生育政策的执行,经济发展水平成为对人口计划生育政策的显性的环境影响因素。

某些政策的外部生态影响因素之所以处于潜在状态的另一个重要原因是一定的政策活动暂时还没有"触及"到这类因素,从而使这些外部生态影响因素处于潜在状态。在理解这一点时,需要建立政策活动和政策环境相互作用的观念。具体公共政策的制定和执行都要依赖于一定的经济、政治和社会环境,但是,政策活动的展开,又会改变原先的政策外部生态。这种政策活动和政策外部生态的相互作用,使得具体的公共政策在实施过程中会把某些起初影响作用不大,从而也不被注意的外部生态因素"激活"起来,处于显性状态。最常见的一个例子是土地这一环境因素对城市居民住房政策的影响,在城市实行货币化分房政策的初期阶段,政府部门考虑较多的是城市居民的货币支付能力,但是随着这一政策的推行,城市房地产业开始兴起,城市可供建房的土地越来越紧张,房地产商为得到土地建筑楼盘,常常

采用官商勾结、贿赂官员的手段获得紧俏的、更有利可图的土地。为制止这种不良行为,各地国土资源管理部门又采用拍卖的方式来出售土地所有权和经营权,这也使土地的价格更加飚升,较高的地价又被房地产开发商转嫁到商品房的房价上,造成城市居民购房更加困难。这时城市的土地就成为显性的影响货币分房政策执行的外部生态因素。

能否在公共政策制定和执行中较为全面地、较早地考虑外部生态的影响因素,并将一些容易被忽视的外部生态因素从潜在的状态变为显性状态,对于公共政策的制定和执行具有重要意义。在政策制定阶段,政策研究和分析人员必须力求多角度、多层面地分析在解决某些政策问题时可能遇到的外部生态因素,从而让政策的制定者较早地考虑到。在政策执行过程中,政策分析人员也需要随时把握政策实施的进度和对环境产生的作用,以便将政策执行中出现的新的外部生态因素提出来,使政策的执行者更有针对性地对原先是潜在的而现在成为显性的外部生态因素作出考虑。

2. 政策外部生态中优先性影响因素

在将政策外部生态中可能性影响因素转变为具体政策的现实性外部生态因素的过程中,还需要区分出各种现实性影响因素对具体政策活动的影响程度,并细心地找出具有优先性的影响因素,这对认识和处理公共政策外部生态具有重要意义。以中国加入世贸组织、进一步扩大对外开放的政策为例,在入世初期,各级政府有关部门在制定入世以后的经济和产业发展政策时都把西方发展较快、竞争力较强、对我们国家有较大优势的产业状况以及我国会受到竞争压力和较大挑战的产业和领域作为优先性的影响因素加以研究和分析,这时虽然也考虑到西方发达国家的贸易保护主义会抬头,并且会出现一些有关贸易方面的诉讼,但都作为次要的和后续的因素来考虑。到2004年,美国在钢铁进口总量上,出现抬高关税、实行贸易保护主义的政策,接着西方不少国家的加工业和制造产业在中国同类产品的竞争下出现不利状况,引发了外国这些产业的工厂主和工人的不满,特别在家用电器和纺织品方面,西方国家的政府迫于国内压力,对中国家用电器和纺织品的出口进行反倾销诉讼。这时应对西方的贸易保护主义、熟悉世界贸易法规、整顿和加强国内行业协会的组织建设就成为必须优先考虑的外部生态因素了。

在辨认、选择和确定政策运行中的具有优先性的外部生态影响因素时，必须坚持先全面、后过滤、分阶段的原则。先全面的原则，是讲在考虑具体政策运行中的外部生态影响因素时，不要只盯住一些熟悉的显现的外部生态因素，而是要全面衡量，力求将方方面面的环境作用都考虑进来。特别是对上面所谈到的一些潜在的外部生态影响因素要多加思考。后过滤的原则，指的是在尽量找寻到的可能的外部生态影响因素中，针对政策运行状况，分析其中正在或即将发生作用的影响因素，并选择其中最重要的因素作为优先性影响因素，加以分析、应对。分阶段的原则，是指对具体政策运行起先具有优先性影响作用的外部生态因素并不是一成不变的，在政策运行到另外的阶段上时，这些原先具有优先性的外部生态因素其优先性有可能丧失，这时可能其他的不具有优先性的外部生态因素，反而具有了优先性。

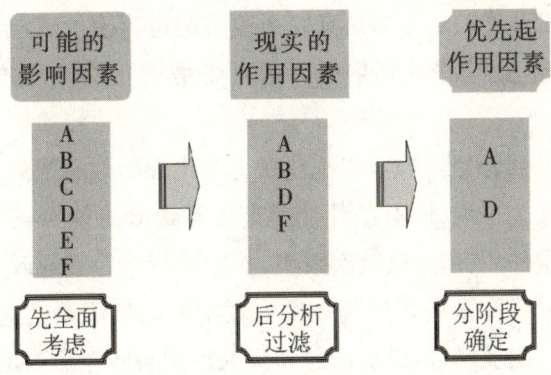

图4—2　环境影响因素的可能性、现实性与优先性

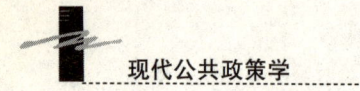

第三节　公共政策活动内外生态间的互动

一、政策环境因素和内部要素的生态性

前面我们着重讨论了政策外部的外部生态因素对具体政策过程的影响,这只是公共政策系统中互动作用的一个方面。在思考公共政策运行的外部生态因素时,我们应当运用生态系统的方法,把对某一具体政策或政策集群的运行产生影响作用的外部生态因素视为是一个生态系统。这种思考有两个含义:一是强调要从相互联系中全面把握对具体的政策运行提供前提和条件的外部生态。二是要认真联系政策的运行去了解众多外部生态因素相互间的影响,把这些外部生态因素看成是相互关联、达成平衡的生态体系。

这样做有下列好处:(1)可以把注意力集中在为数有限的外部生态因素上。从某种意义上来说,所有的外部生态因素都有可能对某个政策或政策集群的运行产生作用,但在政策实践中,真正对特定政策或政策集群起作用的外部生态因素是有限的。把这些发生现实影响的因素挑选出来,并思考它们与政策运行的关联,可以更清楚和深入地了解政策运行的条件和前提。(2)可以更有针对性地思考外部生态因素之间的相互作用。在没有具体政策运行时,许多外部生态因素之间的联系或者是不明显的,或者是另样的。一旦与特定政策或政策集群的运行联系起来,它们的关系就会改变。原来没有联系的,现在发生了密切的关联;原来是冲突的,现在协调合作了;原来是合作的,现在则产生了冲突。比如原先是属于两个行政区划的乡镇,在产业上相互竞争,在原材料的使用方面有冲突,现在发展区域经济,两个乡镇成为同一经济区域中的合作者,冲突没有了,合作加强了。相反的情况也会出现。

不仅特定政策或政策集群运行的外部生态因素会形成一个有机构成的

第四章 公共政策的外部生态体系

生态体系,政策的组成因素也不是相互孤立,它们也围绕特定政策的运行构成内部结构有序的生态体系。就某个单项的公共政策来说,政策主体、政策客体、政策资源、政策信息、政策价值形成一个有机的体系。如果是政策集群,不同政策在政策主体、政策客体、政策资源、政策信息、政策价值之间必须通过统筹协调、关联互补,以便形成内部结构统一、功能相辅相成的生态体系。

如果单项政策内部的构成因素是矛盾、冲突的,政策运行必然受阻碍。如果政策集群中不同政策协调的构成因素之间不统一、不协调,政策集群的运行必然不通畅,政策效率会很低,甚至政策执行最终会失败。因此,在制定和执行政策时,政策管理者要时刻考虑同一政策的构成要素之间、不同政策的不同构成要素之间的平稳、协调。

二、政策活动中内外生态的相互建构

公共政策运行中的外部生态体系和其内部生态体系是相互作用、相互建构的。许多研究者都强调在公共政策活动中要尽量避开不利的外部生态因素,要充分地运用有利的外部环境。这种提法并不错,但仅仅这样做是远远不够的,因为这是一种消极适应外部生态的态度。公共政策活动中最为重要的是对外部生态要采取积极的态度。公共政策活动的实质是通过人们符合社会发展规律的主观能动的努力,去解决已经出现的社会公共问题,从而推动社会发展。因此,充分认识公共政策活动中外部生态环境与内部生态因素之间通过互动实现相互建构是非常重要的。

在这种公共政策外部生态与内部生态的相互建构中,公共政策的主体首先是不能满足现状。如果公共政策活动主体只安于现状,就不会发现被掩盖的社会公共问题,也就不会去下决心通过制定和实施公共政策从而引导社会发展。只有主动打破现状,确立超前性的发展战略目标,用公共政策活动去建构新的外部生态,人们才能在新的外部生态下形成新的解决社会公共问题的政策活动能力。每一次挑战外部生态的政策活动,都是对政策主体的锻炼,都是对政策目标选择的检验,都是对坚守正确的政策价值的肯

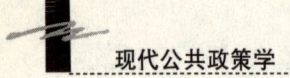

定,也是对合理配置政策资源的考验。因此,每一次通过对政策内部生态因素的组织,都是对政策内部生态的强化。经过不断强化和锻炼的公共政策内部生态更有能力去创造、确认和改造政策的外部生态,这就形成了一种通过相互建构达到相互促进的持续和谐的发展局面。

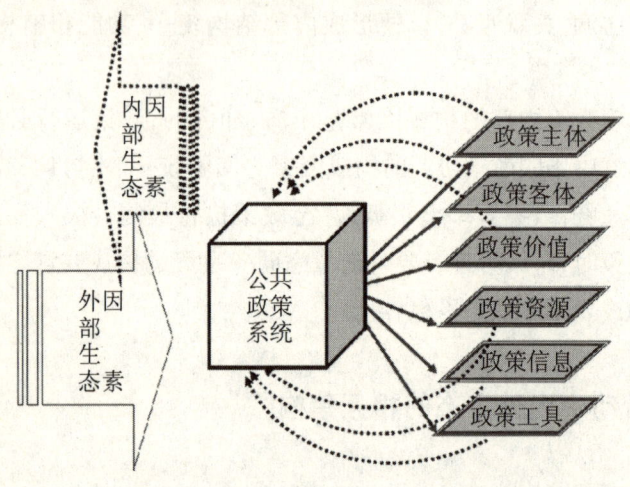

图4—3 公共政策内外生态间的互动

第五章 公共政策的内部生态体系

第一节 公共政策的主体因素

与公共政策的外部生态相对应的是公共政策的内部生态。在政策的内部生态中,包含着一系列基本因素,公共政策主体则是其中最为重要的因素之一。公共政策说到底是人类通过自身的活动来解决社会中出现的问题的过程,因此,具有主观能动性的人们是政策运行中的行为主体,但在具体的政策活动中,人们又以不同的方式、不同的结构履行着政策主体的责任。在政策过程中,不同的主体构成和不同的主体类型,其特点和活动方式是不一样的。

一、公共政策主体的构成

公共政策主体(有不少研究者认为在公共政策活动中,应当区分出行为体和行为主体。政策行为体是指参与到政策过程来的所有人。政策行为主体则是政策行为体中发挥主导作用的行动者。本书是从政策主体和政策客体的相互关系中来使用政策主体的。)是相对于政策客体而言的,它是指在整个公共政策的运行周期中,在政策制定、实施与评估等阶段上对政策问题、政策过程、政策标的团体主动施加影响的人员。这些人员既包括个人,也包括群体或组织。由于不同国家社会经济、政治制度不同,文化传统各异,政策生命周期有别,从而公共政策主体所包含的内容与类别是有差别的。

关于公共政策主体的构成,不同的政策学家有不同的看法,西方的公共

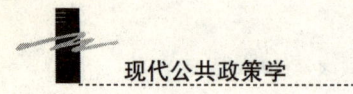

政策研究者常常以官方与非官方或以政府内与政府外为标准来加以划分，比如区分为官方的公共政策主体与非官方的公共政策主体两大类，或政府内部的政策主体与政府外部的政策主体。

从中国的实际情况出发，可以从个体与群体的关系、政治体制内外关系以及人们在政策制定与执行中的作用来研究公共政策主体的构成。

1. 以个体与群体划分的政策主体

从个体与群体关系的角度可以将公共政策主体区分为个体主体与团体主体。个体主体从表面看是个人，但这种个人在公共政策的运行中又可以进一步区分为自然个人与组织个人，后者是指政党、政府的代言者或负责人。政策运行中的团体主体是指按照一定的信仰、目的和利益组织起来进入政策运行过程的行为群体，如民族、阶级、政党、利益集团等等，这些群体主体在具体的政策过程中也是由它们推举出来的代言人或负责人出面的。

在一般情况下，政策过程中的个人主体与团体主体是合为一体的。比如，在必要时，民族、阶级、政党、利益集团都会派出代表参加政策的制定、实施、评估。这时，政策的个人主体与团体主体在实际上是一致的，但是，有时当某些团体的负责人或代言人与团体成员的意见不同，团体需要对政策问题进行集体表决时，政策的团体主体与作为团体代言人或负责人的个体主体就不再是合为一体了。

强调政策运行过程中主体的个人构成与群体构成的意义在于，在有些情况下，为了使政策运行更为科学、合理，在政策运行的某些环节上，有必要让某些非组织个人或自然个人参加，他们并不代表任何群体。另外，在政策运行中，某些以个人身份出现的政治精英、社会名流常常能发挥较大的作用，邓小平1992年的南巡讲话，就是以纯粹的个人参加了中国的重大政策制定。

2. 以制度内外划分的政策主体

从政治体制内外关系的角度可以将公共政策主体看成是主导者或决定者、介入者、参与者构成的一个系统。在政策运行过程中，政策各个阶段或环节上的主导者通常是国家立法部门的代表、行政机构的负责人、执政党的负责人，他们代表着政治体制的要求，代表着国家的利益。他们属于政治体

第五章 公共政策的内部生态体系

制内的政策行为主体。

政策运行过程的介入者是指包括政策咨询机构人员和政策过程中的技术部门人员。他们的作用是为政策的正常、合理、合法的运行提供必要的智力上的、信息上的、技术上的保证或保障。虽然这部分人员也会加入到政策过程之中,但是,他们主要不是去指导政策制定、运行或评估,也不是代表某一部分的利益群体发表意见,他们的任务主要是从知识、技术等方面提出建议,因而属于政治体制外的政策行为主体。

政策运行过程中的参与者主要是指利益团体及其代表者,以及与政策有关的公众代表。如果说政治体制内的主体其功能是为了保证政策的政治性,政治体制外的介入者主体其功能是为了保证政策的科学性的话,那么政治体制外的参与者主体其功能则是为了保证政策的民主性、合理性。这类政策主体主要是表达民意。

3. 以政策过程划分的政策主体

从公共政策运行阶段的角度可以将政策主体区分为政策规划、制定主体,政策实施、执行主体,政策评估主体。

对公共政策主体以政策运行阶段为标准研究其构成具有重要意义。首先,政策运行的各个阶段的任务和要求是不同的,从而对主体的政治、利益、技术要求也是不一样的。比如,在政策规划、制定阶段需要有更多的政府部门、政党负责人参与,也要求政策分析和咨询部门发挥作用;在政策执行、实施阶段,则需要有更多的管理人员、评估人员提供意见;在政策评估阶段上,需要有专业的评估机构与政策目标团体人员参加。

其次,在政策运行的不同阶段选择不同的主体人员,有利于对政策过程实施严格的控制与监督。政策运行的三个主要阶段上,政策主体的结构是有变化的,有时三者中有些主体是重迭的,有时则是不同的。在三个阶段上主体构成有一定的重合性,有利于三个阶段的衔接。比如,有一些人员既参加了政策的规划和制定,又参加了政策的实施与执行,这就有利于人们在执行政策时贯彻政策制定者的意图。在政策评估阶段有政策制定阶段和政策实施阶段的人员参加,对获得评估所必要的信息是有帮助的。

另一方面,政策运行的不同阶段主体不完全重合对加强政策的监督有

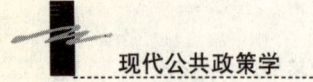

好处。如果政策的制定者与政策的执行者完全重合,就不容易在政策执行阶段发现政策制定中存在的问题,从而不利于政策执行过程中的修正。在政策评估阶段,尤其要注意更多地吸收未参加政策制定和执行的人员进行评估,这有利于评估的公正性。

二、公共政策主体的类型

在对公共政策主体进行分类时,通常可以分为国家公共法权主体、社会政治法权主体和社会非法权主体。这种对公共政策主体的研究,不是要换一角度来对主体构成作探索,而是要通过这三种类型政策主体的研究来从国家和社会关系的层面了解不同类型政策主体的功能。

1. 国家公共法权政策主体

这类政策主体指的是居于法律规定的法权地位、获得法律授权、享有公共权威以制定、执行和评估公共政策的机构与职位。在西方三权分立的国家中,国家公共法权主体分立为三大系统:立法即各级议员系统,司法即大法官与各级法官系统,行政即总统及各级行政长官系统。但在西方也还有两类主体应当考虑为公共法权主体,一类是政党,一类是高级助理人员,前者在国家政治生活中具有利益整合的功能,因此是"准"公共法权主体;后者像助理、高级秘书等,虽然他们未得到法律的授权,但因他们的特殊地位、正式的官位与作用,也被列入附属性的公共法权主体行列。

在中国,立法机构、行政机构、司法机构及其代表或负责人都是公共法权主体。由于中国宪法规定共产党在国家政治经济生活中处于领导地位,因此,它是正式的国家公共法权主体。同样,一些立法、行政、司法机关,包括共产党机关中的高级助手与秘书,在实际政策过程中都被视为是正式的国家公共法权主体。上述这些主体都属于体制内的政策行为主体。

2. 社会政治法权政策主体

这类政策主体指的是经过法律认可和保护的,可参与公共政策的制定、执行、评估,但不拥有合法的权力去作出具有强制力的政策决定的社会行为主体。在政策过程中,这类主体的作用通常是巨大的,有时甚至处于主导地

第五章 公共政策的内部生态体系

位,但由于他们不拥有合法的权力去作出带有强制性的政策决定,因此不能成为国家公共法权主体。这类政策主体往往通过合法的程序,获得社会法人资格,并由此得到法律的保护。

社会政治法权主体主要有三类,一类是在野党、参政党,一类是见诸于公众的利益集团,还有一类是作为个体的公民。在西方国家,常常实行两党制或多党制。在两党制国家,一个政党上台执政,另一个政党则为在野党,它的任务就是批评执政党的政策,并且倡导推行自己的政策,以便在下一次选举中获胜掌权。在多党制国家中,有时可能是几个政党联合起来执政,其余的政党则成为在野党,它们也要在政策上与执政党作斗争。一般来说,在西方,民主党、社会党、工党,其政策倾向是限制垄断资产阶级,而照顾社会中下层民众的利益;而共和党、自由党、保守党,通常主张政府放松控制,更多照顾大资产阶级利益。在社会主义国家,在实行多党合作制的地方,只存在执政党与参政党,它们是社会政治法权主体。

利益集团是重要的社会政治法权主体。利益集团都在不同程度上代表着一定社会群体或团体成员的利益。他们通过参与政策的运行,以表达他们所代表的群体的要求。在不同的政治系统中,利益集团的表现方式和发挥的功能是不一样的,比如在美国,利益集团通常是以"院外集团"、"压力集团"的面目出现的,在政府政策制定中,利用抗议、游说等合法的或非法的途径影响决策过程。

即使在西方也不是所有的利益集团都是为了追求自身的经济利益,70年代末美国曾出现过"公共利益集团"(public interest group),其目的不是仅仅为了追求该集团成员的个人利益,而是超出集团自身以外,维护公共利益。1970年,由前任健康、教育暨福利部长约翰·加得纳(John Gardner)领导成立了"共同目的社"(Common Cause),到1974年这一公共利益集团的社员发展到32万人,到1978年社员还有23万人。该集团的目标是促进对诸如议会的信息制度、议会和行政部门的会议公开制度、听证制度、竞选中公费使用制度、游说法令制度等等加以改革。为了实现公共参与政策过程的宗旨,这一集团在内部设立了保护消费者、环境、健康、科学、法规改革、能源等 15 个亚团体。①

在中国,传统的利益集团往往代表年轻人、妇女、工人、科学研究人员的利益,比如有"妇女联合会"、"青年团"、"工会"、"自然科学工作者协会"、"社会科学工作者联合会"等等,它们是带有半官方性质的群众团体。

在民主化社会中,公民的政治参与常常成为民主国家宪法的基本原则。公民参与政策过程是为了直接表达自己的利益与要求。在西方国家中,公民参与政策过程的方式是多种多样的,一种是非法的方式,即示威、罢工、游行;另一类是合法的方式,比如投票选举、全民公决。在社会主义国家中,公民是国家的主人,国家宣布主权在民。公民参与政策过程的途径是多种多样的,有经过有关部门批准的游行示威,有来信来访,也有选举等。

3. 社会非法权政策主体

社会非法权主体是指那些其目的不在于参加公共政策的制定,但在需要的时候又能够对政策的运行施加强有力影响的团体。一般认为,社会非法权主体主要包括两类:一类是处于幕后、不见诸于公众的利益团体,另一类是大众传媒机构。

第一类社会非法权主体是常说的地下团体,或黑社会组织。它们多半是以秘密的方式组织起来的,其组织带有非正式性、不合法性的特征。社会非法权主体虽以追逐更多的经济利益为根本目的,但它们一般不在公开场合参加政策制定与实施,而是使出种种手段影响、收买和俘获制定和实施公共政策的官员,再借助于被俘获或被收买的政策官员,以此来积聚巨额财富。这类社会非法权主体影响公共政策的行为大多具有间接性、隐蔽性的特点。

第二类社会非法权主体是大众传媒机构。在现代民主国家里,作为信息载体的大众媒介工具具有重要功能,以致于西方人常将新闻机构如报纸、广播、电视、网络合起来称为是"第四种权力"机构。大众媒介机构对公共政策的影响作用不像隐蔽的利益集团那样是靠收买政策过程中的官员来实现的,而是借助于"舆论控制"与"舆论导向"从而对政府决策形成制约来实

---

① Norman J. Ornstein and Shirley Elder, Interest Groups, Lobbying and Policy Making, Washington D. C.: Congressional Quarterly Press,1978,pp. 46—47.

现的。

第二节 公共政策的客体因素

公共政策客体是相对于政策主体而言的。政策的主体与客体构成了政策过程中的一对矛盾,一方面,政策主体解决政策问题的目标和努力规定着政策客体的范围和性质,另一方面,政策客体也不是消极被动的,它既有内在的结构类型,也对政策主体起着限制和约束的作用。因此,必须从互动和相互建构的视角来研究政策客体。

一、公共政策客体的类型

任何公共政策都是主体与客体的统一。公共政策客体是指公共政策发挥作用时所指向的对象。公共政策客体由社会公众围绕利益关系相互作用所形成的某种与"应有"和"规范"不相一致的状态子系统,它是一个立体结构,包括了政策所要改变的状态、政策直接作用的人与事、政策所要调节的公众利益三个层面的内容。

公共政策客体立体结构的第一个层面是公共政策的制定与实施所要改变的状态,这种政策客体就是作为政策问题的社会公共问题。并不是所有的社会问题都是公共政策客体,只有那些列入政府议事日程、涉及到社会上相当多人的利益的社会问题才是公共政策客体。在制定与实施政策时,主体应对已决定制定与实施的政策的作用范围或领域中的现有状态与应有状态有真切的了解。应当依据社会指标体系,以量化的形式确定应有的状态,即政策实施后的理想目标状态;同时,还要对现有状态加以具体化,力求从量上把握社会公共政策问题。主体下一步要做的是将应有状态与现有状态加以对照,找出状态缺口,从而决定政策直接指向的对象。

公共政策客体立体结构的第二个层面是公共政策执行中所要直接作用的对象,这种政策客体主要是处在社会不同层次、不同范围内的应由具体政策来规范、制约的社会成员与社会事件。人们一般将政策所要规范、制约的社会成员称为政策的标的群体或目标团体,将政策所要直接作用的社会事件或社会现象称为政策的标的物。

由于不同层次的政策发生作用的范围不同,因而它所要影响、调节、控制的社会成员及其行为的范围以及它所要作用的社会事件与现象的范围也不同。一个国家政府制定和推行的总政策和基本政策,其客体几乎是社会全体成员和所有社会事件和现象。某些政府部门或地方政府的政策法规的客体可能只是某一阶层、某一部门或某一区域的公众以及在这些范围和层面上出现的事件和现象。

公共政策客体立体结构的第三个层面是公共政策所要解决的核心问题,即人们之间的利益矛盾。政策所要调整和规范的是人与人之间的利益关系。个人与群体由于在社会生产和生活中所处的地位不同、社会分工的不同,因而必定会产生出不同层次、不同性质的利益要求。这些不同的利益要求经过相互影响、交流、碰撞、摩擦,就会产生现实的利益矛盾,这种利益矛盾可能发生在个人与个人之间,也可能发生在个人与群体之间,还可能发生在这部分群体与那部分群体之间,甚至可能发生在政府与公众之间。

制定和实施公共政策的根本目的就是要对种种客观存在于公众中的利益矛盾加以协调和处理。这种协调就是要让在社会发展中作出最大贡献的成员与群体获得最大的利益,让在社会发展中作出平均贡献的成员与群体获得平均水平的利益,让在社会变革中失去利益的成员与群体得到一定的利益补偿。

二、公共政策客体的构成

从总体上来考虑,公共政策客体包括两个方面:物的方面与人的方面。制定与执行政策就是要改变政策客体系统的现有状态,或是将政策客体的现有状态向人们期望的符合社会发展目标的理想状态转变。政策客体系统的这一变化,从外因的角度看,是政策主体对政策客体作用的结果。如果从内因的角度来看,政策客体的变化,是政策主体的作用改变了政策客体系统

第五章　公共政策的内部生态体系

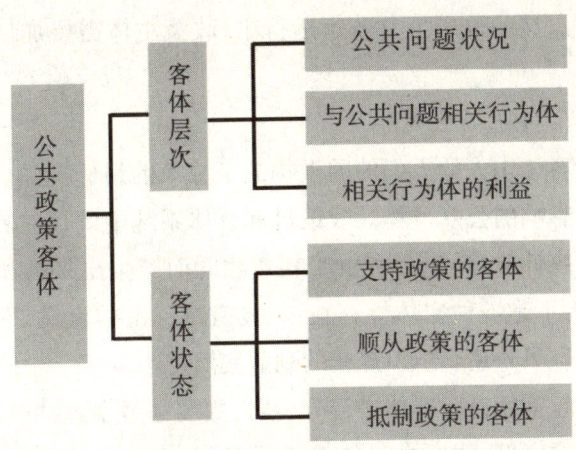

图 5—1　公共政策客体系统

内部物的方面和人的方面的关系的结果。因此,政策主体对政策客体作用的目的在于调整和解决政策客体内部人的方面和物的方面的关系。

1. 政策客体中物的方面

公共政策客体的物的方面主要指政策客体系统中具有实体属性的因素。这种政策客体的物的方面可以依照政策客体系统的不同层面来考察。第一个层面是政策制定与实施所要改变的与期望状态不相符合的现实状态。在这一层面上,政策客体物的方面指与这种状态有关的自然地理条件和生态环境条件,包括由社会提供的和个人、企业构建的保障社会生产、生活的各种设施,政府、法律等机构的物质附属设施,等等。

第二个层面是政策所要直接作用的政策标的物。这是范围要小得多的实体性因素,它主要是指与政策所要调节的、妨碍着特定公众体群体的利益实现的某些物质条件。比如,与政策标的群体的生产、生活相关的交通、居住、供水、能源、教育、卫生、安全、环境等设施的数量、结构和分布状况。政府之所以要制定和实施某些公共政策,其目的就是要对这些直接影响特定公众群体的生产、生活的物质设施进行调整,以协调和平衡这部分公众的利益。

第三个层面是政策在制定和执行中所要运用的实体性因素。政府制定和执行任何一项公共政策都要支出必要的成本,它表现为政府提取和配置的物力和财力。这些也是公共政策运行中,政策主体需要加以控制和运用的物的方面。

2. 政策客体中人的方面

公共政策客体中人的方面的因素构成了政策的目标群体。它是公共政策直接作用与影响的公众群体。政策目标群体系统中既存在具有相同利益的个人组合的统计群体,也存在由于利益相同而产生出来的相互联系的临时性团体,前者不是一种实体性存在,只具有统计上的意义,而后者则是一种实体性群体。另外还有组织严密的利益集团。

在对公共政策的目标群体进行分析时,主要是考察这种群体的规模,即人数在人口中的比例、群体本身的组织程度、群体结构的稳定程度、对实施中的政策的支持与满意程度。政策目标群体中的统计群体凝聚力不强,处于分散状态。政策目标群体中的临时性团体虽有一定的组织性,但不稳定。只有政策目标群体中的利益集团组织性最高,对政策运行产生的制约能力也最强。

政策目标群体系统中的成员对政策的态度有两种情况:一种情况是目标群体中的成员倾向于接受政策,另一种情况是目标群体中的成员对政策不满,抵制政策。对于具体政策来说,政策目标群体系统中对政策满意、接受与不满意、不接受的比例是不同的。

政策目标群体中的某些成员之所以选择接受政策,从政策的角度来说,是政策本身比较科学、合理、合法,从政策客体的角度来看,主要原因是:政治社会化的影响、政策宣传的影响、成本利益的衡量、对可能导致的惩罚的规避,以及顾全大局的考虑。

政策目标群体中部分成员之所以对政策不满意、不接受,从政策的角度来考察,可能是政策本身不科学、不合理、不合法;从政策客体的角度来衡量,主要原因有:部分政策目标群体成员对政策目标不了解,舆论、传媒对政策的目标作了不完整的报导甚至误导,政策目标的确与一部分公众的价值、利益相矛盾。

具体政策的政策目标群体系统中的成员,他们对政策的态度在政策运行的不同阶段可能是不一样的。有些公众在政策刚公布时,由于对政策目标不了解,或受到传媒的误导而对政策持反对态度,而当政策实施时,他们可能从政策执行中得到实际利益又转而支持政策。也会出现相反的情况,即一部分公众开始时对政策表示支持,而后来又对政策表示怀疑和反对。

第三节　公共政策的价值因素

政策价值在公共政策系统的内部生态中占有较为重要的位置。公共政策价值要回答的是人们制定和实施政策究竟是为了什么。对于公共政策活动来说,价值因素最能反映出政策活动政治性的一面。

政策价值是指政策主体在政策的制定、执行和评估中主观上所坚持的行为的意义取向。对于一个企业组织来说,其政策价值就是企业的不断发展壮大,就是获取更多更大的利润。以政府为主导的公共组织其政策价值与企业组织有本质的区别,它的政策价值主要定位在社会的公正、正义、公平、和谐上。

公共政策价值是政策目标确定的依据。任何一项公共政策都有目标。有时目标不止一个而是多个。为什么要设立这种目标,当不同目标发生矛盾时应该如何对待,政策主体在回答这些问题时,所依赖的支撑点就是预先确定的政策价值。政策目标必须服从政策价值,政策目标之间发生冲突必须依据不同目标对政策价值的重要程度来加以排序,甚至取舍。

政策价值是公共政策活动中具有指导作用的准则。政策抉择中对若干备选方案的选择,其标准就是确定的实施方案必须符合政策价值,政策实施中之所以要实行调整,其原因就在于某些政策主张或政策行动偏离了政策价值。政策评估最终仍然要以政策的结果、效益是否与政策价值相一致为标准。从这一意义上讲,政策价值是贯穿政策活动始终的主线。

公共政策活动和过程是以政策价值为中心的,但是,政策主体在政策活动中确定价值并不是一件容易的事情,原因是政策价值并不是一成不变的,政策价值也很少是单一的,政策价值相互间常常是矛盾的。

首先,政策价值是变化的。在社会发展中,由于内部生态的状况、外部生态的压力、执政党的路线选择、领导人的个人决断等因素的综合作用,在不同历史时期会有不同的战略。受这些战略的支配,会出现不同的政策价值选择,比如在新中国建立以后的30多年中,所有的公共政策都受以政治挂帅和斗争为主导的政策价值的支配。在实施改革、开放以后,整个社会提倡以经济建设为中心,因此,经济发展就成为各级党组织和政府的政策价值。这种政策价值的变化还表现在同一个时期中不同阶段上的政策价值的转变上,比如在20世纪90年代初至21世纪初,由于过分重视经济增长和效率优先,经济增长速度成为这一阶段上几乎所有政策过程的价值导向,看各级政府政绩的好坏主要以GDP的增长速度的高低为衡量标准,而从2003年开始,执政党提出了新的科学发展观,推行以人为本、构建节约型、人与环境友好型的和谐社会的战略,整个政策价值取向就转向了全面、持续、和谐发展上来。

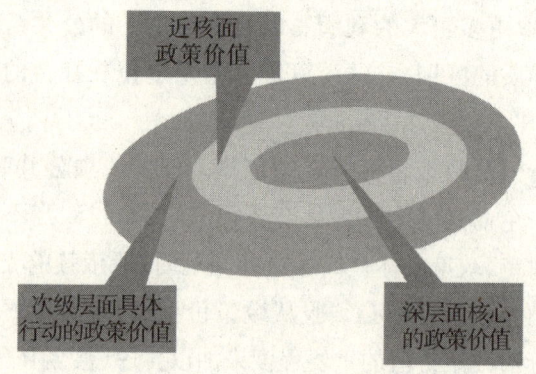

图5—2 公共政策价值层次

其次,公共政策的价值因素并不是单一的。在一定的时期中,社会的发展会要求政策主体同时坚持一些是相互矛盾的政策价值取向,这一点在社会的变革、转型时期表现得尤其明显,比如,中国社会在经过20世纪90年代到21世纪初的高速增长以后,就遇到经济社会发展中诸多两难问题的大挑战:要GDP增长,又要保持社会发展;要保持东部势头,又要中西部发展;要提高效率、活力,又要注重公平;要深化改革,又要保持社会稳定。政策主体必须依据实际情况,对多重的政策价值加以谨慎的协调,必须坚持合理的兼顾,而不能简单的抛弃。

第五章 公共政策的内部生态体系

第三,在存在多元公共政策价值的情况下,必须对多个政策价值取向作层次上的处理。一般地说,在同一时期、同一政策周期中,在不同的活动层次上,社会利益协调的指向是不同的,比如,在制定和实施医疗保障和教育政策时,在最浅表的行动层面上,人们都赞同效率的标准。我们都希望医院在管理中要尽量有效率,也希望学校在办学时要讲究效率,但是,如果只有这一层面的政策价值,医院和学校很可能为了追求效率而降低对社会服务的质量,或者以拒绝一些服务来节省开支,甚至不择手段、巧立名目多收费、乱收费。因此,对于医院和学校必须确立更深层面的政策价值,比如,必须强调医疗保障和享受教育权利上的公正。但是,公正、公平还不是最终的政策价值依据,无论是医疗保障,还是推行义务教育,其根本的政策价值取向是人本民先。正因为执政党和政府确立了人本民先的价值,才会有公正的价值,也才能确立有效的政策价值。我们可以将最底层的、最根本的政策价值称为深层面的政策价值,是核心政策价值。再向外,是近核层面的政策价值,它由核心政策价值支配。处在最外表层面的是次级政策价值,是具体行动的政策价值,它直接受近核层面政策价值左右。

第四节　公共政策的资源因素

一、公共政策资源的类别

1. 政策的硬资源

可以先粗略地将公共政策的资源区分为可能资源和实际资源两大类别。公共政策的实际资源是相对于其可能资源而言的。一国的政治、社会、经济和国际的环境因素只是为公共政策的制定和实施提供了可能的资源条件,但是,要将可能的资源变成现实可以利用的现实资源就必须考虑其他的影响因素,比如,一国政策资源存量、政府的政策形象、政府提取资源的途径、政策资源的配置等等。概括起来就是两条:一是政府提取政策资源的能

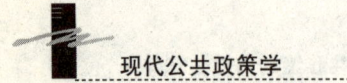

力,二是政府对提取到的政治资源的配置方式。这两个变量又是相互制约的,优化的配置方式可使提取到的资源总量增加,对提取到的资源有科学合理的配置,通过使用产生出更高效率,既进一步增加了资源供给问题,又能增强资源的提取能力。

将公共政策资源区分为可能资源和现实资源只是为了强调政策资源必须是实际存在的。对于已经存在的属于政策内部生态因素的政策资源还必须加以细致的分类,其目的是为了对不同资源进行不同的利用。首先,可以把现实的政策资源区分为硬性资源和软性资源。所谓公共政策中的硬性资源主要指政策主体可以直接触摸到的、有形的、具有实物形态的资源,这类资源主要是公共人力资源、公共财政资源、公共物力资源。这类政策资源的量是有限的,提取也受到较为严格的制约,而且不注意合理、节约使用硬性政策资源,其中的某些资源就会枯竭。

公共政策活动中的人力资源既包括政策制定中的政策分析人员、政策咨询人员、政策问题调查人员,也包括政策执行中的组织、管理、操作人员,还包括政策评估中的各类技术人员。传统的政策管理只将进入政策活动中的人视为是一定数量的其体力和脑力可以加以利用的个体。现代政策管理将政策内部生态中的人视为是人力资源,要通过激励使潜藏在每个个体身上的能力焕发出来,还要通过培训进行人力资源的投资,以便让个体产生出原先并不具备的智慧和技能。

公共政策中的物力资源是指已经纳入到具体的政策活动之中、供政策主体配置使用的各种机械的、通信的、交通运输的、数据统计的、文字处理的技术工具和工程设备。一项政策包括的子政策越多,政策转化为具体实施项目所需要的物质资源的种类、数量会越多。不同政策活动所要求的物质资源技术含量的差异是很大的,比如制定和实施太空探索的政策,所需要的物质资源的技术含量就相当高。而制定和实施生态旅游的政策,所需要的物质资源的技术含量相对就要少一点。

公共政策中的财力资源是指用于具体政策过程的款项。公共政策一般是政府为主导力量制定和实施的解决社会公共问题的活动,因此,公共政策活动中作为内部生态因素的财力资源,通常是由公共财政负担的。在公共财政管理规范化的国家和地区,公共政策中的财力资源又是通过法定的程序,经过严格的财政预算以后拨付的。对于公共政策物力和财力资源的使用,最终要经过国家审计。

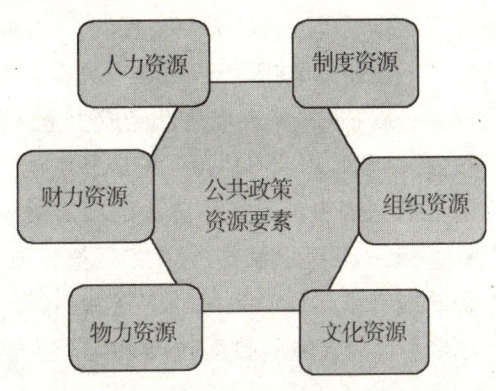

图5—3 公共政策资源类别

2.政策的软资源

公共政策内部生态中还有另一类资源,如制度资源、组织资源、文化信息资源。由于它们和前面所讲的硬资源不同,虽然也有物载体,但本身却不是有形的实体,人们对它们只能思考感受而无法感性触摸。这类政策资源被称为是软资源。

通常人们只注重政策活动中的硬资源,而忽略政策过程中的软资源。其实,在公共政策中广泛起作用的却是制度、组织、文化、信息这类软资源。制度是政策软资源中非常重要的因素,人们在社会生活中创设了各种各样的制度,大至国家法律制度、国家政治制度、国家经济制度,小至一个政策联盟中自行约定的行为规则。制度是由原则、规范、规则、习惯构成的,对于任何一个具体的政策活动来说,政策主体的行动都会遇到多种多样的原则、规范、规则和习惯的约束与支持。政策的层次越低,它所具有的制度资源就越加复杂丰富。制度资源对政策主体的作用可以是支持性的,也可以是约束性的。

组织是政策活动中重要的软资源。政策活动中的组织可以是对原有组织的利用,也可以是为了政策活动的开展而特地设立的。在中国的公共政策运行中,中央的政策之所以能迅速在全国得到贯彻、落实,这和从中央、地方到基层有一套结构合理、上下贯通的组织资源是密切相关的。对于一些新政策活动来说,虽然政策组织是新建立的,但只要一纳入原先的政策组织网络之中,它立即就能获得更多的组织资源。

对政策的组织资源的作用应当从两方面去思考,一方面,政策的组织资源具有下层的支持作用。比如在2003年以后党中央提出了新科学发展观,这是新时期的重要政策,新科学发展观现在已经成为全国各项工作的指导方针,这一重大政策之所以能如此迅速地得到响应和实施,其中不可忽视的原因之一是我们有强大的党的组织系统和强大的政府组织系统。但是,另一方面,我们也应当认识到一旦组织形成,它就不可避免地具有某种稳定性和凝固性,有时,组织的固有结构会对政策的变迁和创新产生阻碍,中国从计划经济体制向市场经济体制转轨的政策创新不断地受到旧的体制和机构的阻遏就是典型的例证。

文化和信息也是公共政策内部生态中的重要资源。由于信息资源对于现代公共政策活动的作用大大增强,所以本书专门辟出一节进行研究。文化是一个太过于熟悉、也太过于宽泛的概念。在政策活动中起着软资源作用的文化,通常是指人们在政策活动中遵循的待人、处世、议事的传统方式、习惯。从中国文化传统的总体倾向来说,在政策活动中,政策主体倾向于服从权威、维护集体、个体平等、意见中庸、遇事协商。由于中国幅员辽阔,在大一统的中华文化中,还有各具特色的民族文化和地域文化,它们也成为具体政策活动中的重要资源。

在公共政策活动中,政策内部生态中资源因素中的硬资源和软资源必须依据实际情况,合理地加以配置和运用。在有些政策活动中,政策软资源的作用显著一点,这时就应让政策硬资源发挥辅助功能。而在另外的政策活动中,当政策硬资源的作用更为突出时,就应以政策软资源来支持和扶助。

二、公共政策资源的提取与配置

1. 政策资源的提取

要提取和配置政策资源,就必须解决有资源可以提取与配置的问题,这

第五章 公共政策的内部生态体系

就是要创造政策资源提取的前提即充足的政策资源存量。满足这一前提的主要方面是社会经济持续稳定发展,公共财力雄厚;社会秩序井然,整合程度高;社会充满创造与革新精神。要做到这些,就需要构建强有力的政府,提升政府下列方面的能力:包括推动本国经济持续发展的能力、维持税收和保持公共财政收支平衡的能力在内的经济能力;包括维护社会秩序的能力、实现社会整合的能力、实现和维护社会公正的能力在内的社会能力;包括有效的反应与应变能力、适应挑战的创新能力、自我革新能力在内的自我发展与更新能力。

具备了资源提取的前提并不等于就能得到资源,要把资源按一定比例从社会提取出来,还必须创造条件,主要是两个方面:一是政府具有良好的政策形象;二是政府具有较强的权威性。政府在公众中树立良好的政策形象至关重要,有了良好的政策形象,公众相信政府能制定和实施有利于社会发展、维护社会公正的政策,从而自觉地支持政府提取一定的资源用于政策过程。政府良好的政策形象的营造依赖于政策本身的质量,也依赖于公众对政策的认同。政府在树立政策形象的同时,还必须提高政府自身的权威性。政府没有权威,或权威弱化,社会资源就很难转化为一定数量的政策资源。

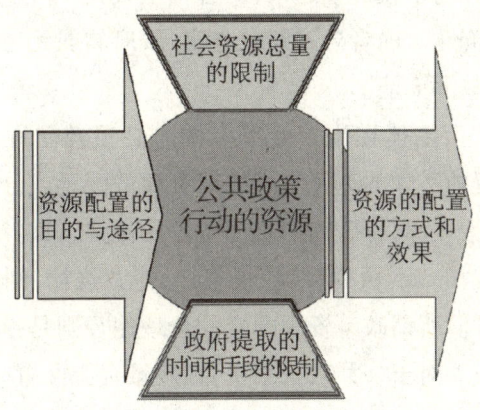

图 5—4 公共政策资源的提取与配置

政策资源的提取主要是依靠积极、合理的财政管理体制和财税政策,因为完整的政策资源应当包括政策人力资源、政策物质资源和政策财力资源,

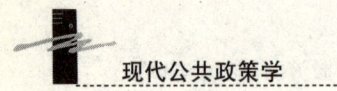

而政策的人力资源和物质资源都需要由政府财政来解决。政府只有发展教育和职业培训,才能录用到合格的政策人才;政府只有借助于财政,通过预算拨付或直接采购才能提供政策过程的物质设施。因此,政府提取政策资源的主要途径就是税收与财政。对于从计划经济体制向市场经济体制转型的国家政府来说,从旧的税收与财政制度向以市场为基础的新的税收和财政制度转轨,不能草率从事、急于求成、急躁冒进,而必须与市场经济制度的发育、完善过程相适应,逐步建立健全财税管理体制,制定相应的财税政策。

2. 公共政策资源的配置

政策资源的提取只是意味着保证政策活动有资源可以配置,但如何科学、合理的配置,使有限的财政运用到最需要的地方,这取决于政府的职能和政府对目的的选择。政府职能不合理,管一些不该管的事,又不管该管的事,建立一些没有作用或作用不大的机构,办事不是从实际出发而是装面子、显绩效、立亮点,这就必然导致政府开支庞大、浪费惊人,造成财政赤字。政策资源要实现合理性配置,就需要以政府职能合理化、政府机构精简化、政府办事高效化和廉洁化为前提。另外,政府可以通过对作为或不作为的选择来有效地配置政策资源。任何一个政府的能力与可供配置的资源总是有限的,必须将财权与事权统一起来,两者差距太大,事权多于财权,或财权多于事权,都会出问题。前者导致财政赤字,政府软弱无力;后者导致腐败、浪费,也会使政府软弱无能。

政策活动中政策主体在配置政策资源时必须遵循科学、合理的途径。所谓政策资源配置的科学的途径是指政策资源的配置或分配必须符合客观规律,即要符合金融规律,符合人力资源管理的规律,符合制度变迁的规律,符合组织建构的规律。不顾规律、藐视规律、违背规律,则会使政策资源的配置失效甚至无效。所谓政策资源配置的合理途径则是指政策资源配置时应当坚持政策价值。对于公共政策来说,在政策资源配置时,常常会碰到效率与公平的矛盾。要保证政策资源配置合理,就需要将公平摆在优先位置,因为它是处于较深层面的政策价值。在保证公平的前提下,再充分考虑效率。有一段时期,中国的医疗改革的政策和教育改革的政策之所以失败或没有得到广大人民的赞成,固然其中有许多原因,但有一个原因是清楚的,

第五章 公共政策的内部生态体系

这就是在这些政策的运行中,有些机构和组织把效率摆到了首位,结果损害了公平这一重要的公共政策价值。由于没有公平,最后连效率也丧失了。

在市场经济体制走向发展和完善的条件下,在社会结构出现多元化趋势的前提下,政策资源的配置方式也需要改进。现在不需要也不能够再沿用由政府单方面的以下达计划的方式来配置政策资源,代替这种垄断式的政策配置方式的是更加多样化的、更为透明公正的配置方式,既有政府强制方式的政策配置,也有政府通过授权的方式、委托的方式、合同的方式的配置。无论哪一种政策资源配置方式,都要对配置的结果、效率和效益进行评估。

第五节 公共政策的信息因素

一、公共政策信息源

信息是公共政策过程中不可缺少的资源。研究政策信息系统,就要了解政策信息源、政策信息的流通规则和政策信息系统的类型。

像所有信息一样,政策信息以三种状态存在着:一种是接受状态,它以一种被人理解或被吸收的状态存在于人的大脑中;一种是记录状态,它以物化的状态存在于各类载体中;一种是传递状态,它以动态的方式存在于传播的网络中。政策信息不是静止的,它处在不停顿的运动之中。正是在动态过程中,政策信息的三种状态发生相互转化。在政策信息的三种状态中,记录状态是政策信息的主体状态或最重要的存在形式。

政策信息的存在形式与转化运动过程表明它具有某些基本特性:它是在社会过程中产生、传递和使用的,它具有社会价值,从而具有社会性;它与自然信息不同,是借助于人的认识活动才产生的,并以一定的知识形式才能储备下来,从而具有知识性;它具有一定的时空结构、加工处理方式和吸收机理,从而具有逻辑性;它具有鲜明的时间效应,只有得到及时的传递和使用才具有价值,从而具有时效性;它能在极短的时间内流通至社会的各个角落,其流通量与流量速度要远远大于物质与能量的流通,因而具有流通性;它不像物质或能量,只要被某一社会成员所占有,其他人则不可能占有,相反它能同时被多个社会成员所占有、使用,从而具有共用性。

社会存在三种政策信息源形式:口头信息源、实物信息源与文献信息源。政策的口头信息源或交往信息源的基本形式有演讲、交谈、会议讨论、口头广告、信息发布,等等。口头信息源形式在利用上具有下列优势:获取花费时间少,交流速度迅速、及时;具有高度的选择性与针对性,获取方便、对口;信息反馈及时、迅速、准确;能依据口头交流时的气氛、语气、手势、暗示加以领会和询问,易于信息的利用和评价。但是这种政策信息源形式也有其缺陷:难以进行有效的社会监督,不易检查其可靠性,不便进行加工积累,随着时间的推移会发生失真与失效。

政策的实物信息源是固化在实物中的政策信息来源。实物信息源不包括自然物质信息源,它是经过人的加工、生产或创造的产品。实物信息源类型复杂多样,凡是人类加工的产品和人工所创造的物质都属于这类信息源。实物信息源中的信息具有内隐性,其内涵为加工工艺、化学成分、物质参数、设计指标、外观状态,人们只有通过分析研究,将实物中的有关信息内涵解析出来,才能加以利用。政策的实物信息源具有下列优势:借助实物,人们可以真实可靠地掌握其中包含的信息;实物中所内含的信息浓度大、内容多;实物可以仿制、改进、创新,其中的信息易于开发利用。但是这种政策信息源也有其缺陷:传递不够方便、快捷,不易于保管、贮存。

政策的文献信息源是以文献作为载体形式的信息源。凡是以文字、图形、符号或其他技术手段记录着人类的活动信息和知识信息的都是文献信息源。如果按来源来划分,政策的文献信息源又可区分为出版物信息源与非出版物信息源。非出版物政策文献信息源形式有书信、笔记、手稿、草图或其他记录物。出版物政策文献信息源形式有图书、报刊、单件文本、具有特殊功能的印刷出版物、缩微出版物、电子出版物、数据库系统等。政策的文献信息源具有以下优势:便于在空间与时间上进行传播,所载信息牢靠、稳固、明确,能便于多方面加工、利用,对人类活动能加以确认与规范。但是这种政策

第五章 公共政策的内部生态体系

信息源也有其缺陷：也不太易于保存，传递与交流不够生动、灵活。

政策信息源是从人类活动中产生出来的。能够产生政策信息的人类活动主要集中在以下一些方面：社会政治、外交、军事活动，能形成有关社会政治制度、政治结构、政治团体、政治行为、政治文化、法律法规、外交、军事、国防、安全、战争等方面的信息源；社会经济活动，能产生市场、产业、金融、贸易、价格、技术、供求关系、消费结构、税收、财政等方面的信息源；社会科学研究活动，能产生科研体制、科学人才结构、科学成果、科技贮备、技术发明、技术交易、技术推广、专利等方面的信息源；社会文化、教育、医疗活动，能形成教育结构、教育体制、教育水平、知识结构、学科发展、文化传统、文化变革、文化市场、文化产品、新闻、出版、艺术、体育、娱乐、健康、医疗、保健等方面的信息源；社会生活活动，能形成人们的衣、食、住、行、婚姻、生育、人口规模、人口结构、人口质量、民族、社会犯罪、信仰、宗教等方面的信息源。

从政策信息的文献来源来说，大体分布在个人、科研和设计部门、大学、公司、企业、其他职业机构、学术组织、政府部门和各类社会组织、出版社、文献信息部门。根据有关部门抽样调查的数据，再加上结构估算，信息专家们大体上对文献信息源的分布有了量的了解。

表5—1　公共政策信息文献源结构分析

文献来源部门	文献性质		比例%	排名
	正式	非正式		
个　　人	√		2.6	9
科研设计部门	√	√	10.2	2
公司或企业	√	√	6.1	6
其他职业机构	√	√	2.9	8
学术组织	√	√	9.1	3
政府与社会组织	√	√	7.3	4
大学	√	√	5.2	7
出版社	√		50.2	1
文献信息部门	√	√	6.5	5

二、公共政策信息流通

政策信息流通有其基本模式。信息专家香农提出了一个基本模式即香农模式。

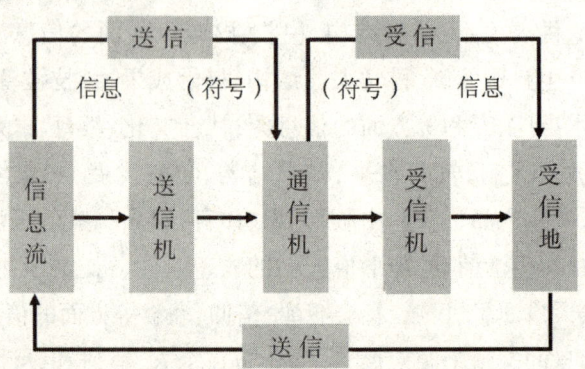

图5—5 香农的信息流通模式

政策信息的社会流通方式大体可分成三类：人际传播和交流、组织传播和交流、大众传播和交流。人际政策信息传播和交流是社会中个人与个人之间的信息交流。这种信息的流通方式具有下列特点：信息传播和流通的范围较小，通常只在个人之间、家庭成员之间、朋友之间、同事之间、同行之间进行信息交流；信息反馈比较及时，信息传播出去以后，受者可以在较短时间内作出反应，有时双方互为信息的接受者与改善者；能直接促进人际关系的发展，信息传播的过程同时就是人际沟通的过程。

在人际政策信息传播和交流中可以形成很长的政策信息通道。设传播通道中有 n 个人，则有：

$A1 \rightarrow A2 \rightarrow A3 \rightarrow A4 \rightarrow A5 \rightarrow \cdots\cdots \rightarrow An$ 在传播通道中存在若干传播单元，如 $A_1 \rightarrow A_2$、$A_2 \rightarrow A_3$、$A_3 \rightarrow A_4$……在每一个传播单元中，人们总是凭自己的理解传递政策信息，这就会导致政策失真。如果信息传播通道很长，其最后的失真程度就会很高。要减少政策信息在人际传播与交流中的失真度，就必须加速反馈，减少传播单元数，对传播质量进行控制，实行多通道多元网络传递。

第五章 公共政策的内部生态体系

组织政策信息传播与交流是组织内各成员之间、组织与组织之间、不同组织成员之间的政策信息传播与交流。组织政策信息传播与交流有其特点:信息只在组织内或组织之间传递;信息传递的过程是组织内或组织间的沟通过程;信息传递具有直接反馈的途径;信息传播的针对性较强。

就组织政策信息的反馈与流通方向而言,组织政策信息传播的通道主要有三种:(1)自上而下的传播。这是组织领导向其成员、组织中上级向下级的信息传递,采用的形式是文件、会议、命令、指示等,这种传播方式信息量较小、信息精确度低、动态信息少。(2)自下而上的传播。这是组织成员向其领导、组织中下级向上级的信息传递,采用的形式有要求、批评、建议等,这种传播方式信息分散、多样,动态信息多。(3)横向传播。这是组织之间的同一层次的信息传递,这种传播方式具有互动性、与纵向传播交互进行等特点。

大众政策信息传播与交流是通过专门社会机构复制大量政策信息,并按一定目标传递给大众,从而达到众多社会成员共享政策信息目的的过程。大众政策信息传播的过程通常可以借助于韦特利—麦克林模型来说明。

当政策信息传播者从信源收到政策信息后,便按一定的目标对信息进行复制或加工,准备发出的信息经"把关者"C 的筛选,当确定可以发出后,便通过传播媒介直接传递给受众 B。其中,受众接受信息后,又会经反馈过程 F 传递给 A。大众政策信息传播具有重要的社会功能:沟通社会政策联系,引导社会政策舆论,促进政策宣传和有效实施。

从大众政策信息传播的方向来说,由于反馈作用使信息传播形成一个回路,从而出现两种方式:一种是沿着自上而下和自下而上的方向形成的纵向回路。位于回路上端的是少数发信者,处于下端的是多数受信者,处于中间的则是各级组织管理者。另一种是组织成员之间、组织成员与领导之间、社会成员之间的各种各样的联系,既有直接的沟通,也有借助于书信、电话、因特网等中介的间接沟通。每一种这样的联系与沟通都形成一种回路,这是横向回路。

政策信息流有着自身的运动规律,主要有信息增长规律、信息价值衰减规律,这些规律只能从分析社会调节控制机理中来寻找。政策信息从信息

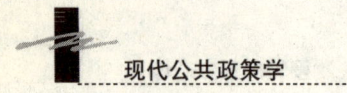

源向社会传播就形成政策信息流,政策信息流受社会结构的控制,其流通的规律受社会机制的制约,政策信息在社会系统中的流通是一个被控制调节的过程。

R 作为控制器,其功能是由社会内部机制所决定的。系统 S 的信息输入经调节控制后,其输出信息 Y 反过来成为 R 的输入,R 将 Y 变成它的反馈输入 $\triangle X$:

$$\triangle X = RY$$

$\triangle X$ 迭加到 S 的输入 X 上,这时 S 的输入为 $X + \triangle X$。由于 R 的控制作用,系统 S 的输出为:

$$Y = S(X + \triangle X)$$

于是,$Y = S(X + RY)$

$$Y = SX/1 - SR$$

政策信息增长规律所揭示的是政策信息总量与时间的关系。随着时间的推移,社会的政策信息总量会增长。这种信息总量的增长是由信息内部作用因素 S 和社会控制因素 R 共同来决定的。政策信息的增长是一个动态的、不稳定的、发散性的过程,其中 $SR>1$ 是增长的基本条件,$SR<1$ 时有两种情形:一是 R 与 S 反号,为负反馈调节控制,导致政策信息量的下降;二是 R 值太小,使得 $SR<1$。可见,要使政策信息总量增长,则要求 R 足够大。

政策信息总体价值衰减规律所揭示的是政策信息价值总量与时间的关系,它表明政策信息在利用和传递过程存在逐步"老化"的现象,政策信息价值的衰减是信息传递与利用的必然结果。政策信息经过社会利用其价值部分或全部转变成各种社会效益,人们对政策信息利用得愈充分,其总体价值衰减得就愈快。从某种意义上来说,政策信息老化得越快,说明社会的知识结构变化很快,社会发达程度高。通过政策信息衰减速度的计算,可以衡量社会发展状况及信息开发利用水平。

三、公共政策信息系统

政策信息系统是随着电子信息技术、通讯和数据处理技术的发展而发

第五章 公共政策的内部生态体系

展的,先后经过了信息检索系统(IRS)、决策支持系统(DSS)和群体决策支持系统(GDSS)等阶段。

政策信息检索系统是以计算机为基础的政策信息的存贮与检索系统,这一系统从50年代中期开始研制,先后经过了脱机成批检索时期(1954年至1964年)、联机检索时期(1965年至1972年)、联机检索普及时期(1973年至今)等三个阶段的发展,基本上趋于完善。

在电子计算机进入大规模集成电路和超大规模集成电路、微型计算机作为智能终端已经普及的时代,伴随软盘技术、数据库技术及现代通信技术的发展,公用数据传输网络被用来为IRS服务。每个大型信息单位的计算机成为信息网络上的节点,每个节点又连接许多终端,甚至连接"二级网络中心"。各个节点之间又通过电信线路互相连接,从而形成纵横交错、处处连通的信息检索网络。

90年代IRS系统又有了新的发展。这一系统将逐步与通讯卫星相连接,加上采用电缆电视(CATV)技术和多媒体技术,人类的全部知识几乎都可以通过IRS来获取,从而形成全球信息检索网络。这为公共政策的运行提供了信息支撑,IRS可以在政策分析、政策决策和政策评估环节上发挥迅速、快捷的数据检索、事实检索和文献检索的功能。

决策支持系统(Decision Support Systems,简称DSS)是80年代研究和开发出来的政策信息系统。DSS的技术主要包括三个方面:信息处理技术、运筹技术和认识心理实现技术。信息处理包括事务处理、数据库管理、图形显示、询问以及通讯功能的实现。运筹技术包括静态分析功能、解决问题的启发功能、复杂系统的优化仿真等。认识心理的实现技术主要是依据对个体的观察采集数据并判断决策行为。

决策支持系统由交互语言处理系统、问题求解系统和知识系统三部分组成。交互语言系统利用用户输入方式和DSS输出方式,为决策者提供直接检索和运算处理手段,其中人工智能的应用主要是对自然语言的识别,对知识规划进行描述及对各种处理结果进行解释。报表和图形等支持工具的运用,则能形象地显示决策结果。

问题求解系统是DSS求解具体决策问题的核心部分,是交互语言处理系统与知识系统的中间接口。当求解问题要求描述时,通过知识库和数据库系统搜集有关该问题的信息和知识,并据此对问题加以定义。再通过模型库系统集成构造模型,通过方法库系统识别具体方法并进行求解分析和评价。最后通过交互语言处理系统将结果输出给决策者。

知识系统是 DSS 处理问题的后援资源库,由 DSS 数据库系统、知识库系统、模型库系统和方法库系统组成。在运行中采用与数据库管理相似的技术对各库进行管理操作。知识系统主要是用来对各种非结构化问题进行定义、识别、存贮和解释。

群体决策支持系统(GDSS)是 DSS 系统的一个分支,是 80 年代中期开始研制至 90 年代日趋成熟的政策信息系统。GDSS 的设计目标是用来支持一起工作的决策群体,其主要职能是帮助决策群体完成通讯、规划、方案生成、系统分析等任务,以加快群体决策过程并改善其决策质量。GDSS 具有专门的软件工具,主要包括:电子问题生成器、电子头脑风暴工具、观点组织器、问题工具、投票设置权重的工具、群体字典等。

GDSS 具有四种基本类型:决策室、局部决策网络、议会式会议、远程会议。决策室类型是 GDSS 最基本的形式。在这一决策环境中,决策者同处一室,每人有一台计算机或终端,可各自利用 DSS 系统进行决策,然后 GDSS 组织、协调各个决策者的意见。会议室中的大型公共屏幕,显示相关的公共数据和各个决策者的分析过程、结论和评论,供大家讨论。

局部决策网络主要用于对决策群体在空间与时间上分离,即"异步会议"决策环境的支持,其实现方式有如下几种:(1)利用计算机局部网络连接决策者各自的计算机或终端,以实现对不同决策成员在组织中不同场所的决策支持;(2)计算机网络沟通组织内部与外部的联系,以实现对决策成员不在组织内部时的决策支持;(3)连接不同的决策室,以支持更广泛的群体决策合作。

议会式会议是 GDSS 用来支持大量决策成员在同一会场出席的会议。在这一决策环境下,每一与会成员都可以独立发表自己的见解,大会主席与技术人员有权通过公共显示设备传递信息,成员间的交流要受到一定的限制。

第五章　公共政策的内部生态体系

远程会议类型是在决策成员很多而且决策群体比较分散的情况下所使用的 GDSS 类型，有时又称这种类型为"计算机媒体会议"（Computer - Mediated Conference），在这种决策环境中起作用的是 GDSS 中广域计算机网络及其支持软件，一般也需要技术支持或协调人，来负责控制和组织会议的具体进程。

必须加强公共政策信息系统的管理。首先，要加强公共政策信息来源管理。公共政策信息的来源主要有以下几个方面：(1) 政府掌握的信息。据不完全统计，目前政府掌握着 80%—85% 的公共信息。(2) 公共政策调查信息。这一部分主要指专门的政策人员所作的调查所获取的信息，有一些也归入政府公共信息之中。(3) 大众媒介传播掌握的信息。(4) 公众需求信息。

其次，要解决公共政策信息的失真与不对称。公共政策信息的失真是指政策信息在传播中被截留或被扭曲，与信息源不一致。要克服政策信息的失真必须减少传播层次，防止人为过滤。政策信息的不对称是指委托人掌握的信息比代理人掌握的要少。克服的办法是应对代理人博弈并运用委托人利用第三方印证。

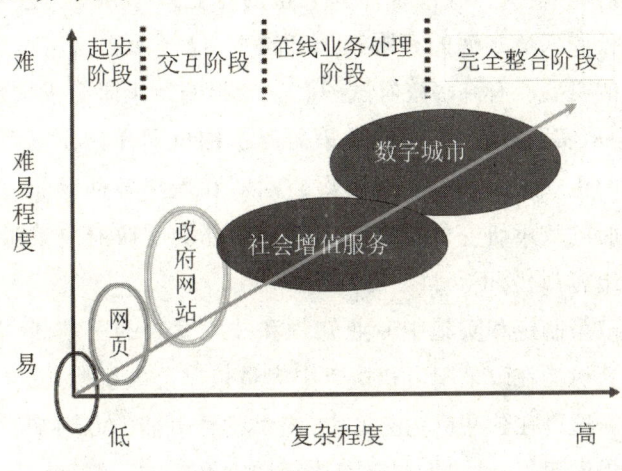

图 5—6　政府电子化发展的步骤

第三，要实行公共政策信息的公开化。政务信息公开化的依据是人民的法律知情权和民主基本条件。要研究政策信息公开化的范围、途径、程

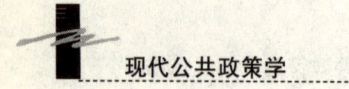

序,并保证政策信息公开的制度化。

第四,要加速政府电子化建设。要做好上述工作,关键是要加快政府电子化进程。

第六节 公共政策的咨询因素

一、政策咨询机构的特点

公共政策咨询是现代公共政策系统中具有重要作用的因素。它是政府等公共机构实行科学决策的重要手段。政策咨询是由一定的组织机构来完成的。社会中各种政策咨询机构、政府与这些机构之间的关系以及具体的咨询活动构成了公共政策系统中政策咨询子系统。

在面临全球化冲击的现代社会中,政策问题不仅繁多,涉及的领域广泛,而且要确认和解决这些问题需要大量的专业知识和专门技术,因此,仅仅凭政府的公职人员掌握的有限知识和技术,已经无法满足制定和实施各种繁杂政策的需要。有许多政府试图设立专门的政策研究机构来解决这方面的问题,但从实践来看,官办的政策研究机构也同样存在很大的局限性,它没有足够的正式编制和经费来支撑它网罗和聚集各种专业人才,而且这类附属于政府的政策研究机构在政策规划中还会受政府决策意图的左右,从而无法作出客观、公正和科学的判断。

要解决政策制定和实施中专业知识和技术紧缺的困难,就需要政府或非政府的公共机构在政策制定和执行中大量依靠公共机构外的专业人才和他们的智慧。这种在公共机构决策中,提供种种急需的专门知识和技术,并对政策规划提供建议,对政策制定和执行产生影响的组织,就是公共政策咨询机构。在不同的国家,对这类机构的称呼是不一样的,有的国家称为"思想库",有的国家称为"外脑",有的国家称为"智囊团"。在西方,这类政策咨询机构较多,较为著名的有"罗马俱乐部"、"兰德公司"、"日本野村综合

第五章 公共政策的内部生态体系

研究所"等。

在现代社会中,政策咨询机构要发挥在政策制定和实施中的积极作用,必须具备下列特点:

1. 咨询机构必须坚持独立自主的研究

公共政策咨询机构是通过政策研究、政策分析,为政府部门的决策提供科学、合理的政策建议来求得自身的生存和发展的。提供能为政府决策机构接受并被实践检验是正确的政策建议是政策咨询机构的"产出",这种"智力产品"质量的好坏直接影响到政策咨询机构的形象和生存、发展的前景。要保证咨询机构作出的政策建议具有客观性、合理性、有效性,机构就必须坚持独立性,独立于政府或利益集团之外,尽可能地不受政府部门或利益集团的影响,自主地进行政策研究、分析。

西方一些政策咨询机构为了坚持政策研究和分析的"中立"性,避免当权者、委托者的各种压力,在接受经费资助和资金捐助等方面,或有意识地规定一定的限度,或坚持一定的条件。比如,美国的布鲁金斯研究所为了不受制于政府,规定接受的政府经费额度不得超过总收入的20%。有些政策咨询机构在接受财团、企业的捐赠时,都以委托研究的政策内容无社会异议为条件。在与政府部门合作时,国外一些咨询机构为确保研究的自主性,一般不接受现任政府官员参与政策分析。

2. 咨询机构必须按企业化方式运行

政策咨询机构不是政府,不是具有权力的组织,它只是一种半官方的、民间的、非盈利性的组织。机构的资金来源,除了政府部门的资助和企业集团的捐助外,主要是在接受政府部门和社会其他组织、机构的政策规划和分析委托时收取合理的费用。为了保证咨询机构财政开支的合理和有效率的运行,相当多的成功的政策咨询机构都采用了企业化的方式组建,并参照现代企业管理方式进行管理。比如,著名的政策咨询机构罗马俱乐部,其首任主席匈牙利裔意大利人奥利奥罗·佩西,原来是一位工业家,他按公司方式组建并管理这一政策研究机构,罗马俱乐部设有一个执行委员会,由主席和秘书长管理秘书工作部门、日常事务部门、对外联络部门和财务部门。另外,执行委员会对各个课题组的研究和分析工作加以控制、管理。

3. 咨询机构必须科学合理地配置人员

为了保证政策研究和分析的科学性、合理性，政策咨询机构必须做到成员专业素质精深，各类专业人才互补，形成知识和技术的规模优势。从一些著名的政策咨询机构的人才配置来看，大体上有这样几类成员：擅长行政管理的领导者，从事专门领域研究的专家，政策分析专家，独立进行信息处理、计算分析、模型构造的助理人员，文字秘书和图书管理人员等等。

政策咨询机构要保证其成员的专业化、高素质和整体优势，就必须采取特殊措施。(1)选人要严格。比如，罗马俱乐部规定其人员保持在100名之内，新补充的成员都是由现任成员从世界各地学有专长、年富力强并已有成就的专家中严格选拔出来，现任政府官员不得成为俱乐部成员。兰德公司研究人员的平均年龄只有35岁。(2)考核要严格。比如，斯坦福国际咨询研究所制定的考核评价系统，按功能分为专业成绩、提升、委托关系、计划领导、系统管理5个项目，每个项目又细分为6个等级。研究所以考核的成绩来决定研究人员的报酬、奖励以及是否继续聘用。① (3)注重成员交流。比如，罗马俱乐部之所以考虑成员控制在100人以内，其中一个重要原因是为了保证其成员之间进行最低限度的交流，促进成员之间交换意见，以便能专业互补，形成合力。②

二、专家在政策咨询中的作用

政策咨询要有多方面人员的共同合作。在一个运行良好的政策咨询机构中，既要有一流的行政主管，又要有擅长信息收集和分析的辅助人员，但是，其中最为重要的是学有专长、具有特殊知识和技术的专家。正确看待专家在政策咨询中的作用并把专家合理地组织起来，这是有效发挥政策咨询功能的关键。

首先，只有形成不同领域、不同类型专家的合作，才可能产生出一流的

---

① 刘绛华、郑立平：《论思想库对知识经济时代政府管理的支持》，《管理科学》2001年第2期，第12页。

② 高健等：《罗马俱乐部决断力》，中国城市出版社1998年版，第12页。

第五章 公共政策的内部生态体系

政策建议。专家或学者是对他所从事的专业有长期不懈的探索,具有丰富的专业知识积累并在特定知识领域有特别见解的人。正因为如此,某一方面的专家只能精通某一方面的知识和理论。离开了他所从事的领域,他就不再是专家了。而具体的政策分析要处理的现实问题常常涉及到多个领域中的知识,以为只要是专家,就什么都懂,让少数几个专家去处理绝大部分超出他所熟悉的领域的事情,必然会闹出笑话。要真正发挥专家的知识专长,就必须针对具体的政策问题,找出相关的主要知识领域,然后组织这些领域中的专家相互合作,将多种知识融合起来,形成知识合力,才能有好的政策分析。

其次,只有将知识与社会发展目标结合起来,才能发挥知识在政策过程中的效力。一般而言,专家都对自己的专业有特殊的情感,都会形成特殊的知识思维定势,即专家都喜欢用他本专业的知识去认识、描述和理解社会政策问题。比如,一个对心理学有专门研究的学者,让他去分析社会问题,他首先想到的是人们的心理出了毛病。让一个经济学家去解释一个地区教育为什么落后,用什么办法去解决,他肯定会去寻找经济原因和经济方面的对策。

要让各个方面的专家在政策咨询中恰当地处理自己熟悉的知识与解决社会公共政策问题的关系,关键在于调整专家的角色定位。不同专家在没有参与政策咨询研究之前,都在各自的理论研究或教学岗位上,其角色是一个教授或一个学术研究人员,但进入政策咨询系统之后,他就成为以"解决政策问题"为目标取向的政策分析人员了。只有把握好这种角色转换,将专家的知识存量与运用知识的能力集中到社会发展的目标上来,专家才能为政策咨询发挥效用。

第三,只有发挥专家的优势,才能使政策咨询起到效果。一般地说,专家大部分时间都花费在课堂、研究室中,他们比较多地从事理论研究,有些自然科学家对社会现实不太了解,即使是从事社会科学研究的专家,他们对社会现实的了解也不是十分详细,因此,相当多的专家对理论问题比较在行,是他们的优势,但对具体的实践操作却缺乏经验,这是他们的弱势。要让专家在政策咨询中发挥作用,就必须利用他们的优势,避开其弱势,让他

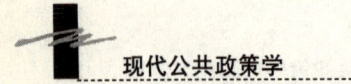

们在全局、宏观方面,在原则和原理方面多提供意见,而不是要他们去过多设计操作步骤。

不同类型的专家其学术研究和运用知识的优势与弱势也不相同,有些专家擅长于宏观理论,有些则善于微观设计,比如研究宏观经济学的专家对国民经济平衡有自己的见解,但对于国有企业内部奖励制度的制定则提不出多少意见,而专门研究企业内部管理的专家在这方面很内行,但他不一定对整个国民经济周期发展有独到的想法;也有一些专家对定性分析很在行,而有的专家对构建模型很熟悉。因此,在政策咨询中,应当依据不同专家的特点,用其所长,充分发挥他们各自的优势。

三、发展政策咨询的条件

就公共政策目前运行的现实状况来看,多数公共机构尤其是政府部门对政策咨询工作重视不够,这主要是两方面的原因导致的:(1)现有的政策咨询机构的咨询能力还比较弱。社会上虽然有不少咨询组织,但开展公共政策咨询的比较少。即使有一些承接政府决策咨询业务的机构,也因为人员素质有限和对公共政策缺乏了解,政策建议的科学性、合理性不强而令政府部门失望。(2)政府部门在决策实践中仍然带有计划经济模式时期决策行为的残余,习惯于拍脑袋,按主观意图办事;习惯于感觉经验,轻视甚至怀疑专家建议;习惯于快速独断,怕咨询多了会浪费时间。要重视专业知识和现代技术在政策过程中的作用,充分利用政策咨询机构这一"外脑",就必须确立现代政策观念、提高政策管理能力、培育政策咨询机构。

1. 树立现代政策观念

在传统的、实行计划经济体制的社会中,公众的需求较为单一,政策问题较为简单,决策所需信息有限,决策的后果较为确定,政策贯彻大多借助于行政命令手段。在这种条件下,政府多数政策都是依靠机构内部的行政人员和政策人员,借助于有限的专业知识和技术论证,并由党政领导拍板来制定和实施的。这种公共政策的实践也造成了传统的政策思维习惯,其特点是轻视法定程序、忽视公众的民主参与、忽略科学知识和技术手段的

第五章 公共政策的内部生态体系

运用。

现代社会是一个适应全球化浪潮、实行市场经济体制、推行民主和法治、尊重科学技术的社会,在这种公共政策环境超系统的作用下,一个社会共同体或一个国家的政府及其他的公共机构,在制定和实施公共政策时,所面对的是公众的多元利益要求,所遇到的是层出不穷的结构复杂的政策问题,所必须遵守的是严格的法定程序,要解决任何一个政策问题所需要的远远不是权力而是大量的专门知识和科技手段。现代政策制定和执行的特点是:要面向法治,具有合法性;要面向专业知识,具有科学性;要面向公众,具有民主性。

政府要能适应现代政策制定和执行的特点,就必须抛弃传统的、已经被证明与现实不相符合的政策思维习惯,建立新的适应知识经济时代要求的政策观念。新的政策思维除了要求政府在政策过程树立民主和法治观念外,还需要树立尊重科学、尊重知识、尊重技术的观念,这就要求政府充分发挥由行政管理专家、政策分析专家和其他领域的学者所组成的政策咨询机构的作用,依靠专业知识、系统思维和最新技术来制定和实施合理、有效的政策。

2. 提高政策管理能力

在传统的政策过程中,由于政策是由政府部门采用封闭式的方法制定和实施的,因此,政府对政策的管理所依靠的是行政权力,在宏观上依赖政府掌握的行政权,在微观上依靠具体管理者的行政职位,加上在传统的决策中,政府要处理的信息较少、需要比较的政策方案也小、政策执行中能调整的可能性也小,因此,对政策的管理比较粗放、单一。

在现代的公共政策过程中,行政权力的作用已经更多地被知识、技术权力所取代,而且公众的广泛参与、通讯的发展、大众媒体的介入及网络使用的方便,使得政策过程中的信息量成十倍甚至成百倍的增长,加上政策咨询机构独立自主的研究,会提出不同的政策建议,因而就大大改变了政策过程的状况,对传统的政策过程管理提出了挑战。

要对更为复杂的政策过程作出积极回应,政府就应当摆正行政权力与知识权力的位置,处理好专家地位与行政职位的关系。要实行科学决策,就

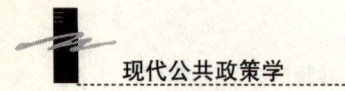

需要少用行政强制力,少强调行政职位,做到不唯上,不唯权,承认政府在决策中必须更多地依赖"外脑",充分利用知识,坚决服从真理、服从科学。

政策咨询会给政府部门提供大量的信息和多种政策建议,这就使政府对政策过程的管理更为复杂。政府要驾驭整个政策过程,就必须不断地增强自身的素质,提升对信息选择、判断的能力,增强在不利、紧急情况下正确决断的能力。

3. 培育政策咨询机构

在现代公共政策过程中要充分发挥政策咨询机构的作用,政府除了要转变政策观念和提升自身对政策的管理能力外,还需要大力去培育政策咨询机构。

首先,要鼓励发展多种类型的政策咨询组织。从机构与政府的关系来划分,可以形成两类政策咨询机构:一类是与政府之间没有任何资助关系的民间政策咨询组织;一类是接受部分政府资助的、但并不隶属于政府的"半官方"的政策咨询组织。这种半官方的政策咨询机构与政府内部设立的"政策研究机构"的区别在于,前者具有相对独立于政府之外的政策研究的自主性,它与政府的关系是政策分析的"委托与被委托"关系,而政府内部设立的政策研究组织是完全隶属于政府的,它与政府之间是领导与被领导的关系。

从机构的专门化程度来划分,也有两类政策咨询组织:一类是专门从事政策咨询的研究机构,它除了接受政府部门委托的政策分析与政策评估和进行专业的学术研究外,不兼营其他业务;另一类政策咨询组织,除了接受政府委托的政策分析和评估的业务外,还进行别的方面的包括企业的投资、市场开发等咨询业务。

从政策咨询机构的固定性来划分,也可以划分为两大类:一类是较为固定的组织,人员编制是稳定的,分工也较为明确;另一类则是流动性较大的组织。以接受委托的业务来组织研究小组,人员大多是兼职的,来自大学、学术研究机构和实践部门。当委托的政策分析或评估项目完成后,研究小组则解散。

其次,政府与政府咨询机构之间要建立严格的"委托者与被委托者"的信用关系。作为政府一方,除了日常的扶持外,在发生咨询业务时,应当通过契约形式,形成严格的"委托与被委托"关系,双方都应处在平等的地位上,履行各自的权利与义务。政府在咨询机构完成所委托的政策分析或评估后,应支付其合理的报酬。咨询机构也应当遵守职业道德,为政府做好政策分析和政策评估的保密工作。

在具体的政策咨询过程中,政府在政策咨询机构接受自己的委托业务后,还应当为其政策调查、政策信息的搜集提供法定范围内所允许的各种便利。当咨询机构有必要与政府部门交往时,要主动提供支持。在政策咨询过程中,在不妨碍咨询机构客观、公正、自主的工作的情况下,政府也应当对咨询工作进行必要的督促、检查。政府要尊重政策咨询机构中专家、学者、政策分析人员的劳动,对于不同的政策建议要认真考虑,对于为社会带来巨大效益的好的政策建议要给予奖励,从而在全社会形成良好的政策文化,使更多的专家、学者热心于政策咨询并形成较强的政策责任心。当然,政府也要为政策咨询制定一些必要的行为规范,以保证政策咨询工作健康开展。

第七节　公共政策的工具因素

一、对政策工具类别的探索

公共政策工具是政府为了推动政策的贯彻、落实,所采用的一系列有效的方法与手段。

任何一项公共政策的设计,总要考虑相应的法令、政策的标的团体、政治所要实现的目标、政策执行机构等等。除此以外,政策设计中还要考虑既有的制度、规则,考虑政策活动与政策情境之间的因果关系,考虑运用何种政策工具。

政府为了实施已经被合法化并且被采纳的政策,原则上就可以选择任何一种手段来达到解决政策问题的目的,即政策工具是可以任意选择并且可以相互替代的。但是,不同的政策工具之间存在差异。对于具体的政策

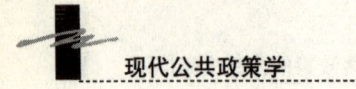

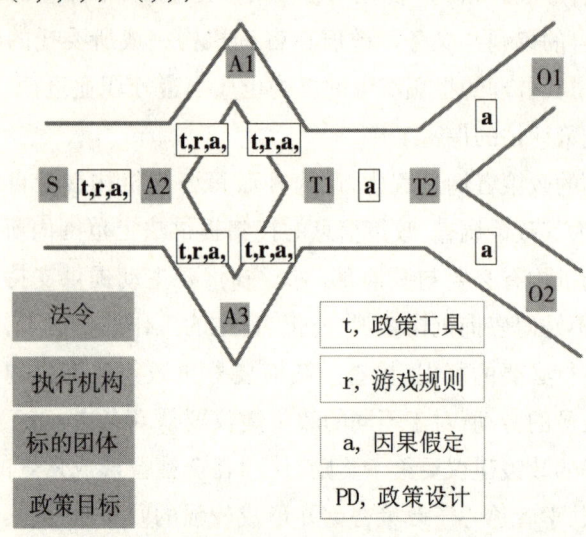

图5—7 公共政策中的政策工具

而言,有些类别政策工具更有效,有些则更为节省,有些更能得到支持,有些更符合人们的文化、习惯。因此必须对政策工具的类别及其特性加以研究。

虽然早在20世纪60年代,就有人提出了政策工具类别问题,但对政策工具的分类认真坐下来研究还是20世纪90年代的事。许多政策学家进行过政策工具分类的尝试。比如20世纪60年代,德国经济学家基尔申(S. Kirschen)就对经济政策的工具作过详细的调查,并概括出64种政府实施经济政策的手段。1990年,司纳德和英格拉姆(A. Schneider and H. Ingram)将政策工具分为5种:权威、诱导、能力建立、象征与劝勉,以及学习。1991年,麦克旦尼尔、艾玛(Mcdonnel and Elmore)将政策工具分为4类:命令、诱导、能力建立和系统改变。另外,克里斯托弗(Christopher)将政策工具归纳为政府掌握的信息(节点)、法律赋予的权力(权威)、政府支配的资金(财富)、执行政策的正规机构(组织)等5类。林德和彼德斯则把政策工具分为7类:命令条款、财政补助、管制规定、征税、劝诫、权威和合同。

对政策工具之所以有不同分类,原因是不同的政策学者采取的标准不一。如果以政府干预程度的高低为标准来进行分类,则可以把政策工具分为简单的三大类:强制性政策工具、自愿性政策工具和混合性政策工具。

二、自愿性政策工具

自愿性政策工具主要包括家庭和社区、自愿性组织、私人和市场等更为细小类别。这些政策工具具有一些特征:(1)这些政策工具都立足于在自愿的基础上解决问题,在多元网络治理中能够发挥较大作用。(2)运用这些工具,不需要政府支付更多的经费,从而解决问题的成本比较低。(3)在紧急情况下解决问题比较迅速。(4)不能解决需要更多经费的政策问题。

家庭和社区在自愿性政策工具中有某些重要作用。它比较多地表现在对儿童、老人和病人的照看上,对邻里、朋友在感情和金钱的帮助上。这种解决问题的努力和付出,通常是不图经济回报的,人们只求从这类服务中求得感情上的满足。在鼓励、动员更多的家庭和社区对公共领域进行服务时,只需要政府授权和少量补贴就行。但是这类政策工具有其缺陷,它不能解决复杂的经济困难,而且过于分散,缺乏政府服务的规模效应。

自愿性组织也是自愿性政策工具中的重要类别。自愿性组织的特点是它不是被强迫成立的,也不以营利为目的。在解决公共政策问题时,自愿性组织能为无自理能力的社会成员提供帮助,在社会救助上具有灵活性、反应快的特征,能在一定程度上填补政府公共服务的空白与漏洞。有些自愿性组织在提供公共服务时需要政府提供基金。自愿性组织的一个重要缺陷是一些自愿性组织在建立的初期能够发挥出较大的效用,但它们之中相当多的会演变为官僚式机构,从而失去原有的自愿特性。

在自愿性政策工具中,私人和市场也能发挥较大作用。对于私人和市场来说,无论是消费者,还是生产者,都能够从经济市场的互动中获取利益。在提供私人产品和配置资源方面,私人和市场会更有效。但是,作为私人和市场,其作为政策工具的有效范围是狭小的。它们都无法提供大规模的纯公共产品,如公共防务、警察、路灯等公共物品。另外,市场也在一定程度上导致社会的不公平。

三、强制性政策工具

强制性政策工具也有一些小的类别,如规制、公共企业、直接提供等等。这一类政策工具也有一些主要特征:(1)强制性工具是政府直接命令个人或企业从事某种活动,它具有直接性、命令性和强制性。(2)在运用强制性工具时,政府很少给个人、企业以自由裁量权。(3)由于使用这些工具时,都是政府直接提供物品和服务,因此支出较大。

所谓规制是政府要求一部分个人或机构在作出一定行为时必须遵循一定的程序和行动方案。政府中设有一定的职能机构来对规则的贯彻进行监督和管理。对不遵循者要加以处罚。规制可分为经济规制和社会规制,前者是一种传统形式,它主要对产品的数量质量、投资回报、进出行业作出规定;后者是新兴形式,主要对健康、安全和社会惯例作出规定。

规制作为强制性政策工具具有一些优势:规制只需定标准,所需信息少;规制能对预料之外的突发事件作处理,在目标明确时比其他工具更有效率;规制的运用依赖可预见性可作出执行计划,能对危机事件作出快速反应;规制与补贴、税收这些工具相比较,其政策成本较低;规制还可以用来进行政治动员。

但是,运用规制这一工具也有缺陷:规制限制交易,影响价格机制,引发经济混乱;规制有时会阻碍试验、创新和技术进步;运用规制时不允许随机应变,从而缺乏灵活性;规制的成本过高,政府无法对所有不受欢迎的行为都加以规制。

公共企业作为强制性政策工具具有以下优势:能够提供私人企业不能提供的公共物品和服务;与规制相比,公共企业的公司运作程序简化,政府开办公共企业所需信息也较少;公共企业可以为政府提供公共基金。公共企业作为强制性政策工具也有缺陷:政府不能有效地控制公共企业;公共企业由政府开办,很难倒闭,从而效率也就比较低;政府办的公共企业具有垄断地位,妨碍市场的自由竞争。

直接提供是政府广泛使用的、基本的、强制性政策工具。直接提供是政府通过工作人员,运用公共资金,直接向民众提供公共物品和公共服务。绝大多数国家政府通过直接提供的工具来完成以下公共产品和公共服务的提供:国防、外交、政策、消防、社会保险、教育、公共土地管理,人口普查、地质勘探、维护公园、修筑道路等等。

直接提供作为强制性政策工具存在缺陷:缺乏灵活性,导致低效,还容易产生政治控制的问题;由于作为直接提供主体的官僚机构不是竞争主体,因而不重视成本问题;同时,政府部门之间职能的交叉也会影响直接提供这一工具使用的效率。

四、混合性政策工具

混合性政策工具是介于强制性和自愿性两类政策工具之间的一类政策工具,它兼有强制性与自愿性的特点。政府运用混合性工具是想通过一定程度的引导,让公众和组织按照政府所希望的方式去行动,像信息发布、劝诫和说服教育、补贴、产权拍卖、征税等等都属于混合性政策工具。

信息发布是政府向私人和公司传递消息,希望他们按照政府的愿望改变自己的行为。这类信息包括旅游信息、计划信息、经济社会统计信息等。劝诫和说服教育是政府希望私人和公司要通过努力来改变偏好和行为方式,比如敦促人们励行节约、不要浪费清洁水、保持身体健康、多利用公共交通等等。

信息发布、劝诫和说服教育作为混合性政策工具有其优点:能让公众增加知识,并且让大家都知道政府的意图;在一些情况下能引导人们改变行为。但是信息发布、劝诫和说服教育作为混合性政策工具也有其缺点,即在相当多的情况下人们不愿意接受信息、劝诫和说服教育的引导。

补贴是在政府主导下,由政府、私人、企业和社会组织联合起来向其他的私人、企业、社会组织提供的多种形式的财政转移。个人、企业、社会组织获得了补贴,其行为的成本和收益都会改变,从而更能按政府所希望的行为方式行事。

补贴作为混合性政策工具,具有一些优越性:某些人不愿意做公众希望

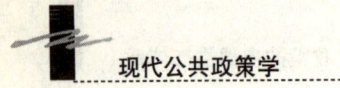

他做的行为,政府给予补贴就可以解决问题;补贴可以鼓励个人、企业和组织创新;对于政府来说,补贴是可以灵活使用的工具,管理补贴这一工具的成本较低,补贴在政治上更容易接受。补贴作为混合性政策工具也有其缺陷:要运用现金的补贴需要从政府当年的预算中列支,容易遇到预算难以通过的困难;对哪种对象需要补贴,需要先行调查,成本较高;有些补贴对公众和社会是间接发生作用的,不适合在危急时刻使用;有时补贴不当,就会成为某些人的额外收获,导致社会不公平。

产权拍卖是政府通过可转让的消费权证,在没有市场的领域创造市场,主要是创造稀缺资源消费权市场。这些资源可以是土地、出租车营运牌照、摩托车牌照,也可以是有污染的材料。产权拍卖是控制内部性行为,用户收费是控制外部性行为。比如,对污水排放收费,污染者就会将排放量控制在一定水平上。如果排放者继续付出成本来减少污水排放,其减排的成本正好等于政府收取的排污费用。政府力求将排污的收费水平维持在社会收益等于社会成本的点上。

产权拍卖作为混合性政策工具有其优点:容易构建,政府只要事先确定允许使用的某种物品的最大数量,并以此为基础来规定出上限,其余交由市场操作;调整灵活,政府在需要时可以对原先规定的上限加以调整。产权拍卖作为混合性政策工具也有其缺陷:可能鼓励投机,投机者可以通过高价买断并独占所有产权,对其他弱小的企业设置进入壁垒;可能产生灰市和黑市。无力和无机会购买产权的企业和商家就会在无奈下行骗,强制的成本就很高;存在一定的不公平,不是按需求分配产权,而是按购买力分配资源。

征税作为混合性政策工具的优点是:易于建构,人们都希望降低成本;对不受欢迎的行为具有持续的财政约束作用;使用起来较为灵活,标准可以调整。征税作为混合性政策工具也有其缺陷:需要为制定合理的征税和收费标准而支付成本;在寻求合理的收费标准时可能对资源的合理配置产生影响;在危机时期这些工具的效果普遍不好;执行不容易,管理成本高。

第六章　公共政策的结构方式

第一节　公共政策的产出结构

一、公共政策产出的集群结构

人们往往把注意力集中在单个政策上，事实上，为解决社会公共问题，仅靠单个政策是不行的。社会公共问题往往是由多种因素、多个细小的问题纠缠起来的，为了解决社会公共问题，常常需要制定和实施一连串的政策，有时候我们称这种集中制定出来的政策为"一揽子解决方案"。

集中力量，为解决某一复杂的社会公共问题政策而制定出多个政策的过程就是政策的群体产出。针对某一共同问题，集中制定出来的政策则构成了政策集群。这种政策集群的形成，可以是同时的，也可以在一个有限的时间段中完成。比如，各级政府在制定五年社会经济发展规划时，就是一个时间段中制定包揽主要社会领域的政策，形成政策集群。有时为了应对补偿性事件，几乎在同一时间制定出各个领域应对事件的政策，这种政策产出的集群是同时性的。

政策产出的集群结构的特点是，构成政策集群的多项政策都是服务于解决同一个重大的或复杂的社会公共问题，或是为了解决一个时期中某些主要的社会公共问题。以集群形式产出的多项政策并不同样重要或同样紧迫，在产出的政策集群中，总会有一个或一两个政策处于优先的地位，它们对解决已经存在并进入议程的社会公共问题具有直接影响，政策集群中的其他政策则是为了配合这些主导性的政策而发生作用的。

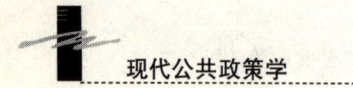

在政策产出过程中,选择哪些政策进入政策集群,选择哪一两项政策作为集群的核心直接决定着政策集群的产出性质。比如,许多地方政府在集中制定解决社会经济可持续发展五年发展规划时,虽然都标明要贯彻科学发展观,但是很多政府的政策集群性产出的结构中,仍然是以 GDP 的增长政策放在核心位置上,这种集群性的政策产出不可能去解决社会经济的真正可持续发展问题。只有以社会公平、和谐的发展政策为主导性政策,这种集群性政策产出才能解决社会发展中出现的不科学、不全面、不能持续发展的问题。

二、公共政策产出的层次结构

1. 高级公共政策产出

一般的公共政策研究只把从政策备选方案中最终选择出来的解决社会公共问题的措施称为公共政策产出,其实,公共政策过程中的政策产出并不是如此简单的一次性行动。在实际的公共政策过程中,特别是在有多层次政府结构的社会中,公共政策作为政治体系的一种公共产品,其产出也是多层次、多级别的,从而形成了公共政策的产出结构。

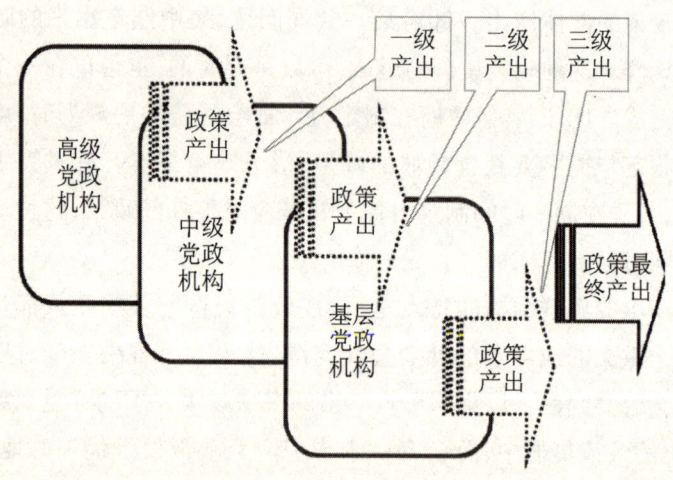

图 6—1 公共政策的产出结构

第六章 公共政策的结构方式

一国范围内的高级公共政策产出是指由高级党政机构制定、采纳并推行的公共政策。这类公共政策一般是以整个国家为背景，以执政党的执政目标、路线和战略为价值取向，来规划与实施的带有普遍性的公共政策。这是公共政策产出结构中的一级产出。

2. 中级公共政策产出

在实行单一制结构的国家中，中央政府的一级政策产出，只是一种带有原则性的政治决定，这种政策产出还不能原封不动地作为地方政府的政策。地方政府必须依据管辖范围内的具体的政策外部生态，对中央的政策作出更符合本地情况的变动和细化，成为能够在地方范围内贯彻实施的政策。这种对中央政策的变动和细化，既可以是联系本地实际的选择实施的重点，也可以增加一些配套的具体政策。经过地方政府的政策加工形成的能够在地方政府范围内实施的政策，这是政策的二级产出。

3. 基层公共政策产出

这是公共政策产出的最基础的层次。中央制定和推行的高级政策产出，经过二级政策产出，已经变得具体化了，但是在地方政府之下，还有县级、乡镇级政府，它们同样需要依据本县、本乡镇的实际情况，将中央的政策、地方政府的政策再次细化为能够解决当地政府管辖范围内的社会公共问题的新的政策产出。这是三级政策产出。

第二节 公共政策的类型结构

一、公共政策的层次结构

所谓公共政策的层次是就政策的纵向关系而言的。首先，公共政策问题具有层次性。公共政策的制定与实施是为了解决客观存在的社会公共问题，而具体的政策问题只存在于社会的一定层面，它只对这一层面上的公众的利益进行调控。为解决不同层面的政策问题就会有不同层次的公共政

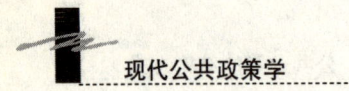

策。其次,公共政策主体也具有层次性。就制定、执行和评估主体的公共机构而言,它具有明显的纵向结构的特征。比如,公共权力系统中的行政权力系统在纵向上由上而下可以分成若干层次:中央行政机构、地方行政机构、基层行政机构。不同行政机构按照法定关系制定、实施的政策也必然具有层次性。

既然公共政策问题具有层次性,制定和实施公共政策的主体也具有层次性,因此,公共政策就可以进行层次性的类型划分。这种分类也存在多种方式。一是按政策制定和实施主体的隶属关系来划分,可以分为中央政策、地方政策和基层政策。二是按政策适用的空间范围来划分,则有全国政策、区域政策和部门政策。政策的这两种层次划分,有其优点,即标准明了,但也有其缺点,即这两种划分将政策主体与政策空间分割开来了,划分也带有明显的表面性。

在对政策的层次作分类时,另外一种思路是把政策主体标准与政策空间标准结合起来,以政策问题涵盖的范围、政策制定主体的地位、政策发挥效用的空间、政策权威性的程度等等为参考因素,将政策划分为总政策、基本政策与具体政策等层次类别。也有一些公共政策著作在这三个层次类型之前加上元政策这一类型。

1. 元政策

所谓元政策是相对于具体的政策而言的。人们平常制定、实施和评估的政策都是具体的政策,这些具体的政策是人们通过规划、决策制定出来的,然后通过执行、调整将其实施出来,最后还要通过评估,让该项政策终止。政策的制定、执行、评估并不是主观随意的,它必须遵循一定的原则、程序、模型、方法,有些公共政策学者就把制定、执行、评估政策的这些原则、程序、模型和方法也称作是政策。但这种政策是作为所有具体的政策基础的东西,亦即是"政策的政策",这就是元政策。

对元政策有广义和狭义两种理解。西方政策学者最早提出的元政策,其范围是较为狭窄的,如德罗尔只认为政策制定系统的改进是元政策研究的内容。但更多的政策学家认为,对整个政策周期的研究,都属于元政策的范围。现在一般的政策学家都倾向于将元政策看成是有关公共政策整个运

第六章　公共政策的结构方式

行周期的理论。从广义的角度来看,元政策本身也有一定的结构,主要包括:关于科学制定政策的政策,关于正确执行政策的政策,关于对政策加以延续、修改及终结的政策,关于对政策执行结果加以评估的政策。①

元政策研究的发展,元政策知识的增加,是公共政策学科建设与政策实践深化的前提。要建立完善、科学的元政策系统,最重要的任务有三个:(1)改进和优化公共政策的制定系统,改进和优化公共政策的执行、调控系统,改进和优化公共政策的评价体系。(2)构建更为优化和实用的政策分析的模型与方法,构建更为完备和易于操作的群体决策支持系统。(3)发展出更为灵活多样并行之有效的政策工具和政策手段。

2. 总政策

总政策是处于一个国家宏观层次上的、由执政党中央和中央政府制定出来、并要求整个国家在一个较长历史时期中坚持贯彻和落实的政策,它是一个国家中所有居民必须遵循的、法定性的行为规则。可以从政策的实质、特点、形式和作用几方面来理解总政策。

首先,总政策是在国家层面上,在中央政府的层次上制定和实施的政策,它是一个国家在较长历史阶段内所要实现的战略目标与基本任务。总政策常常以不同的名称表现出来,有时称为"总路线"、"基本路线",有时叫做"总战略"、"总方针"、"总任务"。总政策是执政党及其政府在一个较长时间内所要努力实现的社会政治、经济、文化发展的战略任务和根本目标,是人们行动的总规则和大方向。比如,从20世纪70年代末、80年代实行的"以经济建设为中心"、"以改革、开放为基本点"的党在社会主义初级阶段的基本路线,就是要在中国以后一个世纪内必须贯彻的总政策,它既规定了中国社会今后100年中应实行的总体战略,又规定了在各项工作中必须贯彻的总规则,也规定了社会在向前发展时必须把握的总方向。

其次,总政策具有特定的地位和自身的特点。在社会发展的每一阶段上都会有多个政策发挥作用,从而形成政策体系。在具体的政策体系中总政策是具有指导性与原则性的政策。作为一定时期中人们的行动准则与考

---

① 伍启元:《公共政策》,商务印书馆(香港)1989年版,第10页。

虑问题的总方针,总政策是其他各项政策的出发点和落脚点,是其他相关政策制定、实施与评估的依据。

由于总政策是居于政策体系的核心地位,贯穿于特定历史时期的始终,因而具有较强的总括性、较大的稳定性和较大的权威性。总政策在一个较长时期中对整个国家发展方向进行总体设计,对社会生活的主要方面进行原则规定,对人们的行动从宏观上加以控制,因而具有较强的总括性特点。构成一个国家一定时期总政策的主要因素虽然是多种多样的,但其中最主要的因素则是相对平稳的,这些主要因素之间的关系也是相对稳定的,这就使总政策发生作用的时间较长,效果较好,因而具有稳定性。由于总政策的制定与实施主体处于社会上层,是执政党中央及其中央政府,对下具有较强的控制力,加上政策比较稳定,得到多数公众的拥护,这就使总政策具有了较大的权威性。

第三,总政策具有多种表现形式。通常一个国家的总政策具有下列几种合法形式表现出来:(1)以执政党领袖、国家元首、政府首脑的正式讲话或报告的形式出现。作为中国社会主义初级阶段总政策的基本路线,最初是通过邓小平同志的一系列谈话和中央有关会议报告的形式出现的。(2)以执政党、政府的正式文件的形式出现,如有关我国社会主义初级阶段社会经济发展的总政策首先是以中共十一届三中全会的正式文件公布于世的。(3)以执政党党纲的内容出现的。社会主义初级阶段的基本路线后来又被进一步提炼、加工,写进了执政的共产党的党章。(4)以宪法的条文出现。党在社会主义初级阶段的基本路线,最后被写进宪法,赋予了法律的形式。党在社会主义初级阶段的基本路线从提出到完善化、规范化,先后正好经过了这几种表现形式,但不是所有的总政策都需要先后以这些形式表现出来的,有些总政策可能只以其中一种或两种形式表现出来。

第四,总政策具有特定的功能。总政策的地位与特点决定了它具有较大的作用。(1)具有指引方向的功能。政策是为了解决社会存在的公共问题而制定与实施的,但社会公共问题要不要解决以及如何解决,则取决于社会发展的方向选择。总政策正好规定着一个国家在一定时期社会经济发展的总体方向,这就为各级政府和政府部门解决政策问题指引了基本方向,确

第六章 公共政策的结构方式

定了价值取向。(2)具有统摄其他政策的功能。社会在一定发展时期要制定一系列的政策来解决社会前进中的一系列公共问题,要使那些不同层次、不同领域的政策形成合力,就要让这些政策围绕一个政策形成结构有序、功能互补的配套体系,否则各种政策各自为战,相互摩擦,必然导致混乱。总政策正是在政策体系中起核心作用、发挥统摄功能的政策。

3. 基本政策

基本政策是在总政策的制约下,人们为解决社会基本领域中存在的主要问题而必须坚持的行为规范。基本政策是与社会中人们活动的基本领域相对应的,由于社会基本领域较多,因而基本政策也有多种。基本政策也有其实质、地位、特点、类型和功能。

首先,基本政策是指执政党及其政府为维护和协调事关国家全局和整体利益,为促进社会某一领域、某一方面发展所规定的主要目标、任务和行动准则。基本政策通常是政府公共管理中关系到各个公共部门运行和发展的政策。这些政策从粗到细大体上分为两层:处在第一层的是政治政策、经济政策、文化政策、社会政策。将第一层作细分产生出更为具体的政策,如政党政策、国防政策、军事政策、外交政策、民族政策;货币政策、金融政策、财政政策、税收政策、工业政策、农业政策、商业政策、交通运输政策;教育政策、科技政策、新闻政策、出版政策、医疗卫生政策;人口政策、劳动就业政策、福利保障政策、宗教政策。

其次,基本政策具有特定的地位。在公共政策的总政策——基本政策——具体政策的纵向结构序列中,基本政策具有双重地位。对一个国家来说,任何时期的基本政策都是连接总政策与具体政策的中间环节。从与总政策的关系来说,它处在从属的地位上,不能与总政策规定的大方向和基本原则相抵触;从与具体政策的关系来说,它又处在统管与总揽的地位上,统摄具体政策,是具体政策制定与实施的指导原则。

正是由于这种双重地位,基本政策具有了自身的特点:(1)中介性。基本政策服从于总政策,是总政策在实施中的具体化,但基本政策又统摄具体政策,是各项具体政策的依据。(2)制约性。基本政策具有向上与向下的双重制约性。基本政策对所隶属的具体政策的制约是很明显的,但这只是一

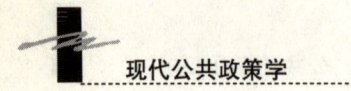

种强制约性,它还有另一种制约性,即对总政策的弱制约性,虽然基本政策隶属于总政策,但是基本政策在特定政策领域中的稳定性与连续性,使得执政党及其政府在制定总政策时,不得不考虑一直实施着的基本政策,总政策必须保证基本政策有连续性。(3)稳定性与变动性的统一。作为总政策的具体化,在不同时期的不同的总政策下,基本政策会有所不同,必须适时作出调整,这是其变动性的一面,但作为对具体政策的统摄,基本政策又必须保持相对的稳定性,否则具体政策就会变幻无常。

第三,基本政策也有不同的类型。基本政策基本上可以分为两大类:一类是制度性政策,它通常对社会生活各个领域的关系、结构、运行程序加以规定,稳定性较强;另一类是方针性政策,它通常是对社会生活各个领域中基本矛盾和问题加以协调,带有变动性的特征。一项特定的基本政策往往既包括制度的因素,也包括方针的因素。

在基本政策中,有些政策在一段时期中或在相当长的时间内显得特别重要,对整个国家的发展具有举足轻重的作用,因而有必要将它突出出来,上升到较为重要的地位,我们将这类基本政策称为"基本国策",比如由于我国人口众多,而且在数量、质量、结构和分布方面都存在问题,已成为影响和制约经济和社会发展的一个十分突出的因素,因此,实行计划生育、控制人口增长、提高人口素质就成为特别重要的政策,因此,我们在很长时期中一直将计划生育政策提升为基本国策。

第四,基本政策具有特定的功能:(1)承上启下的功能;(2)协调整合的功能;(3)倾斜扶持的功能。一般认为,基本政策具有中介、协调和倾斜的作用。所谓中介作用是指基本政策作为连结总政策与具体政策的桥梁,发挥着承上启下的功能;所谓协调作用是指基本政策由政府制定并组织实施,从而发挥着从全局与整体的角度求得社会生活各领域持续、平衡发展的功能;所谓倾斜作用是指政府可以借助于基本政策来规定一段时期内社会生活中需要重点加以扶持的领域与部门,从而发挥出在资源配置上优先照顾、在利益分配上优先考虑的功能。

4. 具体政策

具体政策是在社会基本活动领域之下更小的范围中发挥作用的政策,

第六章 公共政策的结构方式

也有学者称这种层次的政策为实质政策。为解决社会发展中某个领域中的具体问题或某个区域的具体问题的具体政策或实质政策,有时可能是通过一项措施、一个工程表现出来的。具体政策有自己的范围、地位、特点和功能。

首先,具体政策有特定的范围层次和地位。有的政策著作中又称具体政策为实质性政策,它主要是指中、下层公共管理部门在特定时期、特定范围为解决特定问题所规定的行动目标、任务和准则。具体政策的表现形式也多种多样,有计划、条例、法规、章程、说明、措施、办法、细则、项目等等。具体政策在政策的纵向结构中处在最后的层次上。它是在基本政策的指导下制定出来的,它是基本政策的具体化;具体政策是将基本政策所规定的目标与任务付诸实施的工具与手段;具体政策是同具体时间和空间中的政策问题联系在一起的,它处在基层和公共管理的前沿位置上,因而是解决实际问题的依据。

其次,具体政策有自身的特点:(1)涉及面广,形式多样。社会生活中只要是与公共事务、公众利益有关的方面,只要产生和出现了公共政策问题,公共管理部门就得制定和实施相应的政策来加以解决,因此,具体政策的涵盖面很广。由于具体政策是实施基本政策的手段,因此,它常常是以指示、决定、建议、报告、规则、章程、条例、项目等方式表现出来的,因此,具体政策的形式也多种多样。(2)针对性强,内容详尽。具体政策完全是联系实际制定出来的、解决现实问题的规范、准则。具体的公共部门直接面临政策问题,直接面对公众的利益要求,因此要求制定和实施的政策必须目标清楚,针对性较强。同时,公众要求政府部门制定出来的政策必须在限定的时间和范围内解决问题,因而政策的内容必须十分详尽,实施程序必须非常实用有效。(3)时效性强,变动性大。具体政策所要解决的是在特定时间内突显出来的社会公共问题,因此,对政策制定、实施来说时间是一个重要的影响因素。正因为具体政策的时效性较强,这类政策的变动性也就特别大。(4)执行性强,操作性强。从政策运行环节来考察,具体政策运行周期中起关键作用的是政策执行环节,因为在具体政策的制定中,由于问题比较明确、目标比较确定、不确定因素也比较少,因此政策制定就比较容易。相比之下,具体政策的执行就成为关键环节。在具体政策的实施中,执行机构和人员的选择、实施计划的安排、操作程序的设计就显得特别重要。

第三,具体政策具有重要作用的功能。(1)它能切实有效地保障总政策和基本政策的贯彻落实。在政策纵向的层次结构中,虽然总政策和基本政策处于总揽和统帅的地位,起着指导、控制的作用,但是,要把总政策和基本政策贯彻下去,就不能缺少具体政策作为其实施的手段和工具。只有各项具体政策科学化、合理化并得到有效的执行,总政策和基本政策才能最终得到落实。(2)它能直接解决社会经济发展中的问题。具体政策是社会公共管理机构为直接解决社会、经济、文化发展中的公共问题而制定和实施的行为规则。处于基层的公共管理部门在总政策和基本政策的指导下,针对经济和社会发展中一个个具体的公共问题,提出具体的指示和意见。对提倡做什么、限制做什么、反对做什么,对什么行为进行奖励,对何种行为要加以惩罚,规定得较为清楚,从而能直接解决在能力和权限范围内能够解决的政策问题。(3)它能直接调节公众利益。具体政策在政策纵向结构中由于层次低、覆盖面广,从而它同公众利益直接联系在一起。具体政策所要解决的公共问题绝大部分涉及到公众利益的分化、矛盾、冲突。具体政策通过条例、规则、章程、项目、措施等形式,对人们的具体行为进行较为详细的规范,对利益加以科学、合理的控制、协调,从而使公众在利益的取得和享受上趋于公平、合理。

二、公共政策的性能结构

对公共政策作纵向的层次性类型划分只是对政策的纵向结构地位、产生效用的空间作了讨论,仅有这种研究是不够的,因为对社会政策问题的解决,固然要分清层次,对不同层次和空间的政策问题应当选择不同的政策去解决。但是,即使是在同一层次和空间上,对政策问题解决的方式也是多种多样的。从总体上来说,对政策问题的解决,归根到底是对人们行为进行规范。为解决政策问题,有时要对某些行为和活动作出限制,有时则要对某些行为和活动加以鼓励;有时需要对已有的一些做法和行为加以重申,而对另

第六章 公共政策的结构方式

外一些行为和活动则要改变,弃旧图新;有时则需要对一些行为作出调整。因此,还有必要从政策对行为的要求即政策作用的特性与功能的角度进行政策类型的讨论。

台湾学者曹俊汉曾依据美国政策学家罗威(Teodore Lowi)在《分配、规律、再分配:政府的功能》一书中所提示的思想,把政策形态同决策系统的统合、分离以及需求形态的统合、分离结合起来考虑,将政策分为分配型政策、再分配型政策、规制型政策、自律型政策。

1. 分配政策

分配政策是政府为主的公共机构制定的,其目的是对社会上各种利益集团内部利益划分作出规范的政策。分配政策的作用在于对各个利益集团加以制约,使之不会去影响、妨碍其他集团的利益。由于这类性质的政策,只是在集团内部将利益加以分配,对两个不同的集团来说,内部的利益调整,对两个集团都会有利,不存在一个集团影响另一个集团的问题。因此,有人认为这种政策实施的结果,不会是一方得利,另一方就失利,而可能是大家都获得更多的利益。正因为这样,有人称这种性质的政策为"非零和"博弈(non-zero-sum game)政策。在数学上则可表示为: $+A+(+B)\neq 0$,即总和不等于零。

2. 规制政策

规制政策是政府制定的为引导政府行为和各利益集团行为的一般的、普遍适用的规范。规制政策的一个功能是规范政府行为,另一个功能是划分不同利益集团的利益。在实施第二方面功能时,当一个集团的利益得到增加时,另一个利益集团的利益就会减少,这种政策直接处理的是集团与集团之间的利益关系,因此,有人认为实施这种政策是一种"零和"博弈(zero-sum game)。在数学上则可表示为:

$$+A+(-A)=0$$

3. 再分配政策

再分配政策是政府制定和实施的对社会各集团利益的种种利益进行平衡与协调的规范。政府在采取一定的行动以后,会对社会上各种集团产生影响,不同的集团在地位、权力、物质利益等方面会不平衡,为了使社会正常

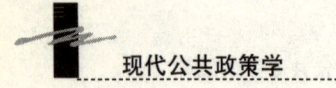

发展,政府就需要对各个集团的利益差别加以协调、平衡。由于政府实施这一政策的目的在于使存在的不平衡趋于平衡,因此,一个集团过分超出的利益,就会转移到另一个相对处于劣势的集团身上。一方所失,就是另一方所得。这也是一种"零和"博弈(zero – sum game)。

4. 自律政策

自律政策,即自我限制的政策。政府规定了某些行为规范供集团在行动时对行为进行选择。对于具体的集团来说,政策不是要去减少其利益,而是为其行为方式的选择提供规则。一个集团在决策选择某种调整自身的行为时,并不影响别的集团的利益。因此,实施这种政策也是一种"非零和"博弈(non – zero – sum game)。

第三节　公共政策的领域结构

一、政治领域的政策

1. 政治政策的任务和目标

政治生活是现实社会生活的重要组成部分。虽然人们普遍认为,只有在存在私有制、阶级的条件下才有政治,但仍有相当多的人认为,只要人类社会生活中存在公共领域,存在对社会中有价值的东西进行权威性分配的必要性,政治就会存在与延续下去。在迄今为止的人类历史上,充满的是阶级斗争、国家兴衰、战争和革命,但是,阶级政治、国家政治、军事政治只是人类政治生活的某些重要组成部分,而决不是人类政治生活的全部。

现实社会的政治生活是在一定的经济基础上,个人、群体、团体、组织围绕特定利益,借助于社会公共权力来规定和实现特定权利的社会关系的总和。政治生活包括在现实社会中活动着的人们的利益关系、政治权力关系、政治权利关系。政治生活的核心是社会公共权力的归属、维持、制约、配置与运行。

第六章 公共政策的结构方式

在现实的政治生活中,人们之间的利益关系、政治权力关系、政治权利关系具体渗透在阶级之间、政党之间、民族之间、利益团体之间、国家之间、政府之间的关系中,在这些具体的关系中存在矛盾、冲突和一致。制定和实施各种政治政策的任务,就是要针对政治关系中因其内在的矛盾、冲突而出现的问题,制定和实施各种准则,以规范人们的政治行为,从而保证政治系统正常的运行,使社会政治生活保持稳定和有序。一个社会的政治政策就是经济上占据统治地位的阶级及其政党为调节、处理人们政治关系中所产生的问题而设立的种种原则、准则、法规的总称。

对于不同的社会形态,对于不同的阶级及其政党来说,制定和执行政治政策所要达到的目标是不一样的。在社会主义社会中,代表先进生产力、代表广大人民利益、代表先进文化发展方向的执政党、国家、政府,制定和实施各项政治政策的目标是为了维护和增进世界的和平、维护和保卫国家的独立和安全、维护和实现社会的公平、民主和法治。

2. 政治政策的地位与功能

政治政策的地位与作用是由政治生活在社会整体生活中的地位与作用来规定的。虽然在整个社会生活中,经济处在基础的位置上,狭义的社会生活同精神文化生活与人们息息相关,但是,同这些社会生活相比,政治是一个社会的上层建筑,政治不能不占有首要的地位,它对整个社会发展起着导向、保障的作用。政治生活的这些特性赋予政治政策特殊的地位与功能。

对于一个国家来说,其制定和实施的政治政策在全部公共政策体系中必然处于优先的与首要的位置,支配和统管着其他各项政策。一个国家一定时期的经济政策、社会政策和文化政策都要受这一时期的政治政策的制约,其他各项政策都必须服务于既定的政治政策。在中国实行改革、开放之前,高度集权的、以阶级斗争为纲的政治政策使所有的经济、社会、文化政策都带有极左的、强制命令的色彩。实行改革、开放以后,在体现着以经济建设为中心、以建设民主和法治政治为内容的政治政策体系的规范和制约下,经济政策、社会政策与文化政策发生变迁,向着富强、民主、法治的目标发展。

政治政策的这种优先的与支配的地位决定了它对其他的公共政策的规

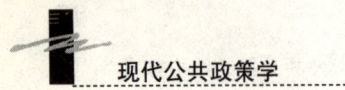

划与运行起着保障与导向的功能。当一个国家制定和实施的政治政策中包含了科学、合理的国防政策、军事政策及对外战略和外交政策,它就能保证该国有一定的国际地位,有和平、安全的国际环境,从而有利于其他的经济、社会、文化政策的制定与贯彻。当一国的政治政策中包含着符合国情的正确的政党政策、阶级政策、民族政策、法治政策时,社会就实现了公正、稳定,在这种良好的政策环境下,才会有正确、可行、有效的经济、文化、社会政策产生出来并得到落实。

3. 政治政策的系统结构

政治生活是由多种要素和方面构成的动态系统,这些要素和方面在运行中都可能出现矛盾,从而产生出政策问题。这些政治生活中的问题并不是各自孤立的,而是相互关联、相互影响的,因此,协调和解决政治生活中出现的问题的各项政治政策必须是相互配套的,具有系统性。政治政策的系统性既表现在协调和解决政治关系中的矛盾和问题的各项政策是相互制约的,而且还表现在政策、战略、措施等方面的有机结合。

政治生活系统在运行中可能产生的矛盾与问题,从国际方面看,主要有国家与国家之间的矛盾、冲突;从国内方面看,主要有阶级之间以及阶级内部的矛盾、政党之间以及政党内部的问题、政府机构与公共人事管理方面的问题、民族问题、民众政治参与方面的问题等等。要处理和解决这些矛盾与问题,就必须相应地制定和实施一系列政治政策,这些政策在习惯上可能是以制度、战略、措施等名称表现出来的,主要有国际战略、外交政策、外交手段、国防政策、军事战略、安全政策,还有阶级政策、政党制度、立法制度、选举制度、司法制度、公共行政原则、人事管理制度政策、民族政策等等。

4. 政治政策的创新与发展

在"十五"期间,中国政治领域中公共政策规划设计的重点是:加强民主政治建设,发展社会主义民主;依法治国,建设社会主义法治国家;加强国防建设,保障国家安全。(1)建立民主政治。强调继续加强人民代表大会的立法和监督工作,密切人大代表与人民的联系,充分发挥人民政协政治协商、民主、参政议政的作用;实行民主选举、民主决策、民主管理和民主监督,保证人民依法享有广泛的权利和自由,尊重和保障人权;加强城乡基层政权和

第六章 公共政策的结构方式

群众性自治组织建设,引导人民群众依法参与经济、文化和社会事务的管理;完善村民自治,加强社区民主建设,坚持和完善以职工代表大会为基本形式的企业民主制度;发挥工会、共青团、妇女联合会等群众组织的桥梁和纽带作用;坚持和完善民族区域自治制度,保障公民信仰自由、依法管理宗教事务;做好侨务工作,广泛发展爱国统一战线。(2)建设法治国家。强调提高立法质量,重点建立和完善适应社会主义市场经济体制的法律体系,推进规范国家权力运行、社会保障和社会中介组织方面的法律规范的建设;推进司法改革,完善司法体制,健全司法制度,强化司法监督;加速廉政法制化建设;提高全体公民、各级领导干部的法律意识和素质;建立法律援助体系。(3)保障国家安全。强调加强作为国防主体的军队建设,确保党对军队的绝对领导,加强军队的革命化、现代化、正规化建设,坚持质量建军、科技强军、勤俭建军、依法治军,加快军队向质量效能型和科技密集型转变,走有特色的精兵之路;加强国防后备力量,提高后勤保障能力;建立适应国防建设和市场经济要求的新型国防科技工业体制。

二、经济领域的政策

1. 经济政策的目标与任务

经济生活是一个处于基础层面的基本生活,它是人们在经济活动中形成的各种物质利益关系的总和。社会经济生活的核心是如何合理、有效地配置各种社会资源,生产出更多的产品,并合理地分配它们,以满足人们不断增长的物质与精神生活的需要。但是,社会的经济运行并不总是协调、顺畅、和谐的,即使在市场经济条件下,它还是会产生矛盾、冲突,甚至出现市场失败,从而引发各种经济生活中的问题。为了解决经济生活中发生的矛盾和失范状态,就需要政府部门制定和实施各种准则,以制约人们的经济行为。这类旨在解决经济生活存在问题的规范、准则、措施、策略等就是经济政策。

对于一个国家的基本经济政策的任务和目标,经济学家,特别是经济政策学家进行过大量的研究。比如,美国经济政策学者博尔丁(K. E. Bonlding)在他1959年出版的著作《经济政策原理》中,就将国家基本经济政策的目标与任务规定为:经济进步、经济繁荣、经济公正、经济自由。1974年,他又增加了两条:经济和平与持续的可能性。经济学家尤默(M. J. Ulmer)则认为国家的经济政策的目标应当是三个:经济的均衡、经济的公正、经济的增长。日本学者长谷启之在研究经济政策的理论时指出,经济政策的基本目标是五个:资源的有效配置、经济增长与稳定、公平的分配、社会资本的扩大、国际经济关系的协调。从我国是一个发展中国家的基本国情出发,可以将现阶段我国经济政策的任务与目标规定为经济增长、经济效率、经济稳定、经济公平、经济可持续发展。

2. 经济政策的地位与作用

经济政策的地位与作用是由经济生活在整个社会生活中的地位与功能来规定的。在人类社会的发展中,所有的文明与进步都是建立在经济发展的基础之上,社会生活的方方面面都受到经济生活发展状况的影响与制约。解决经济生活中的问题的经济政策与其他的政策相比,在整个国家的政策体系中占据着基础地位,起着决定作用。(1)经济政策构成了一国全部政策的基础。无论是在哪一种社会形态、哪一种社会制度下,国家对社会的公共管理,最重要的部分总是经济管理。国家管理经济的重要手段就是制定和实施有效的经济政策。正像经济管理是其他任何管理的基础一样,国家的经济政策是其他所有政策的基础。一国的政治政策、社会政策、文化政策都是在经济政策的基础上制定与实施的。(2)经济政策在很大程度上制约和影响着其他政策。虽然一国的政治、文化和社会的发展也能对经济的发展产生反作用,从而一国的政治政策、文化政策、社会政策也会对经济政策产生能动的作用,但是,从总体上说,经济政策永远制约着社会其他各个领域的政策,即使政治的、文化的、社会的政策会有反作用,但这种反作用的大小、方向和有效程度仍然是由经济政策来决定的。(3)经济政策是一国政策中影响最为普遍和广泛的政策。经济政策所要解决的经济问题直接关系到社会中人数最多的普通公众的切身物质利益,因而,经济政策发生作用的时间最长、覆盖的空间最广。因此,好的经济政策对社会发展起的促进作用就大,反之,错误的、不科学的经济政策也会给社会发展造成不可估量的损失。

3. 经济政策的系统结构

现实社会中的个人、家庭、群体、企业,是通过生产、交换、分配、消费等环节参加到经济活动中来的。这些环节是同一定的产业结构、金融体系、财税体系、贸易体系、交通运输体系联系在一起,形成一个周而复始的运行系统。由这些环节和体系构成的经济系统在运行时会出现某些不均衡、比例失调、不公平和无效率等现象,这表明社会发生了经济问题。经济问题是多种多样的,并且是相互影响和制约的。从经济生活整体来说,主要的问题是社会资源配置方式无效率或效率不高,社会供求关系不平衡,劳动者不能充分就业,社会经济发展不稳定。从经济的不同方面来说,容易出现的是产业结构问题、金融体系问题、贸易体制问题、财政税收问题、外商投资管理问题、交通运输问题和能源等问题。

为了解决上述种种相互关联的经济问题,就必须确认这些问题,并区分轻重缓急制定和实施相应的相互存在有机联系的经济政策系统,其中包括经济制度的变革即选择高效率的资源配置的方式、农业政策、工业政策、商业政策、财政税收政策、货币政策、贸易政策、外资政策、能源政策、水利政策、交通运输政策等。有时,人们为了分清经济政策系统中政策的不同层次,使用了经济政策手段这一概念。经济政策手段与经济政策的区分只有相对的意义,比如,相对于整个经济政策系统而言,人们往往习惯于将财政政策、货币政策、直接经济管制、经济制度变更作为主要的政策手段。而相对于财政政策这一主要的经济政策手段来说,它又包括政府收入政策、政府支出政策、政府财政总量平衡等政策手段。而相对于政府支出政策而言,又有政府投资政策、财政补贴政策、对个人家庭及对国外的转移支付政策等政策手段。由于社会经济生活是一个结构严密的、处在不断变动中的系统,因此,一个国家的各项经济政策、经济政策手段必须依据经济发展的规律和现实情况,不断地变更、创新,使之配套、协调。

4. 经济政策的创新和发展

在"十五"期间,中国经济公共政策规划设计的重点是:国民经济保持较快发展速度,经济结构战略性调整取得明显成效,经济增长质量和效益显著提高,完善社会主义市场经济体制迈出实质性的步伐,在更大范围内和更深

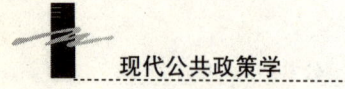

程度上参与国际经济竞争和合作。(1)促进农村经济发展。要始终将农业放在国民经济发展的首位,保证农业在提高整体素质和效益的基础上持续、稳定的发展,使农民收入有较快增长。严格执行基本农田保护制度,稳定粮食生产能力。通过加工转化、扩大出口、实行适度经营、有秩序地转移农村富余劳动力等措施拓宽农民增收领域。面向市场、依靠科技、以农户和农业产业化经营企业为主体,进行农业和农村经济的结构调整。加强农业和农村基础设施建设,搞好农田灌溉等农村中小型水利工程的维护和建设,支持农村公路建设,完成农村电网改造,加强农村通讯基础设施建设。深化农村改革,加快农村土地制度法制化建设,继续深化粮食流通体制市场化取向的改革,全面推行农村税费改革,改革农村金融体制,改革农村信用社管理体制,改革农村科技体制。继续做好少数民族地区、革命老区、边疆地区和特困地区的扶贫工作。(2)优化工业结构。工业结构调整发展的目标是坚持以市场为导向,以企业为主体,以技术进步为支撑,突出重点,有进有退,努力提高工业的整体素质和国际竞争力。加快工业改组改造,抓住世界科技革命迅猛发展的机遇,有重点地发展高技术产业,实现局部领域的突破的超越式发展,形成高技术产业的群体优势。按照专业分工和规模经济原则,依靠优胜劣汰的市场机制和宏观调控,形成产业内适度集中、企业间充分竞争、大企业为主导、大中小企业协调发展的格局,积极支持和推进老工业基地结构调整,坚持以信息化带动工业化发展。(3)发展服务业。发展服务业的目标是以市场化、产业化和社会化为方向,增加供给,优化结构,拓宽领域,扩大就业。要发展面向生活消费的房地产业和装饰业、旅游业、社区服务业、中介服务业、咨询和数据库服务业。要发展面向生产的各种服务业。要转变观念,突破体制障碍,打破垄断,放宽市场准入,形成有利于服务业发展的体制环境。(4)发展信息产业。发展信息产业的政策目标是,按照应用主导、面向市场、网络共建、资源共享、技术创新、竞争开放的思路,努力实现信息产业的跨越式发展,提高信息产业在国民经济中的比重。加强信息资源开发,强化公共信息资源共享,推动信息技术在国民经济和社会发展各个领域的广泛运用。建设信息基础设施,健全信息网络体系,提高网络容量和传输速度。加强先进信息技术的引进、消化吸收和创新,发展电子、信息产

第六章 公共政策的结构方式

品制造业。(5)促进地区协调发展。在推进西部大开发时,要从实际出发,积极进取,量力而行,统筹规划,科学论证,突出重点,分步实施。同时,还要依据民族区域自治法,支持民族自治区落实自治权。充分发挥中部地区承东启西、纵贯南北的区位优势和综合资源优势,加快发展步伐,提高工业化和城镇化水平。东部地区要在体制创新、科技创新、对外开放和经济发展中继续走在前列,有条件的地方争取率先基本实现现代化。要打破行政分割,重塑市场经济条件下的新型地区经济关系,形成各具特色的区域经济。(6)实施城镇化战略。实施城镇化战略的目标是,提高整个国家城镇化水平,转移农村人口,既使农民增收致富,又为经济发展提供广阔的市场和持久的动力,从而优化城乡经济结构,促进国民经济良性循环和社会协调发展。要依据客观规律、经济发展水平和市场发育程度,循序渐进,走符合中国国情、大中小城市和小城镇协调发展的多样化城镇化道路。要加强城镇规划、设计、建设及综合管理,形成各具特色的城市风格,提高城镇管理水平。在小城镇建设中,要合理布局、科学规划、体现特色、规模适度、注重实效。要打破城乡分割体制,逐步建立市场经济体制下的新型城乡关系,尽快形成符合市场经济体制和城镇化要求的行政管理体制。

三、社会领域的政策

1. 社会政策的性质和目标

在现实的作为整体的社会生活中还存在狭义的社会生活,它是由各种与个人和群体的生存、劳动、居住、健康、安全等方面直接相关的社会关系组成的一个系统。在这个系统中存在和发挥作用的因素是多种多样的,其中重要的有人口因素、种族因素、医疗卫生因素、劳动就业因素、福利保障因素、社会安全因素等等。这些因素在社会运行中,或者出现短缺,或者发展不平衡,或者相互间发生矛盾,就会形成社会问题,就需要制定和实施相应的社会政策来处理和解决。

对于社会政策的性质,人们在不同的时期有不同的看法。比如,西方学者在 20 世纪 80 年代初,认为社会政策是"关系到政府生产和分配的、影响社

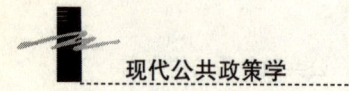

会福利的社会资源序列的原则和价值。这些社会资源序列包括收入、财产、安全、地位和权力等等"。到90年代末,信仰福利哲学的社会学家们则认为,社会政策是"将我们在社会福利的生产、分配与消费中的社会的、政治的、思想的和制度的内容,放到一个我们所期望达到的具有活力的道德与政治结果的标准框架中进行探索"①。

上述关于社会政策性质的论述,强调的是政府在社会福利的生产、分配、消费中的行为。这里的社会福利包括的面很广,有医疗卫生方面的,有房屋居住方面的,有失业保障方面的,等等。但是,除了这些福利之外,社会政策还需要对社会中的强势群体的行为加以限制,对某些弱势群体给予必要的保障。因此,可以把社会政策看成是政府为了解决狭义社会生活中的矛盾和问题、确保社会正常发展所制定和实施、旨在提供必要的福利和保障的各种原则、准则和措施。

在关于社会政策的目标问题上,人们也是有争议的。人们公认的观点是社会政策的制定和实施是为了给社会成员提供福利和保障。但是,在对怎样提供这种福利和保障的问题上则存在不同的见解。第一个方面的争论是,社会福利保障是全部由政府提供,还是由政府、社会和个人共同提供?在信仰和推行"福利国家"观念的社会中,人们将社会福利保障视为是公民的一种权利,因而,政府的重要功能就是要承担保障人民福利的全部责任,但也有人认为在提供福利和保障方面,政府、社会和个人都需要承担责任。第二个方面的争论是,社会福利和保障是普遍性地向所有人提供,还是有选择性地向特定的人提供?一些人认为每个社会成员都有接受社会照顾的权利而社会也有责任去满足全体人民的福利保障需要,但也有人认为在资源有限的情况下,只能对收入低、患病、伤残、丧失工作能力的、最需要得到帮助的人提供福利和保障。

2. 社会政策的地位与作用

社会政策的地位与作用同样是由狭义的社会生活在整个社会生活中的地位与功能决定的。在狭义的社会中存在并发挥作用的因素,如人口、生

---

① 杨团:《社会政策研究的基本问题和方法》,《新华文摘》2000年第11期,第23页。

第六章 公共政策的结构方式

育、居住、健康、就业、安全等是整个社会赖以存续和发展的最基本的、不可或缺的因素,这些人类生存和发展中的基本因素对以这些因素为前提而发展起来的政治、经济、文化来说起着直接的制约作用。

协调这些基本因素的均衡发展并给予必要的控制、救助和保障的社会政策是其他公共政策制定和实施的前提。(1)社会政策都是与社会成员的衣食住行、生老病死密切相关的。实施社会政策,为那些因患病、伤残、丧失工作能力的个人,或因自然条件较差、遭受自然灾害侵袭而处于贫困状态的居民提供基本生活保障。只有人们的基本生活问题解决了,社会才谈得上去发展经济、发展文化教育、建设民主政治。(2)社会政策的实施有利于实现社会的公平。在现实社会中,由于自然资源的分布是不均衡的、人们获得的发展机会是不平等的、个人在天赋方面也是有差别的,因而社会客观上就存在不平等,有很多人无法和别人公平地竞争,所以必须通过制定和实施社会政策来给这些人以必要的帮助,以体现社会的公平,而这又为实行民主、法治的政治政策和公平竞争的经济政策提供了基础。(3)社会政策的实施有利于社会的安定和稳定。一个社会如果人口超过经济发展所能承受的水平、犯罪事件不断发生、失业人员生活得不到保障、妇女儿童和老年人的合法权益得不到保护,所有这些只能导致社会的混乱、不稳定。实施合理的人口政策、福利保障政策、社会救助政策、儿童妇女权益保护政策、社会保险政策,人民就能安居乐业,社会就能安定团结,有了稳定的社会环境,其他的公共政策才能得以顺利地贯彻、实施。

3. 社会政策的系统结构

社会政策是为了解决狭义的社会生活系统中各种因素内部的结构和功能出现矛盾,各种因素之间在关联和协调上产生摩擦、冲突,从而产生出形形色色的社会问题而制定和实施的。任何一个社会问题决不是孤立的、单一的,它总是与其他社会问题牵扯在一起,相互影响,相互制约,因此,各项社会政策必须配套,形成系统,才能有效地处理和解决妨碍社会正常运行的种种问题。虽然不同时代、不同历史时期,甚至不同区域,会发生不同的社会问题,但是仍旧存在一些主要的、共同的社会问题,比如,人口问题、移民问题、种族问题、妇女儿童权益问题、就业问题、福利保障问题、老年问题、青

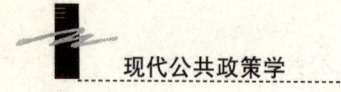

少年犯罪问题、社会治安问题、毒品问题、自然灾害问题等等。

为了解决重大的、带有全局性的社会问题,就必须制定和实施相应的社会公共政策。重要的社会政策有:婚姻政策、人口政策、移民政策、种族政策、就业政策、劳动工资政策、劳保和福利政策、养老保险政策、公共救助政策、社会优抚政策、社会治安政策等等。政府在制定、实施社会政策时,必须尽量做到政策齐全、协调、配套,从而发挥出社会政策的整体功能。

4. 社会政策的创新和发展

在"十五"期间,中国社会领域公共政策规划设计的重点是:控制人口增长,提高出生人口质量;节约保护资源,实现永续利用;加强生态建设,保护和治理环境;积极扩大就业,健全社会保障制度;发展卫生、体育事业。(1)控制人口增长。坚持计划生育的基本国策,稳定现行生育政策,保持低生育水平。重点做好农村特别是中西部地区农村的计划生育工作,加强对流动人口计划生育的管理,加强人口和计划生育的法制建设。提倡优生优育,大力开展计划生育服务,开展生殖健康教育和服务,建立和完善计划生育利益导向机制。(2)节约保护资源。重视水资源的可持续利用,以提高用水效率为核心,全面推行各种节水技术和措施,发展节水型产业,建立节水型社会。加强规划与管理,搞好江河全流域水资源的合理配置,协调生活、生产和生态用水。加强江河源头的水资源保护,积极开展人工增雨、污染水处理回用、海水淡化,合理利用地下水资源。加大水的管理体制改革力度,建立合理的水资源管理体制和水价格形成机制。坚持保护耕地的基本国策,实施土地利用总体规划,统筹安排各类建设用地,合理控制新增建设用地规模。强化森林防火、病虫害防治和采伐管理。加大海洋资源调查、开发、保护和管理力度,发展海洋产业,加强海域利用和管理,维护国家海洋权益。加强矿产资源勘探,严格整顿矿业秩序,对重要矿产资源实行强制性保护。加快废弃物处理的产业化。(3)保护治理环境。加强生态建设,组织实施重点地区生态环境建设综合治理工程;加快小流域治理,减少水土流失;推进重点地区沙漠化综合治理;加快矿山生态恢复与治理。继续建设防护林体系;加快"绿色通道"建设,大力开展植树种草和城市绿化;加强自然区保护,保护珍稀、濒危生物资源和湿地资源,实施野生动物及其栖息地保护建设工程。

第六章 公共政策的结构方式

强化环境污染综合治理,使城乡特别是大中城市环境质量得到明显改善。加强环境保护关键技术和工艺设备的研究开发,加快发展环保产业。完善环境标准和法规,健全环境监测体系,加强环境保护执法和监督。开展全民环保教育,提高全民环保意识。(4)健全社会保障制度。健全社会保险制度,依法扩大养老保险实施范围,继续完善社会统筹与个人账户相结合的城镇职工基本养老保险制度。按社会统筹和个人账户相结合的模式,全面推进城镇职工基本医疗保险制度,并同步实行医疗机构和药品生产流通体制改革。进一步完善失业保险制度、工伤保险和生育保险制度,适时改革并完善机关事业单位职工基本养老保险制度。建立可靠稳定的社会保障资金筹措机制,积极探索并建立规范的社会保障资金投资运营方式,加强社会保障行政监督和社会监督。另外,在健全社会保险制度的同时,继续发展社会福利、社会救济、优抚安置和社会互助等社会保障事业。

四、文化领域的政策

1. 文化政策的性质和目标

在人类整体社会生活中,文化生活是保证人类生存和发展的纽带。一个社会,既需要有物质文明的发展,同时,也需要有精神文明的进步和发展。作为社会生活的精神文明方面,文教卫生科技对整个社会的运行和发展具有十分重要的意义。广义的文教卫生科技包括文化、教育、出版、体育、卫生、科技等方面的内容。

具体社会中文教卫生科技在发展中会出现种种矛盾和问题,比如教育投资不足的问题、贫困地区的儿童上学难的问题、文化市场管理的问题、出版中的知识产权问题、环境污染危害人体健康的问题、农村地区缺医少药的问题、城市的医疗问题、体育发展中的问题以及科技发展中经费不足、科研成果转化困难、知识分子待遇太低等问题。政府运用来解决社会文教卫生科技中存在的问题,引导文教卫生科技事业正常发展的各种原则、规范和指导意见,就是文教卫生科技政策,统称文化领域的政策。

一个社会为了维护和发展具有自身特色的文化传统,树立社会成员生活的理想和精神支柱,维护和肯定适合社会发展的伦理道德和价值取向,提高社会公众的智力、创造能力,从而保证社会有足够的知识存量、人力资源、科学技术和创新潜力,就必须保证社会文化生活运行顺畅,没有冲突、没有阻碍。社会制定和实施文化方面政策的目标是协调文化、教育、卫生、科技活动中的各种关系,从而保证人们的文化生活正常、有序、健康地向前发展。

2. 文化政策的地位与作用

一个社会的运行和发展,只有物质方面的文明是不够的,它还必须有较高程度的精神文明建设作为支撑。因此,任何一个社会都会重视该社会的文教卫生科技事业的完善和发展。但是,正像物质文明建设并不是自发的一样,社会的文化生活在运行中也会发生各种各样的问题并妨碍人们正常的文化生活。因此,任何社会都需要制定和实施一整套旨在解决社会运行中产生出来的教育、科技、卫生、新闻等方面问题的行为规范。

一个社会中文化领域中政策的地位和作用,与文化生活在整个社会生活中的地位是一致的。文化生活是整个社会生活中的精神的方面,它为物质文明、制度文明提供理论的、价值的、智力的、伦理的支撑,因此,好的文化政策不仅能协调人们的文化生活,使人们获得平等的教育、树立激发人们积极向上的理想、获取必要的知识和思维能力、享受健康的休闲和娱乐,而且它还可以为其他领域公共政策的产生和实施提供智力的、价值的、伦理的保障。

3. 文化政策的系统结构

一个社会的文化生活也是充满多种因素和方面的系统。在文化生活系统中,包括着狭义的精神文化生活、体育生活、医疗卫生活动、新闻出版活动、科技活动等。针对广义文化生活领域中各个方面出现的问题而制定和实施的行为规范就构成了众多的文化领域的公共政策,主要包括:发展文化事业的政策、发展体育的政策、发展教育的政策、繁荣出版事业的政策、促进科学研究和技术创新转化的政策等等。在现代社会中,一个国家文化政策系统中有两方面的政策越来越占据重要位置,一个是教育政策,一个是科技政策。科学技术是第一生产力,是推动现代社会发展的重要杠杆。社会的科技领域是科技工作者通过自己的研究、发明、创造,探索自然、社会和人自

第六章 公共政策的结构方式

身的运行、发展规律,形成科研成果,并把一些成果转化为现实技术、再变成物质生产力的过程和系统。科技发展同经济、政治、文化的发展不一样,它有特殊的内在逻辑。政府部门遵循科技发展的规律,制定出某些基本规范和准则,推动科技工作蓬勃发展。这些专门指导科技发展的规范与准则,就是科技政策。

教育政策在现代社会中的作用也越来越明显。一个社会要发展,必须要有高素质的人才,必须要有足够的知识存量。这些只有依靠教育的发展才能获得。教育并不是一件轻而易举的事,发展教育需要经费,需要教学科研人才,需要教育管理人才,因此,发展教育需要有政策的支撑。良好的教育政策能促进教育的繁荣发展。

4. 文化政策的创新和发展

在"十一五"期间,中国文化领域中公共政策规划设计的重点是:繁荣社会主义文化,提高文化生活质量;加强思想道德建设,形成共同理想和精神支柱;推进科技进步和创新,提高持续发展能力;加快教育发展,提高全民素质;实施人才战略,壮大人才队伍。(1)构建共同理想和精神支柱。以理想信念教育为核心,坚持不懈地进行党的基本理论、基本路线、基本纲领的教育,巩固和加强马克思主义的指导地位,用马列主义、毛泽东思想、邓小平理论教育人民,弘扬爱国主义、集体主义、社会主义精神,在全社会形成建设有中国特色社会主义的共同理想和精神支柱。发扬自力更生、艰苦奋斗的创业精神,提倡勤俭建国,反对奢侈浪费,形成全民族奋发向上的强大动力。开展"三个代表"思想的教育,弘扬讲学习、讲政治、讲正气的风气。大力倡导社会公德、家庭美德和职业道德,建立适应社会主义市场经济发展需要的思想道德体系。加强科学精神的宣传教育,反对迷信。加强对新闻舆论、国民教育、社会文化、休闲娱乐等各种思想文化阵地尤其是新闻网站的建设和管理。(2)提高文化生活质量。坚持为人民服务、为社会主义服务的方向和百花齐放、百家争鸣的方针,以繁荣社会主义文化为中心,弘扬民族优秀文化,吸收外国有益成果,抵制不良文化,提高全社会文化生活质量。加强文艺理论研究,繁荣文学艺术,努力提高精神产品的质量,生产出更多的无愧于时代和人民的优秀作品。加强图书馆、博物馆、文化馆、科技馆、档案馆和

青少年活动场所等文化设施的建设。坚持把社会效益放在首位、社会效益和经济效益相结合的原则,深化文化、广播影视、新闻出版体制改革,建立科学、合理、灵活高效的管理体制和文化产品生产经营机制。加强文化遗产保护,开展对外文化交流。(3)推进科技进步和创新。科技政策的目标是面向经济建设,围绕结构调整,按照有所为、有所不为的方针,总体跟进,重点突破,发展高科技,实现产业化,提高科技持续创新能力,实现技术跨越式发展;力争在主要领域紧跟世界先进水平,缩小差距;在有相对优势的部分领域,达到世界先进水平;在局部可跨越领域,实现突破。以企业为技术创新主体,为产业结构升级提供技术支撑。积极推进高技术研究,在有相对优势和战略必争的关键领域取得突破,在一些关系国家经济命脉和安全的高技术领域,提高自主创新能力,努力实现产业化。在自然科学中加强基础研究和应用研究;支持发展新兴学科、边缘学科和交叉学科,促进自然科学和社会科学的融合;推动管理科学的发展;在哲学、社会、人文科学中,调整布局,加强对重大理论和实践问题的研究,推进学科建设和理论创新。(4)加快教育发展。教育政策的目标是面向现代化、面向世界、面向未来,深化教育体制改革,发展各级各类教育,实现适度超前发展。要加快办学体制改革,积极鼓励、支持和规范社会力量以多种形式办学,基本形成以政府办学为主、公办学校和民办学校共同发展的格局。深化教育管理体制改革,进一步转变管理方式,依法落实高等学校办学自主权。采取多种措施突破教育投入瓶颈,增加国家对教育的投入,加大中央和省级人民政府对义务教育的支持力度。着力推进素质教育,重视培养创新精神和实践能力,促进学生德智体美全面发展。将加强基础教育放在首位,继续提高国民教育普及程度,重点推进贫困地区和少数民族地区的义务教育。大力发展职业教育和职业培训,发展成人教育和其他继续教育,逐步形成大众化、社会化的终身教育体系。大力发展远程教育,提高教育现代化、信息化水平。依据社会人才需求,调整教育结构和布局,优化学科和专业结构,更新教材,改革考试制度和教学方法。(5)壮大人才队伍。人才政策的目标是将人才作为最宝贵的资源,做好人才培养、吸收和使用工作,拥有数以亿计的高素质的劳动者、数以千万计的具有创新精神和创新能力的专门人才。大力开发人才资源,培养

第六章　公共政策的结构方式

和造就高素质领导人才队伍、各类专业人才队伍、处于学科前沿的学科带头人、富有竞争力的企业家队伍、专业化的公务员队伍、有较高技术素质的技术工人队伍。要合理利用国外教育资源,拓宽高层次人才培养途径,积极吸引和聘用海外高级人才。要营造用好人才和吸引人才的良好环境,形成尊重知识、尊重人才、鼓励创业的社会氛围。加大干部人事制度改革力度,实行公开招聘、竞争上岗制度,为各级各类人才特别是年轻优秀人才的成长、选拔和任用创造条件。建立和完善人才激励、考核机制,建立、完善人才市场体系,完善人才使用、管理的法律法规。

第四节　公共政策的组合结构

一、公共政策组合结构方式

1. 政策的单元结构与复合结构

如果制定和实施的政策只为解决单个的政策问题,形成的政策结构就是单元结构。单元结构很少是单个政策,多数情况下,它仍旧是一个由好几个单独政策组合的政策单元。因为在现代社会中,每出现一个政策问题,只用一个单独的政策几乎是无济于事的,它需要好几个政策一块儿起作用,才能将问题解决。比如,要切实解决农民负担过重的问题,就至少需要实行农村县、乡政府精简机构、提高效率的政策;需要实施费改税的政策;需要实施改变产业结构、提高农民收入的政策等等。

一个政策单元,往往是围绕特定政策问题的解决而形成的单独政策的集合。因此,在构想政策单元时,要尽量讲究全面性,决不能遗漏掉重要的政策。在设计政策单元时,还需要政策主体将单独的、具体的政策按照各自的效用,以其实施的层次、范围、先后次序有机地结合起来,构成一个整体。这种结构方式不应从主观出发来编排,而应以有利于实际贯彻、执行为标准。

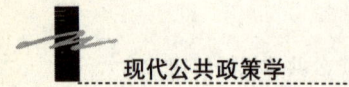

在现实生活中,一定时间、一定区域、一定领域中会有好多个政策问题同时存在,每个政策问题的解决又涉及到其他的政策问题的状况和解决的程度。这时,政策主体需要制定和实施的就是几个政策单元。比如,一个地区的经济发展,需要解决这一地区产业结构低度化问题、高新技术的研究和应用问题、外资引进和合理利用问题、环境污染的治理问题、高层次人才缺乏问题等等。只有这些急迫的问题获得配套解决,地区经济发展才有希望。这多个政策问题在同一时间、同一区域、同一领域中并列存在,但并不是毫无关系的,政策问题之间有着内在的、客观的联系,在政策规划和实施时,政策主体的任务就是要善于发现并遵循这些联系。

解决一定时期、一定领域、一定范围中公共问题的政策是若干政策单元的集合。这些政策单元必须围绕一个总体目标,分清主次,以空间、时间、实施的轻重缓急和先后顺序为考虑因素有机地结合起来,形成政策复合结构。政策复合结构是政策单元通过横向的与纵向的联系、单向的与双向的联结、平行的或从属的联接而形成的有机系统。在政策的复合结构中,不同的政策单元处于不同的位置。有的政策单元具有主导性质,其余的政策单元则是从属的;有的政策单元位于核心,其余的则处在外围。

2. 政策的纵向结构与横向结构

对于政策主体来说,在规划和实施多个政策时,还必须考虑自己所在的政策位置即与其他政策主体的上下、左右、前后的关系,将不同政策的制定与执行在自己所能管理的权力范围内更好地结合起来并得到有效的贯彻。要做到这一点,就必须把时间与空间两个变量与政策的结构结合起来,将政策之间的关联分成纵向的与横向的。政策之间的纵向结构即纵向关联既可以是层次上的,也可以是时间上的。当政策从层次上来排列时,就可以清楚地划分出中央的、地方的、基层的政策链条,或区分为宏观的、中观的与微观的政策序列。对于任何一个政策主体来说,假若他处在基层、微观的政策位置或层次上,他在规划、执行具体的政策时,就必须服从中央、地方已经制定的政策,必须以宏观、中观的政策为指导。同时,他又必须对更低层次的政策进行控制。

若将政策以时间为变量来排序时,政策的纵向结构就表现各政策的顺

第六章 公共政策的结构方式

序排列,即先行政策、现行政策与后续政策。这种先后的政策序列对政策的制定和实施也是非常重要的。现行的政策总是在先行政策的基础上产生并加以贯彻的,执行现行政策时,不能脱离因实施先行政策而产生的既定的政策环境。而现行政策的运行又是为后续政策的规划在作准备,比如,在通货紧缩的条件下,政府就可以加大公共设施建设的力度,这种政策的实施既能拉动社会需求,同时,又能为下一轮的经济快速发展提供良好的基础。

政策之间除了纵向的结构外,还有横向的关联。它是指在同一时间或同一政策位置上多个平行政策之间的联系。对政策的横向关系作进一步的划分,还可以依据政策的内容和政策的主体区分出并列关系、依存关系与冲突关系。凡是在同一层次、同一时间独立运行、互不相干的政策,其间的关系则为并列关系;若几个政策在同一层次、同一时间运行,在执行过程中相互补充,互为制约,其关系则为依存关系;若同一层次、同一时间运行的几个政策在内容上矛盾,在执行时相互争抢资源,其关系就是冲突关系。

了解政策的横向结构也是非常重要的。对于存在横向关系的诸种政策,政策主体在对其运行进行调控时,既可以充分利用它们之间存在的依存关系,使不同政策在资源上共享,在功能上互补,形成合力,又可以注意消除政策之间的冲突因素,将政策的矛盾尽量减弱,乃至化解。

3. 政策的静态结构与动态结构

政策与政策之间的关系还可以从静态与动态两个方面来考察。静态与动态并不是以变化与不变化来区分的,任何政策问题都处在变动之中,从而政策也必然是变动的。只处理不变动的政策问题的政策和一成不变的政策都是不存在的。这里讲的动态与静态是指从两个角度来认识政策结构,一个是逻辑的角度,一个是历史的角度。逻辑的角度要求人们看清政策之间理论上的关联,历史的角度要求人们看清政策之间操作上的相互作用。

研究政策的静态结构能够让政策主体了解许多具体的政策结合在一起时,政策之间逻辑上的相互关系。政策之间的逻辑关系可以分为两类:一类是政策单元中各个具体政策之间的逻辑关联;二是复合政策结构中的各个政策单元之间的逻辑关系。了解政策的静态结构,对政策主体规划政策、计划政策实施、设计评估方案特别有用。凭借逻辑联系,就能避免在规划时忽略、遗漏重要的政策方向；在作政策实施计划时避免次序混乱；在设计评估方案时，能分清主从关系、平行关系。

但是，政策的静态结构只表明政策之间的逻辑上的关联，这种关联还需要经过政策具体实施的检验。政策的贯彻、执行是一个过程，因此，政策的动态结构是随着时间的推移表现出来的。政策之间的逻辑关系在操作时会呈现出不同的形式，有时，政策的动态关系会突破原先设计的逻辑关联，这种变化既可能是对原先认识的补充，也可能是人们作用于政策问题，问题对人们作用的反应。对于这两种情况，政策主体都需要从实际出发，对政策的逻辑关系作出修正。

这样，政策之间原来的静态结构就会被破坏，经过政策主体自觉的调整，又会产生出新的政策之间的逻辑结构。这种静态结构在政策没有完全终止以前，还会出现多次修正的过程。正是通过从静态结构向动态结构的不断转化，政策体系完成了运行，各个政策的最大效能得到最充分的发挥。

4. 政策的配套结构与冲突结构

在上述的政策结构中都存在一个结构的性质问题，即这种结构是相容的，还是不相容的。依据政策结构的性质，我们把政策结构方式又分成两类：一类是政策的配套结构，一类是政策的冲突结构。

政策的配套结构是指一些虽然在内容、功能上存在差异，但并不是相互矛盾、彼此削弱，而是相互补充、相互增强的政策结合在一起。在特定的时间和空间里，政策主体需要从社会经济发展的全局出发，规定出一个总体目标。这一目标就是政策主体在其能力和资源允许的范围内能够实现的预期结果。为实现这一总体目标，政策主体就必须制定和实施相应的一组政策，但这些政策不仅不能妨碍总目标的实现，而且只有它们配合起来，才能保证总目标的实现。

要求得政策的配套，关键在于政策主体对公众的利益要求和整体利益的平衡有科学、合理的预测，并在此基础上形成一定区域和领域中社会经济发展的合理的总体目标，依据公众利益要求与总体目标来安排政策，就能保证政策的指向是一致的，政策之间的配套就容易形成。反之，既缺乏对公众利益的了解，也缺乏合理的总体目标，在这种状况下制定和实施政策，各个

第六章 公共政策的结构方式

政策的取向必然是分散的,甚至是矛盾和冲突的。

使各种政策都能很好地配套起来,形成合力,这是政策结构的最佳状态。其实,现实中的政策结构很难达到这一理想状态,通常的政策结构内部都会存在某种程度的不协调,更坏的情况是政策结构内部出现冲突。从上面所谈到的实现政策结构配套的条件可以知道,导致政策之间矛盾、冲突的原因,不外乎是缺乏对公众利益的了解,或没有确立正确的总体目标。一旦发生了政策之间的冲突情况,政策主体就必须正视这种冲突。

二、公共政策结构模式

由于社会公共问题本身是复杂多样的,从而要求制定和实施不同的政策,形成一定的政策结构来解决这些不断出现的社会公共问题。公共政策的复杂结构,既可以从内容上来加以研究,而且还可以并且有必要从形式上加以探索。诸多公共政策并不是杂乱无章地堆积在一起的,为了便于解决社会公共问题,它们必须依照一定的逻辑关系形成合理的结构。这种使政策合理地联结地一起的逻辑形式就是政策的结构模式。

1. 政策塔式结构模式

当政策单元中的具体政策以及政策单元之间呈现等级关系时,政策的结构模式就有可能是塔式的。位于塔尖的是一项具有最高效能的并且是总揽一切的政策,其余的各项政策按其效能的大小与从属关系逐层向下分化、排列。越是处于上层的政策,其数量就越少;越是处于下层从属的政策,其数量就越多,从而形成一个由下向上收敛的结构图形。比如,一个国家某个阶段上的总政策大多只有一个,由总政策或总的路线规定的并与之相匹配的基本国策就要多一些,呈分散状。在基本国策下,又有更多的方面政策,其分散面会更大,至于更为细微的政策规定则更为繁多。

研究政策的塔式结构模式,目的在于在制定政策和执行政策时,时刻注意政策之间的统属关系。

2. 政策树状结构模式

相当多的公共政策之间具有原生与派生的关系。由这些关系组织起来的政策系统,其结构图就是树状的。有一项母政策处在主干位置上,其余的政策是由这一项政策派生出来的子政策,因而处在向同一方向延伸的分支上。比如,为了解决总量性失业问题,就应当制定扩大投资规模、增加就业岗位的政策。与这一政策相适应,就要制定出相应的投资政策、金融政策、教育政策等等。与政策的塔式结构相比,政策的树状结构往往发生在政策单元中,由于它在表现形式上比较简单,可以看成是塔式结构模式的一种特殊情况。研究政策的树状结构模式,目的在于在制定和执行解决同一个政策问题时,应时刻关注政策之间的横向派生关系。

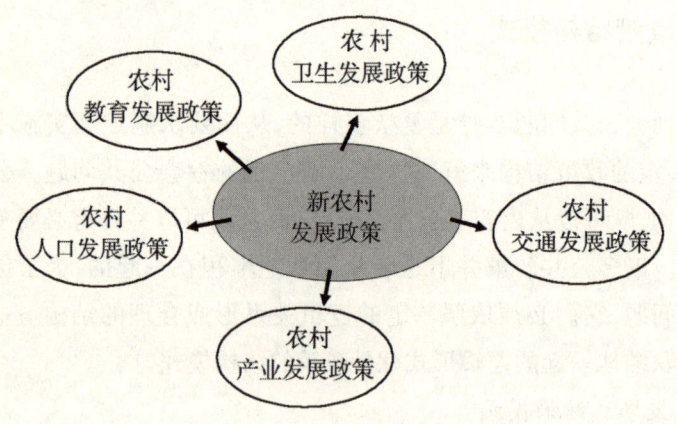

图6—2 公共政策树状结构模式

3. 政策链状结构模式

若干政策依次相依构成一条政策链,这就是政策的链型结构模式。政策的链型结构大多发生在为解决某一个具体的政策问题而制定和执行的相关政策上。比如,为解决人口总量过大的问题,就需制定与实施适度人口政策。为此,又应选择少生、优生政策。由这一政策又必须派生出晚婚晚育政策。构成链状结构的若干政策,排列在同一条直线上,从起点至终点是环环相扣的。先行政策与后续政策之间完全是承接性的因果联系。与树状结构不同的是,处在链式结构中的政策是依次单向从属与派生的。研究政策的链型结构,可以帮助人们在解决具体的政策问题时,注意每一个环节上的联系,以免遗漏和疏忽。

4. 政策圈层结构模式

如果一个政策单元中的具体政策既是单向相依和派生的,并且初始政策与终了政策又是相接的,这就会形成环型结构模式。比如好的投资政策派生出好的产业政策,好的产业政策又产生好的分配政策,好的分配政策又派生出好的投资政策,出现首尾相依、环环相扣的效应。如果有几个构成环型结构模式的政策单元组合为一个政策群,并且政策单元之间具有从属关系,就会形成政策的圈层结构模式。圈层结构模式在形式上是几个同心园,处于内层的是核心,其余的是外层。内核与外层具有统属关系。具有这种结构模式的政策群,要解决的政策问题是一个"问题集",并且"问题集"中的具体政策问题或单个政策问题之间也具有依从关系,即一个问题的解决是另一个问题解决的前提。

5. 政策网络结构模式

政策的网状结构模式是一种综合模式。由于社会政策问题很少是孤立存在的,各种问题处于相互联系之中,一个具体的政策问题总是同其他的政策问题缠绕在一起,从而形成政策问题的网络结构。与此相应,解决问题的政策也是纵横交错地纠缠在一块。研究政策的网络型结构模式的着眼点不是在政策的纵横交错上,而是集中在一个个节点上。

第三编

公共政策过程

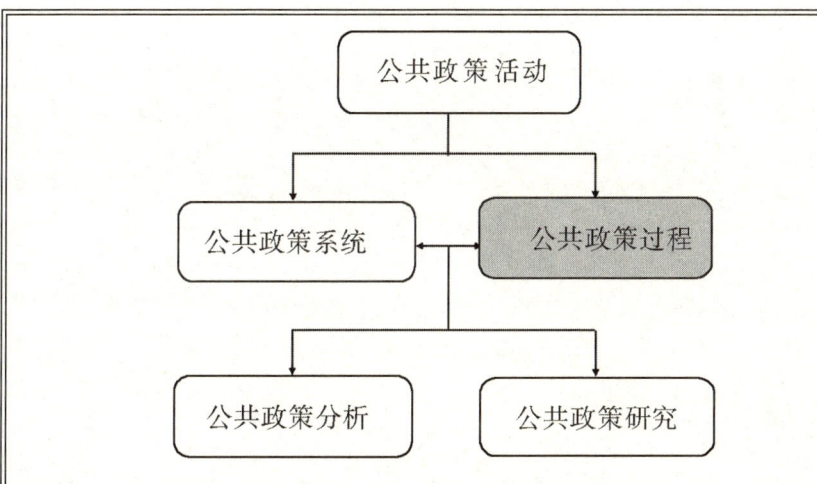

图　现代公共政策总体逻辑结构

　　公共政策过程是静态的公共政策系统的动态表现。公共政策中的多种因素之间形成了相互依存、相互制约、相互作用的矛盾关系，产生出政策系统的运动和过程。在研究了公共政策系统的外部生态、内部生态及其相互关系之后，就需要从动态的角度来考察公共政策过程。在公共政策过程中，既有理性的、规范的成分，也有非理性、非规范的成分。作为理性的、规范的成分，公共政策活动表现为分阶段的、有次序的过程。但是作为非理性的、非规范的成分，公共政策活动又表现为权变的、间断的、多源流的过程。公共政策活动作为人们解决社会公共问题的手段和工具，单项政策会因为社会公共问题演变的周期性而呈现出周期性，而作为多个政策集合的政策集群，也会因社会发展的周期性而具有了周期性特征。

第七章 公共政策过程的特性与模型

第一节 公共政策过程的特性

一、政策过程是模糊性与清晰性的统一

多数公共政策教材都把政策过程中的各个环节上的特征清晰地列举出来，仿佛政策主体都是在对政策问题、政策议程、政策方案、政策执行的进程、政策结果非常知晓的情况下去从事政策活动的。然而，实际上，任何政策的现实过程都不如教科书上写的那么清楚明晰。当然，教科书的作用是用简洁明了的语言来显示政策的主要运行轨迹，为了突出主题，有时会有意地省略掉现实政策运行中的一些零碎的枝节，但是在现实的政策运行中，人们却需要尽可能多的思考政策运行中可能发生的一切。

在现实的政策过程中，人们对于公共政策问题的发现，以及政策议程的建立，都不是十分清楚的，从某种意义上说是模糊的。不仅对诸如究竟是哪些人从哪一天开始突然发现这一问题的、这一问题是如何或是通过怎样的途径进入政策议程的，即使是政策运行了较长时间，也不一定能弄得很清楚。至今人们仍在围绕许多重大政策出台的时间、参与的人物进行争论就说明了这一点。

政策过程的模糊性还更多地表现在人们对政策问题是什么、某些社会公共问题是不是确实要比其他问题更需要耗费政策资源去解决存在疑问。人们常常在政策执行中，还在不断地讨论执行中的政策究竟要解决什么问题，甚至对建立某个政策议程的必要性表示疑问。有时，甚至会发生这样的

现象:政策都执行运行了十多年,人们在看到政策的结果后,突然会问:为什么要制定和执行这样的政策?

无论是在政策的规划、制定阶段,还是在政策的调整阶段,政策行动的参与者、政策的标的群体,对政策实施的最终结果并不是十分清楚的。一些政策实施了,似乎达到了政策制定时所预期的结果,但是仔细去核查一下政策最初的预期和政策最终的结果,就会发现或者是相差甚远,或者是都无法精确地加以计算,因为许多政策在制定时所承诺的预期结果,除了少数是量化的外,多数都是含糊的,而且在政策实施过程中,政策制定时的外部生态因素已经逐步地发生了变化,因此,政策实施的最终结果也就无法去对照和检验了。

政策运行过程的含糊性不仅表现在政策过程的首尾,即政策的制定和评估环节上,更多地还表现在政策过程中间。在现实的政策活动中,很少出现只有单项政策运行的情况,通常都是多个政策同时在一个空间范围内以相互交叉、互相作用的方式运行着。以政府为主导的公共机构对政策资源的配置、管理也是总括性的,比如政府对一个地区进行的公共设施投资并不是针对某一项具体的公共政策的,而是面向当时和以后的多项政策的。在多个公共政策交叉、混杂运行时,政策之间常常是相互影响的,这种影响可以是相互的正向的促进,也可能是相背的影响,导致政策功能的相互抵消。比如有不少地区为了发展工业、第三产业,遇到能源供应的短缺,为解决生产发展、生活提高与能源供应不足的矛盾,利用本地水力资源丰富的条件,制定和实施大力发展小水电的政策,但为了汇集水源、抬高水位,就需要建拦水坝。所有这些又会对自然水系和淡水的贮存产生影响。有些地方发展小水电的结果是能源生产上去了,工业也发展了,但却使原有的水系遭到破坏,某些地方出现旱枯,农业减产,连人们的生活用水都成了困难,发展农业的政策受到影响,提高人民生活的政策也受到影响。不发展小水电不行,不发展工业、第三产业不行,不发展农业也不行,人不喝水更不行。解决的办法决不是简单地废弃其中的哪一个政策,而是要将这些不同的政策统筹兼顾,但是光有统筹兼顾的口号是不行的,关键还是要弄清楚这些政策在特定地区究竟是如何相互影响的。而对于这些,政策主体只能有模糊的印象,真

第七章 公共政策过程的特性与模型

正要把这些政策之间的影响搞得非常清楚几乎是不可能的。在这种充满模糊性的情况下,只能是不断地调整,不断地摸索,不断地试错。

强调公共政策过程的模糊性,只是表明人们要十分清楚地把握政策的运行并不是一件容易的事,政策运行决不是如同某些教科书上所说的那样每一个环节都能得到控制,每一方面的影响都能知道得清清楚楚,但是这也决不是绝对否定人们认识政策运行过程的可能性。在政策运行中,人们只要下功夫,仍然可以在大的方面、主要的节点上保持对政策过程的清晰认识,并对政策过程施加有目的性的影响。政策主体可以对某项政策是否制定、已经作出决策的政策是否付诸实施,对已经执行的政策的进展速度、节奏等加以主动的控制。人们在发现某些政策实施的结果已经引起不良的社会结果时,可以迅速果断地采取明确的措施,或调整政策的目标,或调整政策资源的分配,或调整政策执行组织的功能,以此来主动地控制政策的运行。人们还可以用停止资源配置、撤消组织的方法来使某项无效的或失效的政策及时得到终止。

二、政策过程是延续性与间断性的统一

在很多研究公共政策的教科书中,公共政策被描述为是由一连串的活动环节依据理性和逻辑的规则、有次序地联结起来的连续过程。这是将政策活动过程中许多现实成分排除以后的一种逻辑的抽象。真正的、现实的公共政策过程并不符合这种教科书模式。

在现实的政策过程中,人们见到的是延续性与间断性的统一。当社会存在的公共问题已经被人们觉察,并被提上政策议程时,有关解决这一社会公共问题的政策过程就开始了。也许最初在人们意识到解决社会公共问题具有迫切性时,公众、新闻媒体、专家学者甚至政府部门的权威发言人都会发表意见,进行热烈的讨论,人们满以为有关这方面的公共政策立即就会制定出来,但有时这种热烈场面很快就会淡下来。可能是政府有关部门发现,需要解决的问题并不如人们想像的那么简单,它与其他问题交织在一起,解决起来非常困难,如果草率行事,必然是虎头蛇尾,造成不好的政策形象,于

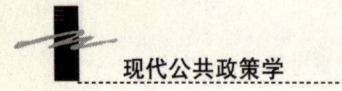

是这一方面的政策进程就搁置起来；或者是另外的更吸引人们注意的社会公共问题又被提出来，原来的政策问题则被掩盖了。社会生活的各个方面原本就交叉在一起，社会过程中的问题是时时可能突然出现的，当某个问题刚刚引起人们关注时，另外的更为紧迫的问题可能会突如其来地一下子爆发出来，公众的注意力一下子就转移到新问题上，政府机构也必须将原先正在进行的政策过程暂时停下来，去应对更为急迫的政策问题。

一个政策过程被中断，除了因为上述的原因外，与制定和推动某些政策的权威人物的注意力的转移以及地位的变化也有密切的关联，当负责制定某个方面政策的权威人物因为种种原因改变了自己的观念，把先前看重的政策问题撇开，去关注另外的在他看来可能对他的政绩提升、仕途发展、管辖范围的社会经济发展更为重要的政策问题时，一些原先正在进行的政策过程就会拖延甚至中止。有时也经常发生这种情况，一个地区某个方面的政策在权威人物的关心、过问下，进展一直顺利，而当这位权威人物或因年岁原因退居二线，或因调离、免职，而取代其地位的新的权威人物对原先的政策并不特别重视时，原有的政策进程往往也会受阻。

当社会经济发展的战略出现较大调整时，政策过程的间断性就会明显地表现出来。为了统领社会经济的发展，社会的权威当局总会制定规范和引导各级政府政策行为的发展战略。在一种战略下，会形成保障战略得到贯彻实施的政策集群。而当社会经济发展中出现某些重大问题从而需要以新的发展战略来替代旧的战略时，服务于旧的发展战略的政策集群的进程就会出现不同程度的间断。这种间断是必要的，只有这样，才能迅速形成服从于新的发展战略的政策集群。

社会经济的运行、发展中的战略更替、社会公共问题的新旧交错、政策权威人物关注重点的转移，所有这些都会引起某些政策过程的间断，但是政策过程中的间断性并不是绝对的，它又和政策过程的延续性、连续性有机地结合在一起。虽然上面我们讨论了较多的有关政策过程间断的各类情形，但是任何政策活动，一旦过程启动了，它就和资源的配置、组织机构的运转、人们利益的调整联系在一起。因此，政策过程的某种间断并不是电流的供应，说开就流，说关就停，政策活动在运行中有一定的延续性和连续性。从

第七章 公共政策过程的特性与模型

总体上看,整个社会的政策运行必然是一个永不间断的连续过程,这一总体的连续正是由局部的间断与延续构成的。

当新的更能引起公众、大众媒体和政策权威人物关注的社会公共问题出现并把原先的政策问题的重要性掩盖起来时,原先的政策进程也不会嘎然而止,它会因政策执行组织的运行、政策标的群体的利益驱动而继续运行下去。因政策权威人物主导观念、地位的改变所导致的政策进程的间断也是相对的,因为在政策过程中,虽然权威人物的作用比较大,但是,一旦政策过程启动,政策权威人物的作用就不是惟一的,其他的各种组织力量、政策标的群体的力量、公众的期望等等,都会汇集起来,推动已经启动的政策进程继续运行。即使是整个社会经济发展的战略出现较大的转变而导致的政策间断,也不是原有的政策集群中所有的运行中的政策都要停顿下来,而是有些明显与新的发展战略相抵触的政策要迅速下马,而其他的政策则会在调整中继续运行。

当然,任何政策过程的间断,都会大大改进政策原先的进程,也会导致一些政策资源的损失,会有损政府的政策形象。特别是当政策权威人物不是出于对社会经济发展、为人民生活水平和质量的提升考虑,而是从自己的一己之私出发而扰乱政策进程时,社会就会为此付出代价。对这种人为的、不正当的政策过程的中断必须尽量避免,而且要逐步依靠制度来防止这种不正当的政策间断的发生。但是像重大社会发展战略转移引发的政策过程的间断,则是必要的、正确的,这种适当的政策过程的间断会更好地带来政策过程的连续。

三、政策过程是规范性与非规范性的统一

公共政策过程中的间断性、模糊性也从某种程度上决定了公共政策过程中存在大量的非规范性。很多人希望公共政策的过程是按照一个个阶段向前移动,在每个阶段上再按照既定的程序一个环节一个环节地向前推进,人们还希望这种程序性能保证政策过程一旦出了问题,就可以像检查机械故障一样,一个一个环节逐个地查找,总会发现错误究竟出在哪里。事实

上，政策过程一旦启动，它在多数情况下，都不是按照事先设定的程序和规范去运行的。依据不少研究公共政策过程的著作所说的，最先一步是确认政策问题，待政策问题得到确认后，人们才去决定是否设立政策议程，但是，在很多情况下发生的事情是，政策权威人物先决定研究制定解决某一社会公共问题的政策，然后才是由政策分析人员去研究社会公共问题是怎样的、性质如何、严重到何种程度。所有事情似乎是颠倒的。

在政策决策阶段，也不是像通常所讲的，先通过民主参与，设计出各种政策预案，然后再由政策分析人员对所有预案作出评估，再提交给决策者去作出最终选择，在很多情况下，政策方案是先由政策主管部门在调查的基础上提出来，然后再交给有关部门讨论，或者开听证会，或者发动讨论。如果听证和讨论的结果与原先准备好的方案出入不大，就以原先的方案去组织政策实施。如果其后的讨论与原先的方案有较大的差距，政策部门再作一些修改，然后在一定范围内征求意见后就组织政策的贯彻落实。

而在社会进入变革、转型时期，政策主体则会打破政策运行中的种种规范，以一种创造性的、简便、快捷的方式去制定并实施政策，因为在变革时期，在社会体制转轨时期，旧的政策必须让位给新的政策，按照旧的程序和规范，就无法打破陈规旧习，就不能主动适应正在变化的外部生态。试想如果按照计划经济下建立起来的议事程序和规则，安徽一个小村子的农民如何能在一个晚上实现分田到户，人民公社的制度又如何来破除？20世纪90年代初，如果不是响应邓小平敢闯、敢冒、敢于试验的号召，小手小脚，按部就班，又怎么能建立起社会主义市场经济的初步框架？

在遭遇或面对种种危机事件、突发事件时，政府的公共政策过程更是明显地表现出非规范性的特征。

第七章 公共政策过程的特性与模型

第二节 公共政策过程的框架

一、公共政策过程的阶段启发框架

在公共政策过程的研究中,人们经常使用框架、理论和模型的概念。依据埃里诺·奥斯特罗姆的看法,"框架提供一个能用于理论比较的元理论术语(metatheoretical language)",框架试图去确认某些"与同类现象有关理论需要包含的普遍要素"。有了框架概念后,人们进行分析时,框架中所包含的要素有助于他们提出需要处理的问题,帮助人们确定哪些问题需要诊断,哪些问题需要调查。①

萨巴蒂尔则讲得更为清晰,他规定了政策过程研究中的框架设计必须符合的条件:(1)任何一种框架,其概念和假设必须相对清晰,并要保持内部的一致性,而且必须保持相当广泛的适用范围。(2)任何一种框架都必须经受一定数量的概念发展和政策实践的检验。(3)任何一种框架设计的目的都是为了解释在研究政策过程时出现的实际理论。(4)任何一种框架都必须对政策过程中的广泛的影响因素进行考虑,比如价值和利益、信息、制度安排、社会经济条件等等。②

在政策过程框架下的是政策过程理论。奥斯特罗姆认为理论是框架中所包含的具体的假设,是关于框架中要素间关系的假设,理论假设可以帮助政策研究人员去诊断现象、解释过程、预测结果,比如在制度分析框架中,就包含经济理论、博弈理论、交易成本理论、社会选择理论、契约理论、公共池

---

① 保罗·A.萨巴蒂尔主编:《政治过程理论》,彭宗超等译,三联书店2004年版,第53页。
② 保罗·A.萨巴蒂尔主编:《政治过程理论》,彭宗超等译,三联书店2004年版,第11页。

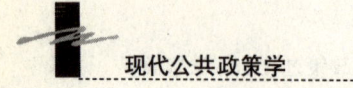

塘理论。① 政策过程模型则是在政治过程理论的指导下对有限的参数和变量,运用逻辑、数学、博弈论、实验、仿真或其他工具作出的精确假定。

依据萨巴蒂尔给出的条件,能够称得上政策过程框架的有:阶段启发法框架、多源流分析框架、间断—平衡框架、支持联盟框架、网络传播框架、因果漏斗框架。

关于政策阶段启发法框架起源于拉斯威尔开创的政策分析运动。在20世纪50年代初,拉斯威尔试图研究通过改进政府获取信息的质量来实施他改善社会治理的想法,他把注意力集中于政策过程,即政策的运行上。拉斯威尔区分了"政策过程的知识"(knowledge of the policy process)和"政策过程中的知识(knowledge in the policy process)"这两个不同的方面,他本人重视的是关于"政策过程的知识"。他构建了一个概念图景(conceptual map)以便让人们能清晰地了解任何集体行动的主要阶段。拉斯威尔将政策过程分成七个阶段:情报、提议、规定、合法化、应用、终止、评估。拉斯威尔的学生加里·布鲁尔又提出了派生的政策流程:创始、预评、选择、执行、评估、终止。

萨巴蒂尔认为阶段启发法框架,虽然有其作用,但作用并不大,原因是:(1)这一框架并没有建立起真正的因果关系理论。阶段启发法框架比较看重各个阶段内部的各个环节,但是这些环节之间也不一定有因果关联,对不同阶段间的因果关联也没有一套连续性的系列假设,因此,在整个政策过程中,也就缺乏一整套具有一以贯之的因果关系的因素。(2)阶段启发法框架过分看重阶段的逻辑上先后的顺序,而没有考虑阶段之间的相互关联和人们思维的前后反复。在阶段启发法的框架中,仿佛是一个阶段必须接着一个阶段,不能有前后往返,事实上,阶段中的许多环节在政策过程中是反复的、不顾启发法框架的规定在时现时隐。(3)阶段启发法框架重视的是大的法规和这种法规自上而下的影响。政策过程中大的法规固然起着很大的作用,但是这些作用并不完全是自上而下的,而且,在实际的政策过程中,真正起着作用的往往是更为细小的、实际上存在的、甚至是约定俗成的那些规

---

① 保罗·A. 萨巴蒂尔主编:《政治过程理论》,彭宗超等译,三联书店2004年版,第53页。

第七章　公共政策过程的特性与模型

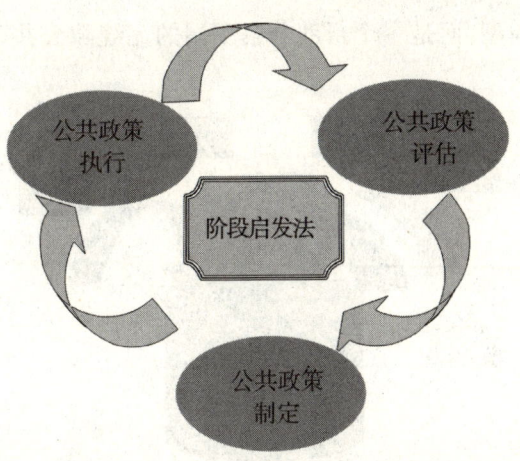

图 7—1　公共政策过程的阶段启发模型

则。(4)阶段启发法框架过分简化了在政策过程中社会多元团体的参与,以及多层级政府的政策建议和地方法规。事实上,这些多元的利益团体和多级的政府存在复杂的互动和更多的过程往复循环。①

其实,政策阶段论者或坚持从阶段的视角来研究政策过程的学者们,并不在意这种研究的角度是否是一种"比喻"、"模型",还是"启发",他们认为这种对政策生命(policy life)中经历的功能性时期的描述只是一种"基础"性的工作,它在某种程度上有助于分析和阐明既定的政策。②

公共政策过程分析中的阶段启发法框架的优势在于:(1)政策生命或政策过程这一范畴起到了将政策事件整合起来的作用。对于众多复杂的零碎的政策事件,利用政策过程理论就能将有关这些事件的规范的、实证的命题整合起来。政策过程研究的目标,更多地不是进行经验的预测,而是让人们意识到在众多事件中自由选择的潜能。③ (2)阶段启发法框架更多的不是一

---

① 保罗·A.萨巴蒂尔主编:《政治过程理论》,彭宗超等译,三联书店 2004 年版,第 9、10 页。

② 保罗·A.萨巴蒂尔主编:《政治过程理论》,彭宗超等译,三联书店 2004 年版,第 22、35 页。

③ 保罗·A.萨巴蒂尔主编:《政治过程理论》,彭宗超等译,三联书店 2004 年版,第 31 页。

个刻板的理论模型,而是一个帮助分解不同的无缝隙公共政策处理网络的装置。

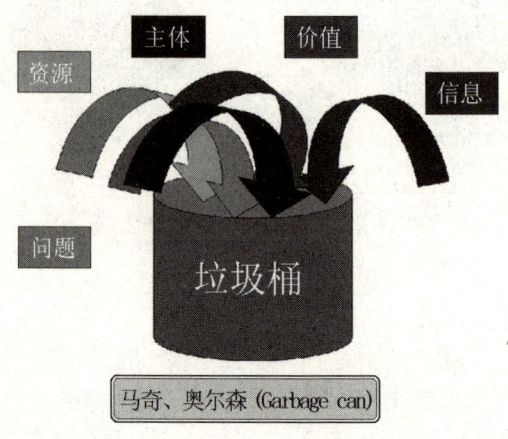

图7—2 公共政策过程的垃圾桶模型

二、公共政策过程的权变框架

在公共政策过程阶段启发框架占据主导地位时,马奇和奥尔森就提出了不同的看法。他们认为,具体的公共政策过程实际上不是像启发框架所说的那样存在规范的阶段和环节,而更多像是一个垃圾桶,政策活动中的各种要素如政策主体、政策问题、政策价值、政策信息、政策资源等聚集到一起,不断地搅拌,最后形成政策产出。所谓政策过程的桶模型,其实只是给人们研究政策过程展示了一种新思路,本身并没有提出取代阶段启发框架的实在的东西。

在马奇和奥尔森的新思路影响下,出现了取代政策过程阶段启发框架的种种努力,其中最有影响的是多源流分析框架、间断—平衡框架、支持联盟框架。

公共政策过程的制度分析框架,是"一个关于规则、自然和物质条件以及共同体属性如何影响行动舞台的结构、个体所面对的激励以及其结果产

第七章 公共政策过程的特性与模型

出的通用术语"①。

第三节 公共政策运行的周期

一、单项政策运行的周期

在研究公共政策运行过程时,就不得不涉及到政策的周期问题。在世界上,任何事物、现象都有周期性的特征。地质演变有周期,地震有周期,植物从种子发芽到成熟枯死是一个周期,动物和人都有出生、死亡,完成一生周期。社会的经济发展有周期,以往人们发现资本主义经济呈现出周期性特点,但这种特点后来似乎没有了,现在人们从经济的繁荣与衰退中又重新认识到世界经济的运行仍然具有周期性,只是人们采取了措施,延长了周期,并减轻了经济周期对经济的震动。公共政策是社会公共生活的重要组成部分,它的运行也有周期性。

公共政策运行的周期主要涉及到三个方面的问题:一是单个或单项公共政策的运行周期,二是公共政策集群运行的周期,三是公共政策周期间的转换。我们先从单项政策运行的周期开始研究。对于单项的公共政策的运行周期可以从两个视角来研究,一个是管理的视角,一个是问题的视角。

1. 单项政策的管理周期

无论是从阶段启发模型,还是从权变模型来考察单项公共政策的运行,从政策管理的角度,都可以划分出总体上和逻辑上的周期。尽管政策过程中存在着间断性、非规范性、模糊性,但是政策活动从总体上和逻辑上总是包含着规划、实施和评估的基本要素。无论单项政策的活动前后延续多长时间,出现过多少次或长或短的间断,也无论在政策过程中政策规划与政策执行、政策评估之间前后出现过多少次的反馈,只要单项政策运行中从第一

---

① 保罗·A. 萨巴蒂尔主编:《政治过程理论》,彭宗超等译,三联书店 2004 年版,第 83 页。

轮的规划活动到下一轮的规划活动,就是经过了一个政策规划周期。同样,从第一轮的政策实施到下一轮的政策实施,就是经过了一个政策实施周期;从第一轮的政策评估到下一轮的政策评估,就是经过了一个政策评估周期。这种以政策规划、政策实施、政策评估为内容的政策周期是一种政策的要素周期,它包含在单项政策的问题周期中。

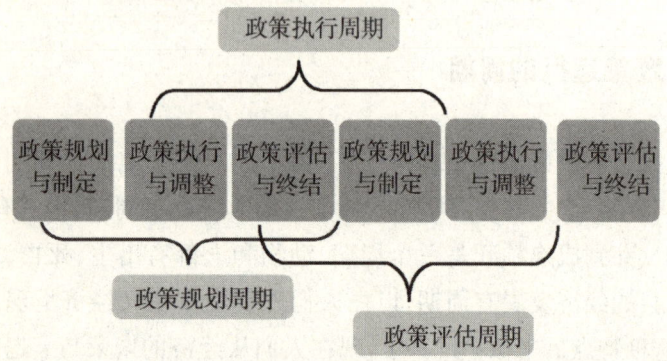

图7—3 单项政策的运行周期

2.单项政策的问题周期

从政策问题的视角来观察,单项政策在运行中,无论发生多少间断和反复,也无论存在多大的模糊性和非规范性,政策运行的目的就是要解决社会公共问题。如果政策运行了或长或短的时间,原先存在的社会公共问题已经缓和、减轻乃至消除,这说明政策的作用已经达到了,政策运行也就完成了一个周期。这种从问题的存在到问题的解决所确定的政策周期是政策的问题周期。

单项政策的要素周期包含在政策的问题周期之中。有时,单项政策要经过多次的要素周期,才能形成政策的问题周期。研究单项政策的要素周期可以观察政策运行中规划、执行和评估这些要素的进程,以便对这些政策要素加以管理。问题周期研究有利于及时终止那些已经完成问题周期的政策,并及时建立新的问题周期议程。有时解决相同问题的政策可能在不同的空间和不同的时间出现。进行政策问题周期研究,可以把在某一空间经历政策问题周期的经验移植到另一个空间上去,对于同一空间在不同时间里出现的相似的问题周期,则可以通过比较研究,发现不同问题周期间的差异。

二、政策集群运行的周期

1. 政策集群的战略周期

单项政策运行周期的研究有一定的现实意义,但是,公共政策实践中大量存在的是政策集群的活动,因此,在单项政策过程周期研究的基础上,要深入研究政策集群的运行周期。由于政策集群要解决的是一个时期中多方面的社会公共问题,而且,从政策过程的特点来看,政策集群的运行并不是若干单项政策运行的累加。在政策集群的运行中,单项政策的运行已经受到其他单项政策尤其是整个政策集群运行的影响,因此,要考察政策集群的运行周期,就必须从社会经济发展的战略更替上来划分和研究政策集群运行的周期。

社会经济发展有自身的逻辑和规律,政府和其他公共机构必须随时监控实际的社会经济进程,通过制定新的发展战略,以便让社会经济发展更切合客观的逻辑和规律。在一种社会经济发展战略下,以政府为主导的公共机构会围绕既定的战略制定和实施解决社会公共问题的多方面的政策,并把这些政策有机地结合起来,形成政策集群。政策集群的运行,不仅是相互作用和相互制约的,而且是服务于战略目标的实现的。当政策的监控机构发现政策集群的运行已经偏离战略目标时,就会调整政策集群的运行方向。

当社会经济发展凭据某种发展战略行进一段时间后,另外的社会经济问题大量出现,社会经济发展受到严重阻碍时,社会治理的权威机构就会适时地制定新的发展战略,以便推动社会经济向更高水平前进。在新战略下,原先在政策集群中的政策,除了部分和新的发展战略相一致的政策仍旧运行外,其余的与新的发展战略不相一致甚至是抵触的政策,就需要通过分解、合并、终止等途径加以终结,这说明原先的政策集群的运行周期结束了。在新的战略指导下,应当重新组织和建构新的政策集群,启动新运行周期。

这里讲的社会经济发展中的战略调整,指的是社会发展中模式的更替。这是一种大的战略,在这类战略转换中出现的政策集群的周期是大周期。

有时为了对不同模式下政策集群运行的大周期作出更为细致深入的研究，还可以分化出经济政策周期、政治政策周期和文化政策周期。

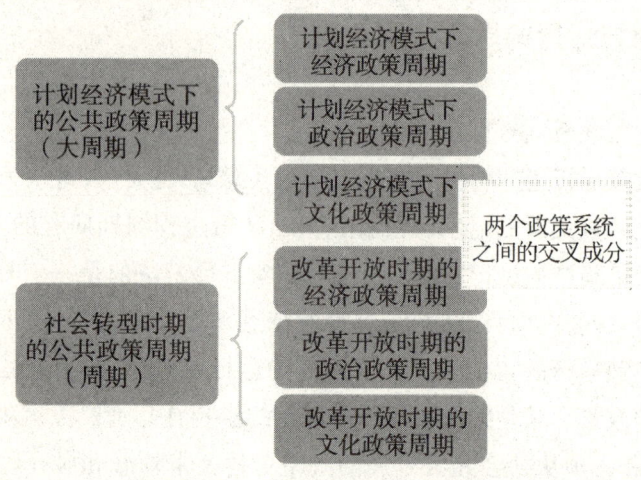

图7—4 政策集群的战略周期

2.政策集群的战术周期

有时在社会经济发展中在同一模式下也会出现战略上的更替，为了与前面讲的政策集群的战略周期相区别，我们称之为战术周期。有时，一种战术的转换也具有重大意义，比如从20世纪90年代初开始到2002年，中国的经济主要追求的是GDP的增长速度，各地大量引进外国资本，采取高能耗、高投入的方法，片面追求高增长，在讲究效率时，忽视了社会公平；在讲究工业化时，忽视了环境保护；在讲究速度时，忽视了节约资源。结果环境遭到破坏、能源出现短缺、社会出现两极分化。从2003年开始，中国政府提出了以人本民先为政治原则、以构建和谐节约社会为目标的新的科学发展观。这是一次重大的战术调整。

相对于新的科学发展观，在以追求赶超、效率、增长为目标的战术下所形成的政策集群的运行周期就终结了。代之而起的是在新的科学发展观指导下的协调、持续、和谐的政策集群的运行周期。相对于社会经济发展模式更替所导致的政策集群的运行周期的更替来说，从周期之间的差别、转换的艰难程度来衡量，因战术更替而发生的政策集群的运行周期的转换、变更要顺利一点。

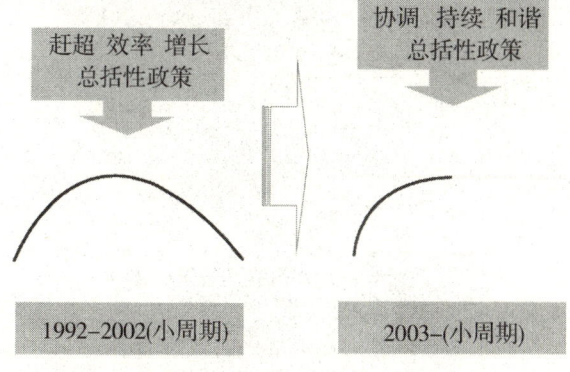

图7—5 政策集群的战术周期

三、公共政策运行周期的转换

在讨论公共政策集群运行的周期变化时，必须研究前后两个周期转换时两组政策集群的变迁管理问题。假设前后两个战略分别为战略 A 和战略 B，它们对应的公共政策周期则分别为政策周期 A 和政策周期 B，在政策周期 A 中，政策集群分别由经济政策、政治政策、文化政策和社会政策这四大领域的政策构成，同样在政策周期 B 中，也包含着经济、政治、文化和社会这四大领域的政策。（其实在每一个政策周期中，构成政策集群的经济、政治、文化、社会等领域政策本身也是一个政策集群。）

从中国社会转型时期的实践来看，社会变革和发展的战略转换所促成的公共政策集群运行周期的转换是以多种方式实现的，其中主要的方式是主导性政策的转移、部分政策的终止、创立新政策。

1. 主导性政策的转移

在一个政策周期中，处于同一政策集群中的领域政策在地位上并不是同等的，其中总有某个领域政策处于主导地位，它统率并支配着其他领域政策，以实现既定的社会经济发展战略。在新中国建立后的最初 30 多年中，整个社会发展的战略是以集权政治和人治方式建立和巩固一大二公的所有制

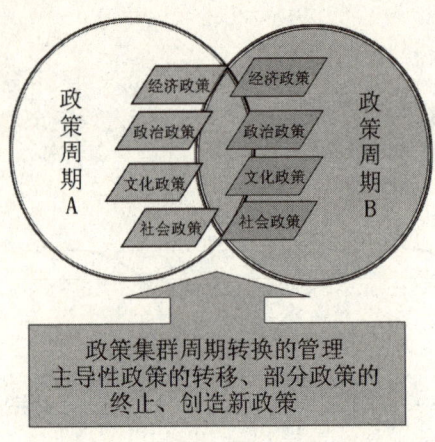

图 7—6 政策周期转换管理

结构,实行平均主义分配。围绕这种战略,在 30 多年的社会治理中,各级政府制定和实施的政策集群中,政治政策一直占据主导地位。政治挂帅、大搞阶级斗争成为所有政策的中心内容。从 20 世纪 70 年代末、80 年代初的社会变革和转型,确立起通过改革、开放建设有中国特色社会主义的新战略。要从旧战略所支配的政策周期向新战略所支配的政策周期转换,重要的一步就是在政策集群中,选择经济领域的政策作为主导性政策,从而产生出以经济建设为中心的政策集群运行周期。在 2003 年以后发生的社会经济发展战术上的转移中,除了继续将经济政策作为主导性政策外,还特别强调了社会政策的重要性,从而促使政策集群运行的战术周期发生转换。

2. 部分旧政策的终止

在社会经济发展战略发生转变时,服务于旧战略的政策集群不可能原封不动地在新的战略下运行,除了通过确定新的主导性政策外,还必须对那些支撑旧战略的重要政策采取果断终止的方式来改变政策集群的结构和性质。这种对旧政策周期的改造也是分步骤进行的,不可能在新的政策周期一开始就终止许多旧的政策。谨慎的做法是先破除和终止那些直接阻碍新政策周期运行的政策,随着新政策周期的确立,再去破除和终止其余的旧政策。在改革、开放中,先行破除和终止的是农村人民公社的一系列政策,然后再去破除诸如计划经济、公费医疗、实物分房等方面的政策。

3. 新政策的创造

新的政策周期与旧的政策周期的区别在于后者具有新质。这种新质不能只靠改变主导性政策、终止某些旧政策来实现，必须进行政策创新，用新的政策实现新社会经济发展战略。在改革、开放中，经济特区政策、经济开发区政策、大力发展非公经济的政策，就是政策创新的产物。在新旧政策周期的转换中，新政策的创造也有两种途径，一种是以创新政策取代旧的政策，另一种是先让新旧两种政策同时并存，然后再让旧的政策在比较中因丧失正当性和有效性而逐步终止。

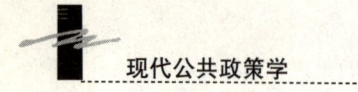

第八章 公共政策的规划和决策

第一节 公共政策问题和议程

一、公共政策问题的特性和类型

1. 研究政策问题的意义

在公共政策制定过程中,政策问题研究即政策问题建构具有特别重要的地位,因为公共政策的一个重要特性是问题取向性。狄杰克和利普莱曾指出:"公共政策关心解决或改善社会问题"①,邓恩也指出:"对于应用政治学者来说,政策分析中最为关键的阶段是问题建构方法论。"②因此,许多公共政策学者和政策的实际制定者,常常将政策分析中三分之二的精力花在对政策问题的研究上,甚至将政策分析称为是"问题分析之学"。

之所以如此,是因为:(1)如果公共政策问题没找准,没有澄清,没有确认,就急急忙忙去寻找解决问题的方案,满以为是一个正确方案解决了一个找准了的问题,其实只是解决了一个没有认准的问题或错误的问题,这样寻找和论证的方案其实毫无意义。(2)政策制定中最为致命的错误是为解决一个错误的问题进行决策,这必然会浪费许多宝贵的精力、智力、时间和其他的政策资源,而且这种浪费又是以将真正的政策问题搁置起来不加解决

---

① John S. Dryzek and Brian Ripley,"The Ambitions of Policy Design,"Policy Studies Journal, Summer,Vol.7,No.4,1988,pp.705—719.

② William N. Dunn, Public Policy Analysis:An Introduction. Englewood Cliffs,N.J.: Prentice‐Hall,1994.

第八章 公共政策的规划和决策

为代价的。为此,一些学者提出了"政策病理"概念,他们认为为错误的问题界定,或针对错误的问题提出正确的解决方案,乃是"致命的治疗方法"①。

(3)正确的政策问题建构可以大大减少政策资源的耗费,一些政策专家认为找准了政策问题等于完成了一大半政策制定,如艾克福就曾指出,成功的政策问题解决是针对正确的问题找出正确的答案,政策制定的失败与其说是针对正确的政策问题找到的是错误的方案,倒不如说是因为花力气解决了一个错误的问题。②

2. 从问题到公共政策问题

公共政策问题是在现实的社会生活中客观存在的、相对于一定空间、一定层面上的社会公众来说是不理想的、不规范的、不能令人满意的某种社会状态。虽然这种社会生活的现实状态是客观存在的,但是,它要能成为公共政策分析人员、公共政策制定与执行人员处理的对象,还必须经过一个认识上的逻辑过程,这就形成了"公共政策问题链"。

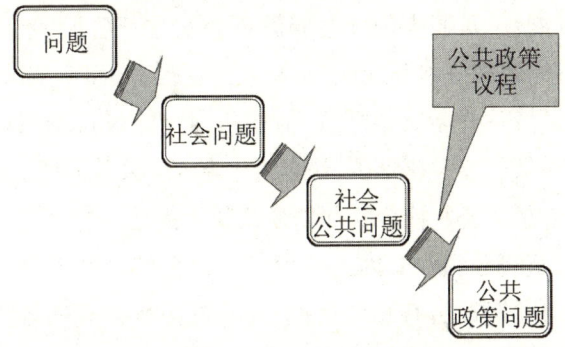

图8—1 从问题到公共政策问题

在公共政策问题链上有下列环节:第一个环节是从问题到社会问题。问题是客观存在的不足与主观认定的需求两者的统一。客观存在的不足是

---

① Policy Pathodology, B. W. Hogwood and B. C. Peters, The Pathology of Public Policy, Oxford: Clarendon Press. House, Emert R, 1985.

② Russel L. Ackoff, Redesigning the Future: A Systems Approach to Social Problem, New York, N. Y.: Willey, 1974.

指行为+价值的实际系统状态同价值+规范的应有系统状态之间发生的差距①,或者是现有的状态与期望的状态之间产生的偏差。光有客观存在的偏差是不行的,偏差要成为问题还需要有公众对问题的主观认定,即产生解决问题的诉求。

问题是多种多样的,可以是个人问题,可以是私人问题,也可以是社会问题。个人问题与私人问题只涉及到一个人或几个人,主要应由个人来自行解决。超出了个人、私人的范围,个人、私人无力来解决的问题就成为社会问题。

第二个环节是从社会问题到公共社会问题。当社会问题只影响到与其有直接关联的群体时,这类社会问题的涉及面还是比较小的。当某些社会问题的影响已不再局限在某个区域或社会生活的某些领域,对人们利益的影响已不再是某个群体或某个层次的社会成员时,社会问题就转化为公共问题了,其标志是出现公意性诉求。从社会的特殊问题转化为社会的公共问题,有两种可能:一是原来的社会问题还处在孕育阶段,矛盾还没有充分展现出来,一旦问题充分展开,就容易被人们觉察,从而产生政策诉求;二是一些社会问题虽然一开始就很严重,但在初期可能仅仅局限在一定的区域或个别领域,当问题扩散、蔓延后,就会转化为社会公共问题。

第三个环节是从公共社会问题到公共政策问题。并不是所有的社会公共问题都能成为政策问题的,因为任何一个社会的公共管理机构在一定的社会发展阶段与时期都会有总体目标,公共机构所拥有的解决社会公共问题的资源、手段和能力是有限的,因此,任何一个社会的公共管理机构在一定的社会发展阶段和时期只能将一部分社会公共问题确定为政策问题。一般地说,当公共权力主体意识到社会公共问题已经妨碍整体社会发展,充分了解公众的公意性并认同这种公众的政策诉求时,公共问题就变成为公共政策问题。

由此可知,公共政策问题具有下列性质:首先它是客观存在的社会问题;其次这些问题已是被社会上多数人觉察、认同、感受出来了;第三是这些

---

① 林金德:《政策研究方法论》,延边大学出版社 1989 年版。

第八章 公共政策的规划和决策

问题显然是与既定的价值、规范、利益发生冲突;第四是这些问题已经由社会中的团体与个人表达出来了;最后,这些问题属于政府管辖的范围并且能被列入政府的政策议程。

3. 公共政策问题的特征

一是政策问题的客观性。公共政策问题是社会公共问题的一部分,它必然带有一切社会问题的共同特征,即人为性。政策问题的人为性主要表现在:(1)政策问题往往与人们在社会生活中违背客观规律有关,如环境污染问题、人口过度增长问题等等,都是人类没有按照规律处理好与自然界的关系、没有遵循人口发展的规律所导致的。(2)政策问题总是与人们的利益相关,是利益致使一部分公众提出政策诉求。

二是政策问题的主观性。公共政策问题也不是纯客观的问题。人们所感受到的只不过是客观的政策问题情境,而不是政策问题本身。政策问题是人们通过一定的概念对问题情境加以分析后的产物。理解政策问题的主观性,其目的是为了从主观感受人手,通过思维加工来真正把握政策问题。

三是政策问题的人为性。公共政策问题不是脱离具体人而存在的问题,它与个人和团体的利益关系联系在一起。政策问题是基于社会需要而建构、维持和改变的。政策问题的这种人为性要求人们在分析政策时,一方面要考虑任何政策制定都会影响一些个人与团体的利益,另一方面个人与团体也会因利益而影响政策的制定。

四是政策问题的交互性。同一个领域或不同领域中的公共政策问题是相互影响、纵横交错的,因此,应当将政策问题看成是一个问题系统。如果仅把某一具体的政策问题视为是孤立的现象,然后将问题分解成若干独立的成分,再针对每个成分运用分析的途径(Analytical Approach)加以解决,这不可能最终真正解决问题。科学的方法是将政策问题视为是相互依赖、不可分割的整体,运用整体研究的途径(Holistic Approach)来解决问题。

五是政策问题的动态性。政策问题的动态性包含三方面含义:(1)同一个政策问题可能有很多不同的解决方案;(2)政策问题与解决问题的方案是互动的,政策问题转变为解决问题的方案,解决问题的方案又会转变为一种政策问题;(3)政策问题的存在与解决是有时效的,政策问题未被及时地发

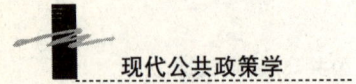

现和确认,解决问题的方案也会逐渐失去时效。

4. 公共政策问题的发现

及时地发现政策问题就能及时地将政策问题转变为政策议程,并及时地进行政策规划、政策决定、政策实施,从而使政策问题及时地得到解决。因此,及时地发现政策问题是至关重要的。政策问题虽然是客观存在的,但是,它需要人们去发现和确认。社会公共问题具备了一定的特征就构成"政策问题情境",要发现政策问题就必须鉴别这类情境。同时,人们也不可能漫天遍野地去找寻政策问题,要花费较短时间和较少的成本去发现政策问题,就必须研究发现政策问题的某些主要渠道。

对于具体的政策制定主体来说,观察和发现政策问题的渠道通常有下列几种:一是领导人的讲话和上级的文件、通报。一般来说,领导人处的位置较高,能够通过视察、调查及时地发现一些带有全局性、普遍性的政策问题。上级的党政机构,可以借助于各种途径和手段进行多种形式的调研,从而能较迅速地发现政策问题,并通过下发内部文件或其他各种形式通报情况。

二是大众媒体的报导、评述。在现代社会中,大众传媒具有形式多样、传输迅捷、渗透面广的特点。社会各个领域出现的大大小小的问题,其中包括政策问题,记者们都会及时地加以捕捉,借助于广播、电视、报刊、计算机网络等多种形式,通过图像、声音、文字直接或间接地加以报道、评论。

三是民意和公众意愿的直接表达。在民主意识增强、公众参与面扩大、民意表达制度化的社会中,许多政策问题可以借助某些正式的渠道得到反映。比如,各级人民代表和政协委员在每年定期召开的会议上,可以以提案的、甚至质询的方式反映具有代表性的政策问题。同时,他们在平时也可以通过视察,发现政策问题,并将它们及时地反映给政府部门。另外,普通公众可以通过来信、来访等形式反映各类政策问题。

四是政策主体的直接调查。政府等公共机构中设有担负政策调查的部门和人员,他们或是定期或是不定期地围绕专题以专门的手段和途径作各种方式的调查,了解社情民意,从大量的调查中进行综合、选择,以便及时地发现政策问题。

5. 公共政策问题情境

在一般情况下,如果社会的某种异常现象或状态具有了下列的特征,就构成了政府需要关注的政策问题情境,政策问题情境实际上是社会公共问题已经上升为政策问题的程度参照体系。出现了下列迹象,就表明某些社会公共问题有可能成为政策问题了:(1)已经是一种客观存在的与公众期望发生差异的情况、条件、事实;(2)已经发展到一定的广度和严重程度;(3)已经为较多公众所觉察和认知;(4)已经出现了利益、价值和规范方面的冲突;(5)公众中产生出来的受剥夺感与不满足感已经强烈到非采取行动不可的地步;(6)某些社会团体已经产生一连串的表达意愿的活动;(7)政府已经感觉到有必要采取行动。

二、公共政策议程建立的类型和途径

社会发展中会产生出多种多样的公共政策问题,政府等公共机构不可能在一定时期中将许多政策问题完全加以解决,因此,在发现公共政策问题后,政策主体一项重要工作就是选择某个或某几个政策问题作为急需要解决的政策问题。这一选择的过程就是建立公共政策议程。

公共政策议程主要研究政策议程的类型、建立政策议程的时机、创建政策议程的主体和建立政策议程的策略等方面的内容。

1. 公共政策议程的类型

在社会的政治生活和行政运行中,一般存在两种相互制约的权力系统,一种是执政党领导的政府代表的公共权力系统,一种是由不同层次的公众群体代表的社会权力系统。在对社会价值的权威性分配中,这两种权力系统都要维护社会的公正和平等。在一般条件下,政府的政策行为主要是为了对全社会的价值进行权威性分配,而公众的政策行为则是为了追求群体价值观和群体利益。政府的公共权力系统总的来说是为了追求和维护公共利益,但有时政府也会追求和维护政府的特殊利益;公众的社会权力系统有时追求特殊的群体利益,有时则追求公共利益。因此,两种权力系统有时会发生利益追求上的矛盾。

公共政策系统议程。系统议程是在公众的权力系统的范围内产生的公众讨论的政策议程，即公众对某一现象、某一事件、某一问题议论其好坏，进而讨论社会应有的态度、政府应当采取的对策。因此，系统议程有时也称为公众议程。系统议程中的问题大多是社会公众普遍关心的问题，如医疗、住房、吸毒、赌博、交通等等。在不同时期，公众关心的社会公共问题会发生变化。有些社会公共问题会反复出现，有些问题出现了一阵子，过一段时间就会消失。由于公众是分层次、分地域的，因此，公众议程可能是某一层次上的公众对社会公共问题的议论，也可能是某一地域中的公众对社会公共问题的议论。有时，公众也可以是跨层次、跨地域的。公众是由一个个个体构成的，而个体之间存在较大的差异，因此，同一个社会公共问题可能与这一部分的公众利益密切相关，而与另一部分公众的利益关系不大。因此，对某个相同的问题，公众群体内部也会发生争论。

公共政策正式议程。正式议程是在政府公共权力系统范围内对社会公共问题的议论。正式议程在程序上较为固定、在方式方法上比较慎重。正式议程中的问题大多是官员关切的问题，是被政府部门正式提起的问题，因而正式议程又常常被称为是政府议程。正式议程中讨论的问题也是多种多样、经常变动的。政府议程所要回答的不是怎么做的问题，而是值得不值得做的问题。因此，政府议程首先是价值判断，要确定某项政策的价值坐标、价值准则、价值意义，然后才去确定实现价值的手段、方式。正式议程包括：界定问题议程，即通过讨论，慎重地确定政策问题；规划议程，主要是讨论需要优先解决的政策项目；议价议程，政策关系人就价值标准与利益进行讨价还价的争论；循环议程，不断地接受科学评估和利益修正。这些议程有时会周而复始地进行。

2. 建立公共政策议程的时机

在西方的政策科学中，不少学者研究过政策问题进入议程的途径与时机问题，比如安德森在《公共决策》中认为，如果某些政策问题已经被政治领导人关注、出现相关的危机或引人注目的事件、出现有关联的抗议活动、受到大众传媒的高度注意，这时，就必须迅速地将政策问题转变为政策议程。科布和爱尔德将建立政策议程的时机作了更为完备的表述，他们在《美国政治中的参与》一书中提出了内部和外部两方面时机。内部时机:出现自然灾害、不可预测的人为事件、技术变革、民权抗议、工会罢工、生态变化;外部时机:战争行为、武器技术革新、国际冲突、世界联盟变化等。①

结合公共政策过程的实际情况,下列因素对政策问题进入政策议程的时机具有重要影响作用:一是大众传媒对政策问题反应强烈。社会中存在矛盾、冲突、问题,经过量的积累,达到一定的关节点,就会爆发出来。这种突然爆发或者是由单个人、几个人,或者是由社会组织引发,也可能是由某个偶然的、突发的事件引起。一旦发生突发事件,首先作出强烈反应的是大众媒介。大众传媒不仅要大规模、连续性地对事件的爆发加以报导,而且会加以评论,产生导向作用。由于在现代社会中,报纸、电视、广播已经相当普及,再加上电脑与网络的发展,公众和决策者很容易从大众媒介中知晓政策问题。一旦大众传媒对政策问题表示出强烈反应,政策问题就有可能进入议程。

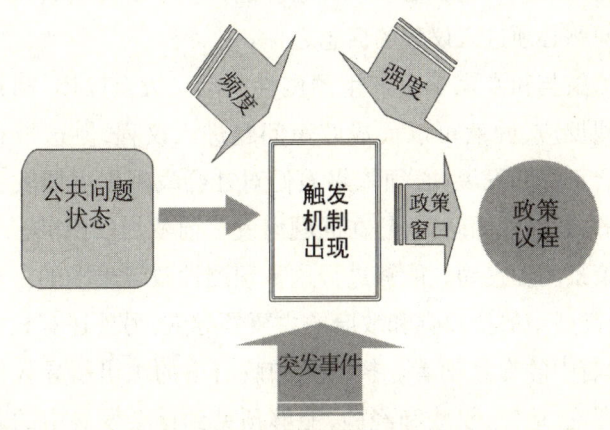

图8—2 突发事件与政策窗口

二是政策问题已经在相当范围内成为共识。大众媒介对政策问题的关注会引发在社会范围内进行有关政策问题的讨论。由于不同的个人、集团在社会中的实际利益不同,价值取向各异,因而政策要求也是不一样的。当某些事件刚开始发生、某些社会状况和秩序刚刚出现变化时,可能一些信息

---

① 参见陈振明:《政策科学》,中国人民大学出版社1998年版,第217页。

灵通或较为敏感的公众会立即产生强烈的政策诉求,但同样的情境对另外一部分公众来说则不能或暂时还不能引起他们对政策问题的注意。但是,当某些政策问题情境更为明朗化,社会状态与秩序的改变引起了更多的公众对切身利益的关心,多数公众对某些政策问题逐步形成共识时,政策问题进入议程的条件也就具备了。

三是受政策问题影响的利益群体产生诉求。任何政策问题都和特定公众的利益有关。社会在正常情况下,会形成一定的利益结构。当社会秩序和状况发生改变,即出现政策问题情境时,原来的社会利益结构就会发生变化,一些公众的正当利益受到破坏。在政策问题刚刚形成时,这种利益结构的变动不大,可能只有少数公众的利益被明显损害,但当政策问题进一步恶化,比较多的公众的利益受到损害时,一些人会行动起来,将利益受到损害的公众组织成利益集团,利用各种合法的方式向政府提出改变社会客观状态的呼吁、申诉和请求,这就是政策诉求。这种利益群体的直接政策诉求活动也是政策问题必须进入议程的标志之一。

四是政治精英和专家学者产生预测性发动。大众媒体、利益群体对政策问题的强烈反应,固然可以促成政策问题进入议程,但这带有被动的性质。要使社会正常的发展,必须依靠人们对社会发展中可能发生的政策问题进行主动的、超前性的研究,赶在问题爆发之前就加以积极引导。这就是超前性的政策预测性发动。能够进行这种预测性政策发动的主要是具有很高水平的、极高威望的执政党和政府的主要领导人,另外还有权威研究机构中的、高等学府中的专家学者。执政党和政府中的杰出领导人凭借他们的知识、智慧、理论、地位、权威和经验,能够预见到社会发展中的若干重大问题,提出政治问题,进行政策发动,为政策问题进入议程创造条件。具有某一方面专长的专家学者,由于知识渊博,思维敏捷,并且长期进行社会问题的跟踪研究,因此,常常能在政策问题大规模发生之前就提出对某些可能出现的问题进行防范或积极引导,从而也能为政策问题进入议程创造条件。

3. 政策议程创立主体

公共政策议程必须由一定的政策主体提出并确定,这一过程就是政策议程的创立过程。可以以在政策议程创立中的作用为标准对创立政策议程

第八章 公共政策的规划和决策

的主体加以分类,通常分为三种类型:政治动员型、外在压力型、内在推进型。

一是政治动员型议程主体。在这种政策议程中,参与议程建立的主要成员是各级执政党领导集体和核心人物,各级政府主要负责人,各级立法机构中的常设委员会、各专门委员会主要负责人。这些机构和人员或由个人提出动议,或由集体提出提案,形成关于制定某方面政策的动员,使政策问题进入议程。

二是外在压力型议程主体。在这种政策议程中,参与政策议程建立的成员可以是个人,但更多的是群体。先由社会上一些分散的个人或群体提出制定某项政策的创议,然后该创议扩散到更广的范围,引起公众注意,进入公众议程;再通过公众诉求、公众压力等途径引起政府官员的严重关切,最终使制定政策的创议进入政策议程。

三是内在推进型议程主体。在这种政策议程中,参与政策议程建立的成员主要是各级立法机关中的代表、委员,政府机构中的部门负责人以及公务员。经常出现的情况是各级政府机构内部的部分官员,将制定某项公共政策的创议,不经过体制外的公众,而是在体制内提出来,以推动这一创议进入政策议程。

4. 政策议程创立策略

某个政策问题能否进入政策议程,成为政府着力想解决的问题,不仅取决于政策问题本身的性质和急需解决的程度,而且也取决于创立政策议程的策略。它主要研究在建立政策议程的过程中个人、团体和政府三者的相互关系。以政府的介入态度为衡量标准,创立议程策略通常有两大类型:政府有限介入型和政府主动介入型。

第一种是政府有限介入策略。从逻辑关系上讲,政府在有限介入时,个人与团体有两种态度选择,一种是个人与社会团体都主动介入,一种是个人与社会团体也都有限介入,但后一种情况是很少发生的。政府是否采取有限介入的策略或态度,主要要考虑以下因素:(1)政策目标有冲突。个人与团体在主动、积极介入时,出现一些个人、某些团体与另一些个人、另外的团体在利益、价值和政策要求上是相互矛盾、相互冲突的,他们对政策问题的看法、对政策的目标的选择是不一样的。这种状况必然影响政府对政策问题、政策诉求的关心。(2)政府在信息与经费上有困难。个人和团体提出的政策问题尽管很重要,但是政府对这些问题并不知晓,当政府去收集这方面的信息和资料时,又遇到时间与经费上的困难,因此,对政策问题无法发表积极的见解。(3)政府的权力有限。个人和团体提出的政策问题虽然重要,但由于政府是有限的政府,它无权力去解决这类问题,因而不能积极介入。(4)政府政策资源不足。不同的个人、团体所提出的政策问题,虽然不一定是矛盾与冲突的,但是,政府要解决这些政策问题必须投入大量的资源;如果政府感到支付这笔政策投入或政策成本比较困难,就不会对此类政策问题表示关注。

第二种是政府主动介入策略。从逻辑关系上讲,政府在主动介入时,会出现两种情况:一是个人和团体有限介入;一是个人和团体也都主动介入。

在个人和团体有限介入时,政府是否考虑采取主动介入的策略或态度,应当具备下列因素:(1)政策问题具有全局性、根本性。虽然个人与团体不积极,但政府从长远考虑,还是主动介入;(2)需要政府对各种利益整合。在某些政策问题上,一些个人、团体与另一些个人、团体存在分歧,并且其中某个团体起着主导作用,如果让这种状况存在下去,对社会整体会产生危害,政府必须主动介入。

在个人和团体都主动介入时,政府是否考虑也采取主动介入的策略或态度,由下列因素来决定:(1)个人和团体的目标与政府一致。个人和团体所提出的政策问题正好也是政府希望解决的问题,因此,政府要求得主动就必须采取积极态度。(2)个人和团体的目标正好与政府相反。个人和团体想要解决的政策问题与政府所要解决的政策问题正好相反,政府要控制局面,就不得不采取主动的态度。

第八章 公共政策的规划和决策

第二节 公共政策的预案与选择

一、公共政策目标的确定

公共政策制定是对政策方案的选择。选择的前提是有可供选择的方案。因此,只有拟定出两个或两个以上的政策方案,政策选择才是可能的。设计出来可供选择的方案或项目为政策预案,它是围绕一定的政策目标来创设和拟定的。政策问题规定着政策目标,政策目标又规定着政策方案,因此,拟定与选择政策方案的基础是依据政策问题确定合理的政策目标。

1. 影响政策目标的因素

公共政策目标并不是事先就规定好了的,而是政策制定主体发挥能动性创立或确立起来的。在政策问题进入政策议程时,人们就必须考虑解决某个政策问题的目标。在拟定预案阶段上,政策制定主体必须谨慎地、全面地思考政策内外部生态系统中与政策目标发生关联的一系列因素。政策目标正是这一系列影响因素相互作用的产物。影响政策目标确立的主要因素有:(1)前期政策实施的情况。上行政策或先前政策实施的结果是确定后续政策的依据;(2)可能争取到的资源。整个政策过程周期中可能得到的人力、物力、财力及权威方面的支持是政策目标选择的基础;(3)政策制定主体的观念。是选择稳健的目标,还是选择有风险的目标,与政策制定主体的价值观念、创新意识关系极大;(4)上级政府下达的政策任务。许多政策目标直接来源于上级政府的指令,即便如此,具体政策目标仍需与政策主体所处的实际情况相一致;(5)政策运行时的政治因素。任何政策目标的设定,必须具有政治可行性,政策目标必须与现实政治制度和政治目标相吻合;(6)政策运行时的社会因素。政策的制定与实施是一个社会过程,政策目标必须与社会运行相协调;(7)政策运行时的经济因素。有些政策不仅制定和实施时所需要的资源和一定的经济状况有关联,而且有些政策与经济结构、经济运行直接相关,在选择政策目标时,必须考虑经济可行性;(8)政策运行时的技术因素。许多政策的制定和实施过程中包含着较多的技术要求,在选择政策目标时,必须考虑技术的可行性;(9)政策运行时的自然因素。有些政策与自然地理状况有关,政策目标的确定离不开对自然状况的考虑。

2. 政策目标的体系性

公共政策问题是包含着多种利益矛盾的复合体,要解决政策问题就需要解决问题中包含的不同方面、不同隶属关系的利益矛盾,这就决定了政策目标决不是单一的,它是由若干子目标构成的体系。从纵向上说,这一体系中有不同层级的政策子目标,只有下一层级的子目标得到实现,上一层级的子目标才能实现。因此,这两个层级的子目标就构成了手段与目标的关系,前者是手段,后者是目标。

从横向来考察,政策目标有显性与隐性之分,有些政策目标是明确规定的,这是显性目标;有些政策目标是隐含的,这既可能是故意隐含的,也可能是出乎预料,在实施中逐渐显露出来的。从显性目标来划分,又可以细分为长期目标、中期目标、短期目标;最低目标、中等目标、最高目标,等等。

在公共政策目标体系中还要区分目标与任务。在政策制定中,人们常常将政策目标与政策任务看作一回事,实际上这两者并不完全相同。政策目标与政策任务既相互联系,又相互区别。对于一个具体的政策来说,它有自己确定的目标。这种政策目标是由两方面的政策任务决定的,一方面是在政策系统中处于上位的、长远的、总体的政策目标所规定的政策任务,另一方面则是政策环境的变化产生的临时政策任务。这两方面的政策任务共同影响着具体的政策目标。

从另一角度来看,政策任务往往是从上至下规定的,或由外至内规定的,因此,从政策制定主体来说,政策任务是需要完成的,在政策任务面前政策制定主体是被动的。政策目标却不一样,它是政策制定主体在考察各种影响因素之后,去寻找、创立和确立的,因此,政策制定主体在政策目标面前具有某种主动性。当然,这里的主动与被动的区分只有相对的意义。

3. 政策目标的冲突性

在设定公共政策的目标时,会发生不同层级目标和不同方面目标的矛

第八章 公共政策的规划和决策

盾和冲突。这种矛盾与冲突一般是不同级别的政府、不同层级的政府部门、不同利益群体之间的利益矛盾与冲突的反映。在利益群体分化比较明朗化的国家中,政策目标的矛盾与冲突直接表现为利益集团的矛盾。而在利益分化还不太明朗的国家或领域中,公众利益的矛盾冲突往往通过政策制定机构的矛盾表现出来。

不同政策目标的矛盾与冲突只有通过目标的选择与协调来解决。对于没有根本利害关系的多个目标,其矛盾可以通过让步、妥协、协调来加以消除,其方法是将各个目标进一步分解,找出其中所包含的各方都能接受的部分,去掉有差异性的部分,形成一个为各方都能接受的中性目标。对于存在冲突的目标,应当依据社会发展的总体趋势,选择对大多数公众有利的目标,而舍弃那些与社会发展趋势不一致、对大多数公众不利的目标。

4. 政策目标的动态性

政策目标不仅与政策制定过程有关,而且也影响着政策的整个运行过程。从某种意义上可以说,政策过程就是从政策目标的确定到政策目标的实现,再到政策目标的评估的过程。从政策目标的确定到政策目标的展开是政策制定中的关键程序,其间要做的工作是对政策目标加以协商分解,并依此加以定责授权。从政策目标展开到政策目标实施,是将政策制定与政策实施结合起来的环节,其间要做的工作是通过咨询对政策目标进行反馈控制,并在执行中调节平衡。从政策目标的实施到目标考评则是最终检查政策目标正确与否的环节。

二、公共政策预案的设计

有了公共政策目标,就可以围绕该目标设计多种旨在实现目标的政策预案。政策预案的设计可以分两步走,第一步是进行政策方案的轮廓设想,第二步是对政策方案加以细化。

1. 政策方案的轮廓设想

公共政策方案的轮廓设想主要解决两个问题:一是大致确定可能的方案数量;二是对可能想到的方案进行初步设计,内容包括行动原则、指导方针、发展阶段等方面。在轮廓设想过程中要注意遵循如下原则：(1)方案整体上的完备性。初步方案应当尽量多样化，要设想各种可能性。只有方案较为完备，决策阶段才有选择的余地。(2)方案个体上的互斥性。初步设想的方案之间必须是相互排斥的，在内容上不能有雷同，不能在一个方案中包含另一个方案的内容。(3)方案设想的创新性。政策问题的出现说明旧的政策措施已经无法适应社会发展的需要了，要解决政策问题必须有新的思路，要有新观念，要开辟新途径。

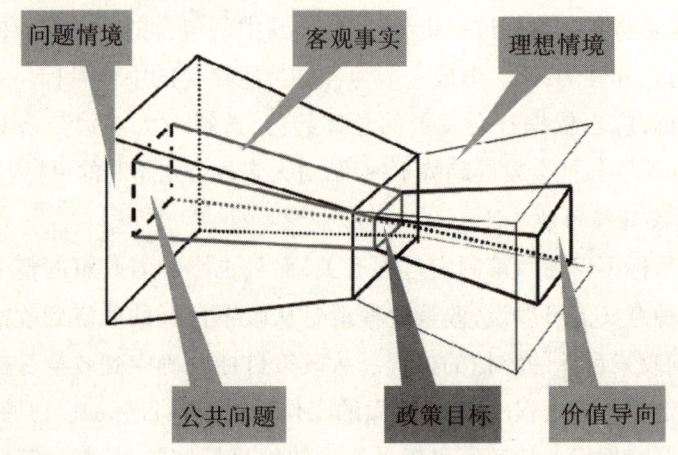

图8—3　公共政策规划思维模式

2. 政策方案的细化设计

公共政策方案的细化是指对初步设想的方案进行具体加工，使之成为决策时讨论的对象。在进行政策方案的细化时，要做两方面的工作：一是对在轮廓设想阶段初步提出的方案加以筛选；二是对初步选出的预案加工细化。细化设计阶段应当遵循的规则有：(1)方案要有可操作性。细化设计阶段，要对保留下来的方案进一步具体化，要对政策方案的目标体系、实施措施、相关机构的设置、实施人员的素质要求、政策执行的资源保障等方面作详细考虑。(2)方案要实事求是。轮廓阶段对方案的设想要提倡创新，而在细化阶段则要强调冷静思考，对政策界限、可能遇到的困难、各种不确定因素都要一一进行思索。

对于一个转型社会来说，在公共政策的设计中，借鉴、模仿其他先发国

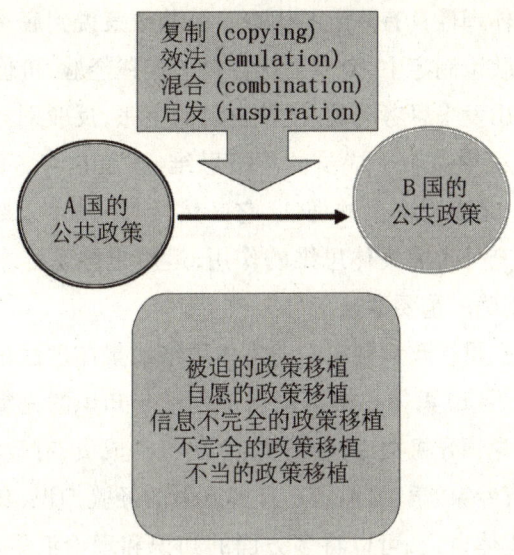

图 8—4　公共政策设计中的移植

家和地区的公共政策不仅是允许的而且是必要的。公共政策的移植是政策借鉴、模仿的一种方式，它通常包括对先发国家和地区某些相似政策的自制、仿效，将其他国家和地区的政策与本国原有相近政策结合，或者受其他国家和地区某些政策的启发而制定相近的政策。

公共政策的移植可以分为自愿移植和被迫移植。在政策移植中必须避免不当的政策移植。

三、公共政策方案的选择

公共政策方案的选择就是政策决定。在政策决定中，必须考虑集体思维的优点与缺点、政策决定中常犯的错误、达成共识的途径。

1. 政策决定中的集体思维

政策制定是政策制定主体通过思维认识和反映客观世界的活动。这种高级的思维活动既包括个人的思维，也包括集体思维。在政策制定中，较为重要的方面是如何处理好个体思维与集体思维的相互关系，并充分认识集体理性的优点与缺陷。

在决策中集体理性具有一定的优点。公共政策说到底是人的思维活动的结果。在公共政策制定中,个人会从各自的实践经验、价值取向和眼前或长远的利益追求出发来思考问题,维护自己的主张,反驳别人的意见。没有政策制定主体系统中一个个成员的积极思维,政策是肯定制定不出来的。但是,个人思维只是表现个人的理性,它必然具有局限性,要保证政策的合理、科学,就必须充分肯定集体思维的作用,运用集体思维才是保证政策的目标准确、方案正确的重要途径。

之所以要特别重视政策制定中的集体思维或集体理性是因为集体思维具有一定的优势。(1)集体思维可以保证理论与知识的完整性。参加决策的人员中有执政党领导机关、行政机构、立法机构成员,有政治团体代表,有智囊团成员,还有专家、学者,他们具有多方面的经验知识,具有不同领域的专门知识,通过集体讨论,可以将多方面的知识和理论汇集起来,形成完整的决策知识背景。(2)集体思维可以让不同群体的利益得以充分表达。在现实生活中,不同层次的政党、政府部门、立法机构、政治团体,同一层次的不同政府部门,不同的利益群体,都代表着不同方面、不同领域、不同公众的政策利益,通过广泛协商,运用集体智慧,可以保证各种利益的充分表达、不断协调和相对平衡。(3)集体思维可以避免个人决断中的片面性与主观性。个人的知识、经历都是有限的,加上职位的不同,从而在决策中难免会出现思维上的片面性、主观性与局限性。只有在不同意见、不同观点和不同价值取向的辩论与交锋中,才能克服片面性,力争全面性;才能减少主观性,增强客观性。

在政策决定中集体理性也具有缺点。政策制定中的集体思维也不是完全可靠的,集体思维也有其缺陷。在集体思维中存在群体动力学因素,它可能成为左右政府决策的一股强大力量,高度统一的群体组织有时会受到"集体思维缺陷"的影响,所谓"集体思维缺陷"即是对集体思维的一种"迷信"和不自觉的崇拜。"集体思维缺陷"有下列方面的"主要症状":(1)认为集体思维一定正确,作出的决定必定无懈可击;(2)集体面对的决策前提是既定的,个人没必要对它进行重新考虑;(3)集体内的成员都是公正的,集体具有一贯的道德水准;(4)与本集体相对立的一方总是软弱的、无道理的;(5)

每一个集体成员要对集体忠诚,不能有不同见解;(6)凡是出现偏离集体共识的见解,必须加以抵制;(7)每个成员都要保卫集体,反对不同意见。①

正因为集体思维也有其缺陷的方面,我们同样不能迷信集体理性,因此,在政策制定中,既要充分发挥个人思维的积极性,提倡和发展政策论辩,鼓励不同见解、观点的交锋、竞争。在充分重视集体思维和集体理性的同时,又必须科学地看待集体思维中可能存在的缺陷。只有处理好思维中个人理性与集体理性的辩证关系才能保证政策制定的科学性与合理性。

2. 政策决定中常犯的错误

公共政策决定中决策者可能犯两类错误:利益偏差导致的错误;技术偏差导致的错误。这两类错误有时可能单独出现,有时则可能交织在一起同时出现。利益偏差导致的决策错误,主要表现为下列几种情况:(1)政策获利化。决策者只选择那些能使自己个人或自己所属集团获取特殊好处的政策方案。(2)政策廉价化。决策者在最终决策时,只选择那些能使某些团体或个人能够以更小的代价获取他们所需求的物品或服务的方案。(3)政策优惠化。决策者在最终决定时,有意选择那些能够给某些个人或团体以特定优惠的政策方案。(4)政策分割化。决策者最终采用的是将利益在几个团体之间按一定比例分割的方案。

另一种是技术偏差导致的决策错误,其主要表现为:(1)只着眼于眼前,认识上短视。(2)把未来仅看成是过去的重复。(3)对问题采取简化的解决办法。(4)过分依赖于个人的自身经验。(5)决策者先入为主的看法。(6)愿做谨慎的实验工作。(7)决策者不愿意作出决断。②

3. 政策决定中共识的形成

在政策决定中,决策者只有对最终选择的政策方案形成一致的认识,政策才能被最终制定出来。决策过程中决策者形成共识的途径通常有三种:交换、说服和强制,这三种途径既有区别,也有联系,在实践中常常是交叉、

---

① 菲利克斯·A.尼格罗、劳埃德·G.尼格罗:《公共行政学简明教程》,郭晓来译,中共中央党校出版社1997年版,第160、161页。

② 菲利克斯·A.尼格罗、劳埃德·G.尼格罗:《公共行政学简明教程》,郭晓来译,中共中央党校出版社1997年版,第166—173页。

交替和混合的。(1)交换。公共政策说到底是为了解决和协调公众利益出现的矛盾,因此,政策决策过程就是形成一定的规则使公众利益得到平衡的过程。要形成大家都能接受的规则,交换是主要手段与形式。决策中的交换是以利益差别为基础的,它是一种利益上的交易。交换表现为决策中两个或两个以上的决策者彼此调整立场和态度,以适应对方的某种利益需要,从而达成使各方都获得利益的协议行为。决策中的交换行为必须具备一些基本前提:决策的各方都拥有一定的能使对方得到利益满足的资源;决策的几方都愿意通过谈判来解决问题;决策的各方都愿意遵守最终达成的协议。(2)说服。说服也是政策决策中常用的手段。说服是指某一决策主体以另一决策主体为对象,试图证明自己在选择某一政策方案上所采取的立场、态度的正确性与合理性,从而要求对方给予理解和支持的行为。说服不同于交换的地方在于,主动说服的一方不会改变原有的立场、价值和利益,只是要求被说服的一方相信自己,并理解和支持自己。交换则是双方为了达成协议,都采取某种妥协,以自己的利益让步换回对方让出的利益。(3)强制。在政策决定中还常常使用强制的方式。强制是某些决策者利用手中控制的权力、物质及其他优势,在选择政策方案时,迫使与自己利益不一致的决策者放弃原先所持的价值、立场、态度的行为。政策决定中的强制往往通过命令和威胁两种具体方法来实施。命令就是处于优势地位的决策者要求另一些决策者服从自己的选择,接受自己确定的立场与态度。威迫则是让对方知道不服从将失去更多的利益,从而迫使对方转向服从。

四、公共政策的采纳

公共政策的制定必须遵循三个维度:一是民主性维度,即政策的制定要广泛地吸受公众和利益团体的参与,并经过充分的民主协商;二是科学性维度,即政策的制定要吸收专家、学者的专业咨询,要充分利用现代技术对各种信息进行选择、加工。除了这两个维度外,第三就是合法性维度,即政策的制定必须合乎法定的程序,并且要通过合法的途径公布。

1. 公共政策采纳

公共政策采纳是指政策制定机构和决策者决定采取某项政策方案的过

第八章 公共政策的规划和决策

程与行动。有不少人认为,政策方案的选择与政策采纳是一回事,政策的采纳机构与采纳者有时也就是政策的制定机构、政策的决策者,因此,合理、科学、有效的政策方案一旦选定,似乎政策也就被采纳了。其实两者还是有区别的,区别之一是,选定的政策方案必须经过政策合法化过程,才能算是政策被最终采纳了;区别之二是,只有当确定的政策议案真正决定付诸于行动时,政策才算是被最终采纳了。

政策采纳阶段是政策制定中最重要的、也是关键性的阶段,因为政策方案选定后,具有合法性的机构按照一定程序将政策公布,政府决定实施该项政策,社会就会产生贯彻政策的实际行动,也就会出现预期的社会效果,社会的利益格局也就由此而发生改变。这时,再要回到原来的状态已不可能了。如果发现某项政策确实是不合理、不科学、无效的,即使要中止其实施过程,也需要遵循法定的程序,在这之前进行慎重的政策调查、诊断。这样,政策制定和实施中已经花费的成本就不可能收回了。

因此,政策采纳是一次对政策制定过程的再审查,是对政策规划的一次内部再分析。在政策采纳阶段,政策的最终决定者的知识结构、胆识、经验、智慧与魄力是相当重要的。政策采纳既可以是集体行为,也可以是个人行为。无论是集体的政策采纳,还是个人的政策采纳,都必须实行决策责任制。在集体采纳的情况下,应由集体的核心人物承担决策责任。

在实际操作中,有许多政策在后来的执行中被证明是不科学、不合理、效率极低,甚至产生负面效应的,但是,由于政策规划过程不完整,缺乏严格的政策采纳程序,结果无人对政策制定的失误负责任。因此,要保证政策的严肃性和对政策规划失误追究责任,就必须抓紧政策采纳这一环节。

2. 公共政策合法化

所谓公共政策合法化,是指法定主体为使选定的政策方案获得合法地位而依据法定的权限与程序对政策进行审查、通过、批准、签署和颁布的过程。所有的政策,包括中央制定的政策和地方、基层制定的政策,都必须经过合法化过程。政策的合法化是有目的的能动的活动,它使政策方案的可选择性转化为合法性、权威性。政策合法化又是法定主体依据一定的权限与程序所进行的活动。

政策合法化的主体是具有法定地位的国家机关,不是任何机构都能使政策合法化的,能成为政策合法化主体的行为者,必须具有法律上明确规定的相应权限。政策合法化的主体既包括国家立法机关即权力机关,也包括其他国家机关即非权力机关;既可以是中央国家机关,也可以是地方各级政府机关。由于政策合法化主体的面较广,因而具有宏观上的广泛性。

另一方面,不同的政策,其合法化的主体也不完全相同。有些政策在其合法化时,需要单一的合法化主体;有些政策,其合法化的主体可能是两个或更多;有时好几个政策,其合法化主体却是同一个。这是政策合法化主体在微观上的特殊性。

政策合法化主体在审批、通过、批准政策时,应严格遵守其法定的权限。如果法律上没有规定某个机关具有某个方面的法定权限,这一机关却去审批并颁布了政策,这是于法无据的。同时,虽然是法定的主体,其权限也不是无限的,应注意政策所涉及到的事项、地域、措施、手段等方面,不要超越职权限制。

作为国家行政机关,其政策合法化通常要经过下列程序:(1)要有法制工作机构的审查。法制工作机构对政策方案进行审查具有重要意义,它可以保证政策符合法律要求,不会与现行法律发生冲突。但法制工作机构的审查只是辅助性的、咨询性的。(2)通过领导决策会议决定。对一般性政策方案由主管的行政领导拍板后颁布;对重大政策的方案则可召开领导常务会议、全体会议、行政首长办公会议讨论,由行政首长行使最后决定权。(3)由行政首长签署发布政策。由于在实行行政首长负责制的地方,行政首长处于核心位置,拥有领导权与最高决策权,政策必须由行政首长签署发布。

五、公共政策制定的效率与民主

1. 提高公共政策制定效率的意义

在规划和制定公共政策时,人们经常就政策制定的效率与政策制定的民主展开讨论。分开来看,这两者都是人们同时要追求的,也是社会发展所必需的。保证公共政策规划和制定的效率,特别是决策的效率,具有重要意

第八章 公共政策的规划和决策

义。任何一个社会,都需要尽快地走向经济富裕、政治稳定和文化繁荣,而这些目标的实现都与执政的政党和由它所领导的政府能否迅速果断地制定出解决社会前进和发展中遇到的公共问题的公共政策有关。

所谓公共政策规划和制定的效率,是指公共政策活动的主体在选择和决定公共社会问题的解决方案的过程中所花费的成本和时间。公共政策主体在选择和最终确定某个社会公共问题的解决方案的过程中所花费的成本越少、所耗费的时间越短,那么政策规划和制定的效率就越高。反之,则公共政策规划和制定的效率就较低。由于政策主体在政策规划和制定中所花费的成本不易计算,人们通常依据决策的快慢和经历时间的长短来近似地判断公共政策制定的效率。通常,人们把某个社会公共问题被发现到解决这一问题的政策公布出来所经历的时间作为衡量政策制定效率的标准。凡是经历时间短的,则政策制定效率就高,凡经历时间长则政策制定效率就低。

公共政策制定效率的高低对解决社会公共问题、维护公共利益有很大的影响。决策效率高的执政党和政府,能及时应对全球政治、经济关系的变化,能迅速解决社会面临的公共问题,维护公共利益,从而在治国理政上就有了主动性。有时,某个社会公共问题已经显露出来,但是,还没有在面上扩散和泛滥,及时果断地作出决策,就能较为迅速也较为容易地解决问题。如果发现了社会公共问题,虽然建立了相应的政策议程,但决策迟缓,待实施方案出台,问题已经发展到较为严重的地步,解决问题就比较困难,公共利益就会受到损害。

公共政策制定效率的高低对执政党和政府治国理政的有效性与合法性也有直接影响。执政党和政府治国理政的手段和方法是多种多样的,但是公共政策则是非常重要的手段。执政党和政府依靠正确的公共政策解决社会经济发展中遇到的问题,运用公共政策协调政府与市场的关系,依靠公共政策保护和增进公众的利益。公共政策制定的效率高,执政党和政府治国理政就能显示出有效性,就会得到公众的信任和支持,从而执政、治国就有了合法性。如果执政党和政府制定公共政策的效率较低,社会公共问题解决不果断,公众利益得不到及时的保障和增进,政府与市场的关系不能迅速理顺,公众对执政党和政府就会失去信任和支持,执政党和政府执政和治国的合法性就会受到质疑。

要保证公共政策制定有效率,需要具备一定的条件。比如,参与决策的人在认识上要相对统一,特别是在政策目标的选择上不能有太多的分歧,这样才能避免一开始就陷入争论。在确定政策标的群体时,应尽量将利益向社会人数多的群体倾斜,这样才能保证制定出来的政策能得到多数人的支持。在政策制定过程中,要尽量减少程序和环节,不要过多的政策参与,特别要减少政策论辩,这样才能保证意见一致。另外,最为重要的条件是进行最终决策的核心人物必须具有较大的权威,从而不至于在最终选择和确定要采纳的政策方案时,议而不决。

2. 保证公共政策制定的民主的意义

公共政策首先是政策决定,它决不仅仅与经济有关,更为重要的是它与政治联系在一起。社会主义政治文明建设的重要内容是实现政治民主。公共政策作为政治生活的重要组成部分,它应该具有民主的性质。公共政策的民主特性表现在整个政策过程中,但公共政策制定中的民主则又是公共政策民主性的突出体现。

所谓公共政策制定中的民主,是指在公共政策制定的过程中具有广泛的公众参与性和制定出来的政策方案中反映公众需求的充分性。公共政策制定中的民主包括两个重要方面,一个方面是公共政策制定过程必须是民主的,其核心内容是扩大公众参与。在政策制定中,政策相关者,包括公众个人、利益团体参与的形式多样,参与的渠道畅通,参与的结果满意,这就表明政策过程是民主的。另一方面是公共政策决策方案必须是民主的,其核心内容是充分反映并协调平衡政策相关者的利益。公共政策作为政治决定,是执政党和政府运用公共权力反映和满足社会公众的需求,协调和平衡公共利益的活动。制定出的公共政策,越是能全面、真实地反映公众的需求,并且不同利益群体的利益都能得到兼顾、协调,这种政策制定就越是民主的。

公共政策制定中的民主至关重要。(1)保证公共政策制定中的民主是维护公共利益的前提。公共政策制定中的民主就是要让政策相关人都能够

第八章 公共政策的规划和决策

参与到政策制定过程中来,充分表达个人的、团体的利益要求,并让这些表达出来的利益要求能被决策者所接受,在进行最终的政策方案选择时能够加以考虑。只有这样,才能使公共政策起到协调和维护公共利益的作用。
(2)保证公共政策制定中的民主是实现和完善政治民主的重要环节。民主政治体制的建立、维护和完善并不是自然而然的,也不是靠个别人物制定和恩赐的,公共政策制定中的民主固然需要有民主的政治制度来提供和保护,而这种对公共政策制定中民主权利、手段和形式的保护本身,就是在再生产出民主的政治生活和民主的政治制度,同时公共政策制定中的民主不仅对巩固已有的民主程序和体制有帮助,而且公众在政策制定中的广泛的、有创造性的民主参与,还会促进原有的政治民主向更加完善的方向发展。这种民主政治生活和制度的再生产就是一种扩大再生产了。

3. 在渐进的改革中实现政策制定中民主与效率的互动

通常人们不会把效率与民主看作是一对矛盾,因为民主与专制是一对矛盾,效率与公平是一对矛盾,但是在现代公共政策制定中,人们既想追求效率,又要争取和保护民主,这样,在现实的公共政策制定中,在对这两者作取舍时,效率和民主就成为一对矛盾。

像所有的矛盾都具有统一性一样,公共政策制定中的效率与民主也具有同一性的一面。首先,人们是在制定某项公共政策时,才会碰到民主和效率的矛盾的,如果执政党组织和政府部门,根本就不想制定某项政策,或者公众和利益团体觉得某些政策制定还是不制定都无所谓,这时就会发生政策制定的民主与效率问题了。可见只有执政党组织和政府、公众和利益团体都需要制定某项政策时,并且这一项政策已经进入制定的过程时,才会有政策制定的民主和效率的矛盾出现。其次,公共政策制定中的民主和效率都是朝向一个目标的,即都是为了维护和协调公共利益。人们之所以追求公共政策制定的效率,是因为害怕政策制定不及时,决策不果断,既浪费资源,又耽误时间,一旦错失时机,公共利益就会受损害。人们力争公共政策制定中的民主也是为了维护公共利益,因为大家害怕少数人独断专行,或只顾强势团体利益而忽视、不顾甚至侵害弱势团体的利益,各种利益就得不到协调,也就不可能维护公共利益了。可见公共政策制定中的效率与民主所追求和维护的目标是一致的。

但是,公共政策制定中的效率与民主在特定的时间和空间中也有对立性的一面。一般地说,公共政策制定要求得高效率,就必须保证决策者有较高的甚至绝对的权威性,而且当某些社会公共问题来势凶猛而且有可能危害社会稳定时,决策者常常不允许人们过多的参与,也不同意进行政策论辩。在这种情况下公共政策的制定是迅速的,效率是高的,但是,因为没有公众和利益团体的积极参与,各种利益也就没有充分表达,决策者很可能只凭他们的主观判断,或只考虑政府部门的利益,虽然果断地作出了决定,但没有能反映公众和利益团体的要求,没有进行充分而必要的协调,这种高效率下制定的政策,不能保护公共利益,公众和利益团体也不支持,最终只能损害公共利益。

要说决策效率高,莫过于封建专制政权和现代的一些专断独裁的政权,它们不用听取人民的意见,只凭少数人的意愿或强势集团的压力就制定政策,但是,无论是封建专制政权,还是现代的独裁统治,它们的政策最终因为损害公众的公共利益而失败,因此,公共政策制定的效率必须服从政策制定的民主。公共政策制定中的民主是提升政策效率的前提和保障,没有民主的参与和各种利益的表达,一味地强调政策制定的效率,似乎政策制定时耗费的成本小,花费的时间少,但政策损害了公共利益,公众会反对,再要调整或重新制定政策,那时耗费的成本就大了,花费的时间就长了。

当然,要提升公共政策中的民主程度,就需要花费成本开辟更多的渠道让公众参与到政策过程中来,也需要耗费时间去组织公众讨论、听证、论辩。从某种意义上讲,这会降低公共政策制定的效率,但是,从人民民主和以人为本、以民为先的政治立场出发,公共政策制定中的民主要优先于政策制定的效率,因为在公共政策过程中,民主的价值比起效率来更为重要。

在现实的政治规划和制定的实践中,公众和决策者都有过好的经验,也有过沉痛的教训。在一个利益分化、现实中客观存在着不同利益阶层和团体的社会中,在决策涉及面广、与众多利益团体的利害相关时,各个利益团体都会维护自己的利益,都会想方设法参与到政策制定过程中来,相互之间会发生分歧,会有争论,会讨价还价,这时要迅速求得共识是不容易的。在

第八章　公共政策的规划和决策

这种情况下,作为决策者的执政党组织和政府部门,就不要轻易地作出决断。这些争论、分歧和讨价还价正好说明要决策的社会公共问题特别重要,对于这样重大的问题,如果轻率地作出决断,只能是引发动荡和不稳定。很多执政党和政府在这种情势下,往往把议题暂时搁置起来,不急于作出决定,以便有更多的场合和时间,集思广益,审慎思辩,最终经过协商、妥协、合作,求得在更大范围的、更高程度上的共识。

公共政策制定中的效率和民主有时发生矛盾,这并不是一件坏事,因为当人们发现要对一些非常重大的问题作出决策比较困难时,他们就会先去解决一些与重大问题有关的其他问题,或去先行解决某些局部的问题。这时制定的政策只是对原先的政策或政策体系作出一些不太大的调整。当与重大社会问题相关的那些问题得到解决,或一些局部的问题逐步得到解决后,解决重大问题的政策制定也就水到渠成了。在这一过程中,公众、利益团体和决策者都能学会许多东西,作为决策者会逐步扩大公众政策参与的范围和渠道,不断接受公众和利益团体民主参与的新的形式,公众和利益团体也会在更多的政策制定的参与中提高民主意识和技能,不断创造出新的政策制定民主参与的方式。正是通过这种渐进的变革,使公共政策制定的效率与民主之间实现良性互动。

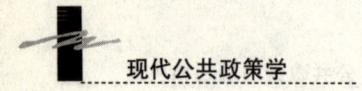
现代公共政策学

第九章 公共政策的执行和评估

第一节 研究公共政策执行的性质

一、公共政策执行的意义

1. 公共政策是完整过程

公共政策运行是一个完整的过程,既包括政策的制定,也包括政策的执行及评估。但是,人们对公共政策执行的重要性的认识,一开始并不是很清楚的。在西方政策科学的发展中,至少在70年代以前,多数人只将目光投射在政策的制定上,即使像德洛尔这样有贡献的公共政策学者,也认为公共政策的根本问题是对政策制定系统的改进。

与多数公共政策学者醉心于优化政策制定模型相反,1973年以A.维尔达夫斯基(A. Wildavsky)、J.普瑞斯曼(J. Pressman)为代表的一批学者开始对政策执行中的问题感兴趣。他们通过对美国联邦政府在奥克兰市政策执行失败的案例分析,强调了政策执行的重要性。他们认为,要使政策科学从理论的科学成为行动的科学,就必须研究政策执行问题,以便在政策制定与政策执行之间架起桥梁。①

此后,有关政策执行的研究就成为政策科学中的一大热点。人们也渐渐取得共识:"政策过程"的涵义并不仅仅指政策制定,同时包括政策执行,并非公共政策制定过程完结后人们就可以自然而然地实现预定的目标。政

---

① J. L. Pressman and A. Wildavsky, Implementation: How Great Expectations in Washington Are Dashed in Qakland, Berkeley: University of California Press, 1973.

策是为了解决一定的社会公共问题才制定的,只有政策得到了完全的或比较好的执行,制定政策时确定的最为重要的目标才能得到落实。事实上,同样的政策由于其执行及反馈的方式不同所产生的后果是大相径庭的。在政策制定与政策执行之间有时会存在巨大鸿沟,甚至出现背道而驰的现象。有效的政策执行,可以达到目标;相反,政策执行不当或不力,则非但难以解决原有公共问题,而且还可能会使问题恶化。因此,从某种程度上讲,政策执行的重要性并不亚于政策制定的重要性,政策执行至少应当与政策制定等量齐观,哪一个都不可偏废,二者具有相辅相成的关系。

同时,政策执行也是错综复杂的。与政策制定相比较,政策执行同样是一个有自身结构、有一定模型、有一定程序、也有一定困难的过程。因此,必须对政策执行的性质、政策执行的模型、政策执行的原则、政策执行的影响因素、政策执行的程序进行研究。威尔逊就认为,执行一项政策要比制定一项政策困难得多。

对公共政策执行的性质,不同的学派从不同的理论角度进行了规定与分析,其中比较有代表性的是行动理论学派、组织理论学派、因果理论学派、交易理论学派、公共选择理论学派、博弈理论学派、系统理论学派。所有这些理论学派可以归纳或合并为三大类:行动理论、组织理论、博弈理论。

2. 公共政策执行的意义

前面只是从静态的结构上阐述了政策执行的重要性。政策执行的重要性还体现在政策的动态方面。从动态的角度来考察,政策执行的困难性是由下列原因造成的:(1)由于从制定政策到实施政策之间存在一定的时滞,执行政策的环境、条件与制定政策时的环境、条件相比会发生变化,这就必然给政策实施带来困难。(2)其次,政策制定阶段所拟定的方案、计划,虽然也经过反复论证,甚至经过一定范围的试验,但一进入大规模的政策实施阶段,原先潜在的问题、未预料到的问题,这时就会渐渐显露出来,也会给政策执行造成困难。(3)在政策执行中,公众、团体、政府部门会因为认识上的、实际利益上的差异而产生种种矛盾,甚至冲突,这也会造成政策执行的困难。所有这些都会使政策执行与政策制定脱节,执行时使政策发生严重变形走样的情况。

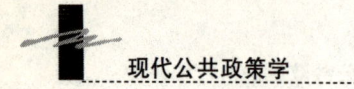

二、公共政策执行的性质

公共政策执行是整个政策过程中的重要阶段。如果说,政策规划主要是政治过程的话,政策执行则主要是行政过程。在欧洲一些国家中,为了政策能够贯彻实施,专门设立了执行局。政策执行是由一连串的行为构成的,是一个有组织的活动系统。同时,政策的执行又是公共利益的一次调整。

1. 政策执行是由一系列行动构成的

政策并不是通过一两次行动就能得到贯彻和实施的,政策执行虽然只是政策过程的环节之一,但就本身来说,它却包含着政策执行者一连串的自觉与不自觉的、偶然的与必然的行动。行动理论学派强调要对政策执行中的行为性质加以研究,这一学派的代表人物有 C. 琼斯、G. 爱德华和 C. 霍恩,比如琼斯就认为:"政策执行乃是将一种政策付诸实施的各种活动;在诸多活动中,又以解释、组织和实施最为重要。所谓解释,是将政策的内容转化成一般人所能接受和了解的指令;所谓组织,乃是设立政策执行机关,用以拟定执行的办法和落实政策;所谓实施,即由政策执行机关提供例行性的服务与设备,支付各项费用,进而完成政策目标。"[①]

爱德华则认为,公共政策执行是一系列"发布命令、执行指令、拨付款项、办理贷款、给予补助、订立契约、收集资料、传递信息、委派人事、雇佣人员、创设单位"[②]的活动过程。霍恩也认为:"政策执行指公私组织或团体为了致力于先前政策决定所设立的政策目标的实现而采取的各项行动。这些行动可以归结为两大要项:一是将政策转化为可运作的努力,二是为实现政策所确定的目标而作出持续的努力。"[③]

[①] C. O. Jones, An Introduction to the Study of Public Policy, 2nd. ed. North Scituate, Mass. DuxburyPress,1977,p. 139.

[②] G. C. Edwards Ⅲ and I. Skarkansky, ed. , The Policy Predicament, San Francisco: W. H. Freeman Co. ,1978.

[③] C. E. Van Horn and D. S. Van Meter, "The Implementation of Intergovernmental Policy", in C. O. Jones and R. R. Thmas(eds.), Public Making in Federal System, Beverly Hills: Sage Publications,1976, p. 45.

第九章 公共政策的执行和评估

行动理论学派提出了许多很有见地的思想。在政策制定阶段,人们得到的只是一些抽象的行动规范,即应当做什么,应该怎么做,这些都是关于行动的价值判断,它所描述的只是一种预期中要求达到的理想状态。要从存在政策问题的现状出发,把包含预定在内的理想状态实现出来,就必须行动。政策执行过程就是将政策的抽象规范转化为具体行动的过程。政策执行的行动过程包含着一系列的具体活动,主要有制定政策执行的计划、建立政策执行组织、招聘和培训政策执行人员、筹集和配备必要的物资和经费等。

2. 政策执行是有组织的活动系统

执行政策的行动决不是单个人的、无序的活动,政策的实施必须是有组织的活动系统,对于这一点,组织理论学派作了很好的研究,这一学派的代表人物是 J. 佛瑞斯特。他认为,组织问题是政策执行中的关键环节。没有专门的组织,没有组织的努力,任何政策目标都只能停留在构想的阶段。传统的政策执行强调的是政策执行机构及其人员对政策目标的顺应行为(conformity),强调依法行政,基本上忽视政策执行组织与执行人员对政策的预期分析能力。由于政策的执行是在现实社会中进行的,社会的变化与风险决定了政策的规划者、政策的实施机构必须具备预期分析能力。

所谓预期分析(anticipatory analysis)能力是指在危机事件或事态发生之前就能预感到,并能采取相应的适当步骤和程序加以有效对付的能力,这种预期分析能力是成功完成政策执行过程的关键。组织理论学派认为,预期分析能力主要包括三个依次推进的阶段:能够估计政策执行后在制度文化等方面可能出现的特征;能够预备和管理诸多方案的论证;能够准确和有效地提出自己有关最终方案与替代方案的正式分析。预期分析能力是建立在组织行为理论、规范理论基础之上的创新能力。①

组织理论学派强调了政策执行中组织因素的重要性。政策执行从根本上来说是一个组织过程。(1)政策执行中存在多种因素,比如人员、物资、经

---

① J. Forester, "Anticipating Implementation: Normative Practice in Planning and Policy Analysis," in F. Fischer and J. Forester(eds.), Confronting Values in Policy Analysis: The Politics of Criteria, BeverlyHills: Sage Publications, 1987, pp. 153—173.

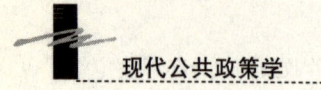

费、范围、时间等,要有良好的政策执行,就必须将这些因素最科学、最合理地组织起来。(2)政策执行中必须设立专门的组织,只有通过组织才能将政策执行者的才能、知识、行为有机地结合起来,服务于同一个目标。(3)政策执行中的组织特性最集中地表现在对政策执行的危机预测与有效防范上。政策执行不可能一帆风顺,常常会遇到不确定、风险和危机。只有借助于有组织的过程,才能有效地预测风险、建立防范机制。

3. 政策执行是一种利益协调

公共政策的本质就是运用权威对社会利益进行公正的协调,因此,政策执行过程实质上就是政策执行主体与政策目标群体在相互作用中对利益加以选择的过程。对此,公共选择学派作了研究。这一学派在"经济人"假设的基础上建立了一种公共选择理论。他们认为在市场经济中,人都是以追求个人经济利益为动机的,一个有理性的"经济人"必定是一个效用最大化的追求者。在政治领域活动的人,同样是"经济人",无论是政策的制定者还是政策的执行者,都会遵循"经济人"规则。

在公共政策的执行过程中,政策的制定者、政策的执行者以及目标群体等组织和团体归根到底都是由个人构成的,而作为一个普通经济人都会关心新政策能为自己带来多少好处,同时也会考虑要为此付出多少代价。这种个人的理性化的"经济人"行为决定了政府的行为。因此,决不可以将政府行为过分理想化,政府同样存在"经济人"的缺陷。当政府的利益与政策目标群体的利益发生冲突时,政府同样会起来维护自身的利益。

这种对政策执行的看法也是博弈理论的观点。博弈论本来是用来研究游戏规则的,它是本世纪20年代由E.傅雷尔建立起来的,在40年代以前一直被作为一种有趣的智力游戏来练习,到50年代,政治学家才运用来研究国际政治中的结盟行为、司法行为与冲突局势。政治科学中的博弈论认为,在冲突与竞争的情况下,每一个参加者都力求获得最大收益而将损失减少到最低限度。

美国公共政策学者E.巴得什(Eugene Bardach)以博弈理论来研究公共政策的执行问题。他认为政策执行的核心在控制上,因而政策执行过程就会在"议价"、"劝服"、"策划"这三种不稳定的条件下进行,因此,可以将政

第九章 公共政策的执行和评估

策执行视为是一种赛局,它包括:竞赛者(政策执行人员与相关人员)、利害关系、策略与技术、竞赛的资源、竞赛的规范(取胜的条件)、公平竞赛的规则(不得作弊)、竞赛者之间的信息沟通性质、所得结果的不稳定程度等。政策执行的成功与否,取决于参加者的策略选择。

与选择理论相近的观点是将政策执行视为是一种交易过程。这种理论认为,政策执行过程就是政治上讨价还价(bargaining)的过程。在政策执行中,政策制定者、政策执行者、目标群体之间需经过一系列的政治交易,各种力量在互动中,达成某种妥协、退让、默契。在政治交易的情况下,公共政策的目标与方案的重要性和可靠性都要大打折扣,因为政策目标与方案原先是以政策的制定者和政策的执行者都讲究理性作为假设条件确定下来的,一旦在实际执行中出现了政治交易,目标与方案就会出现某种程度的扭曲。

上述三种对公共政策执行本质的认识都有其片面的地方,但也都有其合理的地方,应当将这三者科学地综合起来考虑。公共政策执行应当是政策执行者有选择的、有组织的、复杂的行动过程。政策实施中的有选择性表明,政策执行既与执行者的能动性有关,也与基于利益的选择有关。政策执行的有组织性表明,政策实施必须由专门的组织来负责,政策执行必须有序地进行。政策执行的行动性表明,政策实施是将政策规范运用于实践的过程,也是一个精心操作的过程。

三、公共政策执行中的客体工作

公共政策执行是政策执行主体与政策客体之间的互动。政策客体中与政策发生作用的公众个人或群体的态度,对政策执行状况具有重要影响。

1. 顺应型客体与抵触型客体

所谓顺应型政策客体是指这部分受政策影响的公众,支持政策执行主体的行动,能够顺从政策的贯彻,所以有时又称这种类型的政策客体为贯彻式政策客体。这类政策客体也有两种情况,一种是能从政策执行中获利的人,一种是虽不能从政策中获利但也能顾全大局的人。

抵触型政策客体是指某些公众因感觉到政策的实施会损害他们的既得

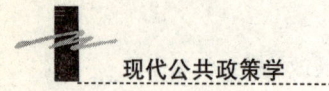

利益,因此,试图对政策的贯彻采取对应的行为,通过这些行为或者使政策贯彻走样,或者让政策在执行中打折扣,其目的是为了维护原有的利益,或使既得的利益损失最小。由于这类政策客体的行为是专门针对政策的,所以有些人称他们是对策式政策客体。

2. 配合型客体与观望型客体

所谓配合型政策客体是指在政策实施中,政策目标群体中一部分对政策贯彻表示主动支持的公众,他们与政策执行机构和人员紧密配合,保证政策能顺利执行。这一类型的政策客体或者是对政策比较了解,或者是在政策实施过程中已经获得了实际的利益。配合型政策客体因为能主动支持政策执行部门和人员的活动,因此,又被称为是支持式客体。

观望型政策客体是指政策的目标群体中,一部分对政策的效果表示怀疑,从而一直处于观望状态的公众。他们对政策或者不甚了解,从而不积极,或者是由于过去的政策未能给他们带来实际利益,从而对新的政策也持有疑虑心理。这一类型的政策客体由于对政策的实效不太相信,又被称为是疑虑式客体。

第二节 公共政策执行的组织与调整

一、公共政策执行的组织

公共政策执行中的组织结构除传统的科层制政策组织外,更多的是方案式政策组织和矩阵式政策组织。

1. 方案式政策组织

这种政策组织适合于进行各种复杂的决策,在政策规划的决策层实行集体领导(collective leadership)或群体决策(group decision),决策时采取集体负责制,群体决策时采取委员会式的决策体制。公共政策的科层制组织与方案式组织相结合时,或者是在金字塔的顶上形成"横线组织",或者是在

第九章 公共政策的执行和评估

金字塔尖上形成另一个小型的金字塔。公共政策的方案组织从组织上实行轮流制的集体领导,从技术上来说则实行德尔菲法,即身份公开、匿名表态、间接沟通、控制反馈。这种方案组织在知识经济时代更多地是一种观点会聚、同步创新的"知识实践社团"。

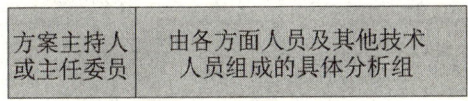

方案组织(横线组织结构)

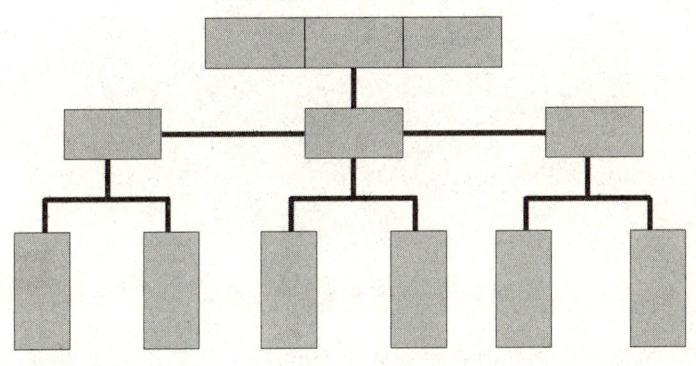

图9—1 方案式政策执行组织与科层制政策执行组织的结合

2. 矩阵式政策组织

公共政策矩阵组织(matrix organization)是科层组织与方案组织相互结合的一种公共政策组织方式。当在科层组织之下成立若干横线组织,或在科层组织之内成立横线组织时,就产生出公共政策矩阵组织。公共政策矩阵组织的特点是:在矩阵组织中,被调往方案组织中工作的人员,仍然隶属于科层组织内原有的单位,临时决策任务完成后方案组织即结束;公共政策的矩阵组织是依据任务形成的人员与结构的团队,具有科际整合的特点,具有较大的弹性。

3. 公共政策执行计划

公共政策执行之前必须制定合理的执行计划。政策实施计划的制定之所以必要是因为政策执行并不是一两次简单的行动,多数政策的实施是一个复杂的、多次反复的过程。要使政策执行的复杂过程变得有条不紊,就必须依据实际情况制定一个尽量周密的行动计划。

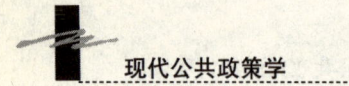

图9—2 矩阵式政策执行组织

公共政策执行计划的制定应当由具体的政策执行机构来负责。制定政策实施计划必须遵循下列原则:(1)计划的合法性原则。所谓政策执行计划的合法性是指准备实施的政策计划必须与经过法定机构审批、公布的政策方案相一致,不允许政策实施计划偏离原定政策所规定的实施范围、时间、阶段和最终达到的目标。(2)计划的合理性原则。政策执行计划是否合理对政策能否顺利实施关系极大,政策执行计划的合理性主要是阶段划分的合理性、时间划分的合理性、资源划分的合理性。(3)计划的共识性原则。政策执行计划不能只让执行机关的少数人知道,也不能只让少数人赞同,政策执行需要执行机构、执行人员、政策标的团体相互配合,因此,政策的具体实施计划必须让更多的人知道,并且要形成共识,只有多数人同意执行计划,政策实施才有保障。(4)计划的可行性原则。政策执行计划一定要具有可行性,这就要求制定的实施计划必须详尽,其中要包括组织的任务、人员的配备、资源的合理分配、技术的运用、措施和手段的设计等。(5)制定政策实施计划一定要留有余地。计划不可作得太满太死,要充分考虑到在政策实施中,政策的环境会发生变化,机构与人员也会出现变动,特别是会存在

 第九章 公共政策的执行和评估

一些未知的和不确定的因素。计划保持一定的弹性,在政策实施时,才能进退自如。

二、公共政策执行中的调整

公共政策调整与政策控制中的纠正偏差有一定的联系,但两者又是有区别的,政策控制中的纠偏是对政策执行中出现的偏差与失误进行校正,这种偏差产生的原因可能是两方面的:一是政策是合理的、科学的,但执行者实施的手段、方法、计划出了问题;二是政策本身有问题,执行者执行的手段、方式、计划也有问题。对于一种原因导致的执行偏差,除了要采取控制纠偏措施外,还要对政策进行必要的调整。

1. 政策调整的积极作用

公共政策调整的类型很多,有些是被动型的政策调整,有些是主动型的政策调整;有些政策调整是公众的诉求,特别是政策目标团体产生的强烈的诉求,从而迫使政策制定和执行主体进行调整,这是被动型的政策调整。有些政策经过一次调整就行了,这是一次性政策调整,但多数政策要经多次调整才能最终达到目标,这是多次性政策调整。政策调整既有积极作用,也有其消极影响。

政策调整的积极作用表现在:(1)政策调整有利于政策的科学完善。任何一项政策都是为了解决既定环境和背景下的具体问题而制定和实施的。在政策实施过程中,由于政策本身发生作用或者客观的政策环境自身的变化,使原来的政策问题发生了改变,或者解决了,或者出现了新情况、新矛盾,为了保证政策的科学性,就需要依据新的政策环境和变化了的政策问题,对原有政策作出部分的甚至是全部的改变。同时,任何一项政策又都是在政策制定和执行主体一定的认识水平的基础上形成和运行的,但是人的认识总是从低级向高级、从片面向全面、从不完善向完善发展演化的,当政策制定和执行主体对政策问题、政策目标、政策功能、政策环境的认识提高和深化以后,就需要对原来的政策加以纠正、补充、更新,使之更加完善。(2)政策调整有利于政策的有序运行。一项政策要能达到既定目标、发挥出

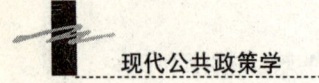
现代公共政策学

原先规划设计的功能,就必须遵照既定的程序正常运行,但政策在实施过程中会有下列情况使政策运行出现无序状态:一是政策执行的主体之间出现矛盾与意见分歧;二是政策执行主体与客体发生矛盾,出现冲突;三是几种政策交叉在一起,相互摩擦。这时,就需要暂时中断政策的实施,对政策主体内部关系、政策主体与客体的关系、几种政策的相互关系进行调整,使政策有序地运行。(3)政策调整有利于政策的相对稳定。政策要真正发挥效用,就必须使政策在设计的空间和时间内具有相对的稳定性。任何政策在实施时,总要经历不同的环节、步骤、任务和阶段。要使政策相对稳定,就必须注意在政策运行的一个阶段结束后,留出时间作短暂的调整,进行必要的评估,并对下一步的任务、目标进行修订,使政策实施顺利地进入下一个阶段;当政策实施一段时间以后,如果遇到客观环境的变动、政策资源的变化、政策方向的变更,为了使政策相对稳定,就需要在保留政策合理内容的基础上,作出积极、主动的调整,使政策在变动中保持连续性和稳定性。

2. 政策调整的消极作用

公共政策调整既能对政策的执行产生积极的作用,又会产生某些消极的影响。(1)政策的调整会使一部分已经投入的政策资源不同程度地产生浪费。政策进入执行阶段后,就需要制定实施方案,规划项目计划;需要建立实施管理和操作的组织,培训有关管理与操作人员;还要进行政策宣传、典型试验和面上推广。对于与政策相关的工程与项目,执行中还需要投入更多的资金、设备和技术。如果政策需要调整,这些投入就会没有收益或收益不足。(2)政策的调整也会挫伤一部分公众的积极性。在按原来的政策计划实施时,一部分公众可能从中获得利益。如果政策发生调整,原先获得利益的公众可能不会再得到这些利益,甚至可能丧失已经得到的利益,因此这部分公众就会变得消极,甚至对公共机构不满。(3)政策的调整也会对公共机构的形象产生影响。在政策执行过程中,公众总希望公共机构能够保持政策的稳定性,政策稳定了,公众对自己的努力有了可靠的预期,就能支持政策的实施,坚定不移地相信公共机构。如果政策经常调整,公众无所适从,对行为的结果无法预期,就会对政策产生怀疑,对公共机构产生不信任,从而损坏公共机构和公共政策的形象。

第九章 公共政策的执行和评估

政策调整中产生某些消极影响是不可避免的,问题是政策的实施机构如何采取积极的措施,将政策调整中出现的消极影响控制在最低限度,并让调整后的政策迅速发挥作用,以便将消极影响化解掉。这方面的措施主要有以下几种:(1)进行政策调整宣传。政策调整前的宣传工作是十分重要的,通过宣传让公众对政策调整的必要性有充分的认识,对政策调整可能产生的影响有足够的心理准备;(2)注意调整力度。如果对某项政策须作大力度调整,可分几次进行,尽量做到不产生巨大震荡;(3)把握调整时机。政策调整直接涉及到部分公众的利益,当公众意见较大,或者具体的环境还不太有利时,可以暂缓调整,待公众情绪冷静下来,具体环境又较为宽松时,再实施调整。

第三节 公共政策的评估和终止

一、公共政策评估的意义

在公共政策周期中政策评估占有极为重要的地位。(1)政策评估有利于检验政策的效果、效率、效益。制定的政策究竟好不好、政策实施以后有没有达到预定结果、公众的回应如何,这些都不能凭制定政策时的主观来衡量,必须通过严格的程序、周全的资料和科学的手段加以客观评估才能得出结论。(2)政策评估有利于提高决策的科学化和民主化水平。现代社会人类活动的类型增多,风险增多,不确定性变大,从而对决策的科学性提出了挑战;现代社会人们的利益趋向多元化,公众参与要求高涨,从而对决策的民主化程度提出了更高的要求。公正、公开地进行政策评估是回应这两方面挑战的有效途径。通过政策评估,可以扩大公众对公共政策决策的参与程度,可以更全面、直接地了解公众对政策的回应,可以提升政策的科学性。(3)政策评估有利于实现政策资源的有效配置。任何政策的制定、实施,都需要有一定量的资源。政府在一定时期可以提取的资源是有限的,要将有

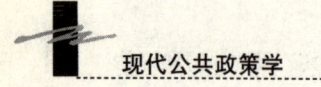

限的资源最大限度地运用起来,关键是合理配置。只有通过政策评估,特别是通过政策制定和实施,包括政策评估中投入和产出的比率分析,才能知道资源配置的优先顺序是否正确,在政策周期的不同阶段上资源投入量的比例分配是否恰当,在政策过程中人力、物力、财力的组合是否合适。(4)政策评估有利于决定政策的循环形式。对政策的评估构成一次政策周期的结束,同时又是下一个政策周期的开始。下一步政策究竟怎样运行,只有通过评估才能确定。如果政策是好的,执行也很有成效,政策循环的方式就是政策延续。如果政策执行中发现政策条件发生改变,或政策资源配置不合理,或政策目标有问题,政策循环的方式就是政策革新。若经评估证明政策目标已经达到,或政策环境已发生根本变化、原有政策已无法执行,或原先政策有问题、执行中的负面效应日趋严重,那么政策循环的方式就是政策终止。

二、公共政策评估的类型

公共政策评估可以按不同的标准进行分类,但过多过细的分类并没有太多的实用价值。从评估的实际出发,可以将公共政策评估分为三大类:正式评估与非正式评估;对象评估、专业评估、自我评估;方案评估、执行评估、终结评估等。

1. 正式评估和非正式评估

这类评估是从评估活动的方式来划分的。正式评估是指事先制定完整的评估方案,由专门的机构和人员按严格的程序和规范所进行的政策评估。这种评估由于评估机构和人员具有专门的知识和素养,评估的资料详尽真实,评估方法手段先进,因而评估的结果比较客观、可信。

非正式评估是指那种对评估者、评估程序、评估方法、评估资料都未作严格要求所进行的局部的、分散的政策评估。非正式评估虽然其结论不一定非常可靠、完整,但其形式灵活、简单易行,有广泛的适用性。

这两种评估活动方式可以有机结合起来运用,以正式评估为主,将非正式评估作为正式评估的事先准备和必要的补充。

第九章 公共政策的执行和评估

2. 客观评估和主观评估

这类评估是以不同的评估者来划分的,可以将客观评估细分为对象评估和社会评估。对象评估是指由政策目标集团成员进行的评估,由于政策目标集团成员是政策的承受者,他们对政策制定与实施的利弊得失有最真切的感受,对政策的成果最有发言权,因此,这种政策评估可以获取第一手资料,可以对政策的成效有真实的估计,其结论具体、真切,但这种评估也有不足之处,目标集团成员只是社会的一部分,提供的资料虽然真实,但有较大的局限性。

社会评估是指在政策系统之外所进行的评估,通常有两类:一类是政府等公共部门委托的专业评估,一类是社会成员自行组织的评估,政府委托评估是政府部门委托专业性的咨询公司、盈利或非盈利性的研究机构、大专院校的专家学者所进行的政策评估。这种评估的优点在于,评估者在一定程度上能置身于政策系统之外,从而使评估具有较大的客观性;实施评估的机构和人员一般都具有专门的评估理论与知识、方法与手段、实践与经验,从而使评估具有较高的可靠性。但这种评估也有其局限性,主要是评估机构和人员容易受委托者在经费和资料两方面的限制,从而有可能削弱评估的客观性与公正性。

主观评估,又称自我评估,是由政策系统内部进行的评估。这种评估的优点在于,评估者中有政策的制定者与执行者,对整个政策过程有全面的了解,掌握大量的第一手资料,从而评估的结论较为可靠。另外,从评估的实用性来看,政策系统内部评估的结论可以直接被用于政策调整,容易产生效用。但这种评估也有其缺点,由于评估者是政策的制定者与执行者,可能会因为顾及政绩而夸大成绩、回避失误;可能会从部门的局部利益考虑而产生片面性;可能会受到机构内部利益和人际关系影响而失去公正性。

3. 执行前评估、执行中评估和执行后评估

这类评估是以评估实施的时间来划分的。执行前评估又称方案评估,是在政策实施前进行的评估,因此又称预评估。由于政策还未执行,因此评估是预测性的,评估者往往根据以前积累的经验,加上运用现代电脑技术进行模拟运行,可以对方案执行后可能出现的效果作出分析与估计。这种评

估的优点在于,评估的结果可以直接用来指导政策的实施,特别是可以采取措施,将可能出现的政策负面效应降低到最低程度,但这种评估终究只是预测的,还不是现实的结论。

执行评估又称执行中评估,是在政策实施过程中进行的评估。虽然这时的政策执行还未结束,但政策推行的效果、效率、效益已经表现出来,特别是政策方案中存在的缺陷、政策资源配置中的问题、政策环境中某些条件的改变等等,已经暴露出来。这种评估的优点在于,评估中所获取的资料都是即时的、具体的,评估的结论是真实的、可靠的。另外,评估的结果也能立即和直接产生作用,用来对正在执行中的政策进行调整,但执行中的评估只是对进行中的一定过程所作的评定,由于过程并未结束,所以评估带有过渡的、暂时的性质。

终结评估又称执行后评估,是指政策执行完成后的评估,这是对一项政策的最终评估。由于政策已经执行完毕,政策的最终效果、效率、效益已经成为客观存在,评估的结论是对政策全过程的总结。这种评估要求对政策全过程有充分的认识,对政策实施后的结果有全面的把握,对以往的方案评估、执行评估有详尽的了解。

政策方案评估主要为政策执行提供指导,政策执行评估主要用于对政策的运行加以控制,政策终止评估主要对以后的政策制定提供指导,这三种评估分阶段贯穿于政策运行的全过程。无论是客观评估、主观评估,还是执行前评估、执行中评估、执行后评估,都可以是正式评估,也可以是非正式评估。上述几类评估可以相互结合起来使用。

三、公共政策评估的步骤

公共政策评估程序一般分三个基本步骤:评估准备、评估实施、评估总结。

1. 政策评估准备

在评估的准备阶段,必须做好三方面的工作:(1)确定评估对象。这是评估的前提,并不是任何政策在任何时候都可以拿来评估的,必须选择值得

第九章 公共政策的执行和评估

评估又需要评估的政策作为评估对象。一般地说有四类政策可以确定为评估的对象:正在执行的比较成熟的政策;实施效果与环境变化之间有明显因果联系的政策;评估的结论有代表性、有推广价值的政策;负面效应突出、普遍引起公众质疑的政策等。(2)制定评估方案。这是整个评估准备阶段最关键的工作,其质量的高低决定着评估活动的成败。完整的评估方案一般包括五个因素,即评估主体、评估对象、评估目的、评估标准、评估方法,其中选择评估目的、评估标准和评估方法尤其重要。确定评估目的是为了明确评估的宗旨、目标和方向。评估目的一旦确定,就能选择评估的类型、机构、人员、方法、支出规模等等。确定评估标准是保证评估具有合理的、客观的尺度,对于不同的评估目的,标准的选择也不一样。选择评估方法也很重要,不同类型、不同时间要求、不同经费条件的评估,所选择的评估方法是不相同的。(3)组织与设备准备。主要是选择或建立合适的评估机构,挑选合格的评估人员,进行必要的理论与专业培训;确定评估的场所,准备必要的设备,对评估费用提出预算等。

2. 政策评估实施

这一阶段主要有三项工作:(1)采集整理政策信息。这是政策效能评价中的基础性工作。采集政策评价信息可以运用个体的、群体的访谈方法,也可以采用文件资料审读方法,还可以采用抽样问卷调查方法。评价信息的采集要求是系统、精细、准确。(2)统计分析政策信息。采集到的评价信息既有定性的内容,也有定量的内容。对于定性的评价信息,在分析时,应当依据充分肯定、基本肯定、部分否定、基本否定几个级别进行统计。对于定量化的评价信息,要分解成多个单项指标,并对每个单项在综合指标体系中的权重作出合理规定。(3)运用评估方法获取结论。政策评估有多种方法。要取得科学的评估结论,关键在于要对各种评估方法所得出的结论加以分析、综合。一般地说,政策制定与执行机构在自我评估时肯定的成分会多一点,对象评估和社会评估对政策的批评会多一点。应当将运用不同方法评估得出的结论进行对照、比较,最终取得综合结论。

3. 政策评估总结

这一阶段的主要工作有两项:(1)撰写对政策的总体评估报告。政策评

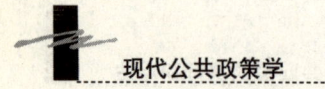

价的总体报告应当包括两大部分内容:一部分是对政策的制定与实施进行总体的评价,对政策结果、政策效率、政策效益作出定性与定量的说明,另一部分是对未来政策的制定与实施提出建议。(2)对政策评估活动作出总结。这是对评价的评价,主要内容是对评价机构的效率、管理机制进行总结,对评价人员的选择、评价人员的素质进行评估,对评价方案与评价程序进行反思,对评价标准与原则的合理性进行思考等。

四、公共政策评估的标准

没有标准就不可能有评估,因此,建立政策评估标准是进行政策评估的起点。政策评估的标准是对政策运行加以测量、评定的参量体系。由于公共政策涉及的面比较广,对政策制定、执行产生影响的因素也比较多,从而与政策评估有关联的参量也很多,但是,过多的参量不仅使评估耗费巨大,而且参量之间往往容易出现矛盾、冲突,也给评估带来困难。因此,在建立评估标准前,必须确定建立评估标准的原则。首先,评估的标准应具有全面性。列出的评估标准必须尽可能地对政策过程进行全面的、完整的评定,应当包括体现政策效果、政策效率、政策效益的参量。其次,评估的标准必须使参量的测定具有简便性。确立的各种参量必须易于把握,利于操作,容易衡量。第三,评估的标准必须在技术上有可行性。有些标准是含糊的,甚至是无法比较的,政策评估要求选取的参量既能进行收集、加工,又能在量化的基础上加以分析。

从公共政策运行的实践来看,目前人们比较认同的政策评估标准主要有效果标准、效率标准、效应标准等。

1. 政策的效果标准

公共政策评估的效果标准主要衡量政策实施后产生的各种结果与影响。一项政策推行后,产生的影响是多方面的,而且是多类型的。从影响的领域来看,可以是对社会政治经济生活的影响,也可以是对人们的道德、心理的影响。从影响的类型来考察,则有直接影响与间接影响、长期影响与短期影响、预期影响与非预期影响、实际影响与象征性影响等。

第九章 公共政策的执行和评估

与此相应,政策效果也是多种多样的。有立即产生作用的、一目了然的直接效果;有超出原定目标之外、通过波及作用产生的附带效果;有出于预料之外的意外效果;有现时还未显露、经过一段时间就会表现出来的潜在效果;有能引起人们对公共部门注意、主要在于改变观念的象征性效果等。

在使用效果标准时,政策评估者需要了解下列方面的信息:一是政策目标的实现状况,即预定的目标实现了没有,是完全实现了,还是只实现了其中的部分?原来的政策问题是否得到了解决,是部分解决了,还是完全解决了?二是政策的总体效果状况,即政策实施后对整个社会产生了何种影响,已造成和正在造成什么后果?三是政策的全部效果状况,即政策实施后有哪些正、负面的效果?有哪些经济、非经济效果?

2. 政策的效率标准

公共政策的效率标准是衡量政策取得的效果所耗费的政策资源的数量,它通常表现为政策投入与政策效果之间的比例。效率标准与效果标准既有区别,又有联系。效果标准关心的是有效执行政策,达到政策预定目标;效率标准关心的是如何以最小的政策投入得到最大的政策产出,因此,效率与效果之间有时并不统一。一次政策执行的高效率,未必能实现预定的政策效果;一次达到预定目标的政策执行,未必是高效率的。因此,政策的效率必须首先建立在政策的效果上,没有效果的效率是无用的。

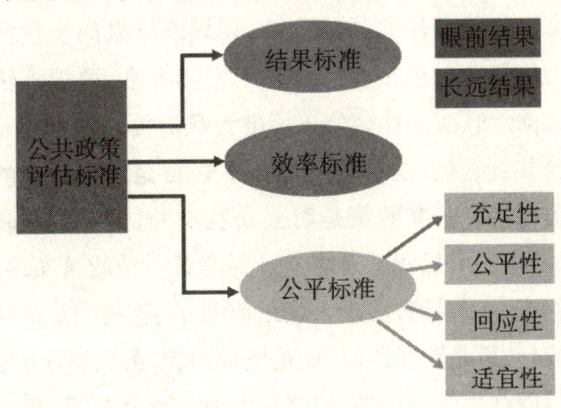

图9—3 公共政策评估的标准

政策的效率标准包含三个层次:政策成本层次、单项政策的投入产出层

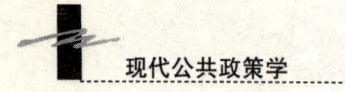

次、政策的全部成本与总体产出层次。

在政策成本层次上，必须掌握政策过程中的资金来源与支出，物资与信息的调配与使用，决策者与执行者的数量与工作时间。这一层次上的效率评估，关心的是政府投入了多少资源，只有足够数量和质量的政策投入，才能实现政策目标。

在单项政策的投入产出层次上，必须掌握一项政策投入一定的资源后是否产生了效果？是否存在其他更好的途径？政策成本降低后，是否还能达到相同的效果？这一层次的效率评估，关心的是如何以较好、较快、较少的投入实现政策目标，即在最小的政策成本下达到政策的目标。

在政策的全部成本与总体产出的层次上，必须掌握由于除了直接用于政策过程的资源外只用于该项政策，而不能用于其他方面，由此造成的机会成本有多大；该项政策实施所产生的直接效果以外的附带效果、象征效果、非预想效果等。这一层次的效率评估，关心的是政策系统与社会整体系统的关系。

3. 政策的效应标准

所谓效应标准是以政策实施后对社会发展、社会公正、社会回应影响的大小来评估政策的标准。这是最高层次的评估标准，这一标准又可分为生产力标准、社会公正标准、公众回应标准三个层次。

首先是生产力标准。任何公共政策，其最终结果的衡量标准是看它是否有利于生产力的解放与发展。离开这一根本标准，政策评估就会偏离社会的基本发展方向。其次是社会公正标准。政府等公共部门是通过公共政策对社会进行公共管理的，这种管理的根本宗旨是求得社会的公平、公正。第三是公众回应标准。公共政策是对公众利益的协调，公共政策实施的效应如何，只有以公众的满意程度来衡量。要考察一项政策实施后，公众对解决问题的满意程度，它包括有多少人表示满意了，获得满足的程度如何？政策实施后，公众对政策是积极回应，还是消极回应，甚或不作回应？等等。

效果标准可以称为作业标准，效率标准则是经济标准，效应标准则是一种公共管理的社会标准。

五、公共政策评估的方式

公共政策评估方式经过第一代、第二代、第三代的演变,已经发展出第四代评估,这是一种回应性—建构性政策评估。

1. 回应性—建构性政策评估

回应性—建构性政策评估主要有下列几方面特点:(1)强调非正式取向;(2)强调价值多元;(3)重视政策利害关系团体要求;(4)采用主观研究法;(5)强调非正式沟通;(6)强调向政策利害相关团体反馈。

回应性—建构性政策评估的具体操作步骤和内容是:(1)确定评估中的利益相关者;(2)选定评估项目的构想问题;(3)确定利益相关者的构想问题;(4)使利益相关者构想问题一致;(5)对无法达成共识的项目协商;(6)收集提供协商所需信息;(7)提供论坛供协商者用;(8)利益相关者沟通、达成共识;(9)持续评估,寻找构想问题不一致的原因,采取办法解决。

2. 公共政策评估方法

公共政策评估经常使用的方法有社会系统核算式政策评估、社会审计式政策评估、社会实验式政策评估。(1)社会系统核算式政策评估。这一方法运用社会指标体系对主观和客观的社会状况变化进行监测。社会指标可以是主观的,也可以是客观的;可以是单一的,也可以是综合的;可以是全国范围的,也可以是一个地区的。运用社会系统核算方法可以比较政策执行产生的效果,但这一方法也有其缺点:指标的任意性、只有结果没有过程、只有许多政策综合效果而缺乏单项政策结果。(2)社会审计式政策评估。这一方法对政策项目的投入、产出及影响之间的关系进行审计监测。可以确定政策结果不好究竟是投入不足引起的,还是资源或服务偏离了预定标的群体或受益者引起的。社会审计主要监督资源分离和资源转换。这种评估方法有一定的针对性,但不能考虑其他政策的影响作用。(3)社会实验式政策评估。这一方法主要是控制政策过程中的行为者的行为来评价政策效果。政策的社会实验通常分为三组:一组是政策实施组(实验组);一组是控制不实施政策组(控制组);一组是随意组(对照组),对三组结果加以比较。

这种方法一是较为复杂,二是容易导致被观察者的行为变异。

六、公共政策评估的障碍

公共政策评估中有许多制约因素,有些是属于客观条件方面的限制,有些是评估主体方面的限制,有些则是评估客体方面的限制。

1. 政策目标的不定性

由于政策所要解决的问题很少是单一的,常常是许多问题纠缠在一起,其中任何一个问题又包含着许多复杂的方面,这就决定了政策目标的多样性、复杂性。再加上政策目标是在多个利益集团、不同公众群体的利益协调、平衡中确定下来的,为了兼顾各方面的利益关系,目标只能是宽泛的、含糊的。目标过多、过于宽泛、含糊,就会增加评估的难度,有时甚至很难判断具体政策实施后是达到了还是没有完全达到预定效果。

2. 政策影响的广泛性

确定政策影响对政策评估十分重要,但是,一项政策实施后,究竟产生了哪些影响,这些影响的程度如何,并不都是很清楚的。有些政策影响是显露的,有些政策影响则是潜在的;有些政策影响是具体的,有些政策影响则是抽象的;有些政策影响能迅速表现出来,有些政策影响则要经过一个较长时间才能显示出来;有些政策影响是表层的、象征性的,有些政策影响是深层的、实质性的。如果要想进一步弄清各种影响的程度,那就更为困难。

3. 政策资源的混合性

准确地计算政策投入的多少对政策评估具有非常重要的意义。但是,政策资源的投入常常是混合的,因而无法准确地加以计量。常见的政策资源混合有同时投入的混合与不同时投入的混合,前者发生在公共机构资源投入的共享上,公共机构某个时期投入的资源是供多个政策使用的,相当多的资源是多个政策共享的,要把每个政策的投入都清楚地区分开来事实上很难做到。后者发生在新旧政策资源的共享上,旧政策终结,原来投入的资源就成为沉淀成本;新政策是在旧政策的基础上实施的,究竟有多少沉淀成本转而成为新政策的投入,往往难以搞清。

第九章 公共政策的执行和评估

4. 评价信息的短缺性

资料和信息是政策评估的基础,因此,要对政策进行充分的、科学的评价,就必须占有详细的、真实的统计资料和政策信息。由于相当多的公共机构忽视对政策制定和实施中的资料与信息的管理,往往会出现信息收集不及时、档案资料不齐备、统计数据不准确的现象。有时,有些机构对政策评估有抵触情绪,还会故意隐瞒必要的信息,甚至提供做了手脚的虚假信息,这些都会给政策评估造成困难。

5. 评价资源的短缺性

无论是公共机构内部的政策评估,还是委托专门机构的政策评估都需要投入一定的人力、物力和财力。公共机构的内部评估,需要建立评估组织,对评估人员还需要进行必要的培训。另外,评估中还需要做大量的资料和信息的收集与整理工作,所有这些都需要一定量的投入。如果是委托专业机构进行评估,则要支付比较多的费用。相当多的公共机构对政策评估不重视,因而不愿拿出人力、物力和财力投放到评估上去,致使评估资源短缺,造成政策评估阙如。

6. 评价结果的忽略性

政策评估的作用在于评估的结果能受到公共决策机构的重视和社会的关注,能够让政策制定与实施机构从评估的结果中总结经验和教训,以便改进政策制定系统和程序;对社会来说,广泛地宣传政策评估的结果,也能让公众对政策实施的效果有所知晓,并提高政策参与的积极性。但是,相当多的公共决策机构对政策评估的结果不重视,还有一些机构在发现评估的结果与其原初的愿望不一致时,或者是隐瞒评估结果不让公众知道,或者是通过各种形式否定评估结果,这些做法都会极大地挫伤政策评估人员的积极性。

7. 主观人为的抵制性

在政策评估中,有关人员主观的抵制是妨碍评估的主要原因。之所以会出现对政策评估的抵制,其原因主要有:(1)有些人害怕评估得出的结论对自己不利,从而影响威信,甚至会影响前程,因此,反对或阻挠评估;(2)一些政策执行人员认为评估不仅花费时间、经费,而且执行中的评估还会妨

政策的实施,因此,也对评估产生抵触情绪;(3)评估的结果,或者要求政策调整,或者要求政策终止,这些都会对政策实施机构产生影响,由于机构具有组织惯性,要求稳定,因而也会产生反对评估的心理与行为。

七、公共政策的变迁与失效

公共政策运行中政策的变迁是重要的方面,公共政策变迁有许多影响因素。在政策变迁中要防止政策固化现象,政策失效是政策变迁的一种表现。

1. 影响政策变迁的因素

公共政策变迁是指公共政策在运行中所发生的变化。政策变迁按其发生的速度和产生的影响,可以区分为政策的渐进式变迁和政策的剧烈式变迁。渐进式政策变迁往往发生在一个较长的时间段内,政策变化的速度较慢,人们不易强烈地感受到,通常要等到一个时期过去,人们再去比较时,发现政策有了变化。这类渐进式的政策变迁与人们心理上接受社会变化的承受能力相适合,常常被人们采用。

另一种剧烈式的政策变迁,往往发生在一个较短的时期中,政策变化的速度比较快,人们能强烈地感受到,这种政策变迁的方式常常发生在社会发生急剧改革的时期,一些旧的政策已经严重阻碍社会发展,人们对这些政策已经失望,政府不得不尽快地改变。这种剧烈式的政策变迁有时往往和人们接受变革的心理承受能力不相适合,把握不好就会产生社会震荡。

造成公共政策变迁的因素是多方面的,而且在不同制度和体制下,在不同文化背景中,某一相同的因素所产生的作用也是不一样的。对于处于转型时期的社会来说,下列因素对政策变迁产生影响的可能性较大:(1)有权决策的人或权威决策者发生变化,已经实施的或正在实施的某些重大的公共政策就会发生变迁。在西方,周期性的政治选举会导致某些重大政策发生变化。在社会主义国家中,在发生政治权力移交时,也会出现政策变迁的现象。(2)公共政策的主要环境的变化会导致政策变迁。无论是单项政策,还是政策集群,都是在一定的政策外部生态体系下制定和实施的,一旦与原

第九章 公共政策的执行和评估

先政策相适合的某些主要的环境因素发生了改变并使得政策的运行发生困难时,政策变迁就很难避免。当然,政策是在一定外部生态体系下规划执行的,政策对外在的生态体系也有一定的适应能力,并不是说政策的环境一有变化,政策就会随之改变。政策运行有一定的相对独立性,这里讲的环境变化导致政策的变迁,是指环境中的主要因素或某些重要因素发生变化,已经使原先政策的正常运行发生困难,这时政策就非变不可了。(3)公共政策的运行资源发生变化致使政策变迁。政策运行需要相配套的资源。一旦资源的支撑发生困难,政策的正常运行也会发生问题。政策运行的资源既包括软性的如政策权威、政府形象、制度规则等,也包括人力、物力、财力这类硬资源。对于软资源的缺失,比如决定政策的权威发生变换会引起政策变迁的情况,前面已经讨论过了,这里着重讨论资源的限制问题,通常对于政策运行的人力、物力和财力的配置和供应是有计划的,也不可能一次把实施某项政策的所有资源全都备齐,这里讲的资源供给发生问题是指已经不能按照既定计划供给必要的硬资源了,这时政策必须变迁。(4)公共政策的效果低下引起政策变迁。公共政策制定和实施的目的就是要解决已经确认的社会公共问题,只有在运行中确实能解决公共问题并且促进了社会发展的政策,才是有效果的政策,政策运行的效果不可能一直是很好的,通常在新政策实施的初期,政策效果并不好,而在政策实施一段时间后,没有发现其他方面的因素妨碍政策运行,政策效果还不好,这就说明政策本身有问题了。对于低效的政策如果不加改变,就会浪费资源、贻误时机。(5)公共政策的合法性的缺失也是政策变迁的重要原因。政策的合法性是政策运行的前提条件,通常经过正常途径和程序采纳的政策,其合法性就具备了,但是,政策运行中也会发生合法性磨损的事情,比如前面提到的权威决策者发生变化,可能会导致原有合法性的丧失。有时,社会的发展战略发生转移,相对于新的发展战略来说,有些原先制定实施的政策的合法性就会减弱甚至消失。

2. 公共政策固化的现象

公共政策的固化是指一项或某几项公共政策由于长期不变,已经与客观环境不相一致,而且政策本身已经丧失了基本效用的状况。导致一项政策固化的主要因素有:(1)政策目标具有长期性;(2)政策效果具有相对的持

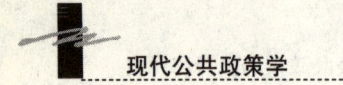
现代公共政策学

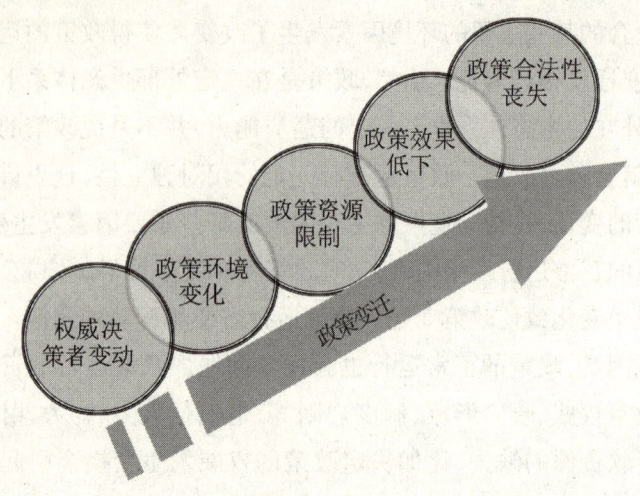

图9—4 影响公共政策变迁的因素

续性;(3)政策具有稳定的合法性;(4)政策的变动具有复杂性。

一项政策过度稳定,导致政策固化会带来弊端:(1)会导致利益分配固化;(2)可能产生既得利益群体;(3)会产生保守观念,拒绝革新;(4)会阻碍资源更合理配置。

这是一种可靠性设计分析,在政策系统设计过程中,通过对可能造成政策系统失效的各种因素进行分析,并绘制逻辑框图,从而预测政策系统失效原因的各种可能组合方式及其发生的概率。政策系统容易引起政策失效的因素有:政策自身的结构要素、政策环境与政策条件、政策实施组织与人员、政策实施的技术与手段等等。

3. 公共政策的失效

可以用三标尺模型来衡量政策的失效。第一种是以时间变量作为衡量标尺的政策失效类型。在这一模型中,可以将政策失效分为早期失效、中期失效、后期失效。早期失效是政策实施初期即发生的失效,其问题既可能出在政策的制定方面,也可能出在政策的执行方面,还可能出在政策的目标群体方面。中期失效是政策执行到一定阶段发生的失效,其问题可能是政策本身的短期效应所致,也可能因政策的老化、疲劳、磨损而发生,或执行疲劳所致,这些导致失效的原因多是偶然性的,因此又称偶然失效。后期失效是

第九章 公共政策的执行和评估

政策实施临近终结时发生的失效,它也是一种退化失效,这种失效是正常的,它表明这一政策应当让位于新的政策。政策退化表明政策已经过时,目标群体已开始设置种种障碍来抵制,政策资源完全被耗损掉了。因此,退化失效又称耗损失效。

将上述以时间变量为衡量标尺产生的政策失效画成曲线,就成为政策失效规律曲线。由于曲线的形状像浴盆,故又称为"浴盆曲线"或"浴盆模型"。

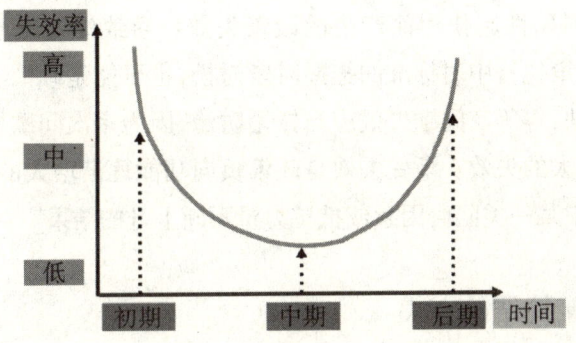

图9—5 政策执行失效的"浴盆模型"

第二种是以程度变量作为衡量标尺的政策失效类型。在这一模型中政策失效可分为严重失效、轻度失效,完全失效、部分失效。严重失效又叫致命失效,是政策本质失效或政策失败,它会导致政策的主体与客体双方的严重损失,甚至引发巨大的社会动荡。政策的严重失效大多是完全失效,或相当大部分的失效。轻度失效是政策早期失效或偶然失效的特征,它可能发生在政策实施的个别环节、个别区域。轻度失效既可以是执行中的失控、失调导致的,也可能是严重失效的初期表现。完全失效与部分失效是从政策发生作用的整体与部分来说的。完全失效则是政策实施根本起不到原先设计的作用,完全失效若发生在政策执行的初期与中期,则说明政策本身是不科学、不合理的;若发生在政策实施的后期,则说明政策的有效期已经结束。部分失效多半发生在一定的范围与环节上,引起的原因既可以是政策自身的缺陷,也可以是执行中的失误。

第三种是以持续变量作为衡量标尺的政策失效类型。在这一模型中,

247

政策失效主要有突变失效、间歇失效、渐变失效。突变失效是指政策实施中由于某些偶然的因素作用或执行中某些既定因素发生重大改变而导致的政策失效,这种失效是政策执行的设计中难以预料到的。如果这些偶然因素的作用是暂时的,则可以等其消失后继续恢复政策效能,如果这一偶然因素不可能立即消除,则可以通过对政策的调整来保证政策按原先的设计要求发挥效能。但是如果发生改变的是一些原先政策设计中既定的重要变量,这种突变失效也可能是政策完全失效的前奏。间歇失效是指影响政策实施的某些因素周期性起作用而产生的政策失效。导致失效的原因是多方面的,可能是政策执行中对标准的把握时紧时松,也可能是政策实施所需要的资源时有时缺,等等。间歇失效应当抓紧防治,因为多次间歇性失效累加起来,就会出现大的失效。渐变失效是政策负向功能逐渐增大的失效现象,它是政策实施中某一类阻碍因素或抵抗力量不断上升的结果。

八、公共政策终结的方式

公共政策过程的最后一个环节是政策终止。一项公共政策,不论其周期长短,总有终止执行的时候。一项政策的终止,既表示这一政策所要解决的政策问题已经解决,政策在制定阶段所预期的结果,通过政策执行已经达到,政策本身的效力已经发挥出来了。政策终止也是政策终结评估所要实现的目标,只有旧的政策终止了,新的后续的政策才能制定并加以贯彻执行。

1. 政策终结的实质

公共政策终止是与公共政策评估紧密联系的一种政策现象。它是指一项政策在运行过程中在正面效用已经完全失去的情况下,公共部门制定出新的政策来强制性地加以取代。公共政策的终止,一般表现为两种状况:一是某项政策经过正常运行,所要解决的问题消除了,预定的目标实现了,政策的正面效能充分发挥出来了,该项政策就必须撤消掉。二是某项政策制定出来以后,或者是根本就无法运行,或者是运行了一段时间后,障碍累累,无法再实施下去,只能将它废弃。

第九章 公共政策的执行和评估

政策终止是政策运行过程中一个不可缺少的环节。从政策周期来看,政策终止并不是一种消极行为,而是积极的政策变迁,它表示旧政策结束,新政策开始,既是前一个政策周期的终结,又是后一个政策周期的开始。通过政策终止,政策获得了更新和发展。

2. 政策终结的特点

公共政策终止是一个强制性的过程,旧政策的终止又表明新政策必须发挥作用,政策终止的途径也是多种多样的:(1)政策终止的强制性。政策终止并不是一个自发的过程,而是由具有法定地位的公共部门作出的强制性的行动。一项政策没有权威性的机构下达终止的指令,政策就仍然处在运行状态。一旦终止指令发出,政策停止运行,其效能就结束了。(2)政策终止的衔接性。政策终止并不是出现政策真空,而是一种政策被另外一种政策取代了,这种取代表示整个政策系统的运行是连续的,政策与政策之间是相互衔接的。正是旧政策的连续性、衔接性,使新政策在旧政策的基础上推动政策向前发展。(3)政策终止的多样性。从政策终止的时间来看,有些政策实施了很长时间才终止,而有些政策刚实施,就被强行终止。从政策终止的依据来看,有些政策是因为总政策变化了而终止的,有的则是赖以存在与运行的客观环境变化而终止的,有的则是由于政策效能丧失、消极作用加大而终止的。从政策终止的内容来看,既有政策废止、政策替代,又有政策合并、政策分解、政策缩减。

3. 政策终结的作用

公共政策终止对政策的变化和发展具有重要作用。(1)有利于节省政策资源。政策的运行必须支付一定的成本,即要耗费政策资源。如果一项政策已经过时失效,或一开始就无效,却仍旧让它存在并处于运行状态,这时支付出去的资源非但不能取得效益,而且还会给社会带来危害,这实际上就是资源的浪费,及时地终止失效的或无效的政策,就可以将人力、物力和财力组织配备到新的政策实施上去,让有限的政策资源发挥出更大的作用。(2)有利于促进政策优化。一个国家的公共管理部门,在一定时期必须选择和配置最优化的一系列政策构成政策系统来解决相互关联的社会公共问题。当一些无效的政策或过去曾经有效而现在效用已经逐步丧失的政策,

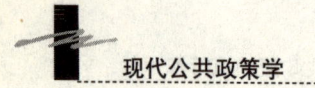

仍旧在政策系统中占据位置,整个政策系统就得不到更新,政策系统的结构与组合就不是最佳的。只有将无效的、过时的政策,通过废止、合并、分解、缩短,才能使政策系统不断地优化,从而更能与环境相适应,更加符合社会发展的需要。(3)有利于提高政策绩效。公共管理部门要对社会公共领域实施最有效的管理,使公众的利益得到最公正的调节,不可能指望通过一两个政策的实施就能实现这一目的,它必须运用政策运行的周期性特征,不断地将绩效变得低下的旧政策适时地淘汰、更换、废止,让新的政策发挥出效能。通过政策的这种周期性的循环,一直保持较高的政策绩效。

4. 政策终结的内容

政策终止也不是一经决定、宣布就完事的,政策终止也是一个过程。一项在贯彻执行中的政策都有其执行的组织、实施的计划、运行的方式和提供的功能,政策终止就是要结束政策的组织、计划、运行和功能。因此需要精心思考,预先考虑政策终止中会发生的种种问题,也要制定一个详尽的政策终止方案。对于容易终止的环节,先行终止;对于涉及面较广、对执行者和政策目标团体的实际利益影响较大的终止环节则放在后面进行。(1)公共政策计划终止。公共政策在实施时,必须瞄准政策目标制定行动计划,其中包括具体的措施、手段。政策终止就必须首先停止政策实施的计划,即中止原来采用的措施、手段,使政策的具体推行和贯彻的活动中止。在政策终止中,政策计划的终止是最容易的,因为政策实施中的手段、措施的采用与操作的主动权控制在政策执行部门手中,公共管理部门要求执行机构停止实施某项政策,其实施计划也就随之终止。(2)公共政策执行终止。某项公共政策的执行计划终止,并不等于公共政策的执行也终止了。计划中止只是实施政策的具体手段、措施不再使用了。如果政策继续执行,这些中止的手段与措施又会重新启用,因此,政策终止的第二步应当是宣布政策执行终止。政策执行终止也比较容易,这是因为:一是仅仅停止执行某项政策,暂时还不会涉及到政策组织和人员问题,不会招致多少反对意见;二是具体政策是通过评估后才宣布终止的,评估的结果具有说服力;三是一旦决定某项政策终止,公共管理部门就不会再向该政策的实施投放必要的政策资源,政策执行自然也就中断下来。(3)公共政策组织终止。公共政策制定和实施

第九章 公共政策的执行和评估

都需要借助于一定的组织载体。特别是政策的实施,必须形成执行指挥层面、执行协调层面和具体操作层面的专门机构,有专设的组织,就有列入人事编制的专职人员。当政策终止时,这些相应的组织就必须分解、压缩、转型、撤消,人员就必须重组、精减、分流。一般地说,处在政策执行操作层面的组织在政策终止时变动较大,而原来负责政策协调、监控、指挥的组织则由于同时管理着诸多相关政策的实施,除了作一些微调外,主要是管理方面和职能的转移。政策组织的终止,特别是对操作层面组织的撤消会对具体的政策执行人员的工作与利益带来一定的影响,因此,政策组织终止也是政策终止中较为困难的方面。(4)公共政策功能终止。每一项公共政策都有具体的利益分配、行为引导、控制调节的功能。公共政策的功能发挥具有三个特点:一是政策功能的发挥都是通过公共部门提供一定数量和质量的公共物品和公共服务体现出来的;二是某项公共政策功能的发挥都不是孤立的,而是在和其他政策的相互作用中实现的;三是公共政策功能一旦发挥出来,就会形成某种定势和惯性。政策终止必然要终止其功能,即公共部门不再去提供与该政策有关的公共产品和公共服务,但是,具体政策功能的终止应考虑相关政策的作用,要考虑政策功能的定势特点和惯性影响。因此,在政策终止过程中,功能的终止相对前面所说的执行终止和计划终止来就复杂得多,也困难得多。

5. 政策终结的方式

一般认为,公共政策终止的方式有五种:政策废止、政策替代、政策分解、政策合并、政策缩减。

公共政策废止。政策废止是政策终结的一种最果断、也是最迅速的方式。政策的废止就是宣告某项政策立即中断和停止实施。政策废止一般使用在经评估证明已经完全过时、完全失效的政策上。完全过时的政策是指政策所要解决的社会公共问题,或者业已解决,或者由于形势的变化,不再存在了。完全失效的政策既可以是过时的政策,也可以是错误的政策。政策终止的形式是具有相应权力的公共管理机构通过文件、公告向社会宣布政策终止指令。采用政策终止的方式进行政策终结,有利于防止反对政策终结的组织和人员继续实施失效的政策,从而给社会和公众造成损害。为了更好地实施政策终止,必须加强对政策终结的监控,做到令行禁止。

公共政策替代。政策替代是政策终结中比较常见的方式。从形式上来看,它也是将原来的政策废弃掉,但与政策终止不同的是,废弃的政策和替代的政策所要解决的社会公共问题是相同的,即原先的政策或者不能解决这一政策问题,或者社会环境发生了变化,再沿用老政策已经不能解决新条件下的这一问题了。政策替代要求新制定出来付诸实施的政策与终结的政策之间有较强的连续性,两者要很好地衔接。同时,政策替代中,新的政策要能比旧政策更好地解决政策问题。政策替代在形式上必须注意中止旧政策与公布实施新政策同时进行,否则会造成政策实施的中断,出现政策真空。

公共政策分解。政策分解是政策终结中一种比较复杂的带有相当技术难度的方式。政策分解与政策终止、政策替代既有区别,又有联系。政策分解从形式上看,也是把原来的政策取消了,也是用新的政策取代了旧政策,但是,从内容上看,政策分解并不是将旧政策完全抛弃掉,而是将其中失效的、过时的部分去掉,而把仍然有效的部分保留下来,与其他的政策一起组合为一项新政策。政策分解的目的是要将原政策中已经过时的、失效的内容清除掉,因此其重点是将旧政策加以科学、合理的分解。这种分解也是多方面的,可以是目标分解、范围分解,也可以是手段分解。分解以后保留的内容必须和另外的分解了的政策内容结合起来,形成一项新政策。政策分解的基础是被分解的不同政策,它们都解决了一部分政策问题,但也都没有把各自的政策问题全部解决掉。这些遗留下来的部分问题又形成一个新的政策问题,需要新的政策去解决。

公共政策合并。政策合并与政策分解是相辅相成的,政策分解是政策合并的前提,不对某些政策先行分解,也就谈不上政策的合并。政策合并有两种情况:一种情况是将一个分解好的政策并入到另一个现行的政策之中,被分解的政策也就终止了。另一种情况是将两种或两种以上的分解过的旧政策并为一个新政策。在这种情况下,原先两种政策也就终止了。

政策合并这种政策终止方式的基础是旧的政策问题在政策实施过程中发生了变化。旧的政策实施,对原来的政策问题已经产生了影响,但问题并

第九章 公共政策的执行和评估

没有完全消失,或者遗留下来的问题成为另一类社会公共问题的一部分,或者几部分遗留问题又相互交织成另一类新问题。

公共政策缩减。政策缩减不是就政策内容的终结而言的,它属于政策终结中的另外一类方式,是政策终结的策略。某项政策经评估已经过时、失效,但这项政策或者是由于执行部门的原因,或者是政策目标团体的原因,仍然处在执行状态。为了迅速果断地终结该政策,公共管理部门采取压缩措施,消除政策执行的惯性,使其缓慢地停止,这就是政策缩减。消除政策惯性的途径主要有:从政策宣传上缩减,逐步降低原政策的宣传力度;逐步收缩原政策的作用范围;逐步缩减原政策实施的资源投入。这种政策终结策略的优点在于,政策的具体执行部门和原政策实施中的获益群体能从心理上慢慢接受政策终结的事实,避免社会由于一些政策的终结而产生的震动。

6. 政策终结的障碍

公共政策的终止是与政策执行机构和人员的活动及其利益有关的过程,也是与某些利益团体、公众群体的利益密切相关的过程。因此,在政策终止时,就会出现种种影响因素,它们会成为政策终止的障碍。

首先,政策终结的心理障碍。政策终结会对政策过程中不同群体成员的心理产生影响。(1)对政策受益者心理的影响。政策实施时,这一群体的成员从现行政策中得到好处,一旦现行政策终结,就意味着原来的既得利益丧失了,因此,会产生心理上的抵触。(2)对政策执行者心理的影响。政策执行了一段时间以后,政策执行者在工作上已经习惯,在心理上已经适应,如果该政策宣布终结,反而会出现新的不习惯和不适应,严重的会出现心理抵触。(3)对政策制定者心理的影响。对于已产生效果的、成功的政策来说,政策终结也就意味着政策制定者的劳动成果与工作业绩已成过去,他们在内心会有一种失落感。对于因失误或失败的政策,在终止时,这些政策的制定者心理上也会产生抵触,因为在政策还未终止时,原来制定的政策虽有错误,但还有挽回的余地,一旦政策宣布终结,也就意味着盖棺论定,当然会产生心理抵触。

其次,政策终结的组织障碍。任何政策的实施,都需要建立相应的组织和机构。在政策实施中,机构会不断地健全和完善,但另一方面,像所有的组织一样,政策执行机构也会逐步强化自身的利益和不断扩张组织的规模。如果某一政策宣布终止,相应的组织就要撤消,或者与其他新的政策机构合并。这样,原有政策机构的利益就会丧失,组织成员就要面临新的就业选择。由于组织惯性的作用,从原来的政策实施中获得好处的机构就会联合起来,各个机构的成员也会因此团结起来,为了维护自己的切身利益,千方百计地阻挠政策的终止。

第三,政策终结的法律障碍。政策终结并不是任意的和随心所欲的,正像政策的制定需要具备合法性一样,政策终止也需要具备合法性,即必须经过一定的法定程序。由于政策终止的程序在实际操作时会遇到人员、时间等方面的问题,常常会发生拖拉与滞后的现象,使政策的终止产生困难。对于一些已经上升为法律的政策,其终止就需要经过立法机关审议,程序就更为复杂,费时更多。政策终止在法律程序上的延迟,会对政策终止的及时性产生影响。

第四,政策终结的集团障碍。在现代社会中,由于利益的分化加剧,会出现各种利益集团或利益团体。在政策制定时,各种利益集团或团体会积极参与,从而保证制定出来的政策符合他们的利益。政策终止会对各个集团或团体的利益产生影响,为了确保已经获得的利益,利益集团或团体会采取各种手段来阻挠或推迟政策的终止:(1)实行联合,利用本身的力量向公共机构施加压力,迫使政策终止推迟;(2)在政治家、政府官员中做游说工作,通过他们的影响,暂缓政策终止;(3)利用公共舆论的威力,对政策终止起阻碍作用。

第五,政策终结的成本障碍。政策终结必须付出的代价是两方面的:一是现行政策的沉淀成本;二是政策终结本身的成本。经过评估确定某项政策必须终结,这就意味着再将政策实施下去,投入的成本不仅无效,还会造成损失;如果不再实施此项政策,已经投入的成本就不可能再发挥效用,只能成为沉淀成本。除此以外,政策终止也需要支付较大的成本,其中包括:政策终止本身所需要的各种费用;在政策终止中为权衡各方面的利益关系,给因政策终结而受到损失的公众人员所支付的补偿费用。

第十章 公共政策的间断权变过程模型

第一节 简单的与复杂的政策思维

在公共政策领域中,人们处理的不是简单的现象和问题。因此,传统的处理简单问题的思维方式对理解政策过程已经远远不能适应了。传统的简单思维方式概括起来主要有以下四个特性:(1)连续性或无断裂性,相信自然界和社会生活无跳跃;(2)确定性,会相信和导致多种形式的决定论;(3)可分性,持有对事物和现象的还原论和构成论观点,由此导致否定事物之间的关联性和系统的整体性;(4)相信严格的预见性,否定随机性和偶然性,否定事物的突现与生成。

公共政策过程研究中,将政策的运行分成前后相继的若干阶段,并在每个阶段中再设计若干环节的做法就是简单思维的表现。这正是政策过程中阶段启发法模型的基本特征,但是,公共政策制定和实施中,人们要处理的问题十分复杂,因此,必须进行复杂性思维。

复杂性思维也具有一些基本的特征:(1)承认政策运行和过程的不连续性。复杂性思维认为政策系统是由多个主体组成的,政策主体之间是相互作用的,其中没有哪一个主体是独立存在的;政策主体之间通过聚集相互作用而生成具有高度协调性和适应性的有机整体;政策主体之间的相互作用是非线性的。(2)承认政策问题及政策运行的不确定性。著名科学家普里高津说过:"腐朽"的确定性,即确定性已腐朽了、终结了,而必须代之"不确定性"。他坚信,我们正处在科学史中一个重要的转折点上,我们走到了伽利略和牛顿所开辟的道路的尽头,他们给我们描绘了一个时间可逆的确定性宇宙的图景。我们现在却看到了确定性的腐朽和物理学定义新表述的诞生。必须重新表述把自然和创造性囊括在内的自然法则。这种自然法则,不再基于确定性,而是基于概然性。(3)承认政策运行的不可分离性。"混沌—有序"组织的倡导者迪伊·哈克在他的《混序时代的诞生》中倡导人们要"走出数学语言的执迷",世界是由各种相互联系的关系构成的一张网,其中万物都处在生生不息的变动与演化之中,而人类以其有限的感官,仅能觉察一隅。在这种"全系统"的世界观下,部分的总和并不代表任何事物的整体,部分只有在一个与其相关的更大整体中,方才能展现其完整的意义。(4)承认政策运行及其结果的不可预测性。不可预测性的一个形象的比喻是蝴蝶效应:墨西哥湾上空一只蝴蝶的翅膀一煽动,就可能引起加利福尼亚的一场大风暴。现实中如曾经发生过的亚洲金融危机,开始是一个、几个国家或地区,以后波及面很广,乃至波及全球。未来不是完全可以预测的,未来不在过去的延长线上,"未来并非过去的继续,而是一系列的不连续事件。只有承认这种不连续性并设法适应它,我们才有机会在 21 世纪生存下来并获得成功。"

法国哲学家莫兰用"有序—无序—相互作用—组织"来表达复杂性与复杂思维的基本特征。他认为,人们在认识复杂性的过程中有两个相互联系的核心:"一个经验的核心和一个逻辑的核心。经验的核心一方面包含着无序性和随机性,另一方面包含着错综性、层次颠倒和要素的激增。逻辑的核心一方面包含着我们必然面对的矛盾,另一方面包含着逻辑学上内在的不可判定性。"

与莫兰的探索不同,国际维萨信用卡(VISA)创始人迪伊—哈克则用"混序"(混沌和有序的组合用语)来描述组织的复杂性。1933 年,哈克看到米歇尔·沃尔德普鲁的书《复杂性:诞生于秩序与混沌边缘的科学》后,联想到"这种(复杂)系统应该是在混沌与秩序之间的窄缝中出现",所以,哈克分别借用混沌(chaos)与有序(order)的第一个音节,造出了"混序(chaord)"这一名词。

哈克认为:工业革命形成的"命令—控制"的组织形式已经过时,它有悖于人类的本性,已形成了对生物圈的破坏和对社会的伤害,因而,他希望借助生物圈的观念建立一种新型组织,一种就像人体、大脑或生物圈一样可以

第十章 公共政策的间断权变过程模型

自我组织、自我管理、自我发展的组织,这就是混序组织的雏形。

"混序"同时具有混沌与有序双重特征,但任何一个特征都不能压倒另一方,是介于两者之间的一种状态。健全的组织必须是开放的,是居于"混沌"和"有序"之间的"混序"组织,否则,它将会按熵增原理逐步衰退为稳定状态,成为"死"结构。混序组织的中心思想所阐扬的人际关系,会让人由衷地为其中的希望、愿景、价值、意义与自由而共同去努力追求。这样的组织将诱发与激励人的积极性、创造性和建设性,从而获得不断进取的活力。

正因为政策问题、政策的决策和政策的运行都是复杂的,因此,必须在传统的基于简单政策思维所形成的阶段启发式的政策过程之外,研究新的政策过程模型。

第二节 政策过程中的多源流模型

一、政策过程中的三种源流

在具体的公共政策活动中,存在许多连续变动着的因素,它们的连续变动形成了一股股如同在复杂多样的丛林中流淌的水流。在公共政策活动中,也有一些贯穿于其中的源流。在政策过程中较为重要的源流有三种:政策问题源流、政策源流和政治源流。

所谓政策问题源流,指的是人们在政策活动中对客观存在的、已经被觉察到的社会公共问题的辨认与理解的过程。问题源流是一系列因素变动聚合而表现出来的变动状态。影响和促进问题源流变动的因素有:表明社会生活状况的各种指标变化,社会焦点事件或引发危机状态的突发事件的出现,公众和大众媒体对社会焦点事件的反馈,立法机构的活动对政府的预算约束,公共部门和政策分析人员对出现的社会公共问题所作出的界定。

所谓政治源流,指的是政治系统面对社会问题的态度变化。社会生活中不断出现重大事变,它会影响和干扰人们正常的生活秩序。面对出现的

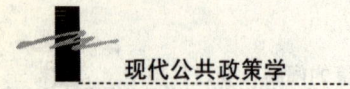

社会公共问题,政治系统会形成一定的观点和应对的态度,掌握政治决定权的机构和人员,会对政府是否利用资源去解决客观存在的社会公共问题作出反映。或者是重视并下决心解决这些问题,或者是对业已存在的问题冷静观察、等待时机,或者是回避那些难以辨认和解决的问题、以退让为策略。

政治系统对客观存在的社会公共问题持有何种立场和态度,是由多种因素决定的,其中比较重要的有:民族情绪、公共舆论、政治选举、政体变化、法律权威、利益集团等等。这些因素不仅在不断地变化,而且它们在政治系统中的地位也会不断改变。政治系统中有权作出决定的人们则会考虑这些不同因素的影响,围绕具体的社会公共问题或达成一致意见,或产生分歧。

所谓政策源流,指的是围绕一定的社会公共问题,人们对解决问题的目标、途径、方案进行的争论、冲突或对话、协商。在争论和对话中,人们的观点和意见会受到种种相关因素的影响,比如社会的科技发展水平、解决公共问题的技术可行性、人们价值上的一致性、对某种措施的公众接受程度、社会的普遍时尚或知识的储备与进展等等。

公共政策的多源流理论特别重视政策共同体的作用。政策共同体也称政策网络,指某些成员围绕某种政策观念和主张所形成的或者紧密、或者松散的意见群体。属于同一政策共同体的成员,他们都会赞同共同体中某种最为基本的政策主张,但同时又对其他的相关政策意见发生着争论。这些相关的不同的政策主张,只是"原始政策鲜汤"周围"漂浮"的政策意见。在不同的政策意见的争论中,一些政策主张被取消掉,一些政策主张被合并为新的提案,一些政策主张则被长期忽略,但总有一些政策主张一直独立存在着。

二、政策窗口的开启与关闭

在政策过程的多源流模型中,政策窗口概念起着关键的作用。这一最早由政策学者金通所提出的、带有比喻性质的概念,在多源流模型中成为导致政策过程中三大源流汇合的重要机制。在政治活动中,问题源流、政治源流和政策源流常常是以不同的方向流动的,三者很难聚合,但是,只要出现

第十章 公共政策的间断权变过程模型

一种时机,就会触发三者汇合到一起。这一种时机就如同一个导弹的发射窗口,它一旦打开,导弹就能发射出去,但如果在窗口开启的时间之内,导弹还没有发射,则就错失了时机,发射就不可能了。在政策议程的建立中,情况也是如此,一旦政策窗口打开了,三股源流合在一起,社会公共问题就能顺利进入政策议程,但是,政策窗口不会开得太久,时机不会一直存在,思想的火花会一闪而过,一个给定的开端不会永远存续下去。

政策窗口关闭的原因是多样的:(1)政策制定者已经将政策阐述清楚了;(2)政策制定者没有付诸行动;(3)没有可供选择的政策备选方案;(4)打开政策窗口的人不再具有权力;(5)重大事件和焦点已经消失。

三、影响三大源流汇合的变量

影响政策活动中三大源流聚合的变量有四种:(1)提前变量。主要是政策活动的参与者对政策问题、观点和革新的感知。由于这些因素都是在社会公共问题进入政策议程之前发生作用的,因而称为是提前变量。(2)独立变量。主要是抑制或促使政策观点发展的因素。这些因素与社会公共问题并不一定是相关的,甚至与政策系统对待具体的社会公共问题的态度也不一定相关,但是,这些一直存在的因素,在整体上对政策议程的建立产生影响,比如,一个国家的文化传统或人们对待社会变化的心理特征等等。(3)干涉变量。主要是促使或阻碍已经产生的观点进入议程的条件。(4)因变量。主要是指当一个观点成为提案的时刻。

在提前变量、独立变量和因变量的作用下,政治源流、问题源流和政策源流开始汇合。经过干涉变量的过滤,政策问题进入议程阶段。

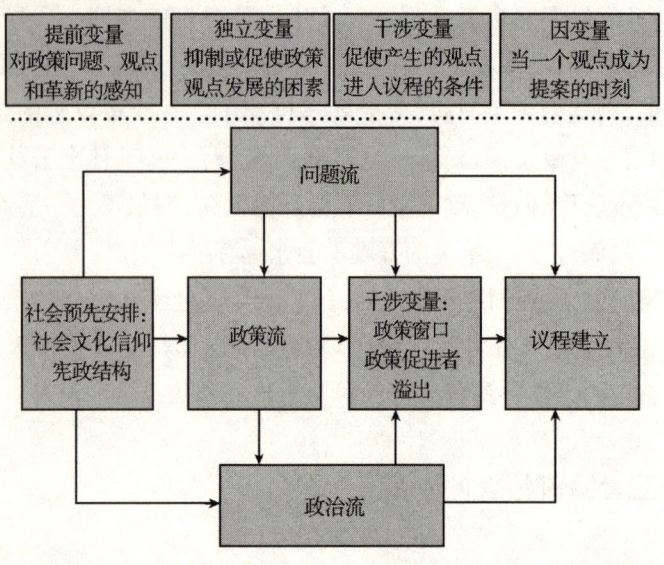

图 10—1 多源流政策过程模型

第三节 政策过程中的支持联盟模型

一、政策活动的外部子系统

在公共政策规划和决策中,并不是通常人们所想像的那样,是某些人聚集在一起拟定政策预案,最后由有权作出决策的人选定行动方案,事实上,在一个民主程度较高和利益出现分化的社会中,围绕某些需要解决的社会公共问题,会形成若干参与政策规划的政策支持联盟。这一政策过程的研究框架主要适合对某些重要的政策变迁的考察,一些重要的政策通常要经过 10 年左右的时间才能发生较大的变迁。在考察和研究这些重要政策变迁时,应当考察一些外部生态体系,即政策活动系统的外部子系统,同时要着重研究其内部生态体系,即政策活动的内部子系统。

第十章 公共政策的间断权变过程模型

在政策活动的外部子系统中,存在两个需要对待的变量群。第一个变量群是由一些相对来说是非常难以改变的变量组成的:(1)问题领域的基本特质。对于一些重大政策,所需要解决的问题的特质在一个相对较长时间内,比如10年左右是不容易改变的。(2)自然资源的基本分布。由于大部分自然资源与地理位置有关,因此这一变量也是相对稳定的。(3)基本社会文化价值和社会结构。虽然一些社会文化价值和社会结构会发生变化,但是作为其中较为基本的部分,其变化是非常缓慢的,因此,对于一个10年左右的政策来说,在考虑政策变迁时,可以将基本的社会文化价值和社会结构变量视为是稳定的。(4)基本的宪法结构。一个国家基本的宪法结构通常是稳定的。

第二个变量群是由一些容易发生变化的因素组成的,这些因素在10年左右的时间中会发生变化。(1)社会经济环境。这是最为活跃的、也是最容易变动的因素。比如一个国家通常制定的是五年社会经济发展规划,如果是十年,就要经过两个五年社会经济发展规划。(2)公共舆论。公共舆论不是意识形态和信仰,它会随着社会热点、焦点问题的转移和社会心理的变化、大众媒介的作用而迅速变化。(3)统治联盟系统。无论是公开普选的国家,还是采取其他选举方式的国家,通常国家领导层的人员结构会在四年或五年中发生一次变化。(4)来自其他子系统的政策决定和影响。因为其他子系统的政策变迁不可能和需要研究的政策的变迁完全同步,因此这也是一个容易变化的因素。

上述两个政策活动外部子系统的变量群,决定着政府部门这一子系统的规范和资源。政府部门的规范在维持基本的宪法结构、基本的社会价值和社会结构以及现存的自然资源分布的前提下,依据社会经济环境、公共舆论、执政党和国家最高领导集体以及其他政策活动子系统的变化,来确定相应的活动规范和资源的提取与配置。

二、政策活动的内部子系统

在政策的内部子系统中,行动者们会组成几个政策支持联盟,通常是一至四个政策支持联盟,这些联盟是围绕特定政策的规划、制定而形成的。组成同一政策联盟的人们,依据其共享信仰,采取各自的策略,运用各自的资源,形成政策方案建议,比如存在政策联盟 A 和政策联盟 B,联盟 A 和联盟 B 都会基于各自的利益,进行政策方案提议方面的竞争。

进入政策支持联盟的人并不是任意的。一个政策支持联盟总是由来自不同层级的政府部门官员、政策分析人员、应用政策研究者、利益团体代表和公众代表、大众媒体代表组成。同一个政策支持联盟中的成员通常共享一组统一的和能够形成共识的并且有依据的信仰。同时,同一个政策支持联盟中的成员们,在业余时间里,他们从事一些没有争议的合作活动。

这些政策规划的制定的参与者为什么会组成一个联盟,这与许多因素有关。可能具有相同的利益诉求,也可能具有相同的背景,但是其中较为重要的是,他们都有相同或相近的政策信仰。通常政策信仰存在具有等级特征的三维结构,在最高、最广泛的程度上,是政策支持联盟的成员共享信仰系统的深层内核,这种核心信仰贯穿于整个政策支持联盟的基本行为规范和因果认知,包括基本的价值偏好、对于政策问题总体严重性的基本感知、有关政策问题产生原因的认识、对核心信仰的策略认识、对适合处理政策问题的最佳政府层级的看法、需要使用的基本政策工具等等。

同一政策支持联盟成员共享的信仰核心层次,特别是其中包含的一些独有的规范,调整起来并不容易,但是这种核心信仰并非是僵化不变的,特别是其中包含的实证性因素的信仰,会随着一段中证据的逐渐积累而发生变化。

在政策支持联盟共享信仰的第二个层面上,是一组范围较窄的信仰,主要包括在具体环境背景下不同因果因素的相对重要性、合适的规则、在预算分配上应当优先考虑的方面、具体的制度设计、各种政策行动者表现的评价等等。一般说来,联盟信仰结构的第二个层面中的具体信仰更容易依据新的数据资料、新的经验或者变化的策略因素而改变。在政策支持联盟共享信仰的第三个层面上,是一种或多种策略。这些策略作为工具主要是通过改变诸如规则、预算、人事或信息这类指导性手段来试图改变政府的行为。在政策支持联盟感知到政府的决策过程和意图,以及外部子系统中新的信息时,他们会修改第二层面上的具体信仰并改变某些策略。

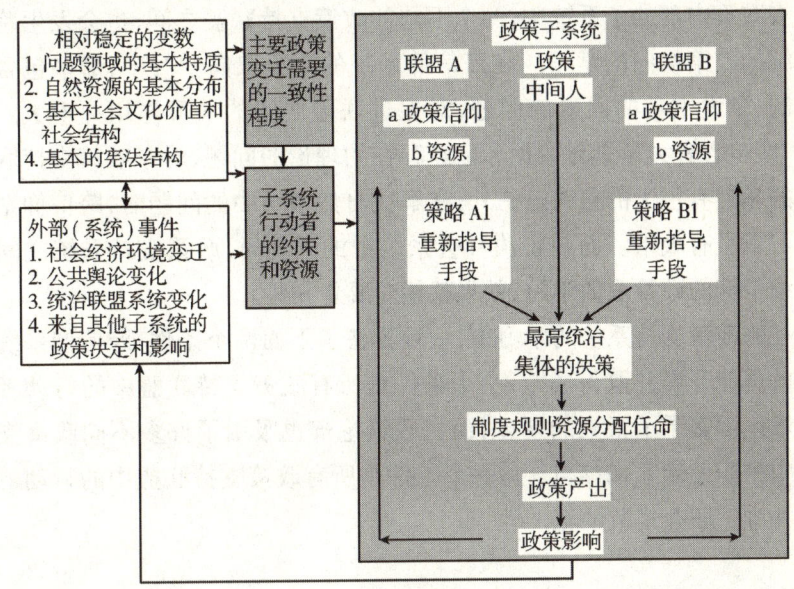

图 10—2 支持联盟政策过程模型

在政策活动内部的子系统中,还存在着政策中间人。政策中间人是对不同的政策支持联盟的政策建议作出裁定的最高权威。政策中间人也是由许多人组成的,通过集体的选择、裁定,最后选定某一政策行动方案。在作出权威性裁定后,政府形成制度规则,进行资源分配并作出组织任命,从而形成政策产出。政策产出形成影响,反馈到不同的政策支持联盟。

二、政策活动中跨联盟的学习

在政策活动的内部子系统中相互竞争的两个或多个政策支持联盟之间,虽然存在政策价值和观念上的冲突,但是联盟之间跨信仰系统的学习是可能发生的。同一政策内部子系统中的几个支持联盟,因为核心信仰的不同,必然会在技术资源的支撑下发生论辩。观念和政策取向的冲突通常表现为:一是政策支持联盟 A 的信仰系统的第二层面与政策支持联盟 B 的核心信仰层发生冲突;二是政策支持联盟 A 与政策支持联盟 B 的信仰系统的第二层面发生冲突。

在政策内部的子系统中,两个不同的政策支持联盟之间,也会发生跨信仰系统的政策取向的学习。在跨信仰系统的政策取向学习中,那些包含着定性的、较为主观的因素的问题,对促进联盟之间的学习作用并不大。相反,一些包含着大量量化数据和已经存在的理论的问题,对于政策支持联盟之间的学习有很大的帮助。另外,在解决自然系统中的问题时,跨信仰系统的学习就更有效果。而在解决社会系统中的问题时,政策支持系统之间的跨系统信仰的政策取向学习,效果就相对要差一些。

在跨政策支持系统的学习中,一旦具备了下面两个条件,跨信仰系统的学习就更能开展并取得成效:一个条件是所有政策支持联盟中的行动者都对政策论辩寄予了很大的期望,而且政策论辩也吸引了许多不同政策支持联盟中的职业专家来参与。另一个条件是所有政策支持联盟中的行动者都相信并维护职业规范的至上性。

四、政策支持联盟的作用

政策支持联盟的存在对于政策规划是有积极作用的。首先,拥有共同政策核心信仰的行动者有可能从事短期的合作,这是因为他们可以不断地相互作用,他们也能体验到利用联盟可以支付相对较低的信息成本,他们相信虽然一些政策不能以相似的方式影响每一位行动者,但这些政策对于联盟成员来说至少是公平的。其次,联盟从短期的合作中可能产生持久的合作。只要政策支持联盟带来的好处是明确的并且都只属于联盟成员,只要联盟成员从联盟中获得的好处与每个成员的维护费用相关,只要联盟成员之间能彼此监督并确保相互信任,那么,政策支持联盟就能长久地存在下去。

第四节　政策过程中的间断平衡模型

在传统的公共政策过程理论中,最早占据主流地位的是绝对理性主义

第十章 公共政策的间断权变过程模型

理论,其后是有限理性和渐进主义理论。以西蒙为代表的公共政策学者认为,公共政策不可能一制定出来就完美无缺,政策会发生变化,但是西蒙仍然认为公共政策的变迁是连续的。

公共政策过程中的间断平衡模型是对政策连续变迁理论和模型的批判,这一理论致力于解释一个简单的现象,即政策过程中既有稳定和渐进的一面,也会偶尔出现重大变迁的一面。大多数不理想的政策进展表现为停滞不前而不是发生危机,但是政策进展发生危机的现象的确存在。已有的公共政策过程模型对政策过程的确定性和变迁性都分别作了解释,但却没有将两者结合起来作出说明。政策过程的间断平衡模型则试图将两者结合起来,对政策过程中的两个方面都加以解释。

一、政策图景

在政策过程中,当政策进展是稳定和渐进时,存在着某种被广泛接受的支持性政策图景。所谓政策图景是政策活动中经验信息和感情要求的混合物。任何具体的政策其内容中会包含很多的方面,也以不同的方式影响不同的人。如果人们在描述或理解一项具体政策发生不同意见时,人们会分成不同的群体,并且各自聚焦于一组图景,同一个群体中的成员会表述相同的经验信息和情感要求。

其实在制定政策时,赞成某一政策层面政策的制定者们就以一种政策图景去压制其他的政策图景,将他们肯定的政策层面作为政策的内容和取向,与这种政策层面和内容相适应的政策图景被视为是正确的,从而排除了其他的政策图景。这种被确定下来的政策图景就成为被人们广泛接受的政策图景,在这种情况下也就同时产生出政策垄断,所以一种政策图景要能被广泛接受必须和政策垄断结合。

在政策活动和进展较为稳定、渐进的情况下,由于政策层面和内容变化较小,人们已经接受的有关政策的经验信息和感情要求也不会有太大变化,从而政策图景的改变必然是微小的并且是缓慢的。

二、政策垄断

在政策过程中,政策总系统在同一个时间中无力集中去处理所有层面的决策,因此必须将一个个具体层面的决策交给政策子系统。当政策子系统被单一利益主体所主导时,子系统导致的政策垄断可以减轻要求总政策系统变迁的压力。稳定的政策垄断保持着稳定的政策图景,使政策运行处于平衡状态。

但是,总政策系统在进行中必然会产生层面和内容上的变化,原先的政策经验信息和感情要求也会随之变化。当出现新的政策经验信息和感情要求时,也就出现了新的政策图景。新的政策图景会迅速吸引更多的人,从而对旧的政策图景构成威胁。原先在一个层面上失败的政策动议,现在则有可能在另一个层面上会取得成功。这种多重政策层面体系在正反馈时期会在瓦解旧的政策垄断过程中发挥出巨大作用。在新旧政策图景并存时,压力也就出现了。

但是,当促进政策变迁的压力出现时,原先的政策垄断会与之对抗,由旧的政策经验信息和感情要求支撑的原先的政策图景也会出来保护原先的政策。

三、政策运行间断

但是新的政策图景会不断拓展,最终会突破政策垄断。当外部压力加大,不同层面的冲突开始扩散,从而会出现新政策动议。原先的子系统所导致的政策垄断就会被打破,旧政策图景则被肢解,这时就会出现政策变迁的爆发性,政策运行也就出现明显的间断性。

在原有的政策垄断和与之对应的政策图景占据主流地位时,政策运行是平衡的、渐进的,当新的政策层面战胜旧的政策层面,新的政策子系统取得政策垄断地位后,旧的政策图景退下去,这时出现了原先政策平衡进展的中断。待新的政策图景拓展开来,新政策垄断占据主流地位时,又出现政策

第十章 公共政策的间断权变过程模型

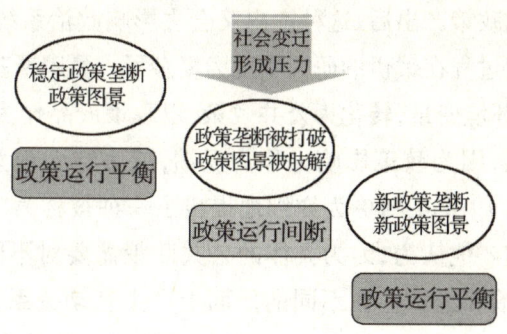

图 10—3 间断平衡政策过程模型

运行的平稳状态,产生出政策运行间断后新的政策运行平衡。

第五节 政策过程中的因果漏斗模型

只用社会经济的变化来解释新政策的出现或政策的变迁有一定的局限性,它经常会诱使研究者将经济因素从社会中分裂开来,并简单地将经济因素抬高到决定作用的位置上。在市场与政府关系的设计中,研究者常常会陷入两者之中谁大谁小、谁多一点谁少一点的此消彼长的片面思维之中,其实从宏观层面上来思考,公共政策的制定、实施过程是受到多种因素影响的。作为对社会经济的研究途径的一种补充,在政策过程研究中,一些学者提出了对多种因素关系进行考虑的模型。

有不少政策学家想将政策过程研究简单化,构建出一种一目了然的"输入—输出"模型。围绕政策问题的"支持和要求"是输入,经过内部的黑箱式的决策,最后产生了政策产出,这是"输出"。这种简单化,不是让政策过程变得清楚,而是显得更为神秘和更加模糊。

为了改变这种状况,戴伊(Dye,1966)、夏康斯基(Sharkansky,1970)和霍弗鲍特(Hofferbert,1974)共同创造了一种政策过程比较研究的模型,简称为DSH(Dye – Sharkansky – Hofferbert)模型。戴伊在 1966 年提出,政策过程是社会经济变量影响政策产出,社会经济变量通过政治系统特点再去产生政策产出。在形成政策产出后,这种产出又会去影响政治系统的特点,并影响环境变量。政策过程在戴伊的研究中更为复杂了。夏康斯基在 1970 年则提出,作为输入的环境变量,转化为公共政策,以政策产品作为输出,但是政策过程并没有结束,因为政策影响又作为反馈,成为整个政策过程的新的输入。霍弗鲍特在 1974 年则更为详细地提出了一种被称为"因果关系漏斗"的政策过程模型。他认为,因为具体的公共政策需要对不同的社会公共问题作出反应,政治和经济会在不同的层面上产生互动关系。政策活动从历史—地理环境,向社会—经济综合、大规模政治行为和政府机构移动,向精英行为和正式政策集中移动,从而产生政策输出。

在政策系统的输入因素中包括:与具体政策问题相关的政治事件,这些事件有些是对政治精英作用的,有些是对大众产生影响的,有些则是对政府组织制度有影响的。这些与政策问题相关的政治事件之间也会相互影响。

作为输入的另外一些因素则分为两大类。一类是与具体政策问题相关的历史地理情况,与具体政策问题相关的社会经济成分。另一类是参与政策过程的大众政治行为,参与公共政策制定与实施的政府组织制度,参与到具体政策过程来的相关精英的行为。所有这些因素如同各种化学药品装入一个特大的漏斗,相互作用、相互影响,经过一定程序和形式的正式转化,最终形成政策产出。

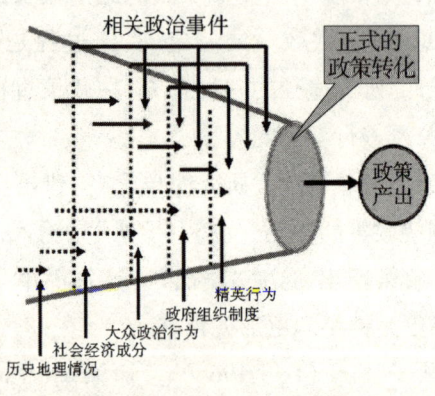

图 10—4　因果漏斗政策过程模型

运用包括因果漏斗模型在内的 DSH 模型,公共政策的制定者和研究者

第十章 公共政策的间断权变过程模型

们可以较为清醒地思考具体的政治过程。任何政府和政治精英都不可能从完全没有过去纪录的状态开始制定政策，也不可能在真空中展开政策过程。一个地区的地理特性赋予了政策问题特定的背景，比如一个农村社区的特定位置必然影响这一社区的具体政策。同样是制定社会保障的政策，地处化工产业带的农村，就需要在制定这一政策时，考虑更为具体的防范环境污染和因化学物品泄漏而引发的危机事件。一个地区的社会、经济综合状况也会影响到决策过程，某个地区拥有超过平均数量的老年人，这一地区在制定社会保障政策时就需要更多地考虑家庭照顾和社区老年保障支持的政策因素。

公共政策过程中的包括因果漏斗模型在内的 DSH 模型，可以帮助政策的制定者和研究者对不同地区、不同历史背景和不同政治体制下的解决相同问题的政策作出比较。当人们发现两个地区或两个国家的地理历史因素、社会经济状况和大众政治要求差不多相似，而相同的政策却不一样时，就可以知道，引起这种差异的因素可能就在政府的组织制度和政治精英的行为上。

有时为了使一个地区的同一种政策能和其他地区相一致，运用 DSH 模型，就可以改变某些自变量，比如同样是农村的公共物品供给，如果 A 地区和 B 地区的政策状况有差异，在排除了地理历史因素、政治精英行为、政府组织制度、经济社会状况这类自变量的差异后，要实现两个地区政策的趋同，就需要改变大众政治行为这一变量。

第四编

公共政策分析

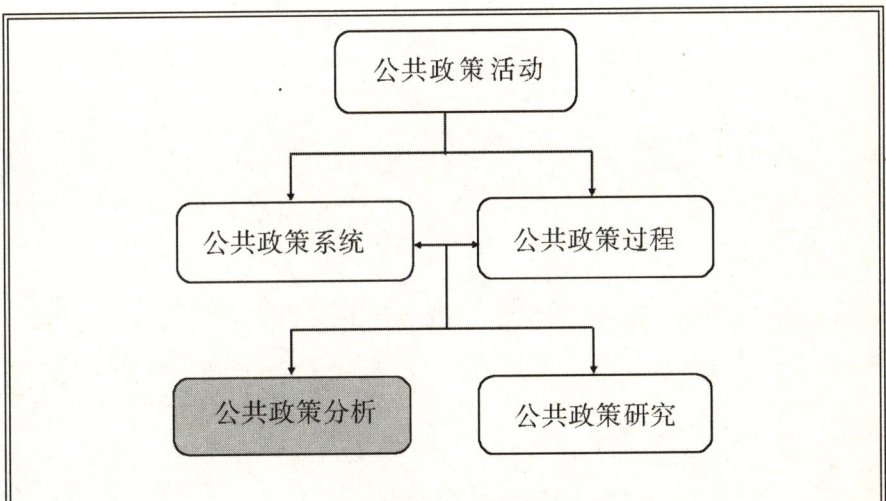

图　现代公共政策总体逻辑结构

　　公共政策分析是专门的政策咨询机构和人员运用政策的专业知识,借助于特殊的模型和方法对公共政策过程的主要环节进行审查、研究,并对政策制定、执行机构提出建议的活动。公共政策分析是在一定的理论、程序和模式指导下进行的智力活动。为了更科学、更有效地对具体的公共政策进行分析,政策分析人员就必须掌握政策分析的一些基础理论和知识,其中包括政策分析的实质、意义和作用,政策分析人员的专业素养、类型和素质,政策分析的过程和模式。

　　公共政策分析与公共政策的制定、执行、评估既相互联系,又具有一定的相对独立性。在不少国家,公共政策分析已成为一项专门职业。公共政策的制定、执行、评估和公共政策的分析又为公共政策研究提供了条件。

第十一章　公共政策分析的实质和人员

第一节　公共政策分析的实质和作用

一、公共政策分析的实质

在二战结束前,在美国政府中律师扮演着重要的顾问角色。二次大战中由于系统分析和运作研究的发展,加上实证方法和经济推理思维的运用,导致二战后特别是 20 世纪 60 年代公共政策分析开始成为美国政府中新的职业。

1965 年美国预算局颁布一份指令,要求所有联邦政府部门与单位成立政策分析办公室,对获得通过的所有预算,应用"计划、方案与预算制度"进行分析。

到 20 世纪 70 年代,公共政策分析已经成为大学教育中的专业和政府部门中的专门职业。

对于什么是公共政策分析,许多学者进行了研究。不同的政策学者从不同的角度和范围对政策分析的实质进行了规定。一是查尔斯·沃尔夫(Charls Wolf)与戴伊(Dye)的看法。他们比较倾向于从理论的角度来看待政策分析,认为政策分析的目的是要发展出一套对所有的政策都能适用的理论。比如,查尔斯·沃尔夫就指出:"政策分析是运用科学理论方法,去解决政策的选择和实施问题的过程,这些政策涉及到国内、国际及国家安全等方面的事务。"①戴伊则认为:"政策分析者所希望发展的理论,决不仅仅是适用于对某一项政策或个案的解释,而是要能适用于对不同时间、不同空间的政策进行解释。"②

二是奎德的看法。他们更多的是从技术的角度看待政策分析,认为政策分析的目的是为了对具体的政策制定和实施提出合理的解释。比如,E. S.奎德(Quade)就指出:"政策分析是一种分析形态,其功用在于产生与提出信息,用来改良决策者进行判断的基础。"③米切尔·J.怀特则认为:"政策分析的目的不是产生某种一锤定音的政策建议,而是帮助人们对现实可能性和期望之间有逐渐一致的认识,产生一种新型的社会相互关系与'社会心理'模式。这种模式使人们对政府的某项职能有了新的共同认识,其结果是使政治集团之间的活动或行为更趋一致或冲突趋于减少。"④

看重政策分析中的理论因素的学者,往往对政策分析作较为宽泛的理解,政策分析不仅仅是对政策制定的分析,而且还包括对政策执行和政策评估的分析。重视政策分析中技术因素的学者,则常常对政策分析作较为狭窄的理解,他们只将政策分析限定在对具体政策制定的研究上。

公共政策分析主要是提供公共政策规划的必要知识、理论和模型;提供公共政策过程的必要信息并对各种已有信息加以综合,协调多方面的立场;提出解决公共政策问题的某些合理的建议;对已经选择的方案和行动进行可行性论证。

政策分析是依据一定的政策理论、知识,运用各种分析方法和技术,帮助决策者制定和优化具体政策的过程。政策分析必须以一定的政策理论和知识为基础。这里讲的政策理论包括两个层次:一是有关政策的本质、结构、类型、功能、过程等方面的理论;二是关于用于政策分析的认识理论、因果理论、系统理论。政策分析也必须以一定的知识为前提,主要包括必要的

---

① 陈庆云:《公共政策分析》,中国经济出版社1996年版,第45页。
② T. R. Dye, Understanding Public Policy, Englewood Cliffs, N. J.: Prentice – Hall, Inc., 1975, pp. 5—7.
③ E. S. Quade, Analysis for Public Decisions, N. Y.: American Elsevier Publishing Co., p. 4.
④ 陈庆云:《公共政策分析》,中国经济出版社1996年版,第45页。

第十一章 公共政策分析的实质和人员

常识与专业知识、有关的自然科学知识与社会科学知识以及各种经验知识。

政策分析是运用一定的方法和技术的思维与实验过程。政策分析强调分析人员必须熟练地掌握某些分析方法和技术,并借助于模型来对正在制定中的政策或已经制定出来的政策加以思考与再思考。多数政策分析是通过个体与集体的思维来进行的,但有时为了对政策方案进行必要的检验和优化,还必须进行局部的实验。

二、公共政策分析的意义

政策分析的功能和意义主要集中在三个方面。首先,政策分析可以减少政策的失误。在实际的政策制定和实施中,出现的政策失误有三种情况:(1)由于决策所需要的完整信息包括资料、证据无法获得,与政策问题相关的事件、现象、过程的内部矛盾还没有充分暴露,政策环境中存在的不确定因素过多而导致的政策失误。(2)决策中所需信息较为齐全,但由于决策的方法不对、程序有错、思维有误而造成的政策失误。(3)政策方案选择正确,但由于实施时计划不妥、资源缺乏而造成的政策失误。第一种政策失误是难于避免的,第二种、第三种政策失误则是可以尽量避免的。要减少后两种政策失误,除了提高决策者的素质和严格决策程序外,最重要的就是要加强政策分析的环节。通过政策分析将决策中存在的问题加以消除,确保制定的政策是优化的。同时,政策分析还可以对政策的实施的计划和资源的配置提出正确的建议,从而减少执行的失误。

其次,政策分析可以提高决策的效率。公共机构的决策不仅存在失误的问题,还存在低效的问题。公共机构出现决策低效主要是由三方面原因导致的:(1)政策制定主体系统中不同的决策者,或者是个人,或者是团体之间,利益矛盾较大,意见分歧过多,相互讨价还价,常常议而不决,造成决策低效。(2)某些公共机构决策方法落后,决策技术陈旧,决策不仅费时,还浪费人力、物力,造成决策低效。(3)参加政策制定的人员素质差,既缺乏必要的政策知识,又不熟悉政策制定的方法、技术和程序,靠这种人员制定政策,必然是低效的。要解决政策制定的低效问题,当然可以从多个方面着手,加强政策分析肯定是其中较为重要的途径。利用专门的政策分析人员加入决策过程,可以提供必要的知识,可以使用最好、最新的决策技术和方法,可以避开利益团体之间、政府部门之间的矛盾,提供较为客观、公正的政策建议,从而不仅使决策节省时间,节约经费,而且能抓住机遇,确保高效。

第三,政策分析能给决策者提供好的建议。政策分析机构和人员还能给决策者提出有关政策方案选择的建议,从而帮助决策者作出决定。卡尔·帕顿和大卫·沙维奇认为:"政策分析家和规划者通常给予他们的客户以建议;他们并不为他们作决定。这对于所作的各类分析来说是有重要的意义,对于分析结果的宣传方式来说则更加重要。该客户将作最后的决定并应能分析这些资料","当分析做得好时,决策者将能权衡假定、价值意义和不确定性发生变化的后果,并得出自己的结论。"①

三、公共政策分析的作用

公共政策分析提供方法和工具主要是为了减少公共政策的失误;公共政策分析提供知识和协调手段主要是为了提高公共政策决策效率;公共政策分析从价值和后果进行思考主要是为了提供较好的政策建议。

公共政策分析并不是万能的,它不能取代政策制定和执行,也不能解决一切问题,但政策分析人员能通过自己的活动,对政策问题的认定、政策目标的确定、政策方案的选择、政策资源的配置、政策执行计划的拟定和政策战略的选择,提出好的建议,从而对政策制定、政策实施、政策评估提供多方面的帮助。

1. 政策目标的确定

政策分析的起点是对政策问题进行调查、论证和认定,并区分政策问题的结构类型。这就为政策目标的确定提供了基础。在选择和确定政策目标时,由于政策制定主体系统中存在不同的利益群体和公共机构的不同部门,他们在确定政策目标时会基于本身利益的考虑而产生意见分歧。一些强势

---

① 卡尔·帕顿和大卫·沙维奇:《政策分析和规划的初步方法》,孙兰芝等译,华夏出版社2001年版,第16页。

第十一章 公共政策分析的实质和人员

团体会利用手中掌握的种种优势将对自己有利、但缺乏科学性和合理性的愿望作为政策目标强加给其他的决策主体。政策分析者相对说来可以超脱一点,能站在较为客观、公正的立场上,从有利于解决政策问题的根本宗旨出发,对政策目标的正确选择以及论证提出公正、合理的建议。

2. 政策方案的评估

公共政策制定中会围绕目标提出各种供决策者选择的方案。政策制定的正确与否与提出的政策预设方案、对这些方案的正确评估有关。在政策制定中,参加决策的主体由于专业知识的局限,或者缺乏必要的对预设方案加以科学评估的方法与技术,从而方案选择有误。政策分析人员则可以借助于对专业知识的熟悉和能够熟练地运用各种评估的方法与技术,从而尽可能准确地评定各种预设方案的优劣,帮助决策者作出正确决策。

3. 政策计划的制定

公共政策方案选定以后,制定科学、可行的实施计划也是至关重要的。政策实施计划的制定是连接政策制定与政策执行的重要环节。由于政策制定与政策执行常常是分开的,因此,政策执行组织与人员制定的实施计划有时可能与政策制定者的初衷是有出入的,政策分析可以很好地弥合其中的裂缝。政策分析人员可以对政策目标、政策资源加以分解、组合,以科学的方法甚至计算机模拟方法对政策实施的过程加以分析,并规定不同阶段需要完成的任务,以及为完成任务所需要的时间、资源、条件。

4. 政策资源的分配

公共政策的执行常常是以实施一个或多个具体项目的方式进行的。一项政策要能忠实、有效地得到执行,就必须进行成本—收益、成本—效率的分析。政策分析人员可以依据一定的规则编制政策执行的总成本,其中应包括政策执行所需的人力资源、物质资源、经费资源,另外,还应考虑政治资源、制度资源。除了对政策实施的总资源量作出预测外,还需要对资源的配置以及资源在各个项目上的分配作出论证。

5. 政策战略的选择

公共政策战略是指在一定时期、一定社会发展阶段上政府对政策制定和实施的根本方向的考虑,它有时也体现为一个时期、一个阶段的基本路

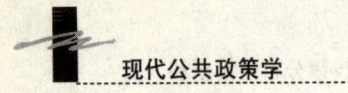

线。政策战略的设计与规定往往是执政党的最高领导集体与一个国家的中央政府的高级决策层完成的。

但是,在进行战略选择时,高层决策者会借助于政策分析者的智慧,吸取政策分析人员提出的合理建议。

第二节 公共政策分析的理论和知识

一、公共政策分析与知识

公共政策是针对一些具体社会公共问题而制定的约束人们行为的某种规范,因此,政策分析常常需要一些专门的理论和知识,但是,只要是政策分析,它又有某些共同的东西,需要某些共同的理论和知识。研究政策分析和知识、理论之间的关系,掌握政策分析中必须具备的理论和知识,才能保证每一个政策分析人员胜任自己的工作。公共政策分析需要多方面知识的支撑,其中包括常识和专业知识、自然科学知识和社会科学知识。

1. 相关专业知识和相关常识

公共政策要解决的是与人们的日常生活密切相关的公共社会问题,因此,进行政策分析时,分析人员必须掌握一定的与政策问题相关的社会常识。常识是人们在社会生活中必须知晓的、经过人类世世代代实践所证实的、保证人们正常生活所必需的知识,如果制定的政策违反了人们的常识,必然是实施不了的,若要将这种政策强制推行,则会造成失败。但是,有时因为某种错误思想的影响,或者某种权威的不正常作用,制定出来的政策居然就是违反常识的。这种例子在中国社会主义的经济、政治、文化生活中并不少见。政策分析人员要能对这类政策进行判断,就需要相关的常识。

但是,政策分析作为一种艺术和职业,又要求分析人员必须具备专门的知识,这些专门的知识主要包括三大类:一类是关于公共政策的性质、结构、功能、环境以及运行过程的知识;一类是关于对政策方案进行分析的方法与

第十一章 公共政策分析的实质和人员

技术的知识;还有一类是关于对政策的制定、执行、评估构建各类模型的知识。对于一个政策的决策者、执行者、评估者来说,不可能要求他们对上述三类知识都掌握,但是,对于一个合格的政策分析人员来说,他必须系统地掌握并熟练地运用上述全部的专业知识。

2. 自然科学知识和社会科学知识

公共政策所要解决的政策问题涉及到社会公共生活的方方面面,有时,某些公共政策还涉及到个人、家庭生活和企业生产经营的某些方面,因此,公共政策是与自然、社会联系在一起的行为规范。公共政策内容的广泛性对政策分析人员的知识基础提出了严格的要求。首先,政策分析人员必须具备多方面的自然科学知识,尤其是各种新兴学科的知识。当然,一个人的自然科学知识必然是有限的,在科学分化的今天,我们不可能要求每一个政策分析人员是百科全书式的自然科学家。对于政策分析中遇到的自然科学上的专业性很强的问题,可以向有关方面的专家、学者咨询,甚至请他们作专门指导,但对于政策分析人员来说,掌握有关自然科学方面的一般知识还是必要的,这些知识可以帮助分析人员对政策内容进行正确分类,有目的地进行咨询和聘请对口的专家、学者加以指导。

公共政策要解决的问题都发生在社会生活领域,即使是自然科学中的问题,也是同社会生活联系在一起的,因此,作为一个政策分析人员必须具备社会生活的专门知识。社会生活是一个比自然界更为复杂的领域,随着人类社会的发展,社会生活的分化日益细致。社会生活的知识分属于不同的学科。在今天,社会科学的学科也越来越多。在进行政策分析时,我们同样不能要求每一个政策分析人员具备所有领域的社会科学知识,作为弥补,可以在进行实际的政策分析时,咨询和聘请有关方面的专家,但是,对一个专门从事政策分析这一职业的人来说,具备起码的、一般的社会科学知识还是必需的。

3. 经验知识

在政策分析中,无论是相关常识与专业知识,还是自然科学知识和社会科学知识都包含着经验的成分与规范的成分。政策分析知识中包含的经验成分可以称作是经验知识,其中所包含的规范成分可以称作是规范知识。

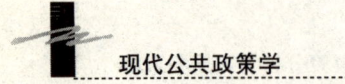

这两类知识或知识的两种成分在政策分析中既有优点,也有各自的不足,只有将两者结合起来,才能保证分析的全面性。

经验知识是人们经过自身实践而获取的知识。由于经验知识与人们的个别体验、操作有关,因此,经验知识往往是个别的、偶然的,如果将这种个别的经验绝对化,经验会变成过时的、保守的东西,但是,经验的特性或属性决不止这些。人们由切身经验所形成的知识包含着合理的内容,当一种经验知识所赖以产生的条件相似时,经验中包含的结论就会再次出现。人类历史发展中许多现象、事件都带有类似性、相似性,因而经验知识就不完全是个别的、偶然的、非理性的,相反,经验知识具有普遍性、必然性和理性。在政策分析中,分析人员必须合理、科学地使用人类已有的经验,只要将经验知识限制在一定的时间、空间和条件下,并且不断地用新的经验来补充,经验知识就是人们分析政策的有用工具。

4. 规范知识

在政策分析中具有规范成分的知识即规范知识是重要的分析工具。规范知识是以大量的个别知识、偶然知识为基础,经过逻辑加工而形成的带有必然性和普遍性的知识。知识的必然性、普遍性反映的是社会生活、现象和过程的规律和发展趋势。在政策分析中运用规范知识,可以对政策目标的确立、政策方案的选择提供标准,但是,规范知识仍然是有限的知识,一方面规范知识本身也需要增加新的内容,另一方面规范反映的只是一般规律和普遍情况,但政策总是具体的,政策实施的环境是变化的。因此,规范知识离不开经验知识的补充。在政策分析中,只有把经验知识与规范知识有机地结合起来,才能从分析中得出可靠的结论。

在政策分析中,人们运用的知识还可以从另一个角度进行划分,即将知识分成两类,一类是显性知识,也可称为是明确表达的知识;另一类是隐性知识,也称为是不能明确表达的知识。这两类知识都各有特点。

5. 显性知识

所谓知识,人们通常理解为是借助于声音和图形能够表达出来的东西。这些知识通常是有形的或有声的,比如言词、图表、分式、符号等等。其实,这只是人们掌握的知识的很少的一部分,这类知识是人们看到的和听到的,即显现出来的部分。凡是显现出来的,或明确表达的知识,都具有逻辑特性。在现代技术条件下,显现的知识,有逻辑结构的知识,一般是可以编码的知识,它可以转化为数字远距离、无损耗地传输。

6. 隐性知识

人类所实际掌握的知识总量远远超过了显现出来的知识,人类所知道的,要大大多于他所能表达的。像个人的直觉、顿悟、体验等心理的东西,只可意会不可言传的东西,它们是人类一直在使用的知识,只不过是没有被明确表达出来的知识,或称为是隐含的知识而已。在政策分析中,人们经常使用通过亲身经历而体验的隐含知识,但由于这类知识未经明确的表达,没有建立起严格的逻辑关系,因而在进行政策分析时,只能作为假设的前提加以运用。

二、公共政策分析与理论

在公共政策分析中,政策分析人员必须有坚实的理论基础。有不少人把政策分析仅仅看成是技术和方法,而轻视政策分析中的理论训练和运用,这不仅对具体政策的分析有害,而且会影响整个政策分析的发展。理论是运用范畴、范畴之间的联系、若干范畴组成的群体来反映客观世界及其运动、变化规律的体系,理论对于人们获取和处理知识具有重要作用,理论可以帮助人们获取、处理和应用知识。比如,理论可以以编码的形式帮助人们记忆,理论可以启发人们去思维,理论可以提供行动的指南,理论可以使知识结构化,理论还可以通过变换产生出新的概念,等等。

政策分析中通常使用的理论有三类,即认识理论、因果理论和系统理论。认识理论属于哲学理论领域。

1. 认识理论

认识理论主要解决人类认识的来源、认识的结构、认识的影响因素、认识的形式、认识的检验标准等问题。科学的认识理论强调实践既是认识的来源又是认识的目的和检验标准,强调认识是一个辩证的发展过程,强调世界的可知性和认识的无限性。在政策分析中认识理论可以帮助人们正确地理解政策问题与社会客观状况的关系,正确认识政策效果预测与政策实际结果的关系,正确认识政策模型与政策实践的关系。进入政策议程的政策问题既有客观性的一面,也具有主观性的一面。政策效果预测是以过去的经验和人类总结出来的逻辑关系为依据的理性推论,它的正确性最终要由政策实施的结果来检验。正确的政策模型之所以能帮助人们去指导政策行动,在于模型与实践之间有某种对应性,但模型不等于实践,模型有一定的局限性。

2. 因果理论

因果理论是对客观世界中存在的因果关系的理性概括和逻辑总结。因果关系是世界上最常见的关系,它反映出两个或两个以上的事物、现象、过程在一定条件下的相互联系和相互作用。因果关系的特点是因果伴生,或者是前因后果,或者是因果同时。因果关系有多种表现,如一因一果、一因多果、一果一因、一果多因、同因同果、同因异果、异因异果等等。因果关系理论对政策分析具有重要作用,它可以帮助人们认识政策目标与政策结果之间、政策环境与政策执行之间、政策资源的配置与政策效率之间的联系。因果关系还可以帮助人们了解在政策过程中人的主观能动性的发挥,特别是对政策运行环境和过程的干预对政策的实施会产生的影响。

3. 系统理论

系统理论是与信息、控制联系在一起的关于事物发展中要素和整体关系的宏观理论。系统理论主要研究系统与环境的相互作用,系统内部的要素之间的互动,母系统与子系统之间的关联,信息在系统中的输入、存贮、加工、输出与反馈,系统运行与组织、技术因素的关系,系统运行的控制机制,等等。运用系统理论进行政策分析,可以帮助人们从整体的、信息的、控制的角度来研究政策运行过程。政策分析人员可以将政策的制定、执行、评估看成是一个完整的系统,各个环节是相互制约、相互作用的,将每一个政策环节自觉地摆到政策系统中来考察,看清它与其他环节、要素的关系。借助于系统理论,政策分析人员可以充分考虑信息在政策运行中的作用,通过对信息的加工与运用来优化政策。系统理论还可以帮助政策分析人员研究出种种方法和措施,加强对政策运行过程的控制。

第十一章 公共政策分析的实质和人员

第三节 公共政策分析人员的素质与类型

一、公共政策分析人员的专业素质

据考证,"政策分析"(policy analysis)最先是由林德布罗姆(Lindblom)在 1958 年发表在《美国经济学评论》中的一篇文章《政策分析》中提出来的。① 而政策分析人员或政策分析家这一称号则是 20 世纪 60 年代后期由著名公共政策学家德罗尔创造出来的,1967 年德罗尔在《公共行政评论》杂志上发表了一篇文章,题目是"政策分析家:一个政府部门中新的职业性角色"。② 此后,这一职业称号就开始流行起来。政策分析家这一称号是在"政策分析"这一专门术语问世 9 年后才出现的。

德罗尔提出了政策分析家必须具备的六个方面的专业素养要求。首先,政策分析家应当具有政治头脑。在从事政策分析时,政策分析家必须自觉地认识到在公共政策制定和实行决策时政治因素的影响作用。政策分析家应当了解政治因素在决策中会在下列方面产生积极的或消极的作用:政治因素直接决定一项具体政策有无实施的可行性,直接影响对不同政策目标的确认,也影响到对冲突目标的协调等。

其次,政策分析家应当有总体观念。在对具体政策作分析时,政策分析家不能将目光仅仅限制在政策资源的分配上,因为有许多公共政策问题不完全是资源分配问题,如外交问题等。好的政策分析家思考问题时要常常超越成本与利益的简单计算。

第三,政策分析家应当致力于创新。政策分析的重要任务是创造出新的政策备选方案,好的政策分析家不是着眼于对已有政策备选方案的综合和比较,而是本着革新精神,致力于创造。好的政策分析,不在乎清楚地对不同备

---

① Charles E. Lindblom, "Policy Analysis," American Economic Review, 1958, pp. 298—312.
② Yehezkel Dror, "Policy Analysis," Public Administration Review, 1967, pp. 193—203.

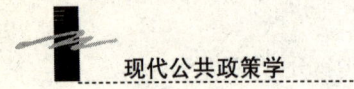

选方案的成本与利益进行对比,而在于提出一项原先没有的、创新的方案。

第四,政策分析家应当具有洞察力。一个好的政策分析家不是专注于那些外在的、形式的技术与方法,而是重视对政策的内容、实质的分析。政策分析家要有丰富的想像力和直觉的观察力,要把系统的观念纳入到分析之中,善于同不同学科的专家、学者交往、合作,以便构建出行之有效的政策模型。

第五,政策分析家应当着眼于未来。政策分析家必须立足现实,但不能局限于眼前的事态变化。好的政策分析家应当根据长远发展的需要,预测未来世界会发生的种种变化,并把这些未来因素纳入当前的政策分析之中。

第六,政策分析家思维应当富有弹性。政策分析家与系统分析家比起来,也许在分析的手段与方法上不够严谨,在多因素考察上不那么细致,但是,政策分析家注重的是系统性与弹性的结合,他们不去纠缠次要的争论,而是抓住主要的部分,以较简便的方式实现政策目标。

正是这些特殊的素质要求,使政策分析家不同于系统分析家。政策分析需要运用系统理论和系统方法,但政策分析与系统分析不完全相同,系统分析家更多地注重经济学和作业研究,注重计量技术和定量分析,注重有效资源的分配。政策分析学需要的是包括经济学在内的多学科知识,对分析的衡量标准是多重的,既重视定量的分析也重视定性的分析。

二、公共政策分析人员的知识素质

公共政策分析人员需要有多方面的知识,也正是这些知识要求制约着他们的具体分析工作。一般地说,一个合格的政策分析人员应当具备下列知识:(1)选择标准的知识。懂得选择主要标准对所面对的系统作出评价。(2)选择分析工具的知识。知道选择与创造定性与定量分析工具。(3)明确分析工作边界的知识。知道如何科学地对待分析工作的约束条件。(4)使用直觉思维的知识。善于掌握有关所需要分析的系统的隐含知识。(5)理论联系实际的知识。善于理解理论与实践的区别与统一。(6)政治知识。了解政策分析与政治过程的关系。(7)新的分析工具知识。善于不断地检验和改进对宏观与微观社会进行政策分析的工具。(8)目标与结果关系的

第十一章 公共政策分析的实质和人员

知识。善于运用一种或多种途径取得特定结果。(9)价值知识。善于了解自己的价值观、社会主流价值观。

上述的种种知识要求只有理想型的政策分析人员才可能完全具备,具体的政策分析人员只可能具备其中某些主要的知识,并且掌握这些知识的程度也高低不一,因而,具体的政策分析人员实际的政策分析工作就会受到制约。

三、公共政策分析人员的类型

虽然德罗尔举出了政策分析人员必须具备的种种素质,就现代政策分析来说,这些专业素养只是基本的,仅仅具有这些素养对于一个优秀的政策分析家来说,还是远远不够的。但是,不管政策分析人员必须具备多少具体素养,所有这些素养都不外乎两大类:一类是属于分析能力方面的素养,另一类是属于政治能力方面的素养。对于一个合格的政策分析人员来说,应当是分析能力与政治能力兼备,但是,在实际生活中,人们往往在素养与能力方面是有所侧重的,由此就会产生出不同类型的政策分析家。将政治能力分成高、低两类,将分析能力也分成高、低两类,两者结合,形成三类政策分析家,即职业型的政策分析家、政治型的政策分析家、技术型的政策分析家。

类型 标准	技术型	政治型	职业型
中心动机	争取以政策为取向的研究机会	争取个人地位和个人影响	追求实现个人政策偏好的机会
成功标准	强调工作品质以满足自我	注意有利于自己的政治同盟者	接受能实施的政策有利于受益人
主要技术	讲究细节与知识	讲究沟通与协调技术	讲究知识、沟通与协调的技术
影响时间的长度	长期有效果	短期的效果	长期与短期的平衡
对政策分析的态度	采取客观的、非政治的立场	带有强烈的主观性,有较强的政治倾向	政治与分析结合,将分析作为主要手段

图11—1 不同类型的政策分析人员

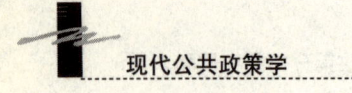

1. 行政型政策分析人员

这一类型的政策分析人员长期在行政部门工作,一般能说会写,既具备较强的文字能力,又具有特殊的语言表达能力。他们从事政策分析的动力中相当大成分是试图借助于这一工作来表现自己的政治与行政才能,从而取得在政治上和行政职位上进步和升迁的机会。行政型的政策分析人员具有一定的分析能力,但是,他们更多是具有处理政治和行政事务的能力,在个人能力结构的优化上,他们更多地是考虑从前辈那里吸取有用的政治与行政的经验。

行政型的政策分析人员在进行政策分析时,总是将政治可行性置于首位,而在处理政策与政治、行政的关系时,他们特别注重的是他与领导之间的关系。行政型政策分析人员很善于将政策与政治、行政的关系置换为政策与其领导的关系,遇到有不同意见时,他们会坚决地站在领导一边,从维护上级领导出发来选择或设计政策方案。

行政型政策分析人员在工作中不过分讲究技术和方法,他们比较喜欢在分析人员之间、在决策者之间做协调与沟通工作。在分析与协调的比例上,他们倾向于综合、协调,不倾向于创新。有时,他们也强调分析,但强调的目的只是为了展示个人的影响力。行政型政策分析人员注重的是政策的短期效果。

2. 技术型政策分析人员

这一类型的政策分析人员具有学术研究的气质和习惯,他们之所以有很大兴趣从事政策分析,其主要动力是想从中获得进行公共政策学术研究的机会,因为政策分析工作可以提供人们观察政策过程、特别是了解决策的内部情况的条件。技术型的政策分析人员关心的是政策分析中技术和方法发挥作用的程度,以及如何创造出新的技术和方法来优化政策制定系统。

技术型政策分析人员过分相信技术和方法的功效,他们一般具有较强的分析能力,但他们缺乏政治与行政上的主动性。技术型政策分析人员不一定缺少政治和行政能力,只是他们认为政策分析是中立性的、技术性的,政治与行政问题应当交给高层政治与行政机构去考虑,政策分析人员则应当多从理性方面为上层机构提供更多的政策建议。

第十一章 公共政策分析的实质和人员

技术型政策分析人员在对具体政策作分析时,往往注重细节,讲究专业知识,喜欢构建各种政策模型。他们认为政策模型即使不能解决一切问题,至少也能解决大部分问题,因此,他们十分重视信息的收集、加工,不断地修改模型。技术型政策分析人员常常是着眼于政策的未来和长远影响。

3. 职业型政策分析人员

职业型政策分析人员兼有行政型和技术型政策分析人员的特点,他们更多地将政府看作是进行社会公共服务的大企业。从事政策分析的动力既来源于他们对政策分析职业的爱好,也来源于一种公共精神,即摆脱私利为社会进步、为公众利益服务的精神。职业型政策分析人员既具有行政的经验,也具有学术研究的才能,他们试图将两者在工作中结合起来。

职业型政策分析人员关心政治形势的变化,也关心行政体制的变革,他们分析政策时,不回避政治、行政因素,只是他们不会将政治、行政因素与某些行政领导人的好恶等同起来,不会将政治、行政因素庸俗化。他们重视政策分析中技术和方法的作用,但也不会将技术、方法绝对化。职业型政策分析人员所关心的是如何将政治因素与技术因素合理地统一起来。

职业型政策分析人员重视政策制定中的人际关系,主张必要的政策辩论,在论辩中达到沟通与协调。他们同样重视专业的作用,尽量地向自然科学家和社会科学家咨询、请教。另外,他们很重视政策制定中的民主,重视广泛听取公众的意见。职业型政策分析人员在分析过程中努力将政策的短期成效与长远效应结合起来。

第十二章 公共政策分析的模式和模型

第一节 公共政策分析的模式

一、公共政策分析的类型

公共政策分析的类型可以依据进行这种分析的时间为标准来分类,在政策执行之前所作的政策分析称为预测性分析,在政策执行后进行的分析可以称为是描述性分析。

描述性政策分析是指对两类政策所作的分析:一类是以往的政策,这种描述性分析实际上是历史分析;一类是执行中的政策,这种描述性分析实际上是跟踪分析。由于描述性政策分析都是在政策付诸实施后的分析,因而也有人称为是事后分析、后续分析或回溯性分析。[1] 描述性政策分析又可以依据分析的目的分为两种:一种是回溯式分析,其目的是要通过分析来具体地阐释政策,弄清楚以往发生了什么;一种是评价式分析,其目的是通过分析,来确定政策实施的结果与原先预期意图的关系,弄清楚政策目标实现了没有。

预测性政策分析是指对即将采用的特定政策方案可能导致的未来后果的论述。由于这类政策分析发生在政策实施之前,所以人们又称为是事前分析、预先分析、预见性分析、预期性分析。依据这类政策分析的目的,也可以加以细分,一种是预期式分析,其目的是通过政策分析,对政策方案实施

---

[1] 参见卡尔·帕顿、大卫·沙维奇:《政策分析和规划的初步方法》,孙兰芝等译,华夏出版社2001年版,第23页。

第十二章　公共政策分析的模式和模型

后会产生的结果加以推测;一种是指示式分析,其目的是通过政策分析,对政策执行者的行动提出建议。①

不管是哪种预测性政策分析都是积极的,因为这类分析的基本任务是确认和鉴定复杂的政策问题,对种种备选方案进行定量和定性的比较。政策分析者将分析中所获得的各种信息汇总起来,供政策的决策者或政策主体作出政策决定时使用,因此,预测性政策分析是对即将要实施的政策方案所进行的技术上的、政治上的、经济上的、伦理上的可行性论证。

描述性政策分析除了专门为了政策评估而要独立地进行外,一般都会或多或少地包含在预测性政策分析中,因为为了对新的政策方案加以评价和比较,人们就有必要去考察与即将要实施的政策有关联的过去已经实施过的政策。政策分析人员只有通过对已执行过的政策加以监督、评估,才能决定是否要对旧的政策进行修正,或者分解、废止。而且,对已经实施过的政策进行评估还可以从中接受政策制定和执行中的经验和教训,从而去指导新的政策的制定与执行。

二、公共政策分析的模式

公共政策分析已经历过较长时间的发展。在政策分析的历史演变中,政策学家们创造出多种政策分析模式。目前普遍流行的有三种模式:麦考尔—韦伯的内容与过程分析模式、沃尔夫的模型分析模式、邓恩的信息转换分析模式。这三种政策分析模式都各有其优缺点。只有将这三种模式配合起来使用,才能收到较好的效果。

1. 麦考尔—韦伯的内容过程分析模式

斯图亚特·S.那格尔编著的《政策研究百科全书》中,收录了美国学者麦考尔与韦伯有关公共政策分析模式的论述。这两位学者认为,公共政策分析应集中在对其内容与过程的分析上,使用的方法有规范性分析、描述性分析两种。在内容分析与过程分析中两者可以交叉使用,将内容分析、过程

---

① 参见卡尔·帕顿、大卫·沙维奇:《政策分析和规划的初步方法》,孙兰芝等译,华夏出版社2001年版,第23页。

分析与规范分析、描述分析结合起来就产生出四种分析类型：公共政策内容的规范性分析、公共政策内容的描述性分析、公共政策过程的规范性分析、公共政策过程的描述性分析等。

	规范性分析	描述性分析
内容分析	内容规范性分析	内容描述性分析
过程分析	过程规范性分析	过程描述性分析

图 12—1　公共政策分析的内容

公共政策内容分析主要是对"政策将要影响的特定目标或目标的集合、期望的特定事件过程、选择的特定行动路线、提出的说明意图的特定陈述，以及采取的特定行动"等方面所作的分析。公共政策内容的规范分析主要涉及到公共政策的本质。这类分析包括两个方面：（1）使用批判的方式分析一个特定的公共政策，其目的或是对现行的政策提出改进意见，或是建议制定不同的新政策，从而使政策制定者确立较高的政策价值目标；（2）未来分析，也包括两个方面：一是对当前政策的未来结果进行分析，二是探讨各种适合于预测未来社会发展变化的政策。

公共政策内容的描述性分析是将政策内容中的一个或多个属性作为与政策过程相关的解释变量，研究它们对整个政策内容的影响。这类政策内容属性主要有：政策领域、制度价值、政府层次、支持程度、公众实际满足程度与象征性满足程度，等等。

公共政策过程的规范性分析主要是对政策运行的程序性加以分析。这类分析或者是对现行的政策程序提出改进意见，或者重新设计出一套新的程序。在进行这种分析时，构建程序模型是主要的分析手段。

公共政策过程的描述性分析主要是对政策周期中的一个或几个阶段进行研究。政策周期包括政策表述、政策决策、政策实施、政策效果评价、政策反馈等环节和阶段。研究者也不是对所有的环节都感兴趣，其中研究得比较多的是政策表述与政策效果评价两个环节，前者的研究重点是分析政策问题的性质、政策的范围，后者研究的重点是对政策的效果、效能及成本效

第十二章 公共政策分析的模式和模型

益进行分析。①

2. 沃尔夫的系统分析模式

沃尔夫在《市场或政府》一书中提出了与麦考尔、韦伯不同的政策分析模式。他主张公共政策的分析除了应重视对政策制定的分析外,还应加强对政策执行的分析。沃尔夫首先对在美国 60 年代所流行的政策分析的步骤进行了说明,主要有以下几个环节:

收集资料。仔细收集和分析政策所研究的领域中的各种有关数据资料,特别是定量化的资料;与此同时,还要研究与某项政策制定、实施有关的政府机构的内在关系,这虽然是"软件",但其重要性并不亚于定量的数据。

建立关系。运用定量数据分析结果以及政府机构内在关系的资料,借助相关的理论,建立研究领域内各种变量之间的关系。

建立模型。选择合适模型,来详细说明因变量与自变量之间的关系,能否成功地建立模型,主要依赖于:在对数据和相关领域把握的基础上产生出来的特有的"直觉",以及对公共政策目标的敏锐感觉。

提出方案。收集并思考多种可供选择的方案,其中包括具有"基准性"的现有的项目与政策、由他人建议的选择方案、政策分析者设计的选择方案。

检验方案。通过检验所选择的方案模型,并对照实现政策目标所要达到的结果进行比较,在遵守约束条件的前提下,或是满足目标要求而费用最小,或是在规定的费用下使目标最大化。②

在对一般的政策分析步骤进行描述以后,沃尔夫指出这种通行的标准程序存在一个较大的缺陷,就是忽略了对政府执行政策过程中各种不可预见的以及可预见的错误的详细说明。政策专家总以为,在运用模型对成本与效益进行分析以后,在执行过程中,它们就不会再有变化了,事实上,在政策实施时,这方面有时会发生根本性的变化。这种变化的原因在沃尔夫看来是为弥补市场缺陷所进行的公共政策活动即"非市场"的行为,由于自身

---

① 斯图亚特·S. 那格尔:《政策研究百科全书》,科学技术文献出版社 1990 年版,第九章。
② 查尔斯·沃尔夫:《市场或政府》,中国发展出版社 1994 年版,第 90—91 页。

存在的缺陷而无法取得它所要追求的目的。

正是从可预见的非市场的不足中或缺陷中,可以进行政策执行的分析。对政策执行的分析可以分为两大类:描述性的分析和规范创造性的分析。对政策执行的描述性分析主要要回答下列 5 组问题:

问题组 1:如果政策 A 或政策 B 或政策 C 被采纳了,那么将会指派哪些政府部门或机构去分头负责实施?它们各自的具体责任又是什么?

问题组 2:如果这些被指派的机构已经存在,而不需要建立新的机构,那么推动他们工作的内在动力和个人目标是什么?这些机构的行为如何得到控制,比如,实际的产出怎样量度?成绩与绩效怎样评估?当执行人员增加或减少了成本、利用或阻碍了新技术、在限制政府人员进入时增加了新的信息流通渠道或堵塞了信息流通渠道时,他们会得到什么?如果新的政策需要产生新的执行机构,那么,能否预见其内在性即内部的低效与不公正,以及对它怎样控制并且以何种方式控制?

问题组 3:由可供选择的政策会产生哪些外部性即造成机构外部的不经济与损失、在哪些时间区段上产生,并且产生的可能性有多大?

问题组 4:根据对有关机构的追踪记录,根据可供选择的政策可能存在的不协调性和不实际的项目目标,能否估算出由于划分了机构的责任而将出现成本的上升,以及随时间的变化而可能出现的成本上升的趋势?

问题组 5:政策执行不仅是成本、收入的分配,而且还是权力的分配,因此必须考虑每一项政策的预期运行方式,允许有多少个分离的权力,以及这些权力是面对什么对象的?这种权力分配既可以是公共领域对私人领域的分配,也可以是公共领域中个别成员的分配。①

对执行的规范性分析有三大目的:(1)了解执行政策的难易程度。从原来设想的"干完以后有多么好"变为"干了之后实际会发生什么",由此来对特定政策的执行结果进行估计,这是将执行问题纳入评估分析程序之前,对模型所作的成本与效益分析的一种后续调整。(2)对实际的市场不足同执行非市场修正即政府干预时潜在的不足进行比较。这种比较有点类似于人

---

① 参见查尔斯·沃尔夫:《市场或政府》,中国发展出版社 1994 年版,第 94—95 页。

第十二章 公共政策分析的模式和模型

们在作计划、进行项目规划和财政预算的讨论中所涉及的"零基础预算"。对于具有很少或根本没有公共干预(一个"零预算")的某一特定市场输出的不足,可能要比非市场即政府作出的纠正所造成的不足要好。(3)通过针对某一类特定的问题,在市场缺陷与非市场缺陷之间进行一种系统的比较,以及在各种可供选择的政策所产生的种种潜在的非市场缺陷之中进行比较。这种比较将有助于激发人们发现创造新的政策或者改善现存政策的办法,即两种逆向调节:一是以非市场手段作为一种逆向调节,以减少市场缺陷;二是以市场缺陷的反逆向调节来减少非市场缺陷。

规范创造性分析也有5组问题:

问题组1:是否有相对简单和容易的管理方法,能够在市场运行中有效地减少公认的市场缺陷,从而提供一个可以接受的解决办法?

问题组2:能否创造一些这样的政策,当市场缺陷过大,比如当公共物品和私人物品都有很大的外部性即将不利的方面转移给社会,如造成环境污染时,而需要非市场干预即政府干预时,能够试着保留某些市场方式中的有价值的特色,如让几个生产者形成竞争、明确和公开某些操作标准、对某些公共服务进行收费等?另外,能否设计这样一种机制,使某些公共服务民营化?如利用公共基金担保来"购买"教育,在废物处理和邮政服务方面实行对私人企业的公开招标?

问题组3:能否设计一种改善市场产出的度量方法,从而使得那些由于缺少合适的度量而产生的非市场缺陷得以减少,能否使得检验具有连贯性?即对通常反映机构内部性的中间产出的检验与对公开发布的最终产出的检验结合起来?

问题组4:能否对提供个人或机构行为动力的内在性(标准、目标)加以修正,使其更加接近最终所要得到的产出?

问题组5:能否在新的政策和项目中建立一个改善了的信息、反馈和评估系统,以减少由于"当事人"出面组织和广告宣传的介入而引起的风险?①

3. 邓恩的信息转换分析模式

邓恩认为,公共政策分析主要是解决事实、价值、规范三大问题。与此

---

① 查尔斯·沃尔夫:《市场或政府》,中国发展出版社1994年版,第97—98页。

相对应,也有三种分析方法:经验方法、评价方法、规范方法。经验方法所提供的信息是描述性的,其作用主要是描述具体的公共政策的因果关系,指出某事物是不是存在,比如,卫生、教育、公路建设方面的公共费用实际是多少、如何分配、分配的结果是什么。

评价方法所提供的信息是评价性的,主要是决定具体政策的价值,即是否值得做。比如,由实物分房改为货币分房,对改善公众的住房是有利,还是不利。规范方法所提供的信息是指导性的,主要是对解决公共社会问题提出行动的指导,即告诉人们应该做什么,比如,用什么措施来解决下岗工人的再就业问题。

邓恩指出,公共政策分析至少应当包括下列五个方面的内容:(1)问题建构分析。明确政策问题是什么、如何解决。政策问题不可能一开始就非常明确,只有经过不断分析、定义以后,才能逐渐清晰起来。这是政策分析五个方面中处于中心地位的方面,它会对其余四个方面的分析产生影响。(2)政策回溯分析。对已有的与将要制定的政策具有一定相关性的政策进行分析,了解这些已有的政策制定的原因、制定的过程、实施的效果。(3)政策预测分析。对解决有关问题所提供的相关政策可能产生的结果进行预测。(4)政策价值分析。对已有的相关政策与即将产生的政策的价值进行评价。(5)政策信息分析。提供即将付诸实施的政策可能产生哪些价值的信息。

邓恩特别强调公共政策分析中信息的作用,他认为在政策分析中应当注意以下信息:(1)与政策问题相关的信息,主要是要弄清楚要解决的问题是什么,与问题相联系的原因和条件是什么,这类信息在政策分析中占有重要地位;(2)与政策未来相关的信息,由于未来的事实同过去的事实不可能相同,价值也会随时间推移而变化,因此,关于未来的信息需要通过预测进行创造性直觉判断;(3)与政策实施相关的信息,主要是关于社会政治、经济、技术等因素对政策实施产生制约的信息,它与对政策的预先假设和评价标准有关;(4)与政策结果相关的信息,主要提供政策实施前设想的结果与政策实施后实际产生的结果相比较的信息;(5)与政策体系相关的信息,主要是关于政策的制定者、参与者、政策环境这些基本要素方面的信息。

邓恩不仅强调信息的作用,还特别强调政策信息随分析程序的变化而

第十二章 公共政策分析的模式和模型

处于动态的转换过程之中,因此,政策分析必须充分考虑信息的相互转化关系。由此产生出三种政策分析形式:(1)预测分析。它主要涉及政策行为启动和实施之前信息的产生与转变过程。预测分析主要在选择解决政策问题的方案时使用。(2)回溯分析。它主要涉及政策实施后信息的获取与转换过程,通常存在三种不同目的的分析,一是以学科研究为目的的分析,其兴趣在于建立和检验与普遍科学理论相关的变量,从而对实际运用关系不大;二是以解决问题为目的的分析,其兴趣主要在于描述政策实施中因果关系的资料,与实际运用也有一定的距离;三是以实用为目的的分析,其实用性最强。但是,只有将三者结合起来,才能全面、有效。(3)集成分析。这是一种全方位的分析形式,它首先要求将前面所提及的预测分析和回溯分析结合起来,克服两者的不足。预测分析一般缺乏足够信息,可信度也不高,但对政策运行控制有指导作用;回溯分析只是事后的被动分析,对执行过程中的控制起的作用不大,但它所提供的信息是真实的、可信的,因此,需要将两种分析结合起来。其次,集成分析还要求政策分析人员不断地获取政策执行中的新信息并及时加以转换,这实际上是要求政策分析人员一直对政策运行加以跟踪,将分析变成一个反复更新、持续不断的过程。

4. 综合战略政策分析模式

公共政策的综合战略分析是通过战略规划小组(Strategic Management Group),运用对客观政策形势的弱点(W)、机会(O)、威胁(T)、优势(S)作出的分析,通过分析来决定行动方案的选择。这一政策分析模式称为综合战略分析模式。政策战略规划小组简称为 SMG,客观政策形势分析简称为 WOTS。政策战略分析模式又称为 SMG—WOTS 模式。

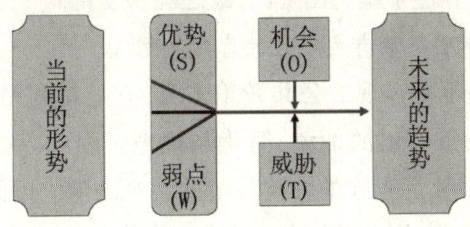

图 12—2　综合战略政策分析模式

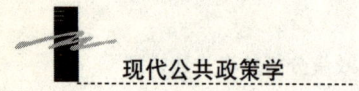现代公共政策学

第二节 公共政策分析的模型

一、公共政策模型的实质与形式

在公共政策分析中,构建政策模型是重要的环节和步骤。由于政策过程的复杂性和政策模型的简化性,不少人对政策模型产生了怀疑,形成种种误解。要理解政策分析中模型的作用,就必须消除对政策模型的误解,了解其实质。

对公共政策模型存在种种误解。第一种误解是认为政策模型过于简化。政策过程是极其复杂的,模型将真实的政策过程歪曲了。第二种误解是将政策模型视为是纯逻辑的。在政策分析中存在大量隐含的知识,政策模型只表示显现的知识,从而否定了政策分析中经验与直觉的作用。第三种误解是将政策模型看成是全量化的。真正的政策分析是定性分析与定量分析的有机结合,政策模型只使用了定量化的政策因素,取消了政策中的定性分析标准。第四种误解是通过政策模型可以利用计算机对政策作真实的模拟,从而产生政策计算机模拟。政策模型建构常常使用计算机进行模拟,但政策制定与执行是人的活动,是任何计算机也取代不了的。第五种误解是以为政策模型的建构者是闭门造车。建模专家只有技术而不懂实践,政策模型多是学者关在屋子里想出来的,缺乏经验支持。

1. 公共政策模型是带有主观性的客观映像

公共政策模型不是客观的公共政策本身,它只是利用符号和概念的集合对实际的公共政策作出的抽象、简化与模拟。因此,从哲学认识论上来说,公共政策模型是实际存在的公共政策的主观映像。因此,在构建公共政策模型时,决策者的经验、非理性的直觉起到很大的作用。

公共政策模型具有主观映像的特征表明,任何政策模型都不是任意的,而是以某种客观的公共政策作为反映客体的。人在制作与选择模型时,虽

第十二章 公共政策分析的模式和模型

然具有很大的随意性与能动性,但是,它决不是随心所欲的。公共政策模型与客观真实的公共政策之间是有对应关系的。

公共政策模型又具有简化与概括的特点。任何公共政策模型都要比实际的公共政策简化、清晰。公共政策模型不过是政策问题的逻辑分析和已有资料数据的综合。任何一项公共政策,哪怕是只解决一个单一的公共问题,它都是非常复杂的。政策模型的作用就在于从复杂的政策关系中挑出某些最为重要的因素、关系,并按其内在的逻辑联系进行抽象。因此,政策模型总是要比实际运行的公共政策简单得多。

2. 公共政策模型是包含理论与方法的变量体系

任何公共政策模型都是以一定的理论作为基础的,其中主要的有哲学理论、系统理论、因果理论。公共政策模型是一组变量、符号的集合。任何公共政策模型也都包含一定的方法,其中既有理性的方法,也有非理性的方法,非理性的方法中就包括经验的与直觉的因素,许多成功的公共政策模型是直接运用了决策者丰富的经验作出的判断。因此,成功的公共政策模型或者是由有实践经验的决策者构建的,或者是由专家学者在总结他人实践经验的基础上建立起来的。在公共政策的构模中,既要使用定量的方法,也需要定性的方法。公共政策模型在构建时,也不一定要使用计算机,在历史上,有些成功的政策模型是用弹簧、硬纸板作辅助工具建立起来的。

3. 公共政策模型是指导决策分析的简化工具

公共政策模型通常是由与既定政策无关的一组专业人员制作的,其目的是帮助政策的制定者与分析者从复杂的现象与各种利益冲突中选择较好的行动建议。公共政策模型提供的不是单纯的数学公式或方程,而是借助数字表示政策过程各种客观因素的关系。只有理解了数字后面的真实关系,人们才能去行动。不可能存在这样一种决策,它的成功只归结于一个简单而完善的模型,因为政策的实施依靠的是从对这个模型的理解中转换出来的实际的、有效的行动方案。模型的作用在于,它可以使决策者思考、分析问题的能力得到延伸。

对公共政策模型的作用应当有正确的看法,既不能将公共政策模型看成是从许多方案清单中有意挑选出来的"最优化"的解,将建构模型视为是最科学的方法,也不能将模型说得一钱不值,似乎构建模型是一种摆设与浪费。公共政策模型只是达成最终决策过程中许多投入中的一种投入。"决策模型的作用应该是使决策者洞察有关的决策问题,从而加强他们总的直觉决策能力。"

4. 公共政策的构模是一个相互沟通过程

在公共政策的分析中,存在着决策者、模型建构者与政策模型本身三方面的沟通问题。在模型建构过程中,模型的建构者即构模者与决策者之间存在相互理解和相互不理解两种情况。一旦产生了相互之间的不理解,就应当采取必要的方法,进行说服、交流,以达到相互之间的理解、配合。如果说服、交流失败,双方只能是各做各的,从而影响政策模型的作用。

也存在相当多的场合不适宜使用政策模型。虽然在政策分析中建构政策模型有其重要作用,但是政策制定、执行和分析的情况是千差万别的,并不是在任何条件下的政策分析都适宜使用政策模型的。不适宜建构政策模型的原因也是多种多样的,其中主要的有:有些决策本身很简单,因素较少,不值得使用模型;有些决策很急,没有充裕的时间供政策分析人员构建模型,因而也不适宜使用模型;政策过程中因素大部分无法量化,决策中定性因素占主导地位,从而无法构建模型;政策制定与政策执行的组织都缺乏使用政策模型的思想基础,因此无法在政策分析中建构政策模型。

公共政策分析模型具有许多不同的形式,主要有:(1)描述式的政策模型(descriptive models)。这一模型主要以政策选择与这一选择所产生的结果之间的逻辑关联为研究对象。其作用在于说明,如果对现实的特定的社会系统实施一定方式的动作或行为,从而使系统中某些变量发生变化,那么这种变化就会对系统中其他的变量乃至整个系统产生影响。公共政策描述模型的基本依据是人类社会生活中的因果关系。这一模型比较多地被用来预测和说明公共政策的制定和执行对现实社会产生的影响。(2)规范式的政策模型(normative models)。这一模型主要以在选择能产生最大效益的公共政策时所需依据的标准为研究对象。其作用在于在存在若干可能的政策选择时,通过分析为决策者的最佳选择提供规则和建议。规范模型一般用于行动中客观因素相对肯定、相对稳定条件下的政策选择与决定。(3)语句式

第十二章 公共政策分析的模式和模型

的政策模型(verbal models)。这一模型主要以对特定政策的自然语言表述为研究对象。其作用在于为政策制定和分析过程中内行的专家与外行人员相互沟通提供共同的、简易的交流工具。语句模型的缺陷在于表述出来的判断由于语言本身的含糊而产生歧义。(4)符号化的政策模型(symbolic models)。这一模型主要以表述特定政策问题中重要变量及相互关系的精确的符号数字为研究对象。其作用在于借助于统计学和数学,通过量化和符号化将公共政策问题中的主要变量之间的逻辑关系表示出来,从而为决策者正确的分析、预测和寻找对策提供依据。符号模型的缺陷在于专业性太强。(5)程序式的政策模型(procedural models)。这一模型主要以影响公共政策问题的各项变量之间的动态变化为研究对象。其作用在于通过数字符号对公共政策问题的未来变化作出趋势预测而指导决策者进行选择。程序模型是根据公共政策问题中变量之间关系的一定发展过程或序列来进行和模拟的。其缺陷在于所使用的关系并不是现实的而是假设的。

公共政策分析模型也有自身的缺陷:(1)模型形式过于简化。公共政策制定过程中存在着复杂多样的因素,因素愈是齐全,愈是准确,构建的模型也就愈精确,依据模型制定的政策也就愈可靠。但在许多情况下,无论是因为认识的能力,还是资源与时间的限制,人们无法认识和研究那么多的因素,因此只能构建出较为简单的模型。这样,人们在使用模型时,就有可能遗漏重要的因素。(2)建模者有主观偏爱。政策模型的构建不存在统一的规范,在许多情况下,决策者和政策分析者的个人经验、偏好往往起着支配的作用。个人性格趋向沉稳、保守的人,则偏爱渐进调适性的政策模型;而有革新精神、勇于进取的人,则偏爱创意性的政策模型;对理性坚信者,通常喜欢理性政策模型;对政治精英抱有期望的人,往往相信精英政策模型;等等。因此,政策模型不可避免地带有主观色彩。(3)模型之间存在矛盾。在政策制定与分析中,事实上存在多种技术、方法和途径,特别在政策分析的论争中,不同的分析者由于观察问题的角度不同,获取的信息不同,对政治与技术的偏重程度不同,从而构建的政策模型会不一样,甚至存在根本性的分歧。

二、公共政策规划的分析模型

1. 完全理性的公共政策规划模型

完全理性的公共政策模型也就是完全选优的政策模型。在人类社会活动中,大多数行为或行动无论是过程还是结果,在量上都存在极大值与极小值,并从中可以知道最大值与最小值。只是对有些行为或行动的过程和结果,可以进行精确的度量,而有些则不能。

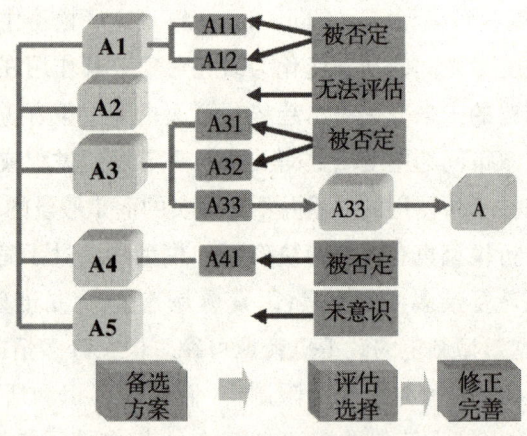

图 12—3 完全理性的公共政策规划模型

在制定与实施公共政策时,人们当然希望能获取最佳、最好的结果。要能做到这一点,人们仅知道行动或行为的最大值或最小值是不够的,因为世界上并不是所有的东西只要是最大的就是最好的,也不是最小的就是最好的,最大、最小与最优、最佳并不是一一对应关系,因此,还必须设定一定的标准,去衡量什么是优、什么是佳、什么是好,然后才能决定何种数值。最佳化也就是最适化,最佳值也就是最适值。

社会生活中的最佳化与最适化的观念首先被运用在经济现象上。比如消费者追求效用极大化,商业部门追求利润极大化,工程师追求工作效率极大化。总之,在经济领域中,每一个经济活动主体所要追求的都是经济的极大化。这种经济的极大化最终还是要落实到 O(产出)的极大化或 O/I(投入

第十二章 公共政策分析的模式和模型

与产出比)的极大化上来。在经济学理论中,以斯密、边沁为代表的功利主义者认为,每一单位的最佳化则可能导致整体的最优化。社会的幸福是个人幸福的总和,社会的最大幸福的基础是大多数人的最大幸福。至19世纪70年代,西方社会爆发了"边际革命",边际效用的经济学家认为:效用是可以衡量、可以量化的;效用是可以通过同一单位去衡量的;存在着"效用递减"的原则。

2. 满意性公共政策规划模型

满意性(satisfying)的公共决策又称有限理性决策(limited rationality),是由赫伯特·西蒙(Herbert A. Simon)首先提出来的。西蒙在《行政行为》一书中深受行为主义的影响,可以说,他是第一个将行为主义带进行政学研究的学者。他认为,行政学研究的中心不在于如何执行政策,而在于研究出一套科学的决策和选择过程,解决择优问题。

西蒙指出,在决策中应将事实与价值区分开来,将事实问题与是非问题区分开来。事实问题的研究必须基于客观真实性,应当使用实证的、科学的方法,而价值问题、是非问题则无法运用科学方法去解决。事实与价值的区分实际上是目的与手段的区分,目的与手段处在连锁关系之中,A手段可能达到B目的,而B目的又是达到C目的的手段。由于目的与手段是相互转化的,不仅两者在行动中很难截然区分,而且还会产生"合理的目的"成为"不正当的手段"的问题。

正因为目的与手段的复杂关联,因而人们在对可行方案进行选择时就必须对传统的假设与模式进行思考。在传统的决策中,人们使用的是包括各种均衡理论和线性规划在内的最适化方法,相信的是理性的选优模式。这些方法与模式是建立在某些假设基础之上的,比如正统经济学的"经济人"假设、市场的充分竞争假设、完全知识假设等等。

西蒙指出,上述的这些假设其实都是有问题的。在市场经济中生活的人不可能是富有完全理性的经济人,人们所能获取的信息、知识其实是不完备的,市场也不是充分竞争的,因此,决策活动中的人事实上是一个处于不确定的环境之中、具有非理性的心理因素的、掌握着不完备的信息与知识的有限理性的"行政人"。

到80年代,西蒙进一步对"有限理性"进行了研究,发表了关于有限理性的论文。他列举了几种对完全理性决策构成威胁的情况:(1)风险与不确定性的情况。完全理性决策只能适用于具有确定性和无风险的行动,但是,绝大多数的行动和政策选择都是具有高度风险和不确定性的。(2)高度复杂性的情况。完全理性的决策所使用的完备性的计算往往只适用于解决包含因素比较少的公共政策问题,但是,实际需要解决的公共政策问题却是异常复杂的,它超出了一般的计算能力。(3)完全理性的决策往往只适用于少量决策者的政策决定。当存在多个有利益矛盾的决策主体时,就会产生相互竞争与博弈的情况。

西蒙认为在上述情况下,只能运用有限理性,寻求解决公共政策问题的"满意"方案。这种"满意性"的决策模型与理性公共政策模型中的全体同意、帕累托最优是不同的。完全同意的模型是指存在目标状态Ⅰ与目标状态Ⅱ,而每个人都认为状态Ⅰ优于状态Ⅱ的情况;帕累托最优的模型是指存在目标状态Ⅰ与目标状态Ⅱ,如果社会中至少有一个人认为目标状态Ⅰ比目标状态Ⅱ佳,而其余的人都不认为目标状态Ⅱ比目标状态Ⅰ佳的情况。这实际上是一种"无异议通过"。这种帕累托最优还有补偿形态,即也有可能出现这种情况,即一部分人认为目标状态Ⅰ要比目标状态Ⅱ差,但若坚持目标状态Ⅰ的人愿意对反对者加以补偿,并且这些反对者也不再反对了,那么这时目标状态Ⅰ也就成为最适的了。西蒙的有限理性与满意性模型则不是上述的几种模式,它是一种多数表决的模式。

满意决策所寻求的不是最佳,而是次佳或"第二最适(second best)"。次佳或第二最佳并不是字面意义上的第二,而是指下述两种情况:一是指存在"市场失灵"(market failure)的条件下,或市场出现少数人独占的情况下,政府采取有效措施来解决公共政策问题,这种解决政策问题的方案只是"令人满意"的。二是指通过限制的办法来求得问题的解决。比如,在商品的价格不等于边际成本时,政府则采取"影子价格"的方法去估计商品的社会价值。在资源得不到最佳配置的情况下,政府则采取税收的措施来求得社会满意。

有限理性的政策模型是相对于完全理性政策模型提出来的。由于完全理性的政策模型试图追求最佳或最优的决策效果,但这需要有非常严格的

第十二章 公共政策分析的模式和模型

条件限制,而这些条件往往是很难满足的,于是人们转向有限理性政策模型。有限理性政策模型不是一味地追求效益的绝对最大化,而是只希望求得效益的相对最大化,即在决策时,只追求选择的方案是较佳的或较优的。在完全理性政策模型中是次佳的方案在有限理性模型中可能就是令人满意的方案。

有限理性政策模型又可以细分为两种亚类型:次佳政策模型与满意政策模型。次佳政策模型不坚持决策中的"最佳标准",而愿意选择次佳的或再次佳的政策方案。满意政策模型同样不坚持决策中的"最佳标准",而愿意采用被人们认为是"满意的"标准。

在实际决策中,有限理性政策模型重视的是可行性研究和成本与利益分析。一项政策方案如果被认为是满意的,其必要条件是它必须是可行的。这种可行性最主要的是经济上的可行性,但有时也需要有政治上的可行性与管理上的可行性。可行与最佳不同,后者是要对全部方案进行研究,然后才能确定哪一个是最佳;而前者只要找出几个比较满意的方案就行了。

成本与利益分析是有限理性政策模型中的经济可行性分析的重要内容。进行成本与利益分析时应注意下列问题:成本与利益必须是全部成本和全部利益,比如成本应包括直接成本与间接成本、主要成本与次要成本、内部成本与外部成本;成本与利益都必须量化,对成本与利益的计算都必须应用"折现率"。

以 B 表示利益,以 C 表示成本,其"净利益"为 N,则 $N = B - C$,若 $B - C > 0$,或 $N > 0$ 时,则政策方案是满意的,如果 N 的值或 B 与 C 的差越大,则政策方案越满意。

满意性公共政策模型在实际政策制定过程的运用可用下图表示出来:第一步是通过问题诊断确定出政策问题(P);第二步是确实解决问题的基本要求即政策目标(C);第三步是列出备选方案 A1、A2、A3、A4、A5,有些备选方案下还有更具体的分方案;第四步是制定评选择优标准;第五步是评估和作出决策,从若干备选方案中选出满意的,即"最佳"方案;最后一步是对选定的方案作修改完善,并与解决问题的基本要求相对照。

3. 渐进性公共政策规划模型

渐进性(incrementalism)公共政策分析模型最初是由美国学者 C. E. 林

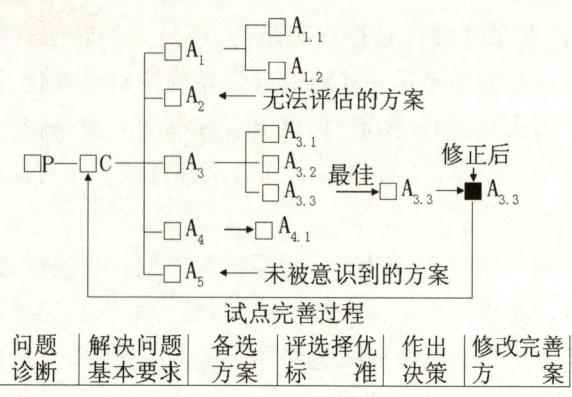

图 12—4 满意政策模型的实际操作过程

德布洛姆(C. E. Lindblomd)在他 1959 年发表的《"竭力对付"的科学》一文中提出来的。他指出,政府的行政长官在制定公共政策时有两种方法,一种是"完整的理性方法",另一种是"连续有限的比较方法"。但奇怪的是,决策、制定政策、编制计划和公共行政管理的文献却把第一种方法正规化了,而把第二种方法忽视了。

第一种方法与运筹学、统计决策论、系统分析有关,并且还形成某种高级程序。它具有目标清晰、评价明确、综合程度高等特点,而且,只要有可能就使价值数量化以供数学分析,但是,这种方法与程序只适用于规模较小、变化因素较少、价值问题有限的情况。而政府行政官员不能忽视的事实是,公共机关常常被命令不要采用第一种方法。

林德布洛姆对两种方法进行了对比,完整的理性方法具有下列特征:(1)阐明不同于备择政策的经济分析的价值和目标,而后者又是前者的前提。(2)制定政策采取"手段—目的的分析方法",道德把目的分离出来,然后寻找达到目的的手段。(3)"优质的"政策检测是它能否表明自己是最适当的达到预期目的的手段。(4)分析是综合的全面的,对每一个有关的重要因素都要加以考虑。(5)经常大量地依靠理论。

连续的有限的比较法具有下列特征:(1)价值目标的选择与所需行为的经验分析这两者没有区别,而是紧密地交错在一起。(2)既然手段和目的不能截然分开,所以"手段—目的"分析就常常是不恰当的或者是有限的。(3)

第十二章 公共政策分析的模式和模型

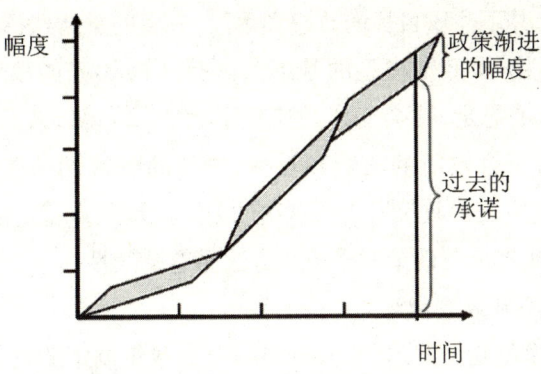

图 12—5 渐进性政策规划模型

对一项"优质的"政策进行检测的典型方法是,各种分析者发现他们自己是直接对一项政策取得一致意见。(4)分析被大大地限制了:必须忽略一些可能发生的重要后果、一些备择政策、有影响的价值。(5)进行一系列比较,大大减少或取消对理论的依靠。

这种政策模型还有另一种直观的图形:

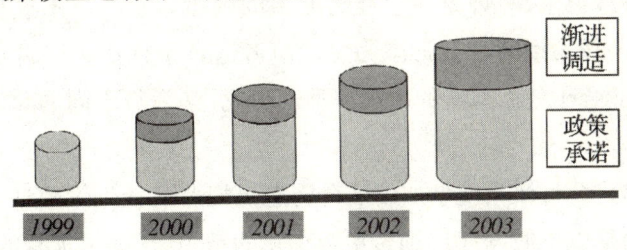

图 12—6 渐进性政策规划模型

渐进性公共政策模型具有如下基本特征:(1)公共政策的制定程序必须在民主制度的框架内按照民主政治的运行原则进行;公共政策过程要与多元社会政治权力主体的影响和制衡过程相一致。(2)公共政策问题的界定是在一个发展的渐进过程中逐步完成的,公共政策的意义不在于创新而在于社会不断地进步;决策者不必去调查方案和制定全面的政策方案,只需对现行的政策进行一定的调整与改进。(3)决策者考虑的重点在于如何实现"目的—手段—目的"的合理调适,只需论证若干方案的可行性及其可能产生的后果。(4)决策者对同一公共政策问题的解决方案只注重纠正、减少现

305

行政策的缺陷,并不注重目标的改进和手段、方案的重新选择。

采取渐进性公共政策模型的基本条件有:(1)国家的政局较为稳定,社会安定团结,人心思定,社会变化的速率不大。(2)现行政策基本上能满足社会公众利益,符合政府的功能和目标;局部的政策调整能得到社会的认同。(3)政府制定公共政策所需要解决的公共问题具有稳定的持续性。(4)政府在制定和实施公共政策时手段和方法具有持续性。

4. 综合性公共政策模型

综合决策模型是德罗尔(Y. Dror)在《公共政策制定的再审查》中提出的政策制定模型。德罗尔试图将理性政策模型与渐进政策模型有机结合起来,并把二者的合理性加以延伸与综合。他认为,理性政策模型虽然主观构想很好,但是在政策制定的实践中,所需要的知识、经验、能力是无法达到的。渐进政策模型虽然在实践上比较可行,但是其保守的倾向使这种模型只能局限于目标有限的政策制定,不利于政策创新与社会变革。

在现代社会中,政府事实上面临着两种交叉的政策诉求,一种是要求社会稳定的政策诉求,一种是要求社会变革的政策诉求。只不过是在一定的时间中,以一种类型的政策诉求为主。前者适合于使用渐进调适的政策模型,后者则适合于使用革新的政策模型。因此,必须将不同的政策模型结合起来。

德罗尔将两种政策模型加以结合构造出规范最佳决策模型。作为这一模型基础的是以下假设:(1)通过更为细化的努力,比如寻求新的政策方案、精心论证政策目标、明确规定政策界限、确定政策评估标准,是可以增加政策的理性程度的。(2)决策者虽然不能完全占有实现理性思维所要求的所有客观资源和所有的主观能力,但是,充分利用判断、静思等思维形式,还是能最大限度地提高政策的理性水平。(3)通过敏感性训练,自由讨论,增加诸如时间、决策者专业水平等各种资源的投入,也可以增加政策的理性。

综合政策模型具有以下特征:(1)确认重要的政策目的、决策标准、基本的价值判断标准。(2)通过比较研究、历史研究、实践经验总结和学习新的成果产生灵感,并形成具有创意的政策方案。(3)先可运用渐进的方法分析先行的政策,再用多种相关知识、理论、分析技术预测现行政策的后果,确定

第十二章 公共政策分析的模式和模型

主要政策的期望,再决定是否需要制定新的政策。(4)充分考虑各种政策方案的政策期望与代价,尽量选择风险最小、效果最佳的方案。(5)在政策制定中,不同的分析者在整个分析过程中必须进行坦诚和自由的讨论,以便取得协商一致的意见。(6)要提高公共政策的质量,必须切实改进政策制定系统,其中包括提高决策者的个人素质和整体素质、优化政策组织结构等。

5. 公共政策规划的团体协调模型

团体协调政策模型的基本假设是,在社会生活中,存在着各种有着自身利益的群体或团体。这些团体或群体经常会围绕不同的利益、权力、价值进行竞争。要使社会稳定发展,就必须对各种群体利益或团体利益进行沟通、协调,以实现利益、权力、价值上的平衡。

正因为社会上各种群体、团体有着不同的利益,因而,不同的团体或群体对同一政策方案的理解和期望是不一样的,存在着矛盾,各个有着利益差异的团体或群体都会以政府为主要的政策诉求对象,因此,公共政策的制定就成为政府通过对团体或群体竞争的协调,最终使社会利益实现均衡的过程。

政府在政策制定过程中能够起的作用只是组织不同团体、群体进行讨论、对话、协商等沟通活动,尽量缩小各群体、各集团之间在政策期望上的差别,在相互妥协、协商的基础上,确定政策目标,选择各个团体、群体都能接受的政策方案。

团体协调政策模型的特点是:(1)各个团体或群体都有权参与政策决定过程。在实行民主政治的社会中,由于社会利益的多元化,会形成多种利益群体,还会产生利益团体,要实现决策的科学化、民主化,就必须让不同的群体、团体平等地参与政策制定,团体协调政策模型正好提供了一种让各个群体、团体平等参与决策的形式。(2)政府在政策制定中处于被动地位。团体协调政策模型所追求的是要使那些在对政策方案的理解和期望上存在差异的各个利益群体、利益团体能够通过对话、妥协,最终在某个政策方案上达成协调一致,因此,政策协调的主体是各个利益群体或利益团体,而政府则是组织者、协助者,因而处在被动者的地位上。(3)政策制定过程的核心是各种政策利益期望的平衡。各个利益群体、各个利益团体,对政策方案的理

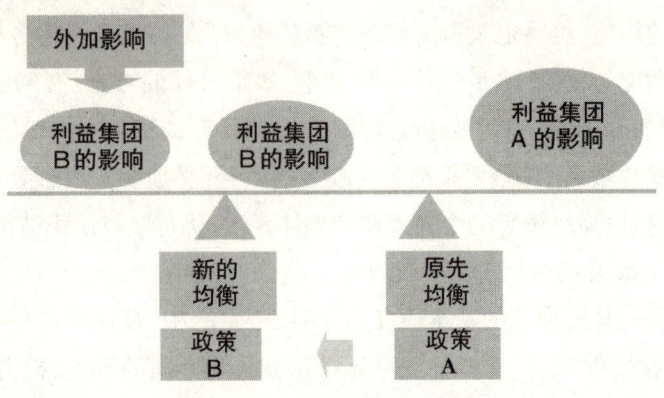

图12—7 政策规划的集团模型

解、期望存在差别,只有让它们竞争、妥协,并最后达到平衡、均势、协调,这时选择出来的公共政策才是合法的,在实施中也才能贯彻下去。

6. 公共政策规划的政治精英模型

政治精英政策模型又称杰出人物政策模型,最早是由托马斯·戴伊(T. R. Dye)、哈蒙·齐格勒(H. Zeigler)在《民主政治的讽刺》中提出来的。这一政策模型的假设前提是:社会上存在着两大集团,一个集团是有权力的少数人,另一个集团是没有权力的多数人,前者是有组织的、自觉的团体,因而能对社会价值加以分配,并享受权力带来的好处;后者则是分散的、不自觉的团体,因而只能服从分配。精英不是多数公众的代表,但也与统治阶级不同,他们主要依靠公共权力,通过对财富、资讯、地位、知识、技能、教育等资源的控制,来巩固自己的地位。精英们对基本的社会制度和基本的价值观念的看法是一致的,并能为此而奋斗;非杰出人物要想成为精英就必须加入精英集团并要承认他们的共同价值观念,并为此而奋斗。

在政策制定上,公众通常是冷漠、自私、消极的,而精英则是有责任心的。因此,在制定政策时,精英不应、事实上也很少受公众的影响,公共政策是精英作出的决定,由于他们能够影响公众,而公众很少能影响他们,因此,公共政策直接反映了精英们的价值观。

实行精英公共政策模型,一般是由社会上的精英即各个领域中的杰出人物发现并确定政策问题,并选择解决问题的政策方案,在决策过程中,精

第十二章 公共政策分析的模式和模型

英有时也会重视智囊团或思想库的作用,有时也会吸收部分公众的意见,但政策的制定以精英们的决定为主。决定下来的政策交由行政机关和行政人员去执行。

不少人对精英政策模型提出过批评。许多人认为这一政策模型的最大缺陷是忽视了在实行民主政治的国家中公众的参与能力。应当说,随着民主的发展,公众参与公共政策制定的人数会越来越多,从而在决策中起的作用会逐步加强。但是,公共政策的实际运行中,精英政策模型依然是有效并且实用的决策模型。这是因为:(1)在民主政治建设处在初期阶段或人们对民主政治还不太习惯的国家中,公众还不可能完全自觉地关心政策制定,相当多的公众还不具备参与决策所必需的知识和技能,这时公众要参与决策,就需要付出一定的成本,而由精英出来组织动员和培训,是成本最低的。在这种情况下,精英依然起着决定作用。(2)人类政治民主的最彻底的形式是广大人民群众直接管理国家事务,但这需要经历一个从代议制民主向直接民主过渡的漫长过程。只要代议制民主仍然是在相当长时期中人们所能选择和接受的民主政治形式,精英政策模型就会仍然存在,并发挥作用。

7. 公共政策规划的政治系统模型

政治系统政策模型首先是由美国政治学家戴维·伊斯顿(David Easton)在《政治生活的系统分析》一书中提出来的。在他看来,政治系统是社会中那些相互关联的机构及其活动组成的体系。政治系统的一个重要功能是制定和实施公共政策。

政治系统政策模型将政治系统看作是一种可以识别同时又是相互关联的机构及其活动组成的体系。政治系统所作出的政治决定,是能对社会形成有约束力的权威决定。公共政策是这种权威决定的基本表现形式。政治系统是依据来自环境的要求与支持而作出政治决定的。公共政策是政治系统的要求和支持的反映,是政治系统对环境的一种输出,政策的公布和实施又会对环境产生影响,这是一种反馈,成为对政治系统新的输入。

所谓政治系统的输入是政治系统与其环境之间的变量,要求与支持构成输入变量的主要内容。政治系统的要求是指个人和团体为了得到一定的利益或实现一定的价值而以政治系统为诉求对象的政策主张。要求的形式

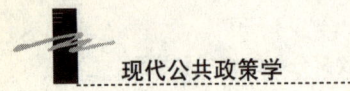

是多种多样的,其强烈程度也各不一样。对政治系统影响特别大的是那些代表性较为广泛而程度又较为强烈的要求。政治系统的支持是指个人和团体对政治系统作出的权威性分配的服从,即对已经作出的政策表示遵从。所谓输出是政治系统与环境之间的另一变量,其主要内容是已经制定的政策及其环境对政策的反应。后者则成为新一轮输入的开端,即反馈。

政治系统政策模型的特点是:(1)强调政策过程中各个环节的相互作用。传统的政策制定研究只重视政策制定主体的作用,而忽视其他相关环节的影响。在政治系统框架内,相互关联的机构在政策制定中都会起作用,只有对政治系统内的各个环节都加以认真考虑,才能很好地制定政策。(2)强调环境对于政策制定的重要影响。政治系统的环境不仅向系统提出政策服务的要求,而且还提供政策内容结构和政策价值的选择趋向。要制定出好的政策,就必须对环境作出全面的分析。(3)强调政策制定是一个完整的动态过程。从政治系统的角度审视政策制定,就必须把政策的形成看作是由政策输入、政策制定、政策输出到政策反馈等阶段构成的连续的、反复循环的过程。

三、公共政策执行的分析模型

1. 公共政策执行的过程模型

公共政策执行是由一系列行动构成的过程。对这一过程首先进行研究的是T. B. 史密斯(Thomas B. Smith)。他在《政策执行过程》一书中提出了政策执行中有四大因素最为重要:(1)理想化的政策:包括政策的形式、政策的制约性、政策的范围、政策的社会形象等。(2)政策环境:政治的、经济的、文化的、历史的条件。(3)目标群体:政策对象的组织化与制度化、接受领导的传统、先前的政策经验。(4)执行机构:机构与人员、领导方式与技巧、执行者的能力与信心等。

由此,史密斯构建了政策执行的过程模型。他将政策制定与政策执行分成两大相互作用的过程。在政策执行中,政策执行组织、政策目标群体、理想化政策和政策环境这四者之间发生着互动,政策执行的过程就是从四

第十二章 公共政策分析的模式和模型

者互动的紧张状态经过处理走向协调和平缓状态的过程,政策执行的结果作为反馈再输入到政策制定的过程。

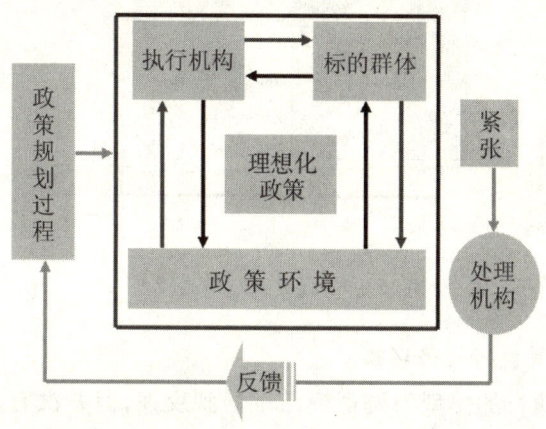

图 12—8　政策执行过程模型

2. 公共政策执行的调适模型

虽然政策执行的过程模型也谈到调适问题,但政策执行中究竟是怎样调适的并不清楚。关于这一点,米尔布里·麦克拉夫林(Mibrey Mclaughlin)在《相互调适的政策实施》一书中作了论述。他指出,政策执行过程主要是政策执行者与受影响者之间就目标或手段进行相互调适的互动过程。政策执行的有效与否取决于政策执行者与政策影响者之间行为调适的程度。

首先是政策执行者与政策接受者之间在需求与观点上不一致,双方必须作出让步和妥协,寻求一个可以接受的政策执行方式。其次是政策执行者的目标与手段应富有弹性,可依据环境因素和政策接受者的需求与观点的改变而变化。第三是政策执行者与政策接受者在相互调适中处于平等的地位,是一个双向交流过程。最后是政策接受者的利益、价值与观点将反馈到政策上,以左右政策执行者的利益、价值与观点。

在政策执行的调适模型中,活动着的是两个方面,一个是政策执行者一方,另一个是受政策实施影响的一方。这两方中都存在一些可以进行相互调适的部分。政策执行的过程就是寻找双方都能接受的调适策略的过程。双方调适的结果,又作为反馈对制定的政策产生作用。

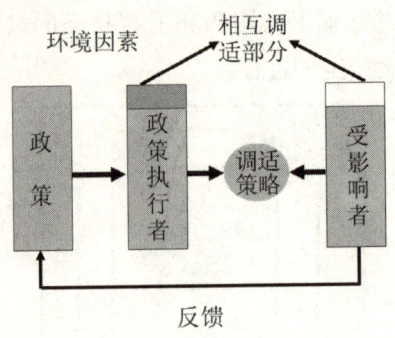

图 12—9　政策执行调适模型

3. 公共政策执行的循环模型

虽然政策执行的模型与调适模型都谈到反馈,但并没有把政策的执行真正视为是循环往复的过程。对于这一点,马丁·雷恩(Martin Rein)和弗朗西·P.拉宾挪维茨(Francine Rabinovitz)注意到了。他们在合著的《执行的理论观》一书中指出,政策执行过程包括三个不同阶段:一是纲领发展阶段:将立法机关的意图转化为行政机关执行政策的规范和纲领。二是资源分配阶段:将政策执行所需要的资源平均地分配给执行者。三是监督阶段:对政策执行过程与成果加以评估,确认执行者所应承担的行政责任,监督包括监控、审计与评估三种形式。

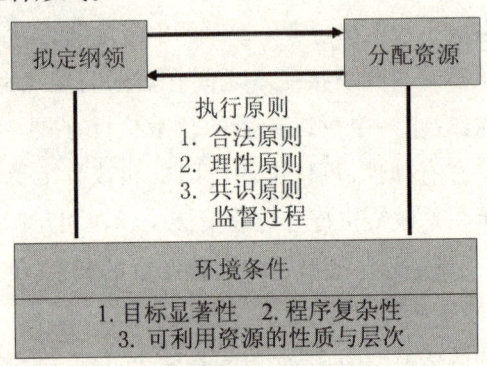

图 12—10　政策执行循环模型

循环模型将政策执行看成是拟定执行纲领、分配资源和监督三个阶段不断循环的过程。这种循环不仅是周期性的,而且三个阶段并不是单向流

第十二章 公共政策分析的模式和模型

动的,而是相互作用的双向循环的复杂动态过程。

循环模型还强调政策执行的环境条件,它包括三类因素:目标的显著性、程序的复杂性、可利用资源的性质与层次。

在政策执行中必须遵循三个原则:一是执行的合法原则、理性原则、共识原则;二是执行过程;三是环境条件。政策执行的合法原则受四个因素的影响:议员权力与地位的高低、技术可行程度、立法辩论的争议范围和对立程度、立法者与执行者支持法律的程度。

政策执行的理性原则包括两项特性:一是一致性原则;二是可执行原则。政策的共识原则是指有影响力的执行者只有在具有争论性的问题上达成共识,执行才可能顺利。

4. 公共政策执行的主体模型

政策执行是政策执行者通过建立组织开展有组织的活动将抽象的行为规范转化为具体的行动的过程。在这个过程中,执行者起着主导作用,因此,在对政策执行的过程、调适活动、循环机制进行研究的基础上,还必须重视对主体的研究。在这方面,保罗·波曼(Paul Berman)做了建设性的工作,他在《总体与个体执行的研究》一书中指出,政策执行是指权威性决策或政策选择方案的执行。在政策执行过程中,政策方案 P 与预期的政策后果 O 之间并不是必然的关系,而是或然的因果关系:

政策执行的主体模型认为,在政策实施中政策执行计划、政策选择方案与制度基础之间存在着函数关系,如果以 P 来表示政策选择方案,以 O 来表示政策执行后果,以公式来表示,则为:

$$P \xrightarrow{\text{或然的因果关系}} O$$

$$I = f(p, \text{inst.})$$

其中:I 表示政策执行计划,P 表示政策选择方案,inst 表示制度基础。

同时,波曼还认为政策执行可分为总体执行与个体执行两大层次。总体执行组织是一个相当分散的连锁结构,总体执行是由四个阶段构成的:(1)行政阶段;(2)采纳阶段;(3)个体执行阶段;(4)技术运用阶段。

个体执行则是组织特性与执行方案之间的调适过程。个体执行由三个阶段构成:动员化阶段、调适阶段、制度化阶段。在个体执行中,制度基础不

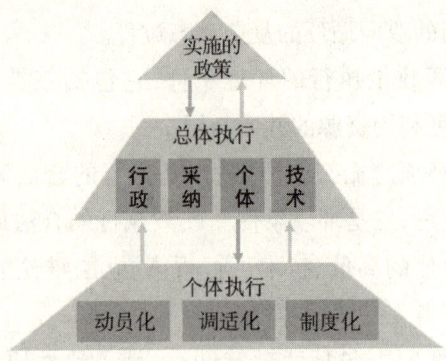

图 12—11 政策执行主体模型

如总体执行来得庞大和复杂,但也受到执行组织的特性与采取的执行方案的影响。如果以 I 来表示个体执行,以 A 来表示所采取的执行方案,以 Org. 来表示执行组织的特性,那么,政策实施中的个体执行受影响的状况可以用下面的函数式来表示:

$$I = f(A, Org.)$$

由该式也可以得出政策实施中执行组织受影响的函数式:

$$Org. = f(A, I)$$

5. 公共政策执行的变数模型

如果将政策执行摆到一个更为广阔的范围来考察,它所涉及到的因素较多,主要有:客观存在的政策问题,已经制定出来的政策,政策内部的约束力量,政策外部的各种力量。如果将这些因素作为变量来看待,政策执行就成为一系列变量之间相互关系的结果。

比较早地对政策执行过程的变量进行研究的是 D. 梅兹曼尼安(D. A. Mazmanian)和 P. 萨巴提尔(P. A. Sabatier)。他们认为,在政策执行过程中起较大作用的主要变数可以分为三类:政策问题的可处理性,政策本身的规制能力,政策本身以外的变项。(1)政策问题的可处理性:现存的能对政策问题加以处理的有效理论和技术及运用时的困难程度;标的集团行为的多样性;标的集团所占人口的比重;标的集团行为需要改变和调适的幅度。(2)政策本身法定的规制能力:明确和一致的政策目标;政策本身存在的合理的因果关系;充足的财政资源;执行机关内部的层次性整合;执行单位的决定

第十二章 公共政策分析的模式和模型

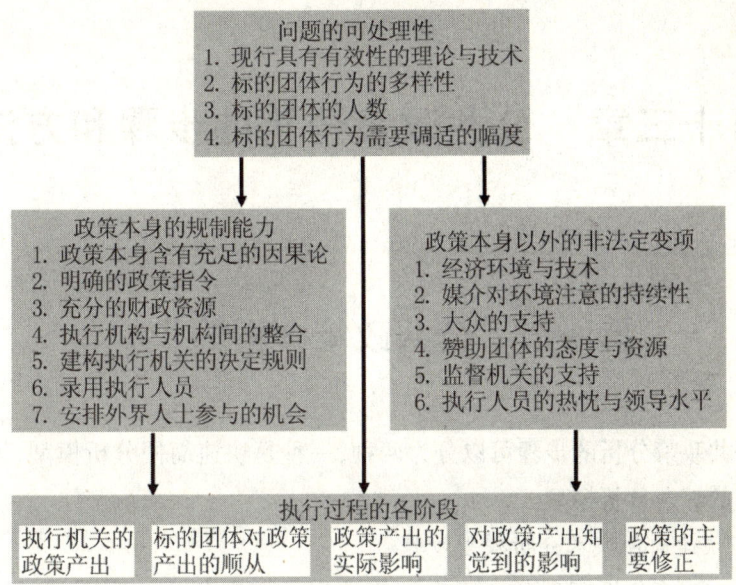

图 12—12　政策执行变数模型

规则；执行机构的人员征募；机构外人士的正式参与。(3)政策以外的非法定变项：社会经济条件与技术水平；大众支持；传媒的持续注意程度与态度；支持集团的态度与资源；权威当局的支持；执行人员的工作热情与领导水平。

　　变数模型的一个特点是结合政策执行的不同阶段来考察变量对政策实施的影响。梅兹曼尼安和萨巴蒂尔将政策执行分为五个阶段：(1)执行机关的政策产出；(2)标的团体对政策产出的顺从；(3)政策产出的实际影响；(4)对政策产出知觉到的影响；(5)政策的主要修正。

第十三章 公共政策分析的步骤和方法

第一节 公共政策分析的步骤

公共政策分析的步骤可以分为两种,一种是快速简便分析模型,另一种是总体的综合分析模型。

1. 快速简便战术分析模型步骤

这一政策分析模型适合于在政策信息不够完备的情况下进行快速分析,因为这一模型便于针对具体的政策方案作出评估和审定,因此也称为是

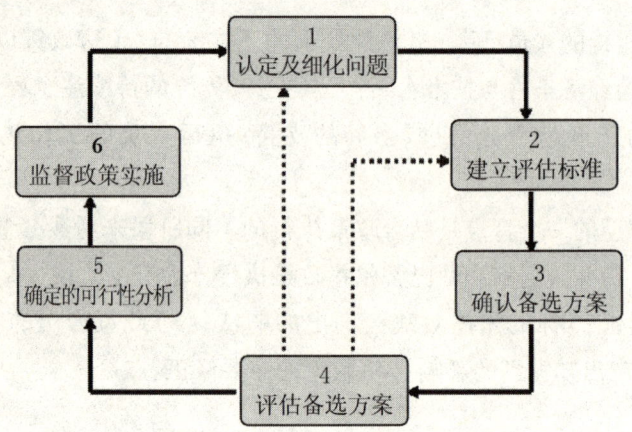

图 13—1 快速简便战术分析模型步骤

战术性的。快速简便的政策分析由以下六个步骤组成:(1)认定并细化政策问题。这一步的要求是对已经进入议程的政策问题进行调查,并运用一定的技术对政策问题加以确认,并对政策问题的性质、变化趋势作出说明。这是整体政策分析的前提。(2)建立政策评估标准。政策的评估标准包括政

第十三章 公共政策分析的步骤和方法

府解决公共社会问题的目的、政策的目标。它要通过具体的政策结果、政策效率和政策效益体现出来。政策评估标准必须是确定的,它首先要在对备选方案加以选择时使用。(3)确认已经拟定的政策备选方案。政策备选方案的质量直接决定着最终的政策决策。因此,对于已经拟定的备选方案必须加以分析,主要是审查这些方案中每一个方案是否是周密的,方案之间是否是排斥的,有没有遗漏某些重要方案。(4)评估备选方案。这一步至关重要,在确认备选方案的基础上,政策分析人员已经知道解决政策问题可能的途径,评估备选方案只是在这些可能的解决政策问题的措施中选择某个可行的方案去付诸实施。政策分析人员主要运用决策的理论和模型,在形成共识的前提下,对某项政策方案作出选择的决定。在这一步,政策分析人员常常会再次回到有关政策问题的争论上去,也会再次去讨论政策的标准的合理性。(5)对选定的政策方案作可行性评估。任何政策方案要能从人们的意图成为操作的现实,就必须考虑政治上的可行性、经济上的可行性、技术上的可行性,有时还需要考虑伦理上的可行性。(6)监督政策实施。这是政策规划分析的延伸,它有两个必要性,一是继续在实践中考察政策方案的科学性、可行性;再就是针对在政策的实际操作中出现的预先并没有发现的问题即时作出调整性处理,以保证政策顺利贯彻执行。

2. 总体综合战略分析模型步骤

与上面的政策战术分析相对应,这是一种针对政策的总体性的、战略性的分析。在这一分析模型中,突出了针对某项政策的历史的、形势的、议程的分析。

总体综合战略政策分析采取以下程序:(1)分析政策规划的历史背景。许多政策要加以解决的社会公共问题并不是现在才出现的,它可能已经存在很长时间了,或者以往这种社会公共问题只是处于萌芽状态,现在暴露出来了。只有对政策问题作出历史的考察,才能准确地把握政策问题的来龙去脉,认清其演变趋势。(2)对政策制定、实施的形势作出估计。这是对政策的外部生态体系作出确认。政策活动是内部生态体系与外部生态体系的互动和相互建构。只有对政策制定、实施的形势作出分析,了解政策行为主体在制定和实施某项政策时客观政策形势的弱点(W)、机会(O)、威胁

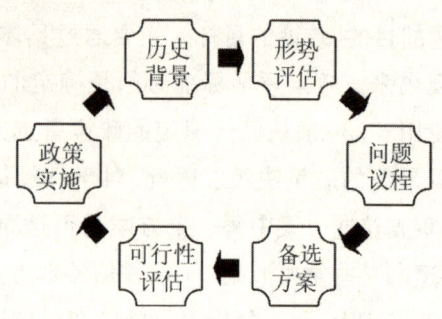

图13—2 综合战略政策分析步骤

(T)和优势(S),才能对政策行动的每一步保持清醒的头脑。(3)分析政策问题和政策议程。这是对第二步分析的继续。和战术分析不同,政策的战略分析必须对政策议程作出审定,其实前两个步骤已经在为这一步作准备了。对政策议程的考察是进一步了解某一社会公共问题是否值得政府特别重视,是否还有其他社会公共问题更值得政府关注。(4)分析备选方案和选定行动方案。这是立足前面的历史背景和形势分析,对解决政策问题的备选方案作出评估,并对已经选定的实施措施作出评价。(5)对选定的政策方案作实施的可行性分析。这一分析与战术分析是一样的。(6)提出政策执行建议。这一步与战术分析的区别在于,它不是去监督政策的实施,而只是依据可行性分析和其他的对历史背景及政策形势的认识,就政策的具体实施提出建议。

第二节 公共政策分析的技术

一、公共政策问题的分析方法

从上面对公共政策分析步骤的讨论中可以知道,在具体的公共政策分析中,方法和技术是非常重要的。在对政策问题的分析、对政策执行前的可行性和风险性分析、政策执行的分析和政策的评估分析中,都会使用一些特

第十三章 公共政策分析的步骤和方法

殊的方法和技术。

在公共政策问题分析中,分析人员主要使用类别分析、层级分析、类比分析、假设分析等方法。

1. 类别分析方法

公共政策问题的类别分析是指对政策问题情境加以界定和区分。政策问题是通过问题情境表现出来的。所谓政策问题情境是某些可以观察的符号系统表现的体现政策问题的客观状态与事实。不同的政策问题总是对应着不同的问题情境。因此,要弄清政策问题,首先就必须对政策问题情境加以识别,这种识别只能借助于经验。当出现问题情境时,政策分析人员就利用个人的或集体的经验对问题情境进行分类处理。

公共政策问题的类别分析分为逻辑划分与逻辑归类两个过程。在逻辑划分过程,政策分析人员将政策问题情境解剖为许多更小的类别。在逻辑归类过程,政策分析人员则将表现不同政策问题的情境部分归并为大的类别。问题情境的逻辑划分与其逻辑归类是相反的思维过程,其目的是为了形成政策问题与问题情境大体上的对应关系,以便从问题情境入手识别政策问题。

在对政策问题情境进行分类分析时,必须遵循一定的原则:(1)实质相关原则。类别的划分应当与政策问题情境的事实、状态相一致;(2)类目穷尽原则。所列出的问题情境类别必须能涵盖所有的问题情境;(3)类目排斥原则。所列出的每一个问题情境类目必须是独立的,与其他类目是互相排斥的;(4)单一分类原则。在同一时间和空间中,对问题情境的分类只能使用同一种分类标准。

2. 层级分析方法

公共政策问题的层次分析是为了确认导致政策问题的原因。任何政策问题都是由一系列客观的原因造成的,只有认清了引发政策问题的原因,才能更好地认识政策问题。导致政策问题的原因主要有三类:可能的原因、合理的原因、可行的原因。

政策问题的可能的原因是指所有可能促使政策问题情境产生的事件、行动或因素。政策问题的合理的原因是指以科学研究与直接经验为基础所确认的导致政策问题的原因。政策问题的可行的原因是指能够用政策影响或用政策来解释的产生政策问题的原因。

政策问题的层次分析一般不用于团体性的政策分析,而主要用于个人的政策分析。这种分析的合理程度与准确性主要取决于分析者个人的知识、经验、生活背景、意识形态、价值取向。

3. 类比分析方法

公共政策问题的类比分析主要是为了寻找某个具体的政策问题与其他的政策问题的相似性。在对政策问题的分析中,人们可以借助于相似性来对政策问题的性质加以确认。如果某一政策问题与另一个已确认的旧的政策问题是相似的,政策分析人员就可以从对旧政策问题的把握中依据相似性来对新的政策问题的实质加以确认。一般地说,通过对政策的评估,政策分析人员积累了大量有关旧的政策问题的类别、性质、成因方面的知识,当出现新政策问题时,政策分析人员就可以将新的政策问题与旧的政策问题进行比较,寻找出具有相似性的旧政策问题,并依据对旧政策问题的确认来推导出新的政策问题的类别、性质、成因。

政策分析人员经常使用下列四类相似性比较:第一类是人的类比。政策分析人员不是把自己作为政策问题之外的人,而是将自己想像为是与所要分析的政策问题有关的政策关系人,将自己置身于需要分析的政策问题情境之中,从决策者、利益集团的角度去思考政策问题,从而达到对政策问题的全面而又实际的了解。这种类比对于分析那些蕴含利益矛盾冲突的政策问题尤其重要。

第二类是直接类比。政策分析人员直接把两个或两个以上的政策问题摆到一起进行比较,特别是将新的政策问题与已经解决了的旧的政策问题放在一起对照,从对比中尽量找到它们在类别、性质、成因等方面的相似性,从而弄清新的政策问题的性质。

第三类是模式类比。政策分析人员利用一些符号、数字、概念构成某种框架与模式,再利用这些框架与模式来对政策问题加以比照。从模式和框架中的符号、概念之间的关联,来发现政策问题与现实社会生活的关系。或者是运用符号系统从形式上再现政策问题的内部结构与过程。

第十三章　公共政策分析的步骤和方法

第四类是幻想类比。在现实生活中,有许多政策问题是十分复杂的,主要是影响的因素太多,形式不是单一的而是复合的,问题的情境充满不确定性,无法实施控制。在这种情况下,政策分析人员开动脑筋,自由地想像政策问题与某些确切的事件具有相似性,并推论出政策问题的性质、类别和成因。

4. 假设分析方法

假设分析是对结构不良的政策问题确认和处理的一种手段。这种分析首先围绕政策问题假设出两组相互冲突的立论,然后进行创造性的综合。假设分析是政策问题分析中综合性最强的方法。它除了前面所阐述的分析方法外,还具有假设辩证的功能。这种功能建立在"冲突"、"假设"、"假设挑战"等辩证过程的基础之上。

假设分析可以由个别专家来做,也可以由专家组成的集体来完成。假设分析做得好不好,主要看是否为政策问题提出了多种具有冲突性的假设,这些假设是否受到挑战,最终是否得出具有创造性的综合意见。

在假设分析中包含着冲突与认同两个方面。冲突方面的功能主要是帮助政策分析人员去寻找政策问题中可能包含的不同的基本假设,并给予批判。因此,在分析中要尽量鼓励发表不同见解,并尽可能地扩大各种见解之间的冲突因素。认同方面的功能主要是围绕某个假设形成坚强的支持力量,尽量为自己坚持的假设提供有力的辩护,并对反对者的假设主动挑战。只有经过冲突与认同的充分作用,最终的综合才是有效的。

假设分析主要有以下几个阶段:第一阶段是利益关系人的确定。所谓利益关系人是指影响政策问题或受政策问题影响的人。假设分析首先要找出政策问题的利益关系人,排除与政策问题无关的人,从而确定将哪些人列入假设分析的范围;然后再按与政策问题利益关系的大小、亲疏,给关系人排序;重点分析不同关系人的立场、观点。

第二阶段是假设的寻求。这一阶段的任务是找出并确认政策问题所依据的基本假设。每一个政策问题都有其依据的基本假设,政策规划就是依据这些基本假设制定的,而政策问题的基本假设又是从一套原始资料中归纳出来的。通过追溯政策问题的基本假设及其原始资料,可以知道政策问题基本假设是否从原始资料中归纳出来的,政策规划是否依据政策问题基本假设推论的。

第三阶段是假设的比较。这一阶段的任务是对每一组基本假设进行比较、评估,其目的是为了确定各种基本假设的对错、优劣、异同,以便取舍。

第四阶段是假设的汇集。这一阶段的任务是将前面阶段提出并比较过的基本假设汇集起来,然后再与利益关系人对应起来,要尽量将重要的政策问题的利益关系人的基本假设列出来。先是建立多组政策问题利益关系人与基本假设的对应关系,最终是建立一组多数政策问题利益关系人可以接受的基本假设。

第五阶段是假设的综合。这一阶段的任务是对前面阶段加以总结,综合出结论。政策分析人员要充分利用自己的专业知识、技能、才智,考虑各种政策问题利益关系人的立场、观点,全面衡量各种可能的矛盾与冲突,并考虑政府所能提供的政策资源,最后得出综合结论。

二、公共政策行动预测分析方法

1. 头脑风暴法

头脑风暴法又称为头脑激荡法(brain storming)。这一方法大约在20世纪50年代创立,到70年代得到广泛使用。在群体决策中,互动群体会对个人形成压力,迫使他们产生从众行为,从而妨碍科学的决策。头脑风暴法的实质是群体内部观念的产生依据一定的程序,让每个人畅所欲言,从而克服互动群体中产生出来的妨碍创造性方案形成的从众压力,努力实现决策的科学化。

在典型的头脑激荡法中,一般邀请6至12人围坐在一起,群体负责人先用简单明了的方式将公共政策问题告诉给大家;然后,在给定的时间内,让每个人自由发言,尽可能地设计解决问题的方案。在这段时间里,讨论者无论是听到对自己有启发性的观点,还是认为是稀奇古怪的看法,一律都不得加以评论;讨论中所有建议的方案都原原本本地记录下来;等所有人的政策方案都提出来以后再进行分析。

# 第十三章 公共政策分析的步骤和方法

头脑风暴法可以细分为如下几种类型：直接头脑激荡法、程序有效组织法、刺激"观察法"、质疑式头脑激荡法等。

2. 名义群体法

名义群体法(nominal group technique)又可称为限制群体法。这种方法的实质是既在群体内发挥每个人的独立作用，防止过分的从众行为，同时又允许有一定程度的沟通，以便吸收群体智慧的优势。其运行程序是：(1)将群体成员聚集在一起，但不马上进行讨论，而是让每个人写下自己对解决既定的公共政策问题的意见。(2)群体成员一个接一个地向其整个群体陈述自己的政策方案，组织人员用记录纸或记录板将每个人的方案都记录下来。(3)群体成员对每个人的政策建议进行讨论与评价，其中可以就某些建议进行必要的咨询与说明。(4)群体成员独自对表述出来的政策建议进行排序，排序最靠前的、选择最为集中的政策方案就是决策的结果。

3. 互动群体法

与名义群体法相似的是互动群体法，这也是一种群体的面询预测方法，其步骤是：(1)将专家群体分组，并在各组内分别征询政策建议。(2)在每个组内不标姓名地公布已征询来的政策建议，让专家重新思考。(3)向全体专家公布所得意见，组织讨论，获取最终结果。

4. 德尔菲法

德尔菲法是20世纪60年代(1969年)由兰德公司与道格拉斯协作创立的专家函询预测法。

德尔菲法的特点是：(1)匿名登录、匿名答复、匿名统计，不需要群体成员相互见面，从而有利于专家独立提出自己的方案预测意见。(2)能将在地理位置上处于分散状态的专家集中到同一个决策过程之中，从而大大节省了把这些专家集中到一块的费用。(3)可以多次将问卷调查的结果再告诉群体成员，从而有利于信息反馈与思想沟通，也有利于预测结果的统计。

德尔菲法也有其不足：(1)使用这种方法需要花费大量的时间，因而不适合于快速决策。(2)使用这种方法不容易在群体成员之间产生相互激励与启发，因而不太容易产生较多的解决政策问题的方案。

德尔菲法的程序：拟定征询调查表、组织专家函询小组、多轮专家预测

调查、预测结果的统计。

专家预测调查的程序:(1)在公共政策问题确认以后,精心设计出问卷,发给群体成员,以便让他们通过填写问卷提出解决政策问题的方案。(2)群体的每一个成员以独立的、匿名的方式完成问卷的填写。(3)把群体成员第一次填写的问卷集中到一个地点进行整理。(4)将整理和调整过的问卷答案结果分发给群体成员。(5)群体成员在看过整理与调整后的结果以后,再次提出解决政策问题的方案。(6)如果有必要再次重复第四个与第五个程序,直至最终选出大家一致同意的解决政策问题的方案。

5. 电子会议法

电子会议法(electronic meetings)即群体决策与计算机技术相结合的预测方法。在使用这种方法时,先将群体成员集中起来,每人面前有一个与中心计算机相连接的终端。群体成员将自己有关解决政策问题的方案输入计算机终端,然后再将它投影在大屏幕上。

电子会议法的特点是:(1)匿名。参与公共政策决策咨询的专家采取匿名的方式将自己的政策方案提出来,参与者只需把个人的想法输入键盘就行了。(2)可靠。每个人作出的有关解决公共问题的政策建议都能如实地、不会被改动地反映在大屏幕上。(3)快速。在使用计算机进行政策咨询时,不仅没有闲聊,而且人们可以在同一时间里互不干扰地交换见解。它要比传统的面对面的决策咨询的效率高出一倍。

但这种方法也有其局限性:(1)对那些善于口头表达而运用计算机的技能却相对较差的专家来说,电子会议会影响他们的决策思维;(2)在运用这种预测方法时,由于是匿名,因而无法对提出好的政策建议的人进行奖励;(3)人们只是通过计算机来进行决策咨询,因而是"人—机对话",其沟通程度不如"人—人对话"那么丰富。

第十三章 公共政策分析的步骤和方法

影响预测效果因素	互动群体法	头脑风暴法	名义群体法	德尔菲法	电子会议法
方案数量	少	中等	多	多	多
方案质量	低	中等	高	高	高
社会压力	高	低	中等	低	低
财务成本	低	低	低	低	高
预测速度	中等	中等	中等	低	高
任务导向	低	高	高	高	高
人际冲突	高	高	中等	低	低
成就感	从高到低	高	高	中等	高
对预测结果的承诺	高	不适用	中等	低	中
群体凝聚力	高	高	中等	低	低

图 13—3　各种专家预测方法效果比较

6. 趋势分析法

上述几种方法属于专家咨询方法,除专家咨询方法外,还有其他预测分析方法,其中趋势分析法是较为重要的。这一方法有两个重要的概念。一是趋势线。趋势线是已经发生的事件和可能发生的事件之间的简单指示器。趋势线是为了将未来与历史数据进行比较。若一条直线或曲线与历史上有过的数据类似,就可以进行预测。这种方法非常简单,不需要高深的学问,只要在历史数据之间画出一条直线就行了。也正因为简单,一般只能对正常情况下短期的即不超出两年的事件作出估计。二是移动平均。在各个时间所得到的数据常常具有周期性和因时间不同而异的特点。这种特点扰乱了数据所服从的基本趋势。对数据进行平滑或修匀就可以消除上述特点。移动平均则是其中一种方法。移动平均法很简单,但是不准确。若某企业 1 月份产量为 32 件,2 月份产量为 26 件,3 月份产量为 40 件,则对 4 月份的预测:$(32+26+40)/3=32.7$

对 5 月份的预测:$(26+40+32.7)/3=32.9$

或对 5 月份的预测:$(32+26+40+32.7)/4=35.1$

7. 指数平滑法

移动平均法是等权的,而指数平滑则是加权的。加权因子 a 一般选在 0.1 至 0.2 之间。其公式是:

$$F^{t+1} = aX^t + (1-a)F^t$$

其中:F^{t+1}为现时对下一阶段未知量 X 的预测值

a 为加权因子即平滑系数

F^t 为上一时段对现时段的预测值

X^t 为现时段观察到的值

若某企业 1 月份的实际产量为 32 件

2 月份的预测值是

$F^{t+1} = aX^t + (1-a)F^t$

$F^2 = 0.2(32) + (0.8)32$

$= 32$

若 2 月份的实际产量为 26 件

3 月份的预测值是

$F^{t+1} = aX^t + (1-a)F^t$

$F^3 = 0.2(26) + (0.8)32$

$= 30.8$

8. 回归分析法

利用回归分析可以得到一条曲线,数据组复杂时要运用计算机软件。最为简单的回归分析是直线模型:

$$Y = a + bX$$

其中,b 为斜率,a 为截距。

$b = n\sum_{xy} - (\sum_x)(\sum_y)/n\sum_{x^2} - (\sum_r)^2$

$a = Y' - bX'$

a = 线性关系的斜率

b = 线性关系的截距

n = 观察次数

X = 每次观察中自变量的值

Y = 每次观察中因变量的值

X' = X 观察值的平均值

Y' = Y 观察值的平均值

三、公共政策行动风险分析方法

对风险进行评价的决策模型主要有三种：蒙特卡罗方法、决策树方法、确定性方法。对三种评价风险的决策方法进行选择的依据主要是两个因素：一是掌握不确定性信息的方法，二是模拟不确定性的方法。蒙特卡罗方法主要借助于历史上已经发生的相似事件的概率来评价即将发生的事件的风险程度，决策树方法主要通过概率估计来评价未来事件的风险程度，确定性方法主要通过对可能事件的说明来评价未来事件的风险程度。

1. 蒙特卡罗方法

这种风险决策分析模型使用的条件是有足够的历史数据可以作为推测未来事件发生的概率，并以此作为考察不同方案的基础，从既往的信息中预言未来行动的结果。构建蒙特卡罗模型的步骤如下：

第一步是收集系统行为的历史数据。作为系统的历史数据必须具备两个特征：一是数据要有连续性，二是数据要表明时间的序列。

第二步是用数据的分布来反映不确定性。系统的运行带有不确定性，这种不确定性是以数据的一定的分布表现出来的，关键是找出这种分布。

第三步是给每个分布指派随机数范围。不同的分布都是随机的，要能掌握其随机性，就要为不同分布指派随机数范围。

第四步是开发一个计算机模型来模仿系统中的过程。通过对数据的处理，并设计一定的程序，来对系统真实运行的过程进行计算机模拟。

第五步是从指派的随机数中生成系统的条件。系统的运行是有其约束条件的，计算机模拟程序必须和运行条件结合起来，才能形成对真实过程的模仿，因此，必须从指派的随机数中推测出形成系统的种种条件。

最后一步是将模拟程序与生成系统的条件结合起来，以系统存在和运行的条件为依据来度量、描述现实系统的运行的过程。

2. 决策树方法

这种风险决策分析模型使用的条件是对不确定性的掌握所依据的只是有关具体事件发生的估计概率，决策者利用这些估计概率来确定不同决策的期望后果。构建决策树模型也具有如下的步骤：

第一步是列举出决策的备选方案。备选方案可以是两个或更多。列举备选方案的原则有两条：一是尽可能完备，特别不能遗漏主要方案；二是各个备选方案之间必须是排斥的。

第二步是对每个方案描述可能发生的事件，对每个事件指派概率（第一阶段）。每个方案都必须有相应的事件相配套，不同事件发生的可能性不一样，必须计算出不同事件发生的概率。

第三步是对每个方案再进行更为具体的决策（第二阶段）。对于每一个备选议案都会有几个事件，要对每个事件计算其概率。

第四步是对每个方案序列的结果按恰当的标准作出评价。制定出适应的评价标准，按概率对不同方案的不同事件的结果进行计算和评价。

最后一步是对各个备选方案的结果用各自的概率加权，由此评价出第一阶段诸决策方案的期望后果。

比如，某城市想在 A 地设溜冰场，考虑该地区多雨，需要决定是建室内溜冰场还是建露天溜冰场。建室内溜冰场的好处是在雨天也可用，但也有缺点，人多拥挤，安全有问题，而且空气也不好。估计有 60% 的机会每天可赚取 2000 元，有 20% 的机会一天损失 300 元，另外还有 20% 的机会说不清楚。建露天溜冰场的坏处是雨天客人少，但也有优点，即空气好，容纳的人多。估计天晴时客人多，每天可赚取 5000 元，下雨时客人少，一天可能损失 200 元。该地区不下雨的估计概率为 80%，下雨的估计概率为 20%。用决策树模型来分析，以 ■ 表示决策节点，以 ● 表示机会节点，加上概率和预期结果，形成决策问题的逻辑结构的流向图。

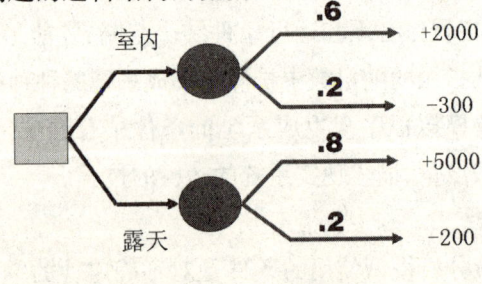

图13—4　决策树方法

3. 确定型方法

这种风险决策分析模型使用的条件是既无不确定性的历史概率数,也没有估计概率,但可以写出描述未来可能事件的若干说明书,借助于说明书,可以研究系统的表现。构建确定型模型的步骤:

第一步开发系统模型。将既定系统中的所有事件的结果,都看成是确定无疑的。然后按照确定的事件,并依据其发生的先后顺序和相互之间的关联,给既定的系统开发出一个运行模型。

第二步撰写脚本。对系统中确定的、未来的可能事件的发生、发展进行预测,并将这种预测以脚本的形式写出来。

第三步求出模型结果。依据每个脚本中的事件及其确定的结果,求出整个系统模型的总结果。

四、公共政策评估分析方法

1. 对比分析法

对比分析法包含四种分析:简单"前—后"对比分析、"投射—实施后"对比分析、"有—无"政策对比分析、"控制对象—实验对象"对比分析。

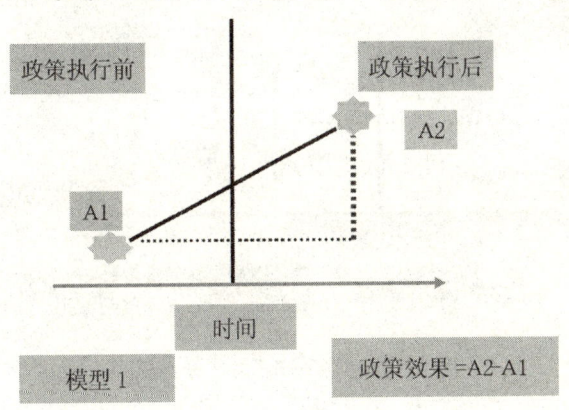

图 13—5 简单"前—后"对比模式

简单"前—后"对比分析:以 A1 表示政策执行前的状态,以 A2 表示政策执行后的状态,政策效果是 A2—A1。这种分析的优点是简单、易行、明了,但缺点是不精确,因为导致 A2 状态的原因除了政策的作用外,还可能是其他因素的影响。

"投射—实施后"对比分析(见图 13—6):以 A1 来表示政策执行前状态 p 的投射,以 A2 表示政策执行后的状态,政策效果为 A2—A1。这种分析的优点是将非政策的因素作了过滤,但缺点是对 A2 点状态难以确定。

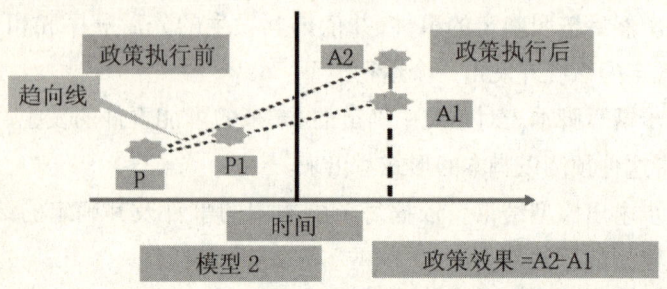

图 13—6 "投射—实施后"对比分析模型

"有—无"政策对比分析(见图 13—7):以 A1、B1 表示政策执行前有无政策两种状态,以 A2、B2 表示政策执行后有政策与无政策两种状态,政策效果则为(A2—A1)—(B2—B1)。这种分析能排除非政策的影响因素,其结果比较精确。

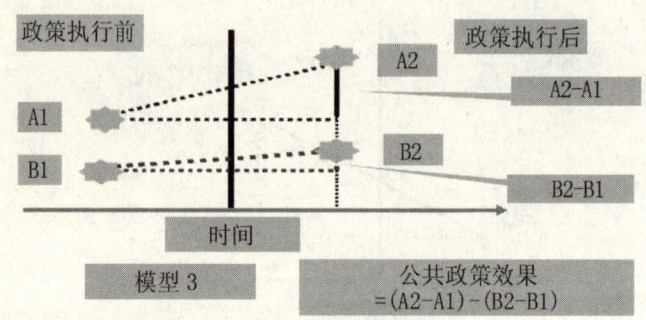

图 13—7 "有—无"对比分析模型

2. 成本效益分析法

成本效益分析法是对政策运行成本与政策实施效益加以对比的分析方法。运用这一方法必须了解政策运行成本和评估原则。政策运行成本为下列分成本的总和:包括从提出政策问题到政策公布所投入的经费与实物的

第十三章　公共政策分析的步骤和方法

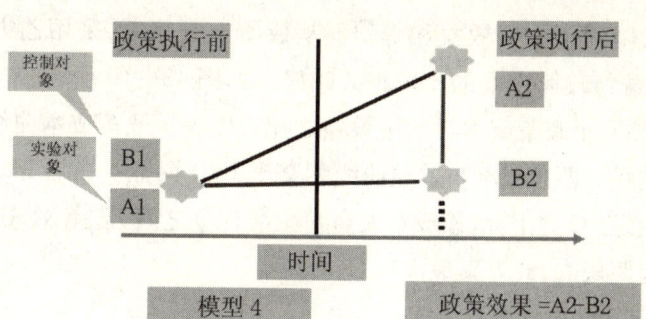

图 13—8　控制实验对比分析模型

政策制定费用;政策各个环节之间、新旧政策之间衔接的费用;政策各环节之间、各项政策之间由于缺乏配合产生的摩擦费用;在政策执行中成立专门机构、配备专门人员、对政策进行宣传、实施监控及执行中评估所需费用;为对付政策目标群体追求自身利益的"对策"行为而加大的政策投入费用等。

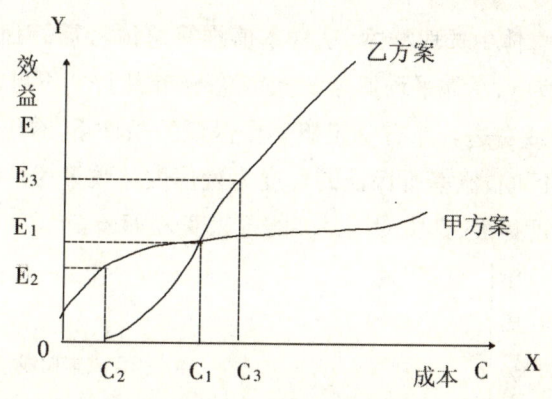

图 13—9　政策成本效益比较

政策成本效益分析通常遵循下列三条评估原则:(1)当两种政策方案的效益相等时,政策很有必要来考虑该政策方案越优。如图 13—9 所示,当政策效益为 E_1 时,两种政策方案的效益相同,此时的政策成本为 C_1。当政策成本低于 C_1 时,甲方案优于乙方案。当政策成本高于 C_1 时,则乙方案较优。(2)两种方案的政策成本相同时,政策效益越大的政策方案就越优。如果政策成本为 C_2 时,乙方案效益为零,显然此时甲方案优于乙方案。如果政治成

331

本为 C_1 时,则两个方案效益相等。但从成本上升来看,采用乙方案较优。

(3)政策效益与政策成本的比率越大越好。如图13—10所示,X轴表示方案选择,Y轴表示政策成本与政策效益之比。R表示政策成本曲线,K表示政策效益曲线。两条成本与效益曲线相交于P、Q两点。在点P之下,政策效益太低,在点Q之上,政策成本太高。在点P、Q之间,选择X1处,此时,效益与成本差距最大,此方案最优。

3. 统计抽样分析法

统计抽样分析法是根据抽样调查的资料进行统计推断的一种方法。从总体中抽取出来的部分称为样本。这一方法的特点在于按随机原理抽取样本,具有代表性;利用数理原理进行误差控制,具有准确性;从样本推算全体,具有快捷性。抽样可分为包括单纯随机抽样、机械随机抽样、分层随机抽样、整群随机抽样的任意抽样与包括随意抽样、判断抽样和定额抽样的非任意抽样等。

抽样是从总体中选取样本,从样本值推算总体特征,因而就存在误差。若样本的均值为y,总体平均值为Y,在正态分布图上,y不可能等于Y,只会落在Y的左边或右边。在有一定概率作保证的条件下,总体平均数的可能范围称为置信区间,概率所保证的程度为置信度。政策评估中常将95%与99%作为置信度标准,其中使用最多的置信度为95%。

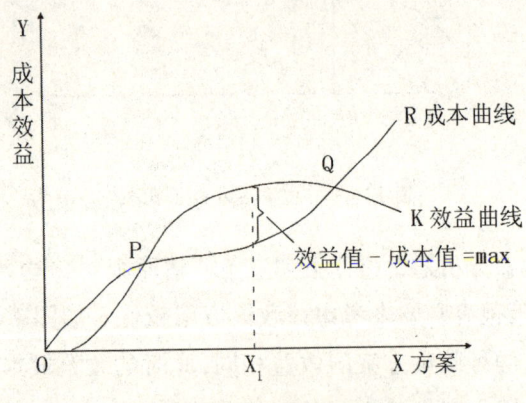

图13—10 政策效益成本曲线

第五编

公共政策研究

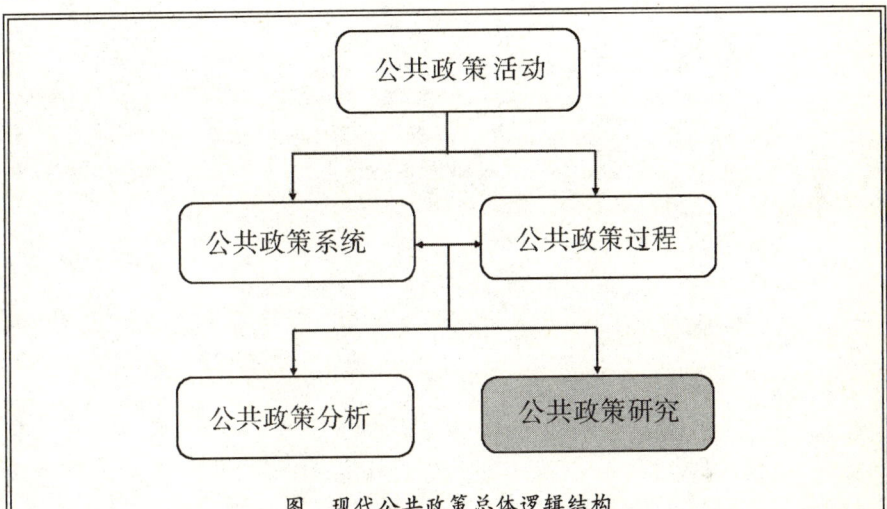

图　现代公共政策总体逻辑结构

　　公共政策研究是整体的公共政策活动中的重要组成部分。公共政策研究首先涉及到研究的范式和方法问题。从西方公共政策研究的演变历程来看，先后大体经过了实证的、经济理性的研究范式，先后实证的、社会理性的研究范式。在社会转型时期，我们需要的是辩证的、社会和谐理性的研究范式。

　　人们在对公共政策作研究时，也逐步总结出各种研究方法。许多政策学者最早偏爱经济学上的投入产出方法。后来生态系统的方法、经济政治的方法、集团对立和合作的方法、社会网络研究方法、新制度主义的研究方法也进入公共政策研究的过程。

　　在社会转型时期，公共政策研究的重要方面是对政策创新的因素、机制以及应急政策设计的内容、程序、方法作出说明。

第十四章 公共政策研究的范式与方法

第一节 公共政策研究的范式

一、公共政策研究中的范式概念

第一个在政治科学范围内使用理论范式概念的学者应该算是马克思,他在《资本论》中通过创造资本主义和共产主义这一对概念而对人类社会历史的变化发展作了制度范式上的比较,一个制度范式即资本主义是既存的、但是令人厌恶的社会形态,另一个制度范式即共产主义则是需要人们去努力构建的、令人向往的理想社会形态。

在马克思之后,在社会科学的制度比较研究中使用范式概念的是米塞斯(Mises)和哈耶克(Hayek)。其他的对社会制度范式作出研究的学者还有熊彼特(Schumpeter)、瓦尔特·奥肯(Walter Eucken)和卡尔·波拉尼(Polanyi)。

但是,现今人们对这些社会科学家使用过的理论范式的要领已经不太熟悉了,人们似乎只记得库恩的有关自然科学研究历史演变中的范式概念,科学哲学家库恩(Kuhn)在1962年出版的《科学革命的结构》一书中首先提出了自然科学理论研究中的范式替代问题。在科学哲学界,著名学者波普(Popper)、拉卡托斯(Lakatos)也对科学研究范式作过类似的探讨。拉卡托斯使用的概念不是"范式",而是"研究纲领"以及其中的所谓"硬核"。科尔奈认为,拉卡托斯的"研究纲领"概念能更好地体现一种理论研究的逻辑方式。不过,只有库恩明确提出自然科学理论的演变是通过一个理论范式取

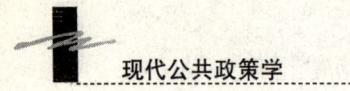

代另一个理论范式的革命的方式来实现的。①

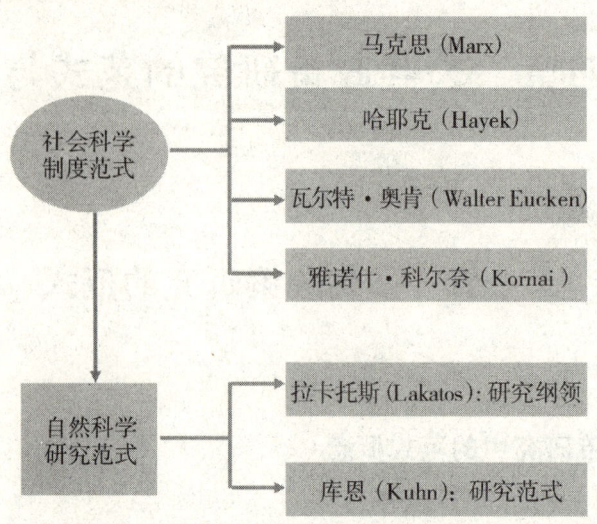

自然科学和社会科学研究发展中的范式

图 14—1　社会科学研究的范式与自然科学研究的范式

库恩坚持认为自然科学理论的演变是通过一个理论范式取代另一个理论范式的革命的方式实现的。在库恩看来,在自然科学中,一个学科的发展先是建立常规理论,当出现了新的现象,原先的理论无法加以圆满地解释时,就需要产生新的原理。当这些新原理渐渐地多起来,原先的理论框架已无法容纳时,就会产生科学革命。一个学科的理论经过一次革命后,出现新的常规理论,以后又会产生新的科学革命,再产生出另一个常规理论。如此循环往复,形成一个个科学理论发展的理论研究周期。

库恩所创造的科学发展的范式理论对于理解和促进自然科学的进步具有很大的影响。虽然,这一概念并不能完全概括自然科学发展的过程,但它却能很好地解释物理学从经典力学到爱因斯坦相对论的发展过程。也正是这种成功的解释,以及人们对自然科学的成就与方法的崇敬,使这一范式理

---

① 科尔奈认为,另一位科学哲学家拉卡托斯(Lakatos)在1971年提出的"研究纲领",可能比库恩的"范式"能更好地体现一种理论研究的逻辑方式。科尔奈:《制度范式》,载《比较1》,中信出版社2002年版,第16页。

第十四章 公共政策研究的范式与方法

论也渗透到社会科学中来。20世纪60年代、70年代以后,社会科学的许多学科在构建本身的理论体系时,都谈到了库恩的科学范式概念,政治学和公共政策学也不例外。

库恩的有关自然科学研究中的范式主要包括下列内容:由一项重大的科学成就所构成的、在一定时期内规定科学发展方向的指南;包含一种图景、思路与看法的"形而上学的假设";特定时期某个科学共同体所恪守的信念;一整套特定的符号、模型与范例。[1]

多数学者认为,库恩并没有对范式这一概念作出明确的定义。在库恩的范式概念中,范式既是一种理论结构,又是一种科学家研究团体,有时两者又是结合在一起的。他认为理论研究中的范式是科学团体所坚持的常规科学赖以确立、存在的理论基础和实践规范。

要将科恩的主要是用于解释自然科学研究中理论更新发展过程的范式概念运用到对公共政策科学领域中,需要进行某些改造,因为尽管科学研究都有共同的规律,但是,公共政策科学属于社会科学范畴,它与自然科学研究还是有很大区别的,不加区分地套用自然科学发展过程中的研究成果并不是严肃的科学态度。在公共政策研究中,范式是研究者群体在某一时期中所持有并遵循的共同的理论假设、共同的观点和方法、共同的信念和理念,概括地说,就是用来思维的共同的理论框架。使用同一范式的研究者则组成同一科学共同体。

从某种意义上可以说公共政策研究的发展就是研究范式的更替。在西方的公共政策研究中一直存在主流范式和"替代性范式"的论争。S. S. 沃林(Sheldon S. Wolin)认为,在政治科学的理论变化中,至今还没有出现像库恩所描述的那种占优势地位的理论,也没有出现库恩所说的学科革命,但是,沃林也承认,即使现在的政治科学还没有出现像牛顿力学那样的研究范式,但已经有了某种指导性的设想结构,即反映政治生活的意识形态的范式。[2]

---

[1] Thomas S. Kuhn, The Structure of Scientific Revolutions. 2nd ed. Chicago: University of Chicago Press, 1970.

[2] Sheldon S. Wolin, "Political Theory as a Vocation," American Political Science Review LXIII December, 1969, pp. 1062—1082.

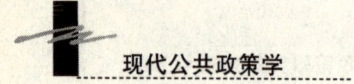

20世纪80年代,希尔夫(Self)则提到政策研究中政治学观点与管理学观点的竞争。邓恩(Dunn)以公共政策问题为标准提出有两种政策研究典范:一种是传统的将政策问题视为客观的状态的传统典范;一种是将政策问题看作是主客观结合的当代政策典范。20世纪90年代,密诺根(Minogue)概括出两种政策研究观点:一种是以技术、经济理性为主的管理典范;一种是以政治系统为依据的政治典范。

公共政策研究中的范式属于元理论层面的概念(meta - theoretically),它包括本体论(何物、如何存在)、认识论(能否被认识、如何认知)和方法论(如何处理)三个维度。公共政策科学研究过程中出现的范式主要包含下列内容:解决相同的或接近的相关性"难题";从相同的或几乎相同的角度去观察社会现实;试图阐述相同的或相同类别的现象;具有相同的或相近的概念、观点和方法;使用相同或近似同类的概念框架;使用相同或相似的方法论去观察、处理所得出的结论;用相同或相似的方法来支持理论表述。

从西方公共政策研究的演变过程来分析,先后出现过实证—经济理性研究范式、后实证—社会理性研究范式。在社会转型时期,我们需要的是辩证—社会和谐理性的研究范式。

二、实证—经济理性的政策研究范式

虽然实证—经济理性的政策研究范式在西方国家的公共政策研究中比较早的出现,但是,决不能因此而断定,公共政策研究的第一个范式就是实证—经济理性的研究范式,更不能认为后来出现了后实证—社会理性的政策研究范式,这种研究范式就是简陋的、过时的、不值得再去采用的研究范式了。一种政策研究范式之所以出现、存在和流行并得到人们的重视,并不完全是由政策研究者的主观兴趣决定的,相反它在很大程度上是由当时政策实践的条件和要求所规定的。20世纪50年代至60年代,西方国家刚刚从战争中走出来,无论是失败者,还是胜利者,都面临着恢复和发展经济、医治战争创伤的重任,因此,分析社会的客观现实状况,制定实施经济政策成为所有西方国家政府和公共部门的主要工作。

第十四章　公共政策研究的范式与方法

当然,社会科学研究包括政策科学的研究,都与作为认识论和方法论的哲学联系在一起。当某种哲学在一段时间内占据主导地位时,它会极大地影响当时的社会科学家甚至自然科学家的思维方式、认识路线,这种影响同样在政策研究中会表现出来。哲学实证主义是20世纪50年代、60年代社会科学和行为科学中最有影响力的典范之一,其关键是强调要以自然科学的方法来建立通则性理论。这一研究途径之所以被称为实证论,是因为它坚持认为只有通过测量与客观认定的方式所取得的知识,才能考虑为是真实的。这种对世界的总体见解影响着政策研究者。实证主义哲学被相当多的政策研究者自觉或不自觉地作为哲学基础,实证主义这种支配性的典范具有量化的、经验的性质,它渐渐成为一种研究传统,人们纷纷借助于描述与比较、实验、收集资料、统计分析等手段,进行社会行为和社会现象的研究。

实证主义具有一套本体观、认识观和方法观。实证主义的本体观认为,现实世界中的现象、过程是独立于人的主观之外的客观存在物。客观现象和过程是有规律、秩序的,科学研究的任务就是要发现客观现象、过程中的必然的因果规律和秩序。一旦人们发现了现象、过程的规律和秩序,就可以知道绝对的自然法则,就能对客观现象的运行以及人对客观现象作用的结果作出完全的、可靠的预测。

以本体论为基础,实证主义建立了自己的认识观。实证主义认为,科学研究始于观察,只有能够观察到的现象、过程才是科学研究的对象。科学研究中的知识是不受观察者的兴趣、愿望影响的,在科学研究中必须坚持价值中立。科学研究必须借助于实验来进行,只有经过多次实验验证的知识才是真理。

实证主义也有相应的方法观,在方法上提倡坚持自然论立场。实证主义认为只有能够满足信度和效度的社会科学研究才是客观的。信度是指无论何时、何地,只要运用相同的测量程序对相同的现象加以测试,其结果总是相同的。效度是指获得正确答案的程度。科学结论只能依据经验的积累,从大量的经验中概括出来的结论才是可信、有效的。实证主义只承认归纳是正确的,采用演绎方法是反实证主义的。

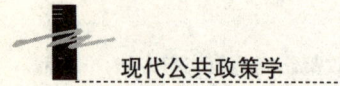

从人类历史的发展来衡量,经济生活永远是人类最基本的也是基础性的生活。虽然经济的发展决不仅仅是经济本身的事情,经济的增长和发展与资源、环境、文化、教育、卫生、政治等等都是紧密地联系在一起的,但是人们有时也会简单地思考问题,以为经济的发展就是经济本身的事,甚至是经济学家们的事。因此,当一个国家将经济发展摆在重要位置上时,经济学和经济学家往往就会受到格外的优待和重视。在 20 世纪中后期,经济学家在西方政府中占据了较多的公职位置,经济学家也在公共政策研究领域占据着主导地位。

20 世纪 60 年代到 70 年代,在西方发达国家,尤其是在美国,经济发展处在社会的中心地位,人们普遍主张经济与政治的分离、技术与政治的分离。经济学成为皇后学科,经济学家成为社会治理中的重要人才。美国联邦公务员中经济学家占了相当大的比重,1947 年联邦政府中就有 2221 位经济学家,1961 年美国联邦政府中经济学家人数上升到 3480 位,到 1977 年,美国联邦政府共聘用了 5298 位经济学家,这一数字到 1987 年又有了上升,联邦政府中经济学家高达 7480 位,其中国防部有 1167 位,劳工部有 1069 位,农业部有 837 位。如果把各个州政府中聘用的经济学家也计算进来,这一数字将更为庞大惊人。

经济学家进入政府机构从事公共政策分析,同时也将经济学中的一些重要的原则和理论带进了政策研究过程,这一时期西方政府的政策研究中充满了经济理性,它包括经济人假设和经济理性决策模式。经济人假设的内容是:人是具有自利动机的动物,任何人的行为都是为了争取个人效益的最大化;社会福利是个人利益的总和,选择集体的福利或公共目标是设法把个人利益进行加总;自然和社会资源都是稀缺的,经济决策的任务是将有限的资源作合理的配置;社会有许多偏好的目标,人们以许多偏好的手段去追求目标,目标和手段之间的偏好是同等的。

经济理性决策模式的内容是:从个人出发,一个人完全能知晓要解决的问题,能设定目标,能仔细衡量各种手段,能根据估计的各种条件拟定预案,从中选择最佳解决方案,并计算出可能发生的结果。

以经济理性为价值导向(管理主义)的政策研究产生出一种基本倾向,

第十四章 公共政策研究的范式与方法

即认为经济学家就是政策分析家,解决社会问题需要经济学家付出努力。公共政策分析的内容都可以化简为市场价值的计算。经济效率即投入最小产出最大则成为政策分析的核心。公共政策方案选择的标准是最大多数人的最大幸福。

实证—经济理性的政策研究范式在有关政策问题的性质、政策运行的过程、政策研究的方法等方面都有一套特殊的见解。以实证—经济理性的研究范式看待政策问题时,人们坚持认为政策问题是完全客观的、不以人的意志为转移的。坚持这种研究范式的人,不承认在政策问题中存在人的主观因素,也往往忽略社会公共问题是变动的,问题之间是相互影响的。

坚持实证—经济理性研究范式的政策研究者们将政策过程完全看作是问题取向的。任何政策过程,其关键和要害在于看准和弄清楚政策问题。看准了问题,等于解决了一半问题。他们经常讲的一句话就是,在政策研究中最大的失败就是找出了方案但是看错了问题。在这种范式的制约下,政策学家们发展出一套分析和确认政策问题的逻辑方法和模型。其实公共政策不仅是问题取向,而且也是一种政治决定,它需要维护社会的公平、公正和民主。

实证—经济理性范式对公共政策过程研究采取阶段论观点。整个政策过程包括问题认定、建议形成、政策采纳、政策执行、政策评估等环节。与此相对应,政策分析也需经过若干阶段并使用不同的技术。在需求和问题认定阶段使用的技术是资料分析、样本调查、政策模拟、因果分析及多种预测技术。在政策建议形成阶段,需要做的事情是方案设计、风险分析、决策分析、科技评估。在政策采纳阶段要做的事情是实验、信息系统、审计、快速评估。在政策执行阶段要做的事情是研究政治可行性、政治联盟、政治行为,使用预算技术。在政策评估阶段要借助的理论和知识是组织设计理论、学习理论和需求弹性理论。

三、后实证—社会理性的政策研究范式

后实证—社会理性研究范式是在对实证主义的批判基础上确立和流行

的研究范式,后实证主义对实证主义的本体观进行了批判,后实证主义认为既存的现象、过程(Process – as – given)是与人的主观相联的,不是纯粹的主观之外的客观存在。客观的现象、过程是人的共同观念、情绪和思维的产物。现象、过程中的因果关系是复杂多变的,存在多元因果决定因素、途径和结果。因此,人们对现象、过程未来的预测是不准确的。政策科学研究无能力减少随机性和风险。

后实证主义对实证主义的认识观也作了批判。后实证主义认为,人对过程、现象的认识是带有价值取向的,人无法摆脱先验知识和期望。实证论者认为通过观察者之间的相互验证就可以消除偏见是不现实的,因为在同一时间里,群体成员也会犯同样的错误。人的认识是内外结合的,有些物体可以从外部观察,但心理、社会过程只能从内部体会,设身处地是最好的认识途径。人的认识是历史的,包括过去的经验和学习过程。作为人认识的结果的理论不是对现象、过程的反映,而更多的是产生出来的共识。

后实证主义还对实证主义方法观进行了批判。后实证主义认为,政策科学是人文社会科学,其研究对象是活动的人,他们包括他们的活动是动态的、历史的,研究者不能知晓人的所有因素,即使能知晓,也不能完全量化,量度的效度问题不可能完全解决,没有一种测量方式可以完全加以控制。研究人的活动不能用实验的途径。人善于适应环境,可以随时改变信念和行为。研究人的活动应当运用观察和田野调查的研究方法。

后实证主义对政策问题有自己的理解。政策问题不仅仅是政策问题的本身,而且包括人们思考行动的环境或对行动环境作思维的内容。人们能看到的、能感受的是政策问题情境,政策问题是公众对情境发出的抱怨的表现和状态。确认政策问题不是观察某种状态的后果而是公众经过思考和论辩所产生的认同,政策问题是集体确认过程的结果。在如何看待和解决政策问题上,不同的个体、群体和团体会发生价值上的冲突。

在实证—经济理性的政策研究范式遭到批判以后,出现了种种新的研究范式取代经济理性的尝试,比如超理性模式的构想(Beyond Rationality Model)提出了关于政策问题之间、政策方案之间、个人组织与国家之间的交互联络系的见解。实质理性构想(Substantive Rationality)则认为传统的研究

第十四章 公共政策研究的范式与方法

所强调的效率、适应、生存的学习组织,其策略是工具性的,必须让位于交互依赖网络中的实质性组织。另外,理性意识形态构想(Rational Ideology)认为政策的核心应建立在透过政策辩论所形成的理性思维的基础上。还有扬弃理性构想,认为经济与技术理性是工具理性,不是政策分析的核心,必须抛弃经济理性,而以社会、法律与政治的理性来取代。

坚持后实证—社会理性研究范式的学者提出了政策过程中的伦理抉择观。有的学者(Titmus,迪马斯,1975)认为社会福利政策的价值系统是分配正义。要实行分配正义就必须提倡利他主义,也就必然要降低自利动机,减少人与人之间的互惠性。培养利他主义是社会政策的核心。还有的学者(Rein,雷恩,1971)认为,政策制定涉及到在不同层次中对相互竞争的价值的选择。在最高层次是意识形态的选择:主张自由主义,还是信奉保守主义;在第二层次上是同一意识形态内的价值选择,第三层次是价值转化为具体政策方案的选择。另外,有学者(Rawls,罗尔斯,1971)认为,公共政策应以公平而非平等为标准。政策制定者必须对其所占地位采取漠视态度,如果设计一项政策只想到要使其职位得到好处,那只能为个人带来最少的利益,公共政策必须为社会公众所接受,必须为社会公众谋取更多的利益。也有的学者(MacRae,马克雷,1971)认为,研究公共政策时必须强调价值,政策研究中的价值选择必须包括三种特性:清晰性、一致性、通则性。他们主张在政策研究中讲究伦理道德,他们认为经济学家只用经济学来研究政策是不行的,经济科学只有转化为政策科学才能对公共政策有所贡献。

后实证—社会理性范式重视对政策过程的研究。他们认为,实证的、工具理性的政策过程理论强调有一套效用偏好可以排序的政策单元,能够收集所有方案,能够选择效用最大化的方案,能够预测政策结果,但是这种设想和假设,在实际的政策制定过程中都是难以做到的。人们在制定政策时并不存在认识一致的问题,每个人所获得的信息总是不完备的,不存在单一价值系统,也缺乏决定最佳方案的方法。工具主义和管理主义偏离了政策中的政治过程。政策制定不是统一的、理性过程,而是没有开始和结束的复杂的互动过程。现实世界中的行为总是相互重迭的,而且也不是按次序出现的。实证的、逻辑的、连续的政策过程阶段理论无法解释真实的政策运行。

后实证—社会理性范式在对政策过程的研究中坚持认为,政策制定过程的连续是暂时的,其间充斥的是政治集团之间的相互调适。政策过程中的集体行为的结果与个人意图和目的之间常常是分立的。政策过程的不同层次上都会发生竞争,有不同的竞争规则。政策过程并不是组织起来的,政策制定中的组织只是辩论、竞争的一组程序。政策制定者的人格、制度的特性影响政策结果,政策制定中完全的理性是行不通的。

四、辩证—社会和谐理性的政策研究范式

人类对公共政策的研究经历了实证—经济理性的范式到后实证—社会理性范式的转换,这些研究范式是适合于当时公共机构为解决社会发展中遇到的公共问题作出政治决定的需要而创立的,今天人们已经超越了以经济理性作为公共政策价值取向的阶段,也超越了以一般社会理性为公共政策价值取向的阶段。当中国社会转型进入新的历史机遇期,人们更加注重公平和谐时,创建以持续全面的科学发展、构建和谐社会为价值取向的新的公共政策研究范式已经成为政策科学发展的当务之急。

这种新的公共政策研究范式的哲学基础是辩证的、历史的唯物主义,它以辩证的、历史的观点和方式看待客观世界,看待人的认识和看待研究方法。辩证的、历史的唯物主义认为,我们生活于其中的世界既是人们主观认识的对象,又是人们主观改造的对象。作为认识和改造客体的外部世界及其变化发展的规律都是客观的,不以人的意志为转移的,但是,这种外部世界又打上了人们主观活动的印记,是"人化自然"。作为能动主体的人类与人类赖以生存和发展的外部世界之间是相互作用、相互建构的。

辩证的、历史的唯物主义在考察人的认识本质和过程时,坚持认为人们通过对客观世界的改造从而获得了认识客观世界的基础。人类对客观世界的认识既是能动反映的过程,也是互动的建构过程,因为人们在改造客观世界的同时也在改造主观世界,人们在不断地反映被主观改造过的客观世界。

辩证的、历史的唯物主义在选择研究方法时,慎重地对待自然科学研究

第十四章 公共政策研究的范式与方法

与社会科学的同一与差别,既借鉴又不照搬照套自然科学中较为成熟的研究方法、技术和工具,更加注重吸取社会科学中具有人文、社会传统的方法、技术和工具;既从客观世界事物和过程的规定性出发,又从人的思维的不同维度出发,将定量研究与定性研究、规范研究与实证研究、演绎研究与归纳研究很好地结合起来。

运用辩证的、历史的眼光和观点看待公共政策问题就形成了科学的政策问题观。这种政策问题观认为,任何公共政策问题都是现行的制度安排与社会创新发展产生矛盾的表现。政策问题不仅是客观存在的,而且是人们为实现社会发展主观建构的。任何政策问题都和其他的政策问题交织在一起,处在不断的变化之中。现在的政策问题是以往政策实施的结果,解决现在确认的政策问题会引发更多新的政策问题。

在辩证—社会和谐理性的政策研究范式中,政策制定、实施的目标、评估的标准集中地反映出人们在政策决策时所选择的价值观。这种价值观坚持将社会现实与理想结合起来,在寻求解决政策问题的方案时,既要追求政策行动能很好地解决现存的问题,又要保证政策行动与社会长远、持续的发展要求相一致,还要保证政策行动符合社会和谐、正义、自由的根本价值。

坚持辩证—社会和谐理性的政策研究范式,在政策运行中就应当不断依据变化了的环境和政策情境,注意政策问题的变化、政策方案的变化和政治生活的变化,捕捉设计和贯彻政策的恰当时机。同时还要注意政策创新,让旧的过时的政策图景让位于新的政策图景。

坚持辩证—社会和谐理性的政策研究范式,在方法上要将量化研究方法与质化研究方法有机结合起来。量化研究方法重视政策过程中各种相关因素量的属性,带有精确性的特点。但并不是政策过程中所有因素都可量化的。因此,在研究政策时,还要注意运用质化手段,这一方法重视政策活动中行为主体对现实生活的体会,其特点是具有主观性、目的性、现实性。只有将这两类研究方法结合起来,才能有效发挥作用。

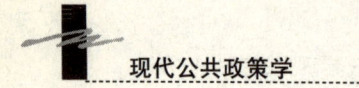

第二节 公共政策研究的方法

一、生态系统的方法

生态系统的方法是将生态方法和系统方法结合起来,从宏观的层面上对不同的政策共同体和政策过程进行比较分析的方法。生态学源于自然科学中的生物学、医学等学科知识。这种方法强调生物有机体,包括现实活动的人与外部环境处于平衡之中。外部的环境是生物和人生存和发展的条件,它的变化必然影响生物体和人体的生存与发展。但考虑到生物体和人体也有内在的结构,它是生物体和人体的内部生态。只有生物和人的外部生态、内部生态处于平衡时,生物体和人才能正常存活和发展。

将政策共同体、政策过程视为是一个有机体及其发展变化,它也就有自己的外部环境生态和内部的结构生态及其两者的互动。一个政策共同体的生存、发展与其所处的环境及其变化有关,这些外部环境要素,虽然最初是自然存在的,但是一旦与某个政策过程发生关联,这些原先是外部自然状态的要素就会结合起来,形成有机的、有序的生态。

每一个政策共同体都是由很多要素构成的,但是这些要素在不同政策共同体中的地位、与其他要素的关系是不一样的,因此,具体政策共同体的内部结构是在适应外部生态的变化中形成的有机的内部生态。两个地区政府制定和实施解决相同问题的政策,却存在很大的差异,其原因既可以从两个政府所处的外部生态的差异中去寻找,也可以寻找两个政府政策共同体内部生态的差异。

在考察公共政策共同体及其过程的内部生态和外部生态及其互动时,已经包含了系统方法的因素。系统方法本来是自然科学和工程科学中经常使用的方法,后来被广泛运用于社会科学研究。特别是出身于加拿大的美国政治和政策学家伊斯顿将这一方法用来构建了政治系统理论以后,系统

第十四章 公共政策研究的范式与方法

方法就被广泛地运用到政治学研究和公共政策研究中来。在伊斯顿设计的政治系统中,有四个概念最为重要:支持和要求的输入,决策当局的政策产出,政策输出,政策反馈。

生态系统的方法也可以分为两种:一种是结构式的生态系统方法,一种是互动式的生态系统方法。

1. 结构式的生态系统方法

结构式的生态系统方法建立在系统的特征、系统的功能这些系统论的知识基础之上,系统具有整体性、有序性、结构性、动态性、开放性、反馈性等特性,系统和环境之间存在相互影响,系统中包括各种投入、人员、结构、过程、产出等要素及边界条件,系统内部各要素之间相互依存。系统本身具有整体性即总体大于部分之和的特征。系统具有组织、决策、计划、目标设定、存贮、控制、学习、交叉反馈以及聚合等功能。

运用结构式生态系统的方法研究公共政策,可以帮助研究者在考虑政策目标和解决社会公共问题时,同时考虑利益协调、程序控制、政策分析水平、政策贯彻执行等方面的要求,可以帮助政策研究者注意区分生命和自然系统中的不同层次结构,可以引导研究者对系统的各个不同部分、要素及其相互关系同时展开研究,可以对不同的政策系统之间的特点加以比较。

在运用结构性的生态系统方法时,必须注意:不能将抽象的系统与现实的系统相混淆,不能将局部视为全体,不能将系统中不是最重要的部分作为重点来分析,不能对系统发展的历史一知半解,不能任意扩大分析的范围。

2. 互动式的生态系统方法

互动式的生态系统方法建立在事物之间互动影响和相互建构的理论基础之上。系统理论认为系统与其环境(有的学者将环境看作是所要分析的系统的超系统)之间是相互作用、相互影响的。这种互动性又是建构性的,系统与其环境之间不仅是相互影响、相互作用,而且是在相互建构着,环境的改变促使系统的重新建构,而系统的变化又推动环境的重建和重构。

从互动式的生态系统观点研究政策行为和政策过程,就需要突破政策的问题取向的单一观念。政策制定、实施不仅仅是适应社会已有制度的调节行为,政策过程还具有改造环境的能动作用,制定和实施的政策会创造新的环境和制度安排,这种新的制度安排又会反过来要求有新的政策行为和过程。在政策制定中,公众的民主参与会创造出民主的政策文化,从而推动社会制度的民主化,社会制度的民主化又会促进政策过程的进一步民主化。

运用生态系统的方法可以从整体和宏观的层面上对政策过程作出研究。在对一个国家或一个区域的公共政策体系作规划和研究时,重要的是围绕社会经济发展所规定的战略目标,考察将要规划和实施的公共政策体系可能具有的由国际的、地区的政治、经济状况和变化趋势以及外部可能的资源供给、已有的外部制度安排等等因素所构成的外部生态,同时还要考察由已有的政策基础、政策主体的结构、政策标的群体的需求、实体性的和制度性的资源存量等因素构成的内部生态。再考察政策体系的外部生态和内部生态可能产生的互动。由此来规划和设计可能的政策体系。

生态系统的研究方法不仅可以用于规划和设计一个国家、一个区域在某一时段的公共政策体系,也可以在针对具体政策制定和运行时运用,具体的做法也是考察具体政策制定和实施所面临的外部生态和内部生态以及两者的互动。其区别在于,在对一个国家、一个区域较长时段的政策体系作规划和设计时,对外部生态和内部生态及其互动的考察只能是粗略的,而在针对具体政策作生态系统考察时,则必须是相对精细的。

生态系统的研究方法只能给政策研究者提供一个大体的框架。运用这种研究方法的好处是能从总体上把握政策决策者和行动者所具有的优势、所面临的劣势、所具有的机会、所面临的风险,从而对政策体系和政策过程有清醒的认识。但是,生态系统的方法也有其局限性,它不能详细地了解制度的限制和支持作用,也不能详细地了解利益群体的偏好,以及政策主体之间的分歧与合作,这些需要由其他的方法来补充。

二、制度主义的方法

这里讲的制度主义是区别于旧制度主义的新制度主义。制度主义研究方法对制度作了较为广义的界定,制度是组织、机构和行为主体的一套行为规则或规范。制度又是指导人们理解、辨别客观社会的一套符号象征,是一

第十四章 公共政策研究的范式与方法

种意义系统。有的制度主义者将制度与其载体联系起来,将制度视为是具有结构的组织集合。

制度具有一些基本特征:(1)制度表明社会和政治组织具有正式的或非正式的结构性,制度是超越个人、涉及集体活动的概念。(2)制度具有某种不随时间推移而改变的相对稳定性,制度虽然处于变动之中,但是它具有一定的稳定性,据此人们才能预测自己行动的结果。(3)制度对其成员的行为具有某种程度的正式或非正式的约束力,制度作为规则、规范和原则,制约着人们的行动方向、行动范围。(4)制度本身具有某些使其成员共享的价值和意义,制度不是针对具体个人的,作为集体行动的规则、规范,制度中包含的价值取向和意义是同意和实行这种制度的组织的成员所共享的。

新制度主义方法认为制度是包括规则、规范、程序和符号系统、认知观念、道德模板在内的系统。制度中首先包含着一整套随着时间的推移而发生变化的正式的、明文规定的行为规则。正式的规则或规范可以减少人们行为的不确定性,反映密切联系着的群体成员的兴趣和偏好,规范是一种社会资本。制度中还包含某些约定俗成、并没有明文加以规定的、但被组织成员遵循的非正式的行为规范,它主要是风俗、习惯、人们的态度、倾向。非正式的规范具有很强的惯性,它不像正式规范那样容易改变。正式的规范,明文写定的规范,只要作出废除或修改,这些正式规范就改变了。对于未明文写出的,只是在长期的行动中约定俗成的行为规则,就不能仅仅用文字重新规定一下就改变的,它必须在很长时间中,经过移风易俗才能改变过来。

新制度主义研究方法又分成三种主要流派:历史制度主义的方法、理性选择制度主义的方法、社会制度主义的方法。

1. 历史制度主义方法

历史制度主义方法具有一些基本特征:(1)运用计算和文化的途径解释制度和个人行为关系;(2)强调制度运作和产生过程中权力的非对称性;(3)强调制度建立和发展过程中的路径依赖和意外后果;(4)强调将制度和对政治发展产生影响的因素作整合分析。

2. 理性选择制度主义方法

理性选择制度主义方法也具有一些基本特征:(1)强调制度在行为者实

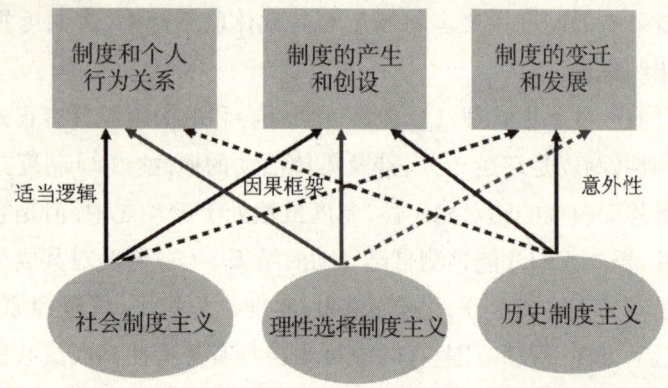

图14—2 新制度主义方法的三种主要流派

现固定偏好最大化的工具性行动中产生的策略性;(2)强调制度安排使个体最大化限度满足偏好时在集体层面上产生次优结果;(3)强调行动者是在竞争性选择中考虑相关行动者的满意性并获利的情况下创设制度的。

3. 社会制度主义方法

社会制度主义方法也具有一些基本特征:(1)强调制度的广泛性,不仅将制度建立在组织结构上,而且将文化本身理解为制度;(2)既强调制度与角色相联的"规范版本",又强调制度与认知相联的"认知版本";(3)强调制度的创设不是为了效率,而是基于提高组织与参与者的合法性。

三、社会经济的方法

社会经济方法在公共政策研究中得到广泛运用,这一方法又分成宏观、中观和微观三种具体的方法。

1. 宏观层面的社会经济研究方法

宏观层面的公共政策的社会经济研究方法的主要观点是公共政策反映了经济和社会关系的稳定和变化,无论有意还是无意,无论是通过针对经济和社会系统的统治功能还是通过精英和权力集团的紧密关系,公共政策制定者的决策都反映了广泛的社会经济力量和不同的利益。

宏观层面的社会经济研究存在着许多分支,其中最具影响力的是马克

第十四章 公共政策研究的范式与方法

思主义。一些从工具性到功能性的公共政策模型将政策研究的焦点聚集于精英的作用或者经济和政治系统的特性。

近年来,宏观层面上的社会经济方法以技术革命理论和经济全球化理论出现,取代了传统的对于国家政策的重视。学者们开始重视技术的作用和国际经济过程的经济影响力以及这些因素如何介入国家和地方的政策制定。

马克思主义唯物史观肯定了作为社会物质生产力和物质生产关系相统一的生产方式是社会存在和发展的决定性力量,并指明作为占统治地位的物质生产关系的总和是整个现实社会的经济基础,它决定着社会政治上层建筑和意识形态上层建筑。影响国家的存在与发展的宏观的公共政策只能服从社会经济状况并由它来决定。

20世纪80年代以后,在国际关系理论研究中一个新的学科迅速发展起来,这就是国际政治经济学,罗伯特·吉尔平是其中有代表性的学者,他认为世界实际上是一个大体系,众多国家有机地联系在一起,并按照一定的经济规律行事,国际政治经济学就是要研究这一体系的政治经济关系的性质、结构、功能、动力以及规律,重点是要研究作为人类行为之决定因素的经济活动,研究资本主义经济体系的全球等级制,研究世界经济的内部矛盾和不可避免的危机等。

国际政治经济学强调国际经济对国内政治的影响。一个开放的世界贸易格局会削弱国内经济中非比较优势地位的要素持有者的经济利益和政治地位,而有利于巩固和提升居于比较优势地位的要素持有者的经济利益和政治地位。

在开放的经济条件下,具备国际竞争力的产业中的劳资双方都将受益,持有可跨国流动的资产的阶层和个人将会得到最丰厚的经济和政治回报。

国际政治经济学也探讨国内政治制度和政治过程对一国对外经济政策的影响。一些学者依据一国中央决策机构独立于社会势力的程度,将不同的国家划分为强国家和弱国家两大类。强国家意味着中央决策机构有能力自主制定内外经济政策并取得国内民众的支持。

在国家对外经济政策制定中,具有国际竞争力的产业部门和要素的持有者倾向于支持经济开放,而进口竞争型产业则支持闭关自守。跨国公司偏好经济自由化,而劳动密集型产业则要求保护自身利益不受国外廉价劳动力的冲击。

社会经济方法在理解、设计和预测一国宏观层面的社会经济发展政策和对外的经济政策时具有重要作用。运用这一方法可以解释和坚持我国以经济建设为中心的发展政策、以经济建设和发展为第一要务的政策、对外经济开放积极参与全球经济大循环的政策。运用这一方法还可以规范和设计政府与市场相互关系的政策。

社会经济研究方法也有一定的局限性。它经常会诱使研究者将经济因素从社会中分裂开来,并简单地将经济因素抬高到决定作用的位置上。在市场与政府关系的设计中,研究者常常会陷入两者之中谁大谁小、谁多一点谁少一点的此消彼长的片面思维之中。其实,从宏观层面来思考,公共政策的制定是受到多种因素的影响。

2. 中观层面的社会经济方法

作为中观层面的社会经济方法是公共选择学派倡导的重要方法。唐斯(Anthony Downs)在1957年认为,社会中除了经济市场外,还存在一个政治市场,在这一市场中,政治领导人竞争选民的选票,竞争着的政党通过对压力集团的要求作出反应来竞取权力。

在政治运行中政府面临巨大的压力,它要不断为压力集团提供诸如金钱、工作、契约、服务和税收减免等利益,一方面国家作为社会价值分配者的职能得到提升,国家的权力不断扩张,另一方面国家开支越来越高,出现赤字财政而影响国家经济的有效运行。

公共选择理论认为,政府向多元利益集团提供利益导致政府规模的扩大也满足了政府官僚追求自得的需要。国家对选民和压力集团的施惠行为,虽然会增加国家开支,但可以通过财政赤字来掩盖,或者用一定的方式,只让人们感受获得的收益在增加,而不太注意为此他们必须多支付的国家开支,比如人们要求削减某种税,国家则通过提高其他的税率来平衡,为具体利益集团增加的商业补贴、福利服务所衍生出来的费用,则由整个纳税人来分摊。

这种中观的社会经济方法按其真实的作用来说应当是经济学方法在政治决策中的运用,因为公共选择理论承认主导政治行为的是人们的自利动机。他们以经济学中两个基本假设即经济生活中的人是经济人、微观经济研究的手段是方法论上的个人主义作为基本出发点。

中观层面的社会经济方法在研究国家制定和实施某些面对一定集团和群体的公共政策时具有一定的解释力,也能帮助决策者设计针对不同时期不同社会集团和群体的政策措施。比如,在论证面向农村、农民、农业的发展制定切实有效的公共政策时,常常将它与巩固执政党的地位、建设和谐社会联系起来考虑。

3. 微观层面的社会经济研究方法

社会经济方法在研究公共政策上最微观层面的运用是将经济学上的投入—产出法作为衡量政策措施的标准,其着眼点是政策行动的效率。在经济生活中,人们讲究的是获利,因此,在衡量经济活动的效率时,通常以投入和产出的比率作为标准。当将这种纯经济的考虑用在衡量一项具体政策方案是否应当采纳时,就需要计算实施这一方案所要耗费的各种成本,还要预测实施此项方案后能获得的收益。如果成本大于收益,这一方案就不能被采纳,比如在对某些社会活动是否实施经济规制和社会规制时,许多政府部门也是以规制政策的效率为标准来选择和设计的,如果为规制这类活动所付出的成本太高,而收益又不大,则取消或放松这方面的规制。

微观层面上的经济学方法在研究较为具体的政策时有一定的有效性,但是,它显然轻视或忽略了政策行动的另外的衡量标准,比如公平的标准,所以处于微观层面的社会经济方法在政策研究中适用的面是非常窄的。

四、集团博弈的方法

公共政策研究中的集团博弈方法是以政治学研究中集团主义方法的兴起为前提的。1908 年美国学者本特利研究了政府过程,他认为政府不是许多机构和部门的结构,政府是这些机构和部门的活动过程。1953 年,拉撒论述了政治生活中集团的作用,他认为集团是现代政治的基础。1962 年,政治学家杜鲁门则更为深入地研究了政府过程,并指出利益集团在政治上的巨大作用。在政治学集团主义研究中出现了两种相区别的途径:多元(竞争)

的集团主义方法和合作(法团)的集团主义方法。

1. 多元集团主义研究方法

多元集团主义方法具有自己的假设:(1)在国家政府—社会公民的二元结构中,公民通过利益集团将个体利益组织为群体利益,成为政策行为主体,并形成压力。(2)整个社会本质上是一个由多个社会集团构成的自发竞争体系。在一个竞争性的政治市场上进行各个集团依据自己的资源来取得对政府的影响。(3)通过集团竞争社会作出保护具有重要价值的政策选择而放弃那些只有次要价值的政策选择。利益集团具有平等性和利益分歧性,集团竞争是横向竞争。利益集团的特征是具有独立性和自治性。

多元(竞争)集团主义方法的特征:强调政治社会的多中心,强调行动的实证主义,强调方法论上的个人主义。

多元集团主义分析方法也有其局限性:(1)忽视或否认其他因素在公共政策过程中的作用;(2)只对集团静态的差异作出说明,而缺乏动态分析;(3)只分析集团总体的差异,而不分析权力来源、结构方式的差异和变化;(4)多元集团主义方法重于描述,而轻视解释。

2. 合作集团(法团)主义研究方法

多元(竞争)集团主义对整体社会结构采取两分法:一是国家,二是公民社会(利益集团)。合作集团(法团)主义对整体社会结构采取三分法:一是国家,二是利益集团,三是私人生产机构和团体。

合作集团(法团)具有以下特点:(1)中介性。国家、政府为第一部门,私人生产机构为第二部门,公民社会中的利益集团为第三部门。公民社会上移,公共权力下落。(2)合作性。处于中介地位的利益集团,与国家政府及私人机构的利益分立是纵向的,不是横向的,在公共政策中能够合作。(3)双重自主性。处于中介地位的利益集团,既不取代国家政府,也不取代私人组织。在第三区域,具有两方面自主性和社会集合行动性。(4)协调整合性。现代国家无能治理的原因是国家与私人交易、沟通成本过高。中介性集团则可以在不同层次上从下层到上层协调整合。

国家和利益集团之间存在三种关系类型:(1)同意型。在这种关系类型中,合作系统内各组织在价值和目标上有较高的一致性。(2)权威型。在这种关系类型中,合作系统内各组织在价值和目标上有有限的一致性。(3)松散合约型。在这种关系类型中,合作系统内各组织在价值和目标上有较高的自主性。

合作集团(法团)主义有两种类型:一是强调国家中心主义的国家法团主义,又称为权威法团主义。二是强调社会中心主义的社会法团主义,又称为自由法团主义。

对比项	国家法团主义	社会法团主义
集团数量	有限	众多
惟一性	一个代表机构	多个代表机构
强制性	国家安排	自由
竞争性	低	高
层次	分明	不分明
功能分化	边界清楚	边界不清

图14—3 政策研究中的两种集团主义区别

合作集团主义方法在具有利益互补和协商一致的政策活动中得到广泛运用。但合作集团主义方法也有局限性,它忽视了制度的作用。

五、社会网络的方法

交换网络方法有一个形成过程。在社会学中,人们对交换关系与社会权力的关系作了研究。20世纪50年代,霍曼斯(George C. Homans)从操作心理学角度指明人类行为的实质是以物质与非物质的交换来追求最大利润。20世纪60年代,布劳(Peter M. Blau)指出,交换关系是社会宏观和微观结构中极其重要的关系。吸引和互惠是导致交换的重要因素,交换过程的不平衡导致地位与权力的分化。由于交换中拥有的价值资源不同,回收的报酬类型也不同。金钱是不适当的报酬,其价值最小;尊重或尊敬是重要的报酬,其价值中等;服从是一些人追求的报酬,得到服从就具有了权力。权力是指交换中个人和群体之间的各种影响。权力是个人或群体将其意愿强加于他人的能力。

接着又从社会网络研究进一步过渡到对交换网络的探索。1934年,默雷诺(Jacob Moreno)提出了社会测量图概念。1982年,鲍特(Burt)提出了结构行为二重性即网络形态与行为者相互影响的理论。在这一时期,诺克与库克林斯基(Knoke & Kuklinski)则提出了社会网络的基本假定。这一假定包含:一是社会网络中相互联系的实体被概念化为点或结点。结点可以是个人、群体、家庭、公司、国家。联系的内容是信息、金钱、商品、服务、感情、尊重、权力。二是网络中的结构是结点间联系的形式。网络分析的目标就是描述相关结点的联系模式和解释不同模式的驱动力。三是网络结构具有"露出的特性"。

埃默森(Richard M. Emerson)则将交换理论与网络分析结合起来。他认为,网络中人们交换的目的是为了获得他想要的资源。交换对象掌握的能够变换的资源多,就会提高交换频率,否则会降低交换频率。网络中的交换依赖于多种因素:行动者拥有的资源价值、替代资源的数量与重要性、行动者在网络中占有的地位。网络中交换的关键动力是:权力、权力的运用和平衡。

政策研究中的社会网络方法在西方国家的公共政策活动中得到广泛运用。美国的部分学者重视对政策过程中形成的政府有关部门、国会议员和企业家相互勾结的"铁三角"或亚政府现象的探讨。英国的一些政策学者则对结构松散、开放、变动的政策网络,结构稳定、共同分担责任、高度整合的政策社区作了大量研究。

社会交换网络方法具有一定的局限性。它只能适用于中观和微观研究层次,忽视了宏观制度层面的影响因素。

第十五章 应急公共政策研究

第一节 应急公共政策的必要性与紧迫性

一、突发事件与社会危机

为什么要研究制定和实施应急公共政策,一句话,因为在现代社会中,人们经常会遇到因突发事件而产生的社会危机。人们对突发事件和社会危机的认识是多种多样的,有的将突发事件和社会危机与紧急时刻联系起来,有的将突发事件和社会危机与一定系统遇到的特殊压力联系起来,另外也有人认为危机是导致社会偏离正常轨道的危急的非均衡状态,还有人把社会危机与人民生命财产的损失联系起来。

上述种种认识都是从某一特定的角度对突发事件和社会危机的实质作出的探索。可以把引发社会危机的突发事件称为危机事件,将社会危机事件的实质作如下概括:社会危机事件是社会系统的某一局部或整体,由于遭遇突发事件而使正常的秩序被破坏,人民生命财产面临巨大威胁,要求社会公共管理机构迅速决策,果敢应对,及时缓解,以避免社会遭受更大损失乃至崩溃的紧急状态和过程。

有时社会也会出现因为利益矛盾、冲突而出现一些突发事件和紧急状况,但是,并不是所有的突发事件和紧急状态都能称为社会危机事件。衡量某些突发的、紧急的事件和状态是否是社会危机,有以下几个因素,或具有下列几个因素则可以称为社会危机事件:一是出现突发或紧急事件;二是突发紧急事件迅速蔓延、扩大,以致社会均衡与正常秩序暂时中断;三是人

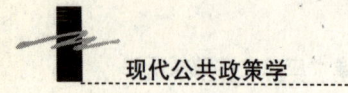

民生命财产已经或将要遭受巨大损失;四是社会公共管理机构面临强大压力,依靠常规治理已无济于事,必须实施包括动用强力机构在内的特殊管理。

二、突发事件增多的原因

中国社会始于20世纪70年代末、80年代初的改革、开放,是旧体制的危机促成的社会转型。

从1979年到20世纪80年代末是中国社会转型的第一阶段即旧体制解构阶段,改革、开放的步伐是巨大的:农民分田到户,破除了人民公社制度;重新回到城市的知识青年、干部和工人实行个体经营和创办私营企业,破除了单一的公有制经济制度。虽然旧体制解构的本质是利益的重新分配,但是,社会并没有因此而产生巨大的矛盾冲突。从表面看,农民是旧体制解构的最大受益者,但农村的各级干部也是这场改革的受益者,像江苏南部农村的干部在分田到户后,又成为乡镇企业的骨干和经营者,他们得到的利益更多。在旧体制解构阶段,城市居民中获得更多利益的,不仅有个体经营者、私营企业主,而且由于价格的变革和调整,在集体企业和国营企业中工作的干部和职工也获得了比在计划经济条件下要多得多的利益。

从中国社会转型的实际情况来看,在旧体制解构阶段,在农村和城市,领头改革的群体获得了巨大的改革红利,享受到新的经济利益;积极参与改革的群体,也从改革中获取了较大的利益;即便是在那些看上去是既得利益受损害的群体,他们实际获取的利益也比他们在旧体制下得到的多。正因为领头改革的、参与改革的和既得利益受到损害的群体,他们的实际利益都得到增加,因而,旧体制解构阶段,没有发生基于利益冲突的社会危机。许多学者认为,中国的改革、开放,一直到1993年以前,都没有造成收入分配上的巨大差距,也没有出现很大的弱势群体。

但是,在中国社会转型的第二阶段即体制转轨阶段,引发社会危机事件的可能性就有加大的趋势,其原因有三方面:(1)体制内的改革使利益的分化日趋激烈。第一阶段的改革,多是体制外的,没有触动个人、群体的根本

第十五章 应急公共政策研究

利益,也没有出现明显的利益分配上的两极分化,但在体制转轨阶段,社会分配上的分化日益加深,弱势群体出现,城乡社会分化加大,地区发展不平衡加剧,社会似乎出现了"断裂"。(2)旧体制的迅速瓦解和新体制的缓慢成长,客观上造成了"合适规范真空"和"合适制度缺失"。最初的二元结构摩擦,继而因权力失去有效制衡和监督而引发愈演愈烈的党政干部腐败,再接下来是走私、假冒伪劣猖獗而引发社会交易活动中普遍缺乏诚信。加上邪教流窜、黑社会势力抬头,社会秩序受到威胁。(3)国家从社会、政府从市场迅速的退出,使政府治理社会和提供公共服务的资源与能力大大削弱。政府的责任加大,但从社会提取的资源质量下降,应付突发事件的能力减弱。

三、社会突发危机事件的特点

社会一旦发生突发事件或发生危机事件,就必须立即加以缓解和处理,这是因为突发事件和由此引发的危机具有突发性、破坏性、紧急性、扩散性、恐惧性等特点。

1. 危机事件的紧急性

危机通常和威胁或逆境等相互通用,危机意味个人或群体,若不采取某些形式的补救行动,将会产生一种有潜在负面感觉的认识。实际上,危机的发生、发展和升级势必影响到政府或社会的基本价值和目标,并带来一定的负面影响和作用,因此政府的积极干预是必不可少的。在一定程度上,积极的、甚至带有强制性的干预,是政府发挥作用的有效方式。在危机过程中,政府通过分析危机的起因、特征,抓住那些足以影响和改变危机的关键性因素,集中资源,采取强化的干预措施(包括合法使用武力),促使其朝良好方向发展。当然,在强调积极干预的同时,并不能否定在非原则和非重要性问题上克制和妥协的必要。

2. 危机事件的扩散性

它要求政府作出果断性决策。事件突然爆发,迫使决策者必须以有限的资源和信息为基础作出决策。虽然这可能会影响到政府决策的质量,但是如果政府决策不果断,它将会带来更为消极的后果。1992年印度遇到独

立以来最为严重的一次宗教冲突——印度教和穆斯林的寺庙之争,印度政府处理不够及时果断,致使酿成全国规模的骚乱,严重影响了印度政府的形象。在当今世界,政府管理复杂的国家和社会公共事务,经常会遇到一些非常事件,决策者应对各种危机具有敏锐的洞察力,恰当估计形势,快速应变,及时疏导,果断地依法处理,有效控制危机状态区域,谨防事态扩大,将它消除在始发阶段,制止危机状态蔓延。

3. 危机事件的突发性

要求政府必须科学地面对危机。传统的理论与假设认为,危机与冲突是病态社会的表现,然而,现实经验证明:没有哪一个社会系统是完美无缺的,冲突和危机是普遍存在的,冲突和危机促进社会的协调和整合,因此,我们可以说,危机不仅意味着危险,而且还有转机、契机之意,这就是危机的双重性。正因为如此,在危机情境下,需要政府作出科学决策,发挥危机的积极作用,遏制危机的消极作用,并创造各种便利条件,以便把消极转为积极,变不利为有利。

4. 危机事件的不确定性

政府处理危机时,必须具有权变性。由于外在环境变动急剧,同时人类理性有限,无法完全掌握信息,所以对于每个具体事物和情况也就无法进行精确估量,不确定性由此产生。而在危机情境下,这种不确定性尤为明显。正是因为这些决策情境的不确定,才导致政府必须根据事态的发展,实行权变式决策。

5. 危机事件的恐惧性

任何突发的危机性事件除了会造成巨大的破坏之外,还会导致人们产生恐惧心理。由于对重大自然灾害或社会动乱的状况、引发的原因、事态的发展及对个人生存的威胁不甚了解或无从判断,从而产生心理的紧张、焦虑、慌乱、惧怕。在发生社会危机事件时,人们的恐惧感会陡然上升,而且有感染效应,持续时间也较长。

6. 危机事件的阶段性

它要求政府处理危机的决策要有战略性。危机是由诸多因素交织而成的,就像1997年下半年开始的亚洲金融危机一样,其发展必然要经历几个阶段,在危机的每一个阶段,决策者都必须维持和采取切实可行的目标和对策。而一场危机的最终解决则取决于长期不懈的努力,这就要求政府决策既要顾及目前有限的和现实的目标,更要在科学预测的基础上,进行一番战略规划。在此过程中,要尽量避免用零和博弈的观点来处理问题,否则危机处理的结果很可能就是两败俱伤、鱼死网破。

四、社会突发危机事件的类型

1. 社会危机事件发生的原因

一类是由完全不可控制的自然灾害引发的社会危机事件,包括地震、山洪暴发、海啸、台风等。

一类是由间接可控性的自然灾变引发的社会危机事件,包括洪涝、旱灾、病毒等。

一类是由直接可控性重特大事故引发的社会危机事件,包括交通(航空、水上、陆路)事故,火灾、爆炸、剧毒危险化学品大量泄漏,重特大安全生产事故。

一类是由完全可以控制的社会利益冲突引发的社会危机事件,包括群体性骚乱、恐怖主义行为、重大政治和经济事件等。

2. 社会突发危机事件的分类

对社会危机可以以不同标准来分类。(1)以引发社会危机的原因为标准的分类。引发社会危机的原因简单一点说有两类:一是天灾,二是人祸。但稍微详细一点区分,可以分为三类:一类是纯粹由自然界引发的社会危机,如没有人为原因的森林大火,造成城镇和村庄的毁灭。(2)以社会危机事件的直接面对主体为标准的分类。这种依危机事件承担主体划分的危机事件类型主要有两大类:一类是企业面临的危机。企业生产和销售形势恶化、金融状况突变、发生灾难性事故,所有这些都会让企业遭受沉重打击,使企业的形象受到损害,严重的会导致企业倒闭,如东芝笔记本事件、三菱帕杰罗事件、安达信用全面瓦解事件以及最近我国发生的一连串严重的煤矿灾难事件。另一类就是政府面临的危机。这是指社会出现突发事变,引发

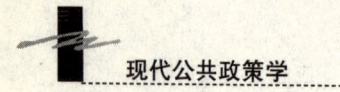

社会危机,政府必须承担应对、缓解危机的责任。政府面临的危机范围较宽,它基本上与政府治理社会和提供公共服务的范围相一致,其中不仅有涉及某一种职能领域内的危机,如水利、卫生、公安领域中的危机,而且还包括政府的层级范围,依照事件的严重性,从地方政府到中央政府都会采取相应的反应机制,启动相应的应急管理系统。(3)在进行社会危机类别划分时,还必须考虑一种特殊的社会危机即政府危机。在通常情况下,政府是应对社会危机、处理社会危机的主动的、最有权威的、也是最有能力的主体,政府总是去积极解决外界出现的灾难、冲突、危机,但随着社会危机的升级,又会引发更大的危机,那就有可能危及到政府的正常运行,就会引发政府自身的危机,这里包括一国的政局的动荡,或局部出现混乱、暴动,甚至战争,整个社会的秩序受到严重破坏。此时的危机已经直接表现为政府自身所面临的危机,又可以称之为政府的合法性危机。(4)还可以依据社会危机影响的范围和造成的危害程度来分类。可以将社会危机事件分为轻型的、中型的、大型的和巨型的四个类别:轻型危机事件,指危机事件范围不大、人员生命和财产损失小;中型危机事件,指危机事件中相当多区域卷入、已经出现较多人员伤亡、恐惧感蔓延;大型危机事件,指危机在全社会扩展、正常生活基本中断,国家发出紧急动员命令;巨型危机事件,指危机使社会基本制度、治理权威、基本价值受到挑战。

五、社会突发危机事件的危害

社会突发危机事件具有极大的危害性。从21世纪初已经发生的国内外重大危机事件造成的社会损失来分析,危害性主要有以下几方面:

1.人民生命遭受威胁

21世纪初印度洋海啸吞噬了上万人的生命;美国新奥尔良地区几次大飓风,让上百万人流离失所;一场大地震会丧失成千上万条生命;横扫全球的禽流感则让几十个国家的人民的生命受到威胁。由于许多突发危机事件或者根本无法预测,或者无法精确预报,一旦危机来临,人们往往无法保护自己的生命。而突发危机事件之所以引起人类深切的关注,其主要原因也是在于它会极度严重地威胁人们的生命安全。

2. 社会财产遭受损坏

社会突发危机除了会造成人们生命的损害外,还会严重破坏社会的公共设施,毁坏人民的财产。一场台风会刮倒高楼大厦、居民住宅。海啸过后,留下的是一片汪洋和废墟。一次大地震会将一个耗费了人们数十年辛劳建设的城市毁于一旦。虽然公共设施的损坏和财产的损失比起人的生命的丧失给人们造成的打击要小一点,但是,也不可小看危机过程中财产的损失,特别是其中一些历史性建筑物如果被毁坏,那将是无可挽回的损失。

3. 社会正常生活中断

任何突发性危机事件都会使一个地区、一个国家人们的正常生活突然中断。人们平时过着正常的生活,这种生活有一定的结构和体系,有一定的分工和协作,人们在日复一日的正常生活中建立起生活的规范和秩序,正是这些保证了社会的发展和延续。但是,突发危机事件,无论是自然灾害、瘟疫,还是恐怖袭击、重大生产事故,都会一瞬间冲垮生活的正常结构和体系。停电、停水、通讯中断、交通阻断,都会使人们突然陷入混乱之中,不仅危机本身会造成这种混乱,而且社会的黑恶势力也会乘机浑水摸鱼、趁火打劫,更加剧了社会的无序和混乱。

4. 人们精神悲观恐惧

许多已经发生过的突发危机事件告诉我们,在社会危机中,人们精神上的恐惧更甚于物质上的匮乏,一方面是突发危机事件在极短的时间内造成大量生命的毁灭和财产的毁坏,另一方面是生活突然失去规范和秩序,这两方面因素会让许多人陷入恐慌之中。他们会突然发现生命是如此的脆弱,世界是如此的不可预测,活着的人们不知道死神何时会降临到他们的头上,这种恐惧带来过度和持续的紧张会使一些意志薄弱者处于精神崩溃状态。人们的恐怖是一种可怕的传染病,一些人的恐惧会迅速地传染给其他人,最后导致人人自危。

六、政府采取应急公共政策的价值

政府制定和实施应急公共政策是对政府责任的直接考验,政府制定和实施公共政策是对政府能力的直接检验。

政府的危机管理是政府利用公共权力针对突发事件引发的社会危机的管理,目的是通过提高政府对社会危机发生可能性的预见能力和危机发生后的救治能力,及时有效地处理危机尽量减轻人民生命财产的损失,恢复社会稳定,恢复公众对政府的信任。

处于社会转型过程中的政府必须对社会危机采取及时、果断和科学、有效的管理,这是因为:首先,个人不能有效抵抗社会危机。无论是天灾还是人祸,一旦扩散、蔓延,必然带来生命和财产的巨大损失。社会的进步固然会延长人们的预期寿命,使人们得到更多的享受,但是物质的丰厚、技术的发展也使人类的脆弱性愈发明显。与过去相比,我们有了更好的医疗卫生条件、社会治安条件、消防抢救条件,文明不断进步,使人类外在的保护越来越完善,但是,人类自身的抵抗力、免疫力与心理承受能力却在不断下降。一个现代人在非洲丛林中的生存能力不一定胜过当地的土著人。优越的生活环境,使人们的生命像温室中的花朵一样娇弱。个人仅仅依靠自我,无法对抗危机,必须依靠组织性的力量去面对危机。在转型社会中,人们遇到的利益矛盾和冲突会更多,无论在身体还是在心理上都必须承受比常态社会下大得多的压力,从而也使转型社会中的人们应对社会危机的能力更为微弱。因此,更有必要依赖作为社会公共机构的政府来应对和处理社会危机。

其次,政府在危机管理中能增强自身的合法性。政府对社会的控制主要依靠两种手段:一是强制性手段,即依靠军队、警察、法庭进行控制;二是非强制手段,主要是指公众对政府的认可、支持。公众对政府的支持可分为两种:一种是情感型支持。这是没有任何回报的、自发性的拥护与忠诚。第二种是保护型支持。这类支持建立在政府与公众的互惠关系之上,公众不仅要求政府在正常时期提供有用的公共产品,而且特别要求在危机时期政府能够提供更安全、更可靠的保护。一旦遇到社会危机,公众对于政府的期望值与信赖性会更高,政府被认为有足够的力量去应付个人力量所无法解决的难题。如果政府能有效地带领公众抗击社会危机,政府就会获得公众的认同,其合法性就会增强。1992年、1998年中国发生两次大规模的洪水灾难,政府在抗洪抢险中的出色表现,使人民更加想念共产党,也更加支持

第十五章 应急公共政策研究

政府。

第三,政府通过社会危机管理可以扩大其功能。随着社会的发展,政府的功能逐渐强大,从最初的税收、防御外部力量入侵、保持国内的治安秩序,到环境监测和保护、提供各类公共设施、加强公共卫生监管、发展科技和教育等等,政府的功能日渐增多,管理能力日趋强大。政府管理功能的增多和扩大,相当多的是通过危机管理的途径来实现的,比如经过一次对特大传染病造成的社会危机的处理,政府就相应地扩大了公共卫生监管方面的职能。由于现代政府在掌管公共权力、提取社会资源和运用高新技术方面具有优势,从而就具有了承担社会危机管理任务的能力。从全世界范围来看,在所有的社会灾难和危机的救援中,各国政府都扮演了主要角色。其他的非政府组织,虽然也能在危机管理中发挥某些作用,但社会危机的主要管理者仍然是政府。

最后,处在转型过程中的政府,通过对社会危机的管理,可以加速自身的变革。在社会的转型,特别是社会体制转轨中,政府既是变革的主导力量,同时政府又是变革的对象。由于惰性和旧体制的惯性作用,政府的变革比较困难。促成政府变革的重要的触发因素是社会危机的处理。遭遇突发性的社会危机对任何一个政府来说,都是一场包含巨大风险的挑战。在这种挑战的压力下,政府原来体制和运行机制中在常态管理下不易暴露的弊端就会突显出来。经过危机处理的考验,政府就能较为自觉地对职能定位、组织结构、决策机制等方面作出变革,以适应社会转型的需要。

第二节 应急公共政策过程的阶段和因素

一、应急公共政策过程阶段

政府的危机事件管理是为了公众生命与财产能够尽量恢复到正常生活。为了实现危机管理的目标,政府必须分阶段实施对付危机事件的应急公共政策。对于政府危机处理应急公共政策的过程,一般的研究认为应包括四个不同的阶段:准备阶段、反应阶段、恢复阶段和消除阶段。尽管这四个阶段有某些重合的地方,比如恢复阶段中秩序的恢复与消除阶段中灾难影响的减少相联系,但每个阶段自身又都有各自明确的目标,并且前一阶段都为下一个阶段采取措施做好相应的准备。

1. 准备阶段

第一阶段是准备阶段,顾名思义,准备阶段包含了所有在危机爆发前的准备工作,发展程序性方面的能力,提高有效的反应。事实上如何管理危机,面临多个层级的政府的职责划分的问题,一般而言,根据危机爆发的范围与规模来确定,应该强调的是,在这种中央与地方的关系中,除了强调指出地方政府的积极作用,中央政府的协调作用也是必不可少的,但这也不意味着,地方政府在危机爆发后,是处于被动的地位。地方政府面临以下任务:(1)确保政府功能的连续性。灾难的发生,并不意味着危机排除了政府的其他日常工作,如果将全部精力集中于此,政府就会变得非常脆弱,如果再加上危机管理的失败,那将是政府的全面崩溃。(2)紧急沟通,这种沟通分为两部分:一方面是政府内部地方政府与上级政府的信息沟通,另一方面则是政府与外界环境的沟通,包括与公众、媒体甚至国际组织的沟通。(3)制订互惠帮助性协议,保证充足的资源供应。这些资助,包括食品、药品、其他救援物资都要有充分的准备,而这些事前准备的物资也必须有个很好的管理。(4)训练基层社会单位,如居委会、农村村级单位作为第一见证人去管理危机。

2. 反应阶段

第二阶段是反应阶段。反应是危机事件发生后,所立即采取的措施,反应行动的目的是希望能够救回生命,减少财产方面的损失,提高从灾难中恢复的效率。此时,相当一部分事发地的政府官员充当了危机操作中心的组成人员,并启动了危机应急计划。此时,危机应急广播系统应该开始启动,危机发生的情况应不断提供给公众,如果情况严重,应及时广播提供信息,组织公众撤出危险地区,由政府提供相应的救援设备,收留那些无家可归的人,紧急救援中心应及时分发相应的救援物资,保证每个公众成员都可以安全度过危机时期。比较而言,第二阶段在四个阶段中最为突出,在危机爆发千钧一发的时候,反应阶段及时有效的应对对于稳定公众情绪极为重要,而且为第三、第四阶段打下了很好的基础。

3. 恢复阶段

第三阶段是恢复阶段,恢复阶段包括两个方面的内容:一是短期之内尽快地将大量受灾人员从灾难中解救出来,提供最低的生活保障,启动人员救援系统。二是使人们的生活恢复到正常水平。具体措施可能是清理废墟,建立灾难援助中心,提供食品、危机咨询以及一些环境的消毒措施。还有从长期考虑的贷款与捐赠计划,提供失业救济金,帮助人们重建家园。同第二阶段相比,如果说第二阶段是侧重于使受害者脱离灾难的威胁,例如将人员从危险地区疏散走,那么第三阶段则是逃离危机现场后的恢复,两个阶段在时间上有先后之分,但在实际操作中两者是重合的。

4. 消除阶段

第四阶段是消除阶段,采取一系列相关措施消除或减少针对人类的长期威胁,保护生命和财产免受各种灾难的威胁,消除措施包括:重新修建居民居住地,安全规划,增加救灾保险,确保有关工地的合理使用,进行危险性分析,政府官员必须制订足够的应急法规,提供救灾的过程分析图,推进公共教育,加强监管力度,这些措施有点类似于第一阶段,但不同的是第四阶段政府的工作应更多地建立在对危机管理的总结基础之上,当然,这些工作也可以成为预备工作的一部分,为今后的危机管理形成一套规范性程序。

二、应急公共政策的早期预警

在对突发危机事件的处理和管理中,必须确立安全发展和全面风险观念。所谓确立安全发展观念包含两层意思:(1)人类只要追求发展,就会遇到突发危机事件,必须在发展中发展出更有效的突发危机处理和管理能力。(2)人类遭遇的危机是人类社会不理智的发展方式以及不适当、不理智的生活方式和行为方式的结果。人类必须重新思考已经实行的发展方式、生活方式和行为方式,做到自觉地及早发现社会发展中、人们的生活方式和行为方式中可能潜伏的各种隐患。同时更为根本的是努力寻找和发现更为安全的、可持续的发展方式、生活方式和行为方式。

所谓全面风险观念是在突发危机事件到来之前,在日常的管理中就树立风险意识,将集中的危机管理转变为经常的风险管理。政府必须在包括公共政策管理在内的所有公共管理中自觉地进行风险分析,预测、评估可能遇到的主要风险,确认风险处理和管理的能力和资源,发展有效的方法和手段以降低风险。

政府公共管理中的安全发展观念和全面风险观念是政府部门进行应急公共政策早期预警的思想前提。在应急公共政策过程的早期预警阶段上,政府必须做好以下几方面工作。首先,必须对社会生活的正常参量进行研究。这一过程有长有短,如果重视危机管理,政府就有足够时间进行这方面研究。有时危机已经临近,政府匆忙布置这方面的研究,时间就非常紧迫。对社会正常生活参量的研究是多方面的,其中包括与人类生活有关的自然界的运行参量和正常社会生活的参量。这些正常社会运行的参量往往是以一种范围的方式表现出来的,有其上限和下限。

其次,必须尽可能地形成数字化预警指标体系。这是一项工程浩大的工作,可以从一些专门的领域开始实施,比如我国已经形成对主要河流的安全水位和流量的量化指标体系的测量和设定,每年在多雨季节,都会发布主要河流的水位与流量的信息;天气预报领域也已经形成世界性的数字指标体系。

第三,建立预警体系网络。通过各个专门领域制定数字化预警体系,再形成全国性综合的数字化预警指标体系,甚至形成区域的和全球的社会危机早期数字化预警指标体系,人类对付社会危机的能力就会大大加强。

第四,及时发布危险程度信号。不同国家、不同领域内设置的危机信号等级是不一样的,通常是3级到5级,像美国的反恐预警等级分为5级,从1级到5级分别以绿、兰、黄、橙、红颜色表示。

三、应急公共政策管理模式

政府对社会危机要实施果断、科学、有效的管理,必须依据一定的模型,也必须遵循一定的程序。对政府危机的管理模型,有些学者从政府应当采取的措施方面提出看法,认为政府一旦面临社会危机,就应当依据下列模式作出反应:强制性干预,以对抗危机情形下出现的各种非理性的阻力;探寻危机产生的根源,以安抚群众的心理;评估可能产生的后果,为救治危机提供线索;理性选择救治危机的目标,以确定对社会某些系统进行少量的改良还是大规模的改造。

也有些学者将政府社会危机管理的模式分为危机爆发前和危机爆发后两个部分。社会危机爆发前的应对模式是:组建危机管理小组,培养一支训练有素的专业队伍,配备良好的物质装备,进行日常准备训练,制定危机处理计划。社会危机爆发后的处理模式是:建立危机处理队伍,缓解危机紧张状态,制止生命和财产损害,利用传媒安抚公众心理,消除危机后果,进行危机总结。

通常人们比较赞同的是著名危机管理学家波尼格罗提出的政府突发危

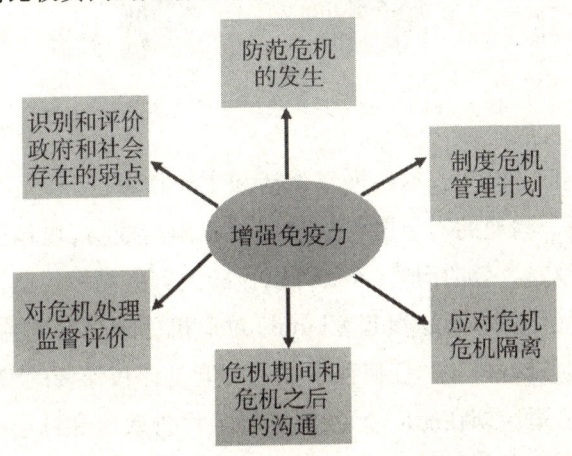

图15—1 政府危机管理的综合模型

机管理的综合模型。这一综合模型包括六个方面的工作:(1)防范危机的发生。政府提供一定范围的人力、物力、财力的保障,对有可能发生的危机随时监控。(2)制订危机计划。确定政府在有效管理危机方面将要采取的步骤,并为每一个步骤确定具体人员的责任。(3)对危机的研究。搜集有关危机认知性的信息,探求危机发生的根源。(4)对危机的管理。这是处理和消除危机的应急公共政策中最为重要的环节。在对具体危机事件加以管理时,首先要冷静面对,其次要利用一切手段,让公众知道实际情况,做到相互信任、同舟共济,关键时刻要发布政府对危机事件的紧急处理意见。特别重要的是主要领导必须亲临现场,既是为了加强对危机事件处理的需要,也是为了稳定人心。在具体的危机事件处理中,要调集一切可以调动的人力、物力和财力,全力以赴地保障人民的生命财产安全。而且应遵循先救人后保物的原则,将保护人的生命放在第一位。在危机事件处理中,还需要防止事

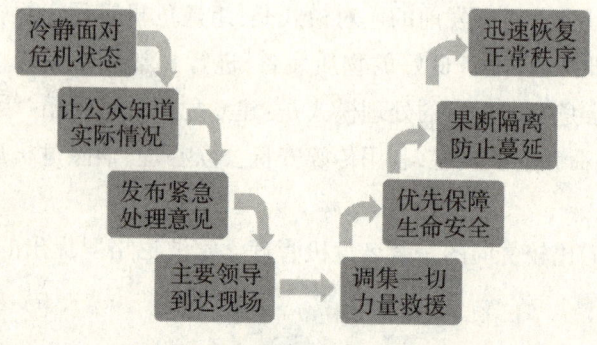

图15—2 危机管理阶段的环节

件蔓延,杜绝事态的扩大,尽快恢复生活和生产秩序。(5)危机期间和危机之后进行沟通。沟通的对象既包括政府组织内的成员,也包括政府组织外的成员,通过及时有效的沟通,不仅可以提醒大家提高警惕防范意识减少危机,也可以降低内外心理恐惧程度。(6)对危机处理过程监控、评价并作出调整。在管理危机过程中,任何程序都不可能是死板僵硬的,政府应依据危机的发展趋势,适应外在的环境,及时识别与评价政府和社会的弱点。政府要自我反省,哪些做得不行,哪些还可以做得更好,以便为以后的危机处理提供经验。对于社会公众暴露出来的弱点,政府应积极引导,以增强社会作为一个整体对抗灾难的能力。

要运用好这一模型必须树立两个重要观念:(1)全过程危机处理和管理的观念。所谓全过程危机处理和管理观念是指政府部门在处理和管理突发危机事件时必须将危机事件看成是一个有自身生命的周期性的过程,处理和管理这一过程必须通盘、系统地考虑。首先是要隔离和缓解危机状态。

第十五章 应急公共政策研究

一旦突发危机事件发生,包括政府部门在内,人们并不可能彻底消灭危机,但是在危机事件已经发生的情况下,却可以不让危机事态继续恶化、蔓延,可以想尽一切办法将损失控制到最小程度。其次是有效地应对危机。处理、应对危机要有效,就必须有充分的准备,包括作出严密的规划、进行必要的训练、调集必要的资源、确定具体的应对方式。第三是尽快恢复社会秩序。突发事件之所以引发社会危机,就是因为它阻断、破坏了社会的正常生活和生活秩序。危机处理和管理的目的就是让社会尽快恢复秩序。最后是政府部门对危机的回应性管理,其中既包括对因危机而造成的损害给予救济与修复,也包括对危机处理和管理中出现的问题加以整改。(2)充分资源支持的危机处理和管理观念。所谓充分资源支持的危机处理和管理观念是指政府部门在处理和管理突发危机事件时必须提供最为及时、足量、有效的资源支持。首先,一旦危机降临,政府应当把平时储存的应急救助物资及时运送、转发到危机发生之地的群众手中。其次,对受到危机影响的个人、家庭的困难救助,政府应当尽量保障人们达到最基本的生活水平。第三,政府对受危机影响的人们的救助应当是有效的,发放的应对危机的物资应当起到解救危机、安定生活、恢复稳定的作用。

四、应急管理中的民间救援

社会特大危机的抗击、治理,最终面临两个结果,一个是成功,一个是失败。防治特大危机的失败,首先表现为政府危机管理的失败,这会对政府的合法性和管理的有效性提出相当大的挑战,所以政府的危机管理本身就成为政府合法性的试金石。政府危机管理的失败,不仅会导致本国人民对政府治理社会的能力和效率的不信任,也会降低它在国际上的形象。对于一个刚刚从封闭走向开放、从集权正在走向分权和民主化的转型社会来说,政府如果不能有效地对社会危机加以处理、缓解,公众就会在生命财产的巨大损失面前不再沉默,各种不满情绪和怨恨就会积聚起来,一旦爆发,就会对政府形成严重冲击,自然型的特大危机就会转化为社会型的特大危机,而且会升级为总体社会危机。

社会宏观层面发生的特大危机,特别是自然灾害引发的特大危机,单靠个人、某些专业群体、中央、地方和基层政府的力量去应对、防治是不能奏效的,民间救援在危机处理中具有重要的作用。一场特大的危机突然降临,只凭政府的控制、协调是不够的,缺乏社会力量特别是民间的参与是不可想像的。在危机管理中,民间力量的组织和参与是必要的。民间力量的参与可以降低政府救治的成本,但各种力量的参与应该是一种有序的状态,因此建立民间应急管理已经刻不容缓。在市场经济发达、民间组织功能强大、全球化程度较高的西方发达国家,比如在美国就已经制定了一整套应急管理的法律和法规,政府的专门机构负责制定应急管理的规范化操作标准,各级政府提供应急培训和一定量的财政支持,同时又实行公私合伙,以区域为单位,建立官民协同的应急管理体系。

从我国的实际情况来分析,在实际的社会紧急事件和灾害事件的处理中,一些民间组织已经发挥了一定的作用,但是,这些民间救援机构不仅分散,而且没有一定的法规支持它们动员社会资源处理紧急事件,也缺乏与政府的必要配合机制。因此,应当在详细调查研究的基础上,以政府为主,整合民间力量,建立区域民间应急管理救援中心,这样可以增强社会的应急管理能力和绩效。

建立区域民间应急管理救援中心,是一项政策性极强的工作。必须通过借鉴其他国家的经验,逐步研究建立这种应急组织的条件,并设计其运行机制,才能保证这项工作稳步推进。要探索建立政府与民间组织合作的社会应急管理体系的途径,在计划经济体制和全能政府的条件下,政府包揽了对社会紧急事件和灾害事件的处理与管理,在动员型社会中,这种民众参与的应急管理往往是无偿的,从而形成了政府组织、全民动员、封闭自守式的政府应急管理模式。在社会发生转型,实行市场经济体制、社会结构分化、政府实际资源缺乏、国内外事务相互渗透而社会紧急事件、自然和社会灾害事件日益增多的条件下,必须构建政府规划、官民合作、开放共守式的社会应急管理模式。

要注意研究和分析中国城市和农村两大社区以及不同区域民间已有的具有在紧急事件和灾害事件突发情况下进行救援功能的组织和机构,对这

第十五章 应急公共政策研究

些社会组织和机构的状况进行调查,探讨利用这些社会组织并发展新的实施紧急管理的社会组织的可能性。

还要研究以地理区划和经济、行政区划相结合,建立政府与民间组织相配合的区域民间紧急救援中心的条件,其中包括信息条件、人员条件、财政条件、医疗设备条件等,并探讨这类救援中心发挥应急管理功能的机制,其中包括政府与民间组织的配合机制、救援中心的组织结构机制、救援中心的紧急动员机制。

第三节 应急公共政策的决策特点和方法

社会突发危机事件条件下的公共政策的规划和制定有其特殊性,它与平常社会条件下的公共政策决策是不一样的。

一、平常状态下的公共政策决策

在平常状态下,社会也会发生一些与正常的社会秩序不相一致的行为和活动,社会也会出现一些急需解决的公共政策问题,但这是社会运行的常态或平常状态。在这种状态下,公共政策的决策无论在目标取向、约束条件方面,还是在决策程序和决策效果等方面都有某些特点:(1)在目标取向上,平常状态下的政策决策致力于解决某些常见的公共社会问题,协调多方需求,以实现公共利益。(2)在决策的条件约束方面也有特点。在决策时间上,由于不是十分紧急,因此可以有充足的时间进行反复决策。在信息方面,则可以获取较为完全的资料,对多种政策信息可以进行详细分析和选择。在政策人力资源方面,则有机会通过日常培训、训练、教育等措施提高决策者素质。在决策技术上,可以尽量地使用较为成熟的、常规的技术手段,有时也能够利用现代科技条件,实现决策的计算机模拟。(3)平常状态下的决策,可以严格遵循法定程序,实施标准化操作。可以利用社会网络,实现决策权力分散化,通过民主协商决定最终方案,真正使政策决策民主化、科学化。(4)由于有充裕的时间和足够的人力资源,平常状态下的政策决策可以通过局部试验来增强政策的可行度,可以监测政策的执行过程,可以及时地对政策作出调整修正,政策的结果是可以预期的、可以控制的。

二、危机状态下的公共政策决策

但是在社会因多种原因发生突发危机事件时,社会的平常状态就消失了。在紧急危机状态下,人们没有充足的时间,也不能四平八稳地依据程序办事,决策的信息不可能完备,许多常规分析技术用不上,决策的结果因上述的条件,再加上危机事件的发展变化而无法预期。因此,危机状态的政策决策只能是特殊决策,这主要表现在如下方面:(1)在目标取向上:迅速控制危机事件蔓延,保护人民生命财产安全。(2)在时间约束上:时间急迫、必须是即时决策。(3)在信息约束上:信息常常是不完全、不及时、不准确的。(4)在政策人力资源的约束上:决策者自身素质和专业技术都会出现严重匮乏的现象。(5)在决策技术的约束上:危机决策时一般的政策分析技术和设备往往失灵,人们需要的是特别高精尖技术。(6)在决策程序上:必须快速决策,决策权必须高度集中,决策者主要是依靠自己的智慧审时度势,而且需要多方面专家参与。(7)在决策效果方面:只能作出模糊决策,具有非预期性,决策的结果难以预料,风险极大。

内容	类型	危机决策	平常决策
目标取向		迅速控制危机事件蔓延,保护人民生命财产安全	解决某些常见的公共问题,实现公共利益
约束条件	时间	时间急迫,即时决策	时间充足,反复决策
	信息	信息不完全、不及时、不准确	信息较完全;经过详细分析获得全面深刻的信息
	人力	缺乏:决策者自身素质和专业技术都严重匮乏	丰富:通过日常培训、训练、教育等措施提高决策者素质
	技术	危机时一般专业技术设备往往失灵,需要特别高精尖技术	技术手段较成熟,能基本实现自动化

内容 \ 类型	危机决策	平常决策
决策程序	快速决策：决策权高度集中，决策者主要依靠自己的智慧审时度势，也有专家参与	民主科学决策：遵循特定程序，标准化操作，决策权力分散，民主协商决定最终方案
决策效果	模糊决策的非预期决策结果难以预料，风险极大	可通过局部试验、修正、监测执行过程，结果可控可预期

图 15—3　平常状态和危机状态下政策决策的比较

三、处理突发危机事件的公共政策整合

1.应急管理中政府各层级政策的整合

从中国目前应对突发事件的政策实践来看，由于不同层级政府的责权利缺乏明确的规定，在应急管理中，常常发生基层政府过分依赖地方政府、地方政府过分依赖中央政府的情况。一旦发生突发性危机事件，往往先是中央政府管理部门疲于奔命，接着是地方政府忙得团团转，而基层政府则坐等中央和地方政府发布指令。这种应急政策管理模式是一种重心过分上移、上级权力过分集中的管理模式，它是计划经济体制的残余在应急政策管理中的突出表现。在计划经济体制下，这种应急政策的管理模式虽然体现了政令统一、资源集中的优势，但是，也内含着层级职责不清、成本过高、效率低下的缺点。在政府层级结构和相应职能发生较大变化的今天，再沿用这种应急政策管理模式已经不合时宜了。

现实情况是，大量的突发危机事件大多发生在基层。非典最初是从小的区域引发的，禽流感也是最先出现在基层局部地区，大量的突发危机事件发生的根源也出在基层，在地方政府和中央政府遇到的群体性上访事件中，公众希望上级政府解决的问题其实80%是基层应该解决也可以解决的问题，如果基层政府对突发危机事件不积极主动地应对、处理，基层政府和地方政府部门不主动承担应急政策管理的责任，而把责任上推，决策权上移，这不利于及时有效地应对突发危机事件。

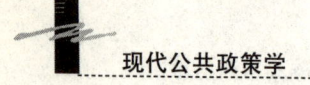

从我国政府的层级结构和制度安排出发,必须将中央、地方和基层政府的应急政策加以整合。社会突发危机事件管理的责任、权限、资源配置、救援力量应当分布在各层级政府部门和民间,要根据突发危机事件的类型、规模、发生的可能性、社会危害程度等因素,实行分级响应、分层决策管理,把应急决策和管理的重心适当下移到基层。从我国政府的层级结构和制度安排的现实出发,各个基层政府应当把在本地发生的有限的突发危机事件就地及时、迅速地加以处理和解决,尽量避免突发危机事件向其他区域和更高层级蔓延、扩散。尤其是在群体性上访处理中,基层政府应该保持群众受到伤害时投诉上访渠道的畅通,并将基层老百姓需要解决的矛盾问题尽量在基层就解决好,从而避免群众一有解决不了的问题、一遇冤情就挤向上级政府所在地的现象发生。

2. 应急管理中政府部门之间的政策整合

近几年来,由于重视了对突发危机事件的防范与应对处理,各个政府部门以条条为主都先后建立了等级不一的危机预警和处理系统,比较早建立这种体系或系统的是消防、交通、水利、地震、军事、安全等部门,在发生非典和禽流感疫情后,各地又加快了公共卫生应急管理系统的建设。在抗击台风、地震等自然灾害,抗击和阻击非典和禽流感疫情,应对处理特大矿难,处理群体性上访事件的过程中,各地政府也逐步意识到要加强以辖区块块为界的应急政策管理体系建设。许多城市都开设了包括110、119、122、120在内的紧急求助电话系统,组建了以市长、县长电话为龙头、政府有关部门和单位值班电话组合起来的群众呼声电话网络。前者主要应对有关安全、交通、生产事故等突发性事件,后者主要是随时接受群众投诉、批评、建议,特别是应对因社会矛盾、不公而引发的突发性事件。应当说,有了以条条为主的政府部门应急政策管理系统和以块块为主的各地政府的应急政策管理体系,社会应对突发事件的能力大大提高了。

但是,从现在已经发生的一些典型的重大突发危机事件来看,其引发的灾难是多方面的。一次大的海啸,会同时引发海水泛滥、火灾、瘟疫、交通中断、通讯中断、大批人员伤亡;一场恐怖袭击,会同时发生爆炸、火灾、大规模车祸,致使交通瘫痪、成百上千人死亡。特大突发危机事件破坏的领域也是

第十五章 应急公共政策研究

多方面的,它从一个地区爆发,然后迅速扩散和蔓延,比如像非典和禽流感,有时会蔓延到几个省、一个国家、甚至多个国家,像2005年年底和2006年年初爆发的禽流感,使全球50多个国家和地区笼罩在恐慌之中。

由于大量突发危机事件破坏领域多、涉及范围广,仅仅以条条为主建立政府各部门的应急政策管理系统和以块块为主建立各地政府有限的应急政策管理系统就显得不够了,这些部门性的应急政策管理系统在对付本部门内单一的特大事故和灾难时能力较强,但是一旦发生特大的、复合性的突发危机事件时,尽管各个部门的应急政策管理系统很有效,但由于缺乏协调和综合指挥,结果是相互踢皮球、互相扯皮,原有的功效发挥不出来。有时竟会发生这样的事,一辆满载剧毒化学品的汽车已经出现倾斜,化学品已经泄漏,居然在公路上连续跑了几个小时都没有被觉察,公安部门不去管、交通部门也不去管、公共卫生部门也不去管,原因是不属于其职权范围,也没有接到上级通知,结果事态发展到最后造成更加巨大的损失。

有时,特大突发危机事件会发生在跨地区、跨省的范围内,或者由于事态在恶化中,会蔓延数省。一条装载剧毒化学品的船在长江上游出现泄漏,船在行,水也在流,受这一突发事件影响的决不是一个地区,而是长江上游到下游的数省几十个县市。在这种情况下,对于突发危机事件的应急政策管理就需要多个政府的协调、合作。但是,一旦缺乏必要的协调,各地政府只要稍微有一点地方保护主义作怪,就可能造成巨大损害。

因此,必须在政府各部门之间、各地政府之间建立应急政策管理的协调、整合。各政府部门的应急政策系统应当相互衔接,信息共享,各地政府应急政策系统应当互连,形成条块结合、协调一致的应急政策管理体系。这种全国协调的应急政策管理系统应当由国家、地方两级政府的核心应对部门分层掌控,经常演练,保证运转通畅。一旦突发事件发生在地方,地方政府的核心应对部门启动本层级各部门的应急政策管理系统,通力合作,迅速应对具有复合性的危机事件。如果特大危机事件发生在全国几个省份,中央政府和有关省政府的核心应对部门启动全国的各部门应急政策管理系统,协调一致,从各个领域隔离、缓解、消除危机状态。

3. 应急管理中官方政策与民间政策的整合

在应对突发事件的应急政策管理中,还需要将政府即官方的应急政策

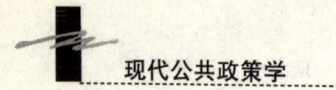

与政府外的民间的应急政策加以整合。从国内外已经发生的突发危机事件的应对和处理的实践来分析,仅靠政府的公共政策设计和实施是对付不了危机事件的。必须实施对突发事件处理的多元主体政策管理模式。问题是政府如何将官方的应急政策和民间的应急政策有机整合起来。

参与突发事件政策管理的政府外部的力量是多方面的,有包括非营利性组织、民间慈善组织、志愿者组织、社区组织在内的非政府组织,有包括私营企业在内的私人部门组织,有广大的联合起来行动的公众,也有国际组织。政府要对多元主体应急政策加以整合,就必须在官方机构与民间组织之间实行合理的应急政策管理的分工并依据不同情况对民间组织的应急政策管理加以分类指导。

从一般意义上讲,官方机构的应急政策能力比较强,但是,官方机构的行动较为集中、程序性强,资源提取和配置力度大,因此,官方机构在进行应急政策管理时适合处理危机中的关键问题和矛盾,适合对多元应急处理主体加以协调和资源上的支持。民间组织一般是小型的、分散的,资源有限的,因此,在对突发危机事件进行应急处理时,适合做险情发现、恐慌心理疏导、秩序维护、单个伤病人员的救援、救助物资的发放等工作。在印度洋特大海啸灾难中,一个10岁的英国小女孩因为懂一点海啸方面的知识,她发现海水有异常,就报告有关部门,并通知其他游客及时离开海岸,使上百位海滨游客幸免于难。小女孩虽然在海啸来临后的救援中发挥不了太大的作用,但是,她可以在发现险情时作出了不起的贡献。

政府机构应通过适当授权来整合各种民间组织的应急政策。对于非政府组织来说,它们参与应急管理具有志愿性与公益性,政府机构应视这些组织在具体的应急管理中参与的热情和发挥的作用,通过建立具体的"代理—委托"关系来发挥这些组织的辅助性的应急救助功能。对于私营部门来说,虽然它们是以追求利润最大化为目标,但在突发事件出现、危及它们更大的利益时,私营部门也会考虑让出一部分的利益,参加和支持政府和全社会的应急活动。政府应当鼓励部分私营部门在免费或低价提供救援物资方面发挥作用。对于公众来说,处于灾难之中的那部分公众,他们的切身利益与应急政策的成败关系极大,因此,这部分公众会行动起来积极投身紧急救援活动之中,政府应该广泛动员这部分公众,并组织他们维护秩序、重建家园,这样做才能使应急管理具有群众基础。对于身处灾难外围的公众,他们会出于同情、友爱,积极援助受灾地区的人民,政府应当在号召他们搞好生产、加快发展的同时,动员他们对灾区人民进行物资方面的援助。

在全球化浪潮中,一国政府的突发事件管理必须和相应的国际组织取得联系,以争取更多的国际性援助。在这一过程中,要正确处理好国家内政主权和接受国际援助的关系。我国在遭遇非典疫情袭击时,主动向世界卫生组织通报危机救治情况,邀请世界卫生组织官员到中国视察,并接受世界卫生组织的监督和某些技术和管理方面的指导。虽然中国国内疫情的救治属于中国内政,但此时必须作出暂时的调适和变通。事实证明,与全球合作,与负责任的国际组织合作,有利于突发事件的处理与管理。

4. 应急管理中日常政策与危机政策的整合

应急管理不仅时间紧迫而且由于事件的突发性而使得许多部门措手不及。很多突发危机事件其实并不都是没有预先迹象和原因的突如其来的横祸,有不少突发性事件都是从原先就存在着的风险一下子剧增而孕育、爆发出来的。因此,必须将日常对风险的防范政策与危机状态下的应急救治政策结合起来。首先,在平稳状态下进行政策设计时,要多考虑可能存在或潜伏着的不确定性与危险性。只有把确定性与不确定性、安稳和危机结合起来思考,才能既养成人们自觉防范危机的习惯,防患于未然,又能将潜在的风险自觉地排除掉。

其次,还需要对可能爆发的各种来自自然界的和社会的危机状况进行模拟性政策设计。比如地处地震活跃地带的政府部门,就可以参考其他地区地震发生所形成的危机情况,进行必要的政策制定和实施的演练,以便在地震真的发生后,政府和有关部门能及时、有效地实施灾难应对和救治政策。

第三,在一次大的突发事件之后社会已经恢复平稳的条件下,政府部门可以结合危机应对政策的评估,总结应急管理的经验教训,迅速制定防范同类灾害再次来临,或更大危机突然袭击情况下的应急管理政策。

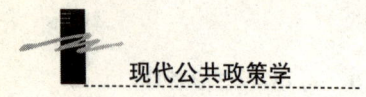

第十六章 公共政策创新研究

第一节 公共政策创新的实质与类型

一、强制型公共政策创新

公共政策创新是指处于社会转型时期的执政党、政府、社会公共组织和公众,为实现新的利益分配与再分配,促使社会原有体制、规则和组织发生变革,最终构建新的社会建设模式的公共政策活动。

公共政策创新的类型可以依据多种标准进行划分。一种是按政策创新的方向为标准的分类。主要类型有两种:一种是自上而下的公共政策创新,一种是自下而上的公共政策创新。

依据政策创新的主体态度为标准来划分,可以分为三种类型:一种是执政党和政府强制推动型政策创新;一种是社会利益群体与执政党、政府相结合的回应型政策创新;一种是社会自治型政策创新。这三种类型的政策创新分别具有不同的条件和特点,分别适用于社会转型的不同阶段。

第一种是执政党和政府利用强力加以控制和推行的强制型政策创新。在这种类型的政策创新过程中,执政党和政府首先要制定出一整套变革计划和措施以保证创新能最终达到预期的目标。其次,执政党和政府要将公共权力控制、集中在手中,以借助于强力来推行各项新的公共政策。对于这种类型的政策创新,它必须能满足一些非常重要的、并且是近乎苛刻的前提条件,比如必须培育出一批特别优秀的政治、经济、技术方面的精英,他们能够将整个体制转变的目标、过程甚至主要的环节都全面地考虑到并设计好。

第十六章 公共政策创新研究

其他人只是按照设计出来的清晰蓝图去步步操作和实施。

另外,这种强制型的公共政策创新还需要执政党和政府的组织和机构中的所有成员对旧体制的弊端有深刻的认识,对人民群众的利益需求有充分的、正确的了解,从而才能保证这种政策创新能得到人民群众的支持,能为破除旧体制、构建新体制服务。

不仅这些条件很难预先准备好,就是有了这些条件,执政党和政府强制型的公共政策创新也会产生出可以预见到的隐患。诺内特·塞尔兹尼克在谈到强制型法律设计时曾强调指出,强制型法律"有两个特征会显露出来。第一个特征是法律与政治紧密结合,其形式是法律制度直接服从于公共的和私人性质的统治精英;法律是柔顺的工具,很容易被利用来巩固权力和权威,保护特权,以及赢得遵从。原始的工具主义占了主导地位。第二个特征是官方的自由裁量权蔓延,它既是法律柔顺性的结果,又是其首要保证"①。

在公共政策范围内,执政党和政府采用强制型的政策创新,至少会有如下方面的问题出现:一是执政党和由它领导的政府很难在整个改革还没有充分展开之前,就能预先设想好一套能达到改革最终目标的创新性政策。多数情况下,改革中的政策创新只能是"摸着石头过河"或"边干边学"。二是只有执政党和政府主动的强制性政策创新,而没有人民群众,特别是需要改变利益分配的利益群体的支持和响应,这种政策创新是很难传播、扩散的。执政党和政府强制型的政策创新,虽然可以为旧体制的破除和新体制的产生提供便利的工具,但是它在解决社会因新旧体制更替而产生的公共问题时,往往会缺乏人民群众的自觉认同。尽管执政党和政府中的政治精英们会利用他们掌握的舆论工具和其他信息渠道来说服和教育社会公众他们已经充分考虑并代表了社会广大公众的利益要求,但是,仅仅是口头的承诺和由上而下的强制性的创新政策推行并不能保证有足够的公众认同性。

---

① 诺内特·塞尔兹尼克:《转变中的法律与社会》,张志铭译,中国政法大学出版社 1994 年版,第 57、58 页。

二、自治型公共政策创新

第二种在转型社会体制转轨过程中可供选择的政策创新类型是社会自治型政策创新。这是一种与强制型政策创新相对的、并能对其加以救治的政策创新类型。这种政策创新类型同样也需要具备非常重要的、也可以说是近乎苛刻的前提条件。这种类型的政策创新的主体完全是公众,政府和政治精英的作用变得很小。在这种类型的政策创新中,作为旧体制变革者和新体制创造者的公众已经完全组织起来,制定出意见一致的、一开始就表现为完全理性的政策创新的纲领,人们都非常自觉并且一直准确无误地实施这一纲领。这种苛刻的前提条件是无法保证的,因为理论上的公众只是一个统计学上的概念,事实上存在的公众则是一个个利益不相同的个体、群体、集团。这些多元的、组合起来的公众利益,必须借助于政策创新的过程,才能在竞争、冲突、妥协、合作中达到某种动态的均衡与一致。利益的一致不是在政策创新之先,相反,利益的一致与均衡是政策创新的结果,而且这种利益的均衡决不是刻板的、僵化的,而是动态的、不断变化着的。

自治型的公共政策创新似乎走向了另一个极端。它将公共政策创新与政治、政府的活动分离开来,并对社会权威、政治精英持批判态度。这种政治与公共政策的分离和对公共权威、政治精英的批判包含着隐患。诺内特·塞尔兹尼克从法律的角度分析了这种分离可能导致的结果。他认为,"自治型法的主要作用就是能够约束统治者的权威和限制公民的义务。然而,一个出乎意料的结果是鼓励了一种助长对法治侵蚀的批判态度","但是,法治模型的实际运作则指向另一个方向。随着自治型法的机构和程序的发展,对权威的批判成了执法者的日常工作",它会鼓励坚持己见和对公认权威的批判。[①]

自治型公共政策创新虽然重视了在体制转轨过程中公众从切身利益出发所发挥出来的创新智慧和能力,但是,过度地否定政府和公共权威、政治

[①] 诺内特·塞尔兹尼克:《转变中的法律与社会》,张志铭译,中国政法大学出版社1994年版,第78、80页。

精英的作用，也会导致无政府状态的出现。在原先已经贯彻了几十年的计划经济模式的作用下，不仅执政党组织和政府的行为方式已经定型化了，而且，在旧体制的控制下，公众在利益的追求、思维及行动方式上也出现了某种定势。自治的能力已经萎缩了。要在短暂的时间中，自由放任地让公众自行地去进行政策创新，不可避免地会出现"权威真空"、"行为失范"现象，不及时地加以引导、控制，就会酿成社会的无序和混乱状态。

从我国改革、开放近30年的历程来看，在社会转型的初期阶段即旧体制解构阶段上，社会变革的主导力量、最重要的推动力量是提出改革、开放战略的执政党和由它组成的政府。虽然经过十年"文化大革命"的内乱，直接遭受损害的是处于社会基层的工人、农民和知识分子，但是，他们的改革要求并没有成为普遍的利益诉求。仅仅凭普通的工人、农民和知识分子而没有执政党和中央政府自上而下的推动，改革不可能成为全国性的运动。中国改革、开放初期的有代表性的公共政策创新，像发展是硬道理、城乡居民个体经营、打破分配上的平均主义、让一些人先富起来等等，创新性政策都是带有强制性的政策创新。

现在也有一些微观层面的公共政策，比如社区中进行的一些自主性的公共服务变革，这类带有自治性质的政策创新，目前还是非常少的。在社会转型的发展阶段，人们已经在新的经济、政治、文化体制下生活习惯了，这时更多的公共政策创新会带有自治性质。

三、回应型公共政策创新

在体制转轨或新旧体制更替的阶段上，最为可行的是选择回应型政策创新方式。这是一种面对社会变革现实的明智选择。作为一个政策现实主义者来说，转型时期转轨阶段上的公共政策创新的主要目的就是要更科学、更民主、更有效地回应社会体制转轨的需要。

作为一种回应型的政策创新，它具有一些特点。首先，回应型政策创新是一个国家在社会转型时期推进和实现体制转轨公共政策的主要方面。公共政策规划与实施的宗旨是解决社会公共问题，保证社会朝着既定的政治

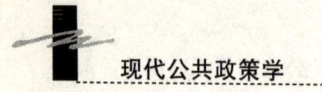

目标前进。在社会转型时期的体制转轨阶段上,社会最根本的、影响最大的、最为普遍的公共问题就是旧体制已经完全失效,人们必须创造出新体制。公共政策的创新就是要回应这方面的社会需要。在这一阶段上,也许还有另外一些政策需要规划与执行,但是,与体制转轨直接相关的政策创新则是总揽一切的。这种回应性的创新具有优先性。在中国的经济体制改革中,破除旧体制和创建新体制的公共政策创新成为整个过渡时期公共政策的主要方面。

其次,回应型政策创新是非常态的政策运行过程。社会转型时期体制转轨阶段上的公共政策运行显然不同于社会常态条件下的公共政策运行。对于一个国家来说,公共政策有两种运行状态:一种是正常的公共政策运行状态,或称为政策的常态运行;一种是非正常状态的公共政策运行,或称政策的非常态运行。在政策的常态运行中,政府和公共机构也会为解决社会出现的公共问题制定、实施公共政策。这些维护一个社会的既定秩序,并在既定的规则和组织下出现的公共政策过程,也具有一定的创新性。但是,回应型的政策创新并不是政策常态运行中具有创新性因素的政策,而是指在非常态的政策运行中政策的内容与作用都具有创新性质的政策,正是这种公共政策的创新过程本身创造着新的体制。

第三,公共政策创新可以发生在一个国家社会转型时期的不同阶段上,而回应型政策创新则是同转型时期的一个特殊阶段即体制转轨阶段相联系的。一个国家的转型时期会出现虽然界限不那么清晰但顺序却很明显的三个阶段,即旧体制的解构阶段;旧体制破除、新体制建立的转轨阶段;新体制巩固、完善的发展阶段。在这三个阶段上,都会出现公共政策创新。回应型政策创新对应的是体制转轨这一阶段。当然,能不能将强制型的政策创新与旧体制的解构阶段相对应,将自治型政策创新与发展阶段相对应,这还需要进一步研究。但体制转轨阶段的政策创新更多的是回应型政策创新。

第四,回应型公共政策创新是一个逐步的、系统性的创新。回应型政策创新是对社会提出的破除旧体制和构建新体制要求的回应,这种破旧立新的要求总是逐步出现并逐步得到实现的。回应型政策创新不赞同在一个主观限定的时间段中把一切旧的全除掉,把一个全新的体制一下子建立起来。

第十六章 公共政策创新研究

政策创新除了要逐步推进以外,还需要系统地加以考虑。一个旧体制包含着一整套系统的规则和相应的组织,同时还有一整套政策在其中运行。因此,要对旧体制的规则和组织加以变革,要建立起适应新的利益要求的新的规则、组织,就必须用一整套新的政策来替代旧体制下的政策系统。这种创新与替代是一项逐步推进的工程。

第二节 公共政策创新的主要影响因素

公共政策创新有三个主要影响因素:现实利益的分化组合,初始突破的设计发动,规则组织的应对变化。

一、利益分化与协调因素

之所以先分析政策创新行为者的利益分化和协调因素,是因为这一影响因素是任何一项政策创新活动中既扮演动力角色又扮演目标角色的因素,或者说,它既是某项政策创新活动的出发点,又是其落脚点。政策创新中行为者的利益分化和协调是一种具有内在结构、矛盾和演变规律的影响因素。可以将政策创新行为者的利益分化和协调看成是一个分析系统。在这一系统中,包括着政策创新行为者的利益分类、利益分化、利益扩充、利益竞争与合作、利益表达等内容。

政策创新活动中创新者的利益总是具体的,并且和自身生存、享受和发展中某方面的缺乏状态联系在一起,正因为缺乏某些东西,才可能产生获得满足的强烈需求,而指向需要满足的目标的欲望和倾向即是追求利益的动力。

政策创新活动行为者的利益,同所有人类活动中的利益一样是具有自身结构的综合体。无论是政策活动中的个体利益还是群体利益、集团利益,或者是组织利益,不仅是一种因对某种需求缺乏,从而要求满足的内在的、主观的欲望,而且利益会趋使利益的追求者通过有目的的活动去实现头脑中形成的预期满足欲望的结果。因此,利益既是主观的,又是客观的。其客观性不仅表现在利益的追求必须符合客观的环境与条件,而且利益会引发和决定人们的行动。在体制转轨阶段上,正是那些对在旧体制下获取应有利益感到失望、对未来的新体制会带来更多利益热烈企盼的行为者,才会去积极地进行政策创新的尝试。

政策创新活动中的相关行为者的利益可以进行分类,有两种分类是有意义的,一种分类是将政策行为者的利益分为个人独享型利益、群体或集团分享型利益和社会共享型利益。所谓政策行为者个体独享型的利益是指一旦付诸行动,所获的利益只能由行为者个人来独占和享用,别人是无法来分享的利益。所谓群体或集团分享型利益是指人们结成群体或组成集团,利用群体成员的使用或集团成员的共同行动得到的群体利益或集团利益,这种利益会由群体或集团中的成员来分享。这种分享型的利益是指个体已经从群体中或集团中取走了自己应得的供个人独享的利益后留下来的那部分由群体或集团共有的利益。至于社会共享型的利益,乃是指全社会成员都会从中享受的那部分利益,比如良好的生态环境、坚固的国防、通畅的公共交通等等,这些都是每个属于一定社会共同体的成员都能合法地加以享用的利益。这种社会共享型利益在世界日益走向全球化的时代变得更为重要。原来一个外国公民只能享受他的合法国籍所属的那个国家提供的社会共享的利益,现在则不一样,一个在中国进行投资的外国公民也可在中国享有国民待遇,他虽然持有外国国籍,但在中国仍然能享受每一个中国人能够享受的社会共享型利益。

对政策行为者的利益类型还可以作出另一种分类,即分为已经享受到的利益或实享利益和即将享受到的利益或预期利益。所谓政策行为者的实享利益是指行为者实际上已经具有的、并且能够加以享用的利益。比如,一个人家中已有一台彩电,已有几千元的存款,这些他可以随时享用。所谓政策行为者的预期利益,是指行为者现在还没有实际享用这种利益,而他已经从行为规则和行为结果的联系中知道,一旦他付诸行动,执行或实施某种政策,他就能够享有那些利益。政策相关行为者只有对目前的实享利益不再满意,并谋划通过政策创新来取得超过实享利益的预期利益时,他才有投身

第十六章　公共政策创新研究

于政策创新活动的动机和动力。

政策行为者能够进行政策创新的行为动机是想获得更多的预期利益。如果政策行为者估计通过改变行为规范就能获得更多的预期利益时,他们就会将政策创新的意图变成政策创新的实际行动。当政策创新活动仅能为部分个体带来比现在更多的、独享的预期利益,在这种情况下,能参与这项政策创新的人就比较少。如果设计中的政策创新能够为某个群体或某个集团带来更多的分享性的预期利益,在这种情况下,就会有某个群体或某个集团成为政策创新的发起者或积极的参与者。如果某种政策创新能为社会成员带来更多的共享的预期利益,这时作为社会治理的委托代理者的政府和公共机构就会推动这种政策创新活动。

在分析政策创新活动时,还必须对政策行为者的利益分化与聚合进行研究。一般地说,在一个社会处于常态运行的情况下,既定的体制已经对社会各个领域和各个层面上成员的利益结构作了安排。从某种意义上可以讲,一种体制就是一种利益分配的结构。体制和相应的规则、组织机构都发挥着维护这种既定的利益结构的功能。旧体制的运行就是将人们既定的利益结构不断地复制或再生产出来。要出现导致体制更新的政策创新,就必须出现利益分化。在计划经济体制下,一方面由于社会生产力低下,社会可供分配的资源有限,另一方面社会强调和维护的利益结构是实享利益的平均化。这种利益结构只能导致普遍贫穷的社会主义。中国改革、开放的设计者和发起者提出的一个基本目标就是要消灭贫困,让人民得到实惠,普遍过上富裕的生活。要打破旧体制造成的僵化、贫穷、没有活力的局面,就必须首先打破平均主义,让一些人先富起来,让一部分地区先富起来。这种在实享利益均等化的利益结构上打开缺口的做法本身,也是一种政策创新。事实说明,利益的分化是引发政策创新的助产婆。

正因为社会转型时期出现了在原有体制框架内的利益分化,才导致原有的利益结构出现松动。利益分化的最先的结果是某些个体可以为更多的个人独享的预期利益进行盘算,并将这种预期化成利益表达,随之产生政策创新活动。其实,利益的分化与利益的聚合是同时进行的、方向相反的,但又是相互促进的过程。一旦个体通过突破旧的行为规则获得了比原先规则

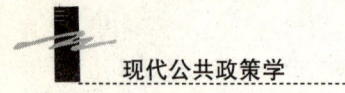

下更多的个人独享的实享利益,具有这种相同行为的个体就会联合起来,以增强抗拒旧的规则、维护新的规则,从而保护新的利益的能力。利益分化中的个体间的聚合或联合,实则就是某种群体的聚合。从行为相近的个体的聚合中,人们可以从形成的群体中获取更多的在群体或集团内分享的利益。当某种利益分化和聚合进行到一定程度时,就会形成较为稳固的利益集团和群体,就会出现社会的阶层分化。

政策行为者的利益分化和行为上的聚合必然带来利益主体间的竞争与合作。人类的社会属性中最为基本的属性是利益的合作与利益的竞争。利益竞争是由于社会的资源相对短缺而使得政策的行为者们为保护自己的利益而去阻碍别的政策行为者获取利益。① 在政策活动中,政策行为者的竞争是有序的。任何一种社会,包括转型社会,政策行为者的利益竞争总是被控制在一定的范围之内。这种范围是由体制决定的活动规则预先设定的。

在体制转轨阶段,由于新旧体制的交替,社会设定的、并为人们熟悉或习惯的规则常常会被新的规则所取代,这样会出现一些混乱的现象。在这些时段上,旧的规则已经被冲垮了,但新的规则还未确立起来,或者新的规则已经出来了,但旧的规则的残余还在起作用。前者会出现"规则真空",后者会出现"二元规则摩擦"。在某些时段中,政策创新中的利益竞争较为激烈。

政策行为者的利益竞争有时十分激烈。这正好说明政策创新具有一定的风险和强度。但是,人们不会无限制地竞争。有三种竞争模式:负和的竞争、零和的竞争和正和的竞争。在负和的竞争中,竞争双方的利益都受到损坏。在零和的利益竞争中,竞争双方一赢一输。而在正和的竞争中,竞争双方都得到好处。② 因此,人们总是谋求合作。合作产生团结,合作是建设

---

① 莱斯利·里普森:《政治学的重大问题:政治学导论》,刘晓等译,华夏出版社 2001 年版,第 28 页。

② 台湾公共政策学者曹俊汉在其著作中将这些竞争称为"零和赛局"(zero - game)和"非零和赛局"(non - zero - game)并用数学符号表示出来:零和赛局为 $+A+(-A)=0$;非零和赛局为 $+A+(+B)\neq 0$。参见曹俊汉:《公共政策》,三联书局(台北)1997 年版,第 87 页。

第十六章 公共政策创新研究

性的。①

但是,政策行为者的利益竞争总是以合理的利益分配为目标的。任何政策创新的目的总是要使得不同的政策相关者之间利益上的满意和均衡。如果政策相关行为者在利益竞争中,最终导致相互的对抗,什么事情也干不成,最终会无任何利益可谈,这是所有的政策行为者都不愿意看到的,因此在保持利益竞争的前提下人们会通过交换、说服、妥协甚至强制等手段,来谋求相关行为者可以接受的利益协调。

政策创新活动中的利益竞争与协调还会因人们对利益的追求呈现扩大化的趋势而变得复杂。马克思曾经指出,人的第一需要是衣、食、住。在这一需要已经得到满足以后,就会扩充自己的需要,产生出对新的需要的欲望。"已经得到满足的第一需要本身,满足需要的活动和已经获得的为满足需要所用的工具又引起新的需要。"②正因为人的需要是不断递增的,从而人的利益也具有不断增长或扩充的倾向。当政策行为者的利益合理递增时,围绕这种利益递增要求,就会产生更为激烈的利益竞争和合作。

在政策创新活动中,相互竞争和合作的行为者的政策利益表达的方式与策略是值得研究的问题。政策行为者认识到自己的真实利益,要将这种认识到的利益表述出来,就必须采用合理的、科学的利益表达方式和策略。所有好的、能促进和保护政策行为者表达利益的方式都有一个共同点,就是能够具备一种政策对话的机会。合理的、科学的政策论辩或对谈,都必须是平等的、充分的。所谓政策对话的平等性,就是具有政策利益的个体、群体、集团和组织,都能够通过各种渠道和方式来表达利益要求。所谓政策对话的充分性,是指参与政策对话的个体不是一次而是多次地、反复地将自身的利益表述出来,比如现在在北京、广州、南京等大城市举行的听证会(在传统的研究中,听证会分为两大类:一类是立法听证,它是依据行政程序法的规定,立法机关就某个问题的处理方法举行的听证会;另一类是司法的或审判的听证会)。但现在,许多地方政府在公共事务管理中,为了给某项公共服

---

① 莱斯利·里普森:《政治学的重大问题:政治学导论》,刘晓等译,华夏出版社 2001 年版,第 32 页。
② 《马克思恩格斯选集》,第 1 卷,人民出版社 1972 年版,第 32 页。

务或公共物品的供应确定合理的价格举行听证会。这是一种非立法、非司法的听证会。它更能体现公共政策制定中不同利益群体的政策利益协商或利益博弈。①

不管从事政策创新的行为者怎样衡量实享利益与预期利益之间的差距,或者现实的利益分化会如何导致行为者之间的竞争与协调,也不管行为者采取何种策略与方式表达自身的真实利益,政策利益仅仅在主观范围内的矛盾、协调,是不能最终实现出来的。政策行为者的利益分化和协调,只有通过新的政策设计并经过实施环节,主观思维中的利益才能现实地实现出来。因此光有政策创新行为者的利益分化和协调这一影响因素,还不能产生出现实的政策创新活动。

二、初始政策设计因素

初始政策设计是连接利益分化与协调和规则与组织变换这两大影响因素的环节。对于政策创新活动中的初始政策设计的分析,可以从初始设计者、初始政策内容、对政策行为风险的预测三个方面来进行。

所谓政策创新的初始设计有两层含义:一层含义是指一个政策创新活动周期的起点;另一层含义是一个大的、系统的政策创新活动的最初发动。比如,在农村破除人民公社制度的政策创新活动中,作为整个政策创新的起点的,也是最初发动的是农民自发进行的分田到户的政策设计。但是,在农村破除人民公社制度的整个政策创新中,政策创新设计决不止分田到户这一种活动。在分田到户得到承认并形成一种规则、得到巩固后,农村又进行了所有制方面的政策创新、农村流动体制方面的政策创新、土地适度规模经营和股份合作经营方面的政策创新。而每一次的政策创新都有作为一轮周期起点的初始政策创新设计。当然,人们更为重视的是作为一个大的政策创新系统中处于最早的、也是最先具有突破性的政策创新的初始设计。

一项具有较大突破性、代表着新的体制性质的政策创新活动,在其最初

---

① 参见丘昌泰:《公共政策:当代政策科学理论之研究》,巨流图书公司(台北)1995年版,第372—373页。

的阶段上,作为创新活动的发起者往往是少部分人。一些人之所以会成为初始政策设计的主体,即一项创新政策活动的最初发起人,既由其生活的具体环境决定,同时也与这部分人的个性有很大的关联。在各地农村都有一批在当地带头分田到户的人,在各个城市,也都有一批最初出来挑头干个体企业的人。从他们当时的生活境况和个性中,可以总结出一些共性的东西。

一些人之所以成为创新政策的初始设计者,往往由下列因素决定:一是在旧体制下被压制得非常厉害;二是已经认识到自己的利益受到侵害;三是有过某种突破旧规则的经验;四是遇到突发的事件,在旧政策下已经无法正常生活下去。政策创新的初始设计者处在不断的变换之中。这种初始政策创新的发动者的变换是由社会转型时期体制转轨过程中利益分化和协调的持续性造成的。对于一个常态运行和体制稳定的社会来说,人们的利益虽然也会分化,也有利益主体间的经常性协调问题,但是这种利益分化和协调的幅度较小。但对于存在新旧体制交替的阶段来说,旧体制的破除和新体制的建构并不是直线式的,也不是均衡的,因此利益分化的幅度比较大,协调的频率也非常高。在一个时段上是政策创新活动发起者的群体或集团,而在下一个时段上,他们则可能成为维持现状者、观望者,甚至是变革的反对者。

政策创新活动的初始设计者或发动者的变换有两种主要表现:一种是在不同的政策创新循环周期中,成为初始政策设计者或发动者的并不是同一批人,比如,有许多在分田到户的政策创新中走在前面的地区的干部和农民,后来不一定都是农村进一步改革的领头地区和继续冲在最前面的成员。而一些可能在最初的政策创新发动中并不是非常积极的地区的干部和农民,反而在后来的农村所有制政策创新、流通体制政策创新中发挥出带头作用。二是在不同的政策创新周期中,成为初始政策发起者的角色层次会发生改变。最为常见的现象是初始政策的设计者可能会在普通行为者与公共机构的代表者之间发生变换。在中国改革、开放的过程中,无论是农村的破除人民公社制度的以分田到户为最初发动的政策创新,还是城市中个体经济、私营经济产生和发展的政策创新,起初的政策创新者都是对旧的政策不满的普通民众。但是当最初的政策发动以后,新的更为深入的政策创新活动的推动者却是执政党组织和政府机构。也只有发生了这种政策创新的最初发动者的层次转换,政策创新才能从一些群体、一些地区扩展为整个国家绝大多数人的活动,已经出现的政策创新也才能作为新的行为规则被社会广泛地接受下来。

要实现政策创新初始设计中的突破,通常有两个途径。一个途径是在这种突破之前已经出现一些作为前奏性的试探。这些试探,虽然已经偏离既定体制允许的范围,但它还没有从根本上否定旧的体制,或者说这种试探只是踩出了旧体制边界的外沿部分。农村在分田到户之前,已经出现了包干到组的尝试。对于这种试探,反对者只是说这是把人民公社制度的"三级所有,队为基础"变成了"三级半所有"。这种踩出旧体制边界外沿的前奏性试探,会给一些政策创新的初始发动者以鼓舞。所谓政策创新的初始设计,其实往往只是在试探性的行为基础上再向前迈出了一步。

最初政策创新发动的另一个途径是类似政策的移植。政策移植是指将某种政策措施从一个空间或一种时间中转移出来,在另一个空间和时间中应用。这种政策的移植,可以是一个国家内部的历史性政策移植,即把过去使用过的政策拿出来再用。像农村中的分田到户的政策创新,其实是农民把50年代中后期产生、60年代又出现的分田到户的措施又搬出来。而且,像在安徽,70年代末搞分田到户最早的地区,也是过去搞分田到户最厉害的地方。另一种是不同国家间的政策借鉴,比如,导致个体经济、私营经济产生的政策创新的最初发动,一部分是借鉴50年代没有实现公私合营时的做法,另一部分则是借鉴西方国家市场经济条件下的所有制方式。

其次,要使一项举措成为政策创新的初始设计,它还必须具有强烈的扩展性,或具有强烈的可仿效性。如果当年安徽凤阳小岗村的农民私下里将原先只能由生产队统一经营的土地分到各家各户去耕种这一新的政策发动,不能得到从近到远地、从安徽到全国的广大农民的响应,这一举措就没有生命力,只能暂时产生一点轰动效应,马上就会烟消云散。安徽凤阳农民的这一举措之所以称得上是一项大的政策创新活动的初始性设计,就在于它有极大的震撼作用和巨大的扩展效应,它鼓舞了成千上万的普通农民争先恐后地学习、仿效,迅速形成了席卷全国的运动。

第十六章　公共政策创新研究

要使最初的政策创新发动具有强烈的扩展性，就必须坚持两条。一条是这种政策创新设计必须和原先体制下的某些政策有相似性。如果政策创新的最初设计和原来人们习惯了的政策毫无相似之处，其他的人和群体就可能只是观望。比如，农民的分田到户与中国农村解放初期分田到户有某种耕作和管理上的类似性，农民并不感到突然。一个地方做了，别的地方也能接受。另一条是政策创新的最初设计必须简单、易行。原来在人民公社制度下，不仅那套政策不能给普通农户带来更多的利益，而且非常繁琐，记工分、评工分，每次年终分配，账要算几天几夜，还要到公社机关核准。现在分田到户，自己生产，打下的粮食，交足国家的，留足集体的，最后多多少少是自己的。农民一看，好算好行，大家就纷纷仿效。私营经济的发展也是这样，创办一个国有企业太烦，办私营企业，自己投资，自己招收工人，一些人领头办起来了，别的人很快就学上了。

再次，作为创新的初始政策设计必须具备一种酵母的功能，它能发酵出一连串的与之配套的政策。作为社会转型时期新旧体制交替阶段上人们行为规范的选择，往往是难以一下子就把握得十分准确。人们只能是通过摸索，在不断的试错中总结经验教训。这样就难免有不成熟、不完善的方面。政策创新活动中的初始政策设计，多半情况下，并不是很成熟的。初始政策设计一开始就较为完善的情况比较少见。虽然初始的政策设计有其不完善的缺陷，但是它却因其新颖性和突破性，会为后来更为完善的政策设计产生启示、提供基础。因此，初始的政策设计就成为一项大的政策创新的酵母。

这种政策创新的初始政策设计对于设计者来说，未必都知道它会产生多大的后续效应。对于安徽凤阳小岗村的这几户农民来说，他们当初可能只是在观察了中国农村正在发生的变革，又联系周围的乡村已经出现的将农田耕作的责任承包到组的试验，仅仅是为了能够让地里多打一点粮食，自己也能多分一点粮食，就冒着风险，在夜晚合计出这样一个举措。他们很可能并没有想到这是他们吹响的促成后来在全国范围破除在中国大地上实施了 20 年之久的人民公社制度的政策创新的第一声号角。

一项初始政策创新设计要能成为后续政策创新的酵母，这种初始的设计必须是最为基本的，也就是说，它所触动的必须是旧体制的根基或最为核心的部分。它必须为以后一系列的政策创新活动铺平道路。特别是作为一项政策创新系统的最初的政策发动,会给这种政策系统确定基本的价值。如果说,农民不是采取分田到户的政策创新的初始设计,人民公社制度就不会被如此快的破除,因为土地归谁经营是农村体制中最为根本的因素。地不分给农户自主经营,后来的农村所有制变革、流通体制变革、土地适度规模经营、乃至在农村的政治运行中的乡政村治变革,都不可能发生。

在讨论和研究初始政策创新设计时,必须关注风险对这种政策活动的影响。初始政策设计总是具有一定程度的风险性。这种风险对于不同的政策创新主体来说是不一样的。对于政策创新的初始设计者来说,他们承担的风险比较大。一种风险就是他们会被旧体制的维护者视为是"制度的破坏者"、"不安分的分子"。此外,他们也可能为领头破除旧的规则而有所损失。

初始政策创新的设计者中处于随大流的主体,虽然也需要承担风险,但这种风险已经由主要的带头人承担了,他们只需要承担附带的风险。作为一种政策创新的初始发动,参与者必须有一定的规模,除了领头人物外,足够数目的参与者也非常重要。因此,作为政策创新的带头人,必须在行动之前将风险讲清楚,同时声明承担主要风险,其他参与者才能紧紧地团结在领头人周围。

在政策创新的初始发动主体中,执政党组织和政府承担的是另一种风险。因为执政党组织和政府要取得多数要求变革的人民群众的支持,就必须适时地支持并传播群众中产生出来的政策创新行动。对于一种过时的旧体制,人们能够知道它是无效的,是必须加以破除的,但是破除旧体制不等于找到了新体制。这实际上就是一种风险。对于处于体制转轨阶段的执政党和政府来说,要依赖政策创新来建立新的体制,就只能一步一步地去摸索。这就需要勇于面对挑战,敢于承担风险。对于政策创新中的初始设计,正如邓小平所说的,人们只有一个办法,就是要敢闯、敢冒,对了的就下决心坚持,被实践证明是错了的,就赶快改正。

第十六章 公共政策创新研究

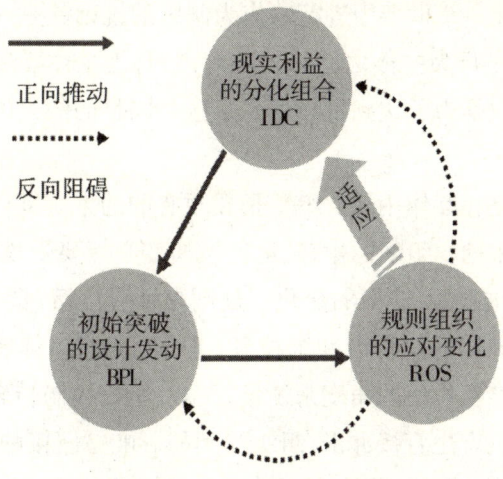

图 16—1　影响政策创新的因素

三、规则和组织的变换因素

在政策创新活动中,社会治理的规则和组织的变换起着重要作用。这里讲的社会规则和组织并不是泛指一切在社会生活中发挥作用的所有法律的、道德的、政治的、思想的等方面的规则和组织,而是特指与政策创新活动有关的、作为执政党和政府管理社会公共生活或对社会治理的那些规则和履行、维护这类规则的组织机构。

从公共政策与社会治理的规则和组织的关系来说,在社会的常态运行中,公共政策作为解决社会公共问题的战略和策略行为,必须而且只能在一定的社会既定体制和制度的框架下发挥作用。虽然任何社会的公共政策的实际运行,都必须以公众的利益为轴心。但是,一定的社会治理的规则和实行这些规则的组织本身却是公共政策制定、实施乃至评价的逻辑依据。而在转型社会的体制转轨阶段,公共政策创新本身就是促使新旧体制更替的核心要件和操作工具,它与社会治理的规则和组织的关系较为复杂。

在体制和制度的框架中,规则与组织还是有区别的。诺斯将"制度"比作是竞赛的规则,认为制度或规则的目的是要规定具体的竞赛赖以进行的方式。竞赛必须在一个框架中进行。作为制度的规则就是一个外在的大框架。而"组织"则是行为主体之间订立的规则,行为主体要通过合作与协调来赢得比赛。组织是为了达到目标而受某些共同目的约束的个体的聚合和团体。

组织与规则是相互作用的。组织是在现有的约束所提供的机会集合下有目的地建立起来的。组织的生存、运行及演变必然要受规则框架的影响。反过来,组织也影响规则框架的变化。规则是社会生活"游戏"的基础。组织的作用是充当规则的执行者和维护者。从社会变革、体制转轨和政策创新对规则和组织产生作用的角度来衡量,一般地说,体制转轨中的政策创新首先会对既定规则产生直接冲击,组织受到的影响是间接的。同时,履行和维护规则的组织,可以改变规则而不一定立即就改变自己。当然,当组织已经成为规则改变的障碍时,要改变规则,首先就需要改变组织。

从某种意义上来说,制度中有规则和组织,体制也是规则和组织的体系。公共政策则也是指导、规范人们行为的规则。而政策的制定、实施也都离不开相应的组织。这样,制度、体制和公共政策这三者似乎就无法加以区别了。其实,它们之间的差别还是存在的。可以用稳固性、正规性、覆盖面这几项指标来作为区分的依据。比如,制度与体制相比,制度中的规则和组织要比体制中的规则和组织要稳固得多,正规性也要强一些,覆盖面也要广得多。再比较体制与政策,政策中的规则和组织常常是变动的、覆盖面较小、正规性也要低一点。因此,我们在分析政策创新与制度环境的关系时,只是在制度的意义上使用规则和组织这些范畴的。

从另一个角度也可以将制度、体制和公共政策加以区分。制度主义者所讲的制度,其实是分层次的。有处在较广、较大层次或层面上的制度,可称为宏观制度;而处于较具体的、较为窄的层次或层面上的制度,则是微观制度。介于这两者之间的制度,则可称为是中观制度。在分析具体的规则和组织时,应当弄清楚分析的层次或层面,才能知道所分析的对象之上之下各有什么制度。从这一意义说,现在要讨论的体制转轨中的宏观制度则是社会主义的根本制度,而体制则是各个领域比如经济、政治、文化、社会中运行的经济体制、政治体制、社会体制、文化体制。本书也就是在体制这一层

第十六章 公共政策创新研究

面上来讨论规则和组织的。

研究政策创新活动与社会治理的规则和组织的关联,主要还是立足于具体的个人、群体的利益及其行为。组织并不是无人的一种架构。所有的体制中的组织,都是由具体的个人、群体组成的,组织的运行,其实就是组织成员的实际行为。规则也不是抽象的、刊载在文中的条款,它是指导组织中的个体与群体行为的依据。正因为要履行并维护这些规则,才需要这些个体与群体作为组织成员而存在。因此,研究政策创新活动中规则和组织的应对与变化,其实就是研究政策创新的主体与组织中履行和维护规则的个体、群体的利益关系。

一般地说,作为具体体制运行的环境条件的规则和组织,既是这种体制长期坚持的产物,又是这种体制能够正常运行并趋向于稳定的保障。因此,作为社会活动的规则和组织保护着既有的体制并再生产出这种体制。而这一切又是通过它们规定社会利益的分配格局和结果来实现的。作为组织内的成员,他们正是通过履行和维护这种体制规定的规则,不仅保证了体制正常运行,同时也保证了组织的存在与发展,保证了他们能分享到的组织共同利益,还保证了他们个人所获得的由工资、奖金、福利、地位、名声和其他优惠构成的实享利益。

一旦社会出现革命性变革,社会进入新的转型时期,社会成员的利益就不可避免地要发生分化。想从变革中获得新的利益的个人、群体和集团,其预期的利益和试图建立的利益分配格局就同既有的制度规则和组织所维护的利益分配格局产生矛盾和冲突。解决这一矛盾的努力就促使追求新的预期利益和新的利益分配格局的行为者进行政策创新。

这种试图突破旧体制、建立新体制的政策创新,立刻就会对既存的体制环境即由特定的规则体系以及履行和维护它们的组织产生影响。这种影响不仅是巨大的,而且是矛盾的、冲突的、挑战性的。政策创新的发动者将行为的目标直接指向一些束缚他们的规则,也就是把行为的矛头指向履行和维护这些规则的组织成员。其实质就是政策创新者的利益与旧体制中治理组织及其成员的利益发生矛盾和冲突。

由一些规则和相对应的组织构成的体制环境,在政策创新中的功能方向是双向的,功能的价值也是双向的。在一项大的政策创新活动发生的初期,当政策创新中的初始设计或最初的政策发动出现时,旧体制的规则和组织就会成为政策创新的阻拦者。这种阻拦就是原有体制所设立的组织运用行政的手段来禁止政策创新行为,或者宣布这些创新行为是错误的,或者将政策创新的初始发动者扣上"破坏既有秩序、影响稳定和大局"的帽子,或者以"人民不答应"为幌子,来压制改革,甚至运用强制力量威胁某些主体退出政策创新活动。在农村分田到户的初期阶段,一些报纸的编者和中央农委的负责人就曾以"搞破坏"、"反对社会主义"来给政策创新的主体定性。

当政策创新的初始发动出现时,政府的组织机构不是一味地阻拦,而是利用旧的规则和组织中的弹性,或者部分地接纳或全部接纳政策创新者的要求和措施,并尽量修补原来的利益分配格局中已经暴露出来的缺陷。比如,当大量知识青年回城,为了生存,他们搞起了个体经营,后来一些个体经营者加大了投资,雇用了家庭以外的劳动力,产生了私营经济。对于这种突破原先的单一公有制经济体制的行为,当时的中央则以"社会主义经济的必要补充"来加以承认、容纳。但这种承认和容纳,并不是完全支持,而是在无法采取措施加以压制的情况下,一边限制、控制,一边观察、审视。

这两种情况都是旧的规则和组织对政策创新的抵制。只是前一种抵制是公开的、明显的、消极的,后一种抵制则是隐蔽的、间接的、积极的。在这两种情况下,旧体制中的规则和组织发挥的功能,相对于政策创新来讲,或相对于新的体制建立来说,其功能价值是负向的。

在旧体制的规则和组织采取隐蔽的、积极的抵制策略时,规则和组织的弹性会受到考验。在有限度地容忍政策创新的初始发动的过程中,维护原有社会治理规则的组织会发现,政策的创新主体的要求是不断"膨胀"的。当个体经济产生,政府机构同意它存在;不久,私营经济就会出现,再允许它以社会主义经济的必要补充存在;个体经济和私营经济成分越来越大,从不起眼到"三分天下有其一",到"半壁江山"。这时,旧的规则和组织结构的有限弹性就再也容纳不下政策创新的内容了。

当政策创新的尝试已经冲击旧的体制,旧的规则能发挥的负向的价值功能的空间已经丧失时,执政党和政府就会改变自己的行为规则和组织机

第十六章 公共政策创新研究

构。这种改变也是渐进式的,可能是先取消某些与政策创新要求明显不相适应的规则,这种取消往往开始只是个别的,然后则是大批的,最后是形成一整套新的与新的体制要求相适应的规则体系。当然,在这种规则再造的过程中,某些曾经是旧的体制中的规则,也可以继续移植到或保留到新的规则体系之中。但是,作为体现新体制的新质要求的新的规则体系,其中大部分的规则则应当是新的,它们或者是被创造出来的,或者是从以往的实践中,或者从别的地区、别的国家的实践中移植过来的。

当人们的行为规则已经改变时,原有的社会治理的组织机构也会发生变革。这种变革或者是通过改造原有制度中的组织机构,或者利用原有的组织设置,增加新的功能,或者去除阻碍政策创新的机构而增加新的组织机构来实现的。无论是接受政策创新的事实,去改变规则,或者去改造组织,都与组织内的个体、群体的利益有关。只有当组织中的个体和群体发现通过改变规则和改变组织结构,他们才能获得更多的可以共享到的、可以分享到的、可以独享到的预期利益和实享利益时,他们的行为才是积极和自觉的。

在政策创新过程中,当执政党和政府用改变了的规则和组织去构建适应政策创新的利益分配格局,从而成为推动政策创新扩散和发展、完善的力量时,规则和组织发挥出来的功能价值才是正向的。

作为体制的规则和组织也是一个结构系统,其中较为重要的是个体精英、初级集团、次级集团、体制装置。执政党和政府中存在一些精英,这是一个客观事实。在社会转型时期,特别是在体制转轨阶段上,执政党和政府必须培养和选择一批能察觉时代变化,能体察人民群众利益要求,又具备现代知识素养并有丰富经验的政党、政治和行政精英。正是这些为数不多的精英,能迅速了解人民群众中的政策创新的智慧和要求,并能站在引导政策创新健康发展的前列。他们的行动为执政党和政府内的其他成员变革规则和组织指明了方向。在执政党和政府组织中包含一些初级行动团体,它是一种决策单位,可以是个体,也可以是集团。这些初级团体能够认识到政策创新可以带来政治权益的递增,其决策决定着代表新的体制要求的、体现新的行为规范的创新政策发展的进程,因而是政府中推动政策创新的动力源。

执政党和政府中还有次级行动团体，它们也是决策单位。次级团体是初级行为团体的行为代表。只有通过它们，一些和政策创新初始发动相融合的、具有约束作用的新规则才能最终建立起来。

再就是执政党和政府内部的体制装置。这是让执政党和政府认可的政策创新稳定下来的具体形式。由执政党和政府组织控制的体制装置一般是指行动团体所利用的文件和手段。公共政策创新的影响因素虽然在政策创新过程中各自发挥着作用，但这些影响因素之间还是有着关联的。

首先，政策创新过程中的利益分化与协调因素与其他两个影响因素即初始政策设计或发动、规则和组织变换之间是相互联系的。一旦社会的利益结构发生分化，并需要加以协调时，一些个体或群体，就会估计在某种规则下，自己可能获得最大的预期利益，也会思考一旦付诸行动后自己能够得到的实享利益。如果经过深思熟虑，发现改变规则后的预期利益，以及付诸行动后的实享利益要远远超出现在的利益，也能超出政策创新付出的成本时，政策创新就会发生。可见政策创新是利益分化与协调的结果。

对于利益分化与协调因素来说，它与原有的规则和组织是不相适应的，因为相对于原有的规则和相应的组织，利益的分化和协调是对通行的规则和组织治理的偏离。这两者的矛盾与冲突必须借助于政策创新主体的发动才能解决。利益的分化和协调又希望出现新规则和相应的新组织，使分化和协调的利益能够合法化、稳定化。

其次，政策创新过程中的初始政策发动或设计影响因素与其他两个影响因素，即利益分化和协调、规则和组织变换之间也是相互联系的。初始政策设计直接对原有的规则和组织发生作用。如果原有的规则和组织接受这种政策创新的行为，规则和组织就必须发生变换。如果规则和组织不接受政策创新的初始设计，作为政策创新的主体则会不断地采取行动，直到规则和组织发生变换，接纳政策创新行为为止。

政策创新的初始设计或初始发动既是利益分化与协调的产物，同时又会对利益分化和协调产生作用。作为政策创新主体，在初始政策设计中，他们会时刻评价自己的创新行为是否符合利益分化和协调的要求。因此，初始政策设计一般并不是一次行为，而是由多次行为构成的活动。政策创新

第十六章 公共政策创新研究

般过程来理解,政策的制定和实施是"问题取向"(problem - orient)的。从一般的社会公共问题要变成公共机构着手来解决的政策问题,需要有一种催化剂。对于处于体制转轨阶段的政策创新来说,这种点燃人们创新欲望,从而诱发和催促某些群体行动,并使政府下决心进行政策创新的条件、因素及其有机结合,就构成了政策创新的触发机制。

对于公共政策运行中的触发机制这一概念,就目前掌握的资料,人们普遍认为最早是由美国著名的公共政策学家约翰·金通(John Kingdon)以一种比喻的、不太清晰的语言提出来的。① 实际上,金通只是讲到政策议程建立中的时机问题,是"触发机制"的条件,还不是触发机制的全部。另一些西方公共政策学者受金通的影响,开始较为系统地研究政策制定中的"触发机制",其中较有成就的是拉雷·N.格斯顿(Larry N. Geston),他在《公共政策的制定:程序和原理》一书中,专门辟出一章来研究这一问题。②

他将触发机制称为是"公共政策的催化剂"。在格斯顿看来,问题的产生先于政策,但人们常常会发现,虽然有些问题确实是日常生活中需要政府解决的困难,但是公众反应却是消极的。当一个事项或整个事件出现,对于早已存在的困难,原来只是个人的话题,现在突然变成了人们共同的恼怒,从而使政策议程的建立成为可能。"是什么现象促使这种转变发生?是什么把日常生活中的困难变成公众的争论?答案就是被称之为'触发机制'的概念。"

格斯顿在进一步论述政策过程中的触发机制时指出,在政治过程的背景中,一种触发机制就是一个重要的事件,"该事件把例行的日常问题转化成一种普遍共有的、消极的公众反应。公众反过来成为政策问题的基础,而政策问题随之引起触发事件"。触发机制对于重组公众及公共政策制定者的意识水平很重要。政策过程中的触发机制产生于内部和外部环境之中。③

---

① 拉雷·N.格斯顿:《公共政策的制定:程序和原理》,朱子文译,重庆出版社2001年版,第23页。
② 拉雷·N.格斯顿:《公共政策的制定:程序和原理》,朱子文译,重庆出版社2001年版,第23页。
③ 拉雷·N.格斯顿:《公共政策的制定:程序和原理》,朱子文译,重庆出版社2001年版,第23、24页。

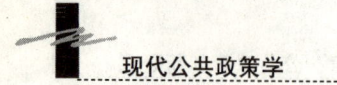

公共政策制定中的触发机制可以分为内部的与外部的两大类。内部的触发机制有五个重要的来源："自然灾害、经济灾难、技术突破、生态迁移和社会演变"。外部的触发机制的主要来源有四种："战争行动、间接冲突、经济对抗和军备增长"。

格斯顿还特别研究了构成或影响公共政策触发机制的主要变量。他列出三种：一是范围，二是强度，三是触发时间。这里的触发机制的范围是指重大事件影响的人的数量，其中又包括其他客观参数与政策管辖权限。触发机制的强度是指公众对重大事件感觉的强弱。如果公众对发生的事件能够宽容，就不会要求改变政策，反之则要求政策改变。触发机制的触发时间是指重要事件展开的时间段。这三个因素会产生相互作用。三个因素的协同或不协同，会对触发机制的作用产生直接影响。①

格斯顿的触发机制理论一般是用来考察常态社会中的政策制定的，主要是针对整个国家宏观的政策设计的，并且较多的关心社会在应急状态下的政策制定。要把这一理论与社会转型时期体制转轨阶段上的政策创新分析联系起来，还必须进行选择和加工。

在公共政策创新过程中，由利益分化与协调因素指向初始政策设计因素的触发机制则是一个由客观基础、直接前提、导火线等方面构成的体系。在新旧体制交替的政策创新中，促成初始政策设计或政策创新最初发动的根本原因是人们已经感觉到利益分化和协调的可能性。在旧的体制下，虽然人们对不合理的利益结构和由此产生的种种问题已经习以为常，但是，人们追求合理的自身利益的愿望是任何体制都阻拦不了的。当旧体制特别强大、控制特别森严时，利益受到损害的群体只是忍声吞气，一味忍耐。这种长时间的忍让，还会导致人们心理上的麻木。但是，一旦旧体制遇到挫折，旧的规则和组织对旧的社会秩序的控制松垮时，人们就会重新苏醒，去追求本来属于自己的、更多的合理利益，并由此产生对旧体制下不合理政策的愤慨。这种压力会不断积累，愤慨变成愤恨、愤怒。

将反对旧政策的压力转变为寻求政策创新发动的力量或动力的则是某

---

① 拉雷·N.格斯顿：《公共政策的制定：程序和原理》，朱子文译，重庆出版社2001年版，第26—28页。

第十六章 公共政策创新研究

些突发事件。这种事件可以是内部的,也可以是外部的。这种引起转变的偶发事件可以称为是政策创新发动的触发事件。内部发生的偶发事件则是内部触发事件,外部发生的偶发事件则是外部触发事件。但是这类内部的或外部的触发事件,还不是政策创新发动的触发机制的全部。

在公共政策创新活动中,触发机制是已经存在并且已经积压到一定程度的压力迸发出来的催化剂。这种长久积累起来的压力就会推动一些群体提出由新的公共政策来取代或改变原有的公共政策的要求。已经存在的压力是触发机制发生作用的前提。但是,光有压力,不一定就能推动人们去行动,这种压力必须是增长着的,当它积累到一定的限度时,即达到某种人们已经无法忍受的临界点时,一件事情的激发,就会让它迸发出来。

但是,在政策创新中,即使压力到了某种临界点,也的确发生了一些事件,这时应当说触发机制起作用的时机成熟了,但是,能不能将已经积累起来的强大压力触发起来,还要有其他条件。这里有两种情况必须考虑,一种情况是某种事先难以预料的、偶然性的事件的确出现了,但这一事件引导人们自然地或渐渐地进入一个新生活方向或生活状态,没有什么迷惑,也不存在焦虑,这时触发机制就起不了作用。另一种情况是,当某些事件发生,使原先的社会生活发生剧变,但人们却以正常的、自然的态度接受了这种变化,这时触发机制的功能也发挥不出来。

可见,旧体制的无效、障碍、人们的失望、利益的损失等等形成的压力和压力的不断积累是触发机制发生作用的基础。某些预料不到的偶然事件的发生和造成的震惊、震撼、震荡是触发机制产生功能的直接条件。而在偶发事件造成的社会震动中,争论、焦虑则是导火线。

政策创新中初始政策设计或创新行为的最初发动必须要经过触发机制才能出现。因此,分析和把握触发机制是启动政策创新的关键。即使旧的体制已经让人失望、新的利益预期已经出现,社会也出现利益分化,社会对旧体制、旧政策的不满也在增长,即便在这种情况下,政策创新也并不能自然而然地产生。要让社会的压力转变为政策创新的发动,就必须利用、培植和把握触发机制。触发机制的展现或启动,虽然并不存在固定的程序,但它的确包含某些环节,比如首先需要加大压力,让社会中的广大公众对旧政策的不满增大,只有不断地宣传旧体制的缺陷和新体制的优点,压力才会累积,才会达到一定的迸发的临界点。

其次,要充分利用各种偶发事件。当旧体制已经无效率,并且对社会发展产生阻碍时,各种偶发事件就会不时地冒出来。也许有些事件在平常不为人们关注,但到了新旧体制的交替时,人们对这些事件就较为敏感,试图推进改革和创新的政治家、执政党和政府,就要利用这些偶发事件,解放人们的思想,克服人们对旧体制的麻木,把人们对利益的追求与对新体制的企盼结合起来。

第三,在培育触发机制时,要正确对待论争和社会震动。前面已经分析过,在有巨大压力的情况下,仅仅有偶发事件,而没有一定程度的论争和社会震动,触发机制也还是启动不起来。当然,在政策创新中,太大的论争会把人们的注意力引向一些抽象的、浪费时间的辩论上去。一些太大的社会动荡,也会不利于变革。但是,过于强调稳定,过于害怕争论,也会使人们创新的热情消退下去。政策创新过程中的触发机制,只是在政策创新的初始政策设计和发动中起作用,触发起来的创新热情和行动,还需要持久地维系下去,从少量区域扩展到更大的区域。这时就有赖于另外的政策创新实现机制发挥作用了。

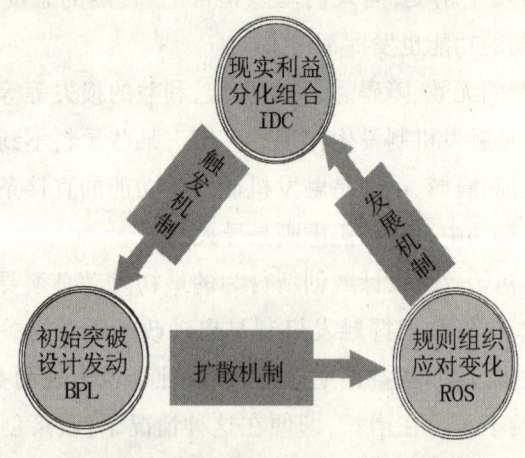

图16—2 政策创新实现机制

二、政策创新扩散机制

在公共政策创新过程中,从初始政策设计指向规则和组织变换的实现机制是公共政策创新的扩散机制。政策创新的扩散或传播机制(diffusion-mechanism)指的是从原初政策设计到活动规则和组织变革,从而使创新政策不断超出局部试验区域和群体,向社会宏观层面推广。政策创新的扩散机制是在原初创新政策设计到社会活动规则和组织变革这一过程发挥作用的。政策创新扩散机制是由原初创新政策传播、社会权威推广、创新政策被采纳等几个环节构成的,它与时间即创新政策的采纳速度、传播网络即创新政策扩散的社会结构、导引者即创新政策传播中的观念引导者、创新代理机构等等具有相关性。

初始政策设计中包含的人们的行为规范,作为一种创新,肯定是与旧体制下的社会活动规则不相符合。要让这种新的行为规范得以传播开来,为更多的社会个体和社会群体仿效,对于初始政策设计来说,就需要具备一些可见的特性。比如,新的政策措施具有相对优势;与社会旧体制推行的规则虽然有矛盾,但也有某些兼容性,并且与普遍认可的习惯有更多的一致性;人们仿效和实施起来比较简便;等等。

个体经济、私营经济方面的政策创新的扩散,就明显地带有这些特征。一些沿海城市的回城下放工人、知识青年,打破原先计划体制不允许个体经营的规定,在当地政府默许下,个人或只用自家的劳动力,贩运果品蔬菜,加工制作一些小型日用品,结果不仅解决了个人与家庭的生计问题,而且还迅速富裕起来。凡是个体经济发达的地方,人们的生活水平就很快得到改善。这些行为规范和行动的结果就迅速地在社会上传播和扩散开来。许多下放回城的工人和知青或听到别人介绍,或亲自到经营好的个体户家中参观,或是从报纸上了解到情况,他们也跟着干起来,当起了个体户,所以当个体经济在一些地方刚产生出来,周边地区的人就迅速跟着干起来。分田到户的政策创新也是如此,几户人家一合计,想一个办法,就把地给分了。简单易行,而且一把地分到各户耕种,效率马上出来了,人们干活起劲了,地里打的粮也多了,农户富裕起来了,政策创新的传播就更加迅速了。

初始政策创新的传播,像所有的传播一样,必须依赖于一定的网络。网络不同,传播的方式、流程也不一样。政策创新的传播一般可分为两种方式,形成两种流程,一种传播方式是通过人际沟通渠道的传播,另一种方式是通过大众媒体渠道的传播。在破除旧体制的政策创新中,开始担负主要传播功能的是人际沟通的渠道。在政策创新慢慢为多数人接受时,大众媒体就成为主要的传播渠道。与此相适应,初始政策设计的传播流程也有两种,一种流程是由人际沟通传播开始,转化为大众媒体传播。另一种流程是由大众媒体传播开始,转化为人际沟通传播。

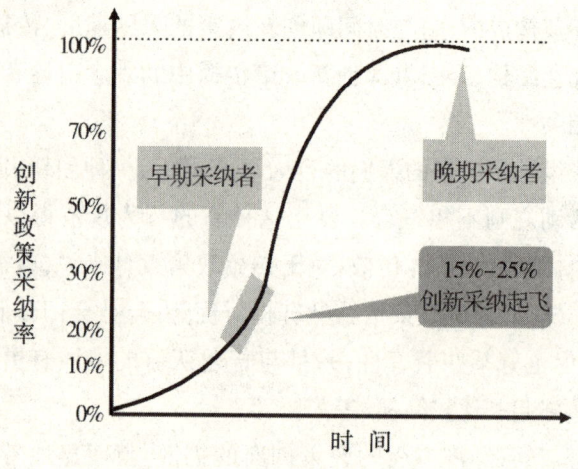

图16—3　创新政策被采纳的速度曲线

一般地说,当政策创新还处在尝试阶段或还处在某些地区、某些群体的自发行动的阶段时,或对于执政党和政府的机构还处于"看一看再说的"阶段上时,人际沟通渠道的传播更为有效。这时的人际网络,既可能是一些政治精英形成的与群众沟通的网络,如万里与安徽的老百姓的联系,也可以是处境相同或相似的普通群众之间的联系。这种有限的人际关系网络的传播,比较保险,有较高的信任度。但由于人际关系网络有限,因而传播的范围不大。

当政策创新进入被多数人认同的阶段,特别是具有威望的政治精英出来公开号召,执政党和政府的机构运用政治资源尤其是利用控制的报纸、广

第十六章 公共政策创新研究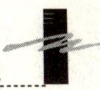

播、电视等媒体宣传时,政策创新的传播就转化为大众化媒体渠道的传播。这种传播方式和流程与人际关系网络相比,范围要广泛得多,强度要大得多。比如,当万里已经由一个省的负责人调到中央任农委主任时,他坚持和号召进行分田到户的创新政策时,农村的联产经营承包责任制就一下子扩展开来。当邓小平还只是以个人的威信到南方有关省、市找沿途干部谈推进市场经济体制的构建这一政策创新时,只有一些人知道,一旦"南巡讲话"的内容通过党的文件,并在报纸上公布出来后,建设社会主义市场经济的政策创新就在中国大地上像开了闸的潮水一般涌向全国四面八方。因此,要让初始政策得到扩散,要形成政策创新的强烈氛围,就必须充分研究和运用合适的传播渠道。

初始政策设计包括其新的行为规范和行动结果要得到有效的扩散,就必须考虑要有新的观念的导引和创新代理机构的配合。新旧体制的更替,是一场巨大的、激烈的思想观念的交锋。旧体制之所以能运行很长时间,除了有一批在这种体制下具有既得利益的个体与群体的坚持和支撑外,社会还有一套思想观念在保护和维护着旧的体制和与旧体制所配套的公共政策。因此,破除陈旧的思想观念,在思想领域展开一场解放运动,这几乎成为世界历史上进行社会革命、革新和政策创新的必不可少的前奏。

当一些代表着新的体制要求的政策创新行为在局部区域和部分群体中产生出来后,在旧的体制系统中或在旧体制系统所控制的范围内,这种初始政策发动往往会被认为是与通行的规则不合拍的,是不正常的,从而具有的可信度是比较低的,这时创新政策的扩散就受到阻碍。要使社会多数人相信这种政策创新,并为政府所接受,就需要有一些认识了旧体制的不合理性,并有新的观念的社会精神权威或精神领袖,发起思想解放运动,更新人们的观念,用一种新的思维方式和新的眼光来认识政策创新。

能够发动、推进这种社会思想解放的必须是社会中为数不多的政治精英和精神权威,他们通常参与过旧的体制的设计和运行、对这种体制比较熟悉、但在这种体制下也遭受过压制,从而对旧体制的弊端看得十分真切。当社会的政治精英和精神权威奋起揭示旧体制规则和组织的无效性、不合理性后,整个社会的观念就会经受大的震荡,甚至会出现新旧观念的争论。一

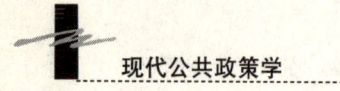

般地说,发起思想解放的精神权威,常常不是旧的体制系统中的主要领导者或正式领导者。即便是旧体制系统中的领导者,他们也主要不是凭借正式的领导职位来让人们相信新观念的,他们的新观念之所以让许多社会成员信赖,是因为他们的正式职位之外的个人经历、品质和魅力。

中国经济体制改革过程中,这方面的案例非常多。具有个人丰富的经历和高贵品质,具有非凡的个人魅力,具有中国改革总设计师美称的邓小平,支持并领导了20世纪70年代末80年代初的中国社会的改革、开放初期的思想解放运动,从而极大地加速了政策创新的普及和扩散。其人格、其思想的作用,充分显示出社会精神权威在破除旧体制的政策创新过程中巨大的导引价值。

除了社会精神权威在政策创新扩散中发挥出导引作用外,政府组织中意识到初始政策设计的价值,从而积极支持对维护和再生产出旧体制的规则和组织加以革新的成员,他们对政策创新的支持是具体和有力的。这些人与社会精神权威利用自己的魅力和新观念所起的导引作用是不同的,他们常常是以政策创新的代理人的身份发挥作用的。政策创新的初始政策设计的传播和扩散的速度是衡量扩散机制强弱的一个重要标准。通常人们总是将初始政策设计的快速传播和扩散看作是政策创新扩散机制较强的表现,因此提高扩散速度就成为强化扩散机制的重要方面。

初始政策设计扩散速度的提高与下列因素有关:一是政策创新的状况和幅度,二是创新政策的进展程度,三是创新政策采纳者的态度和社会系统对创新政策的认可程度,以及规则和组织变换的程度。

首先,只有保证政策创新变革的幅度适中,才能提高它的扩散速度。政策创新的幅度是指创新的初始政策设计同原先的政策之间的差异性。政策创新的幅度有三种情况:一是低幅度,创新政策与旧的政策差异极小。这种政策创新并不能为很多人接受,因为人们不能从中获取更大的预期利益。第二种是大幅度,创新政策与旧政策的差异非常大。这种初始政策也不容易为很多人接受,因为差异过大,仿效的人会认为风险较大而担心。第三种是中等幅度,创新的政策与旧的政策相比,有一些差异,但这种差异能够接受。

第十六章　公共政策创新研究

其次,只有保证政策创新有较强连续性,才能提高它的扩散速度。政策创新的连续性指政策创新的推进方式。如果政策创新是一步步地向前推进的,每一步并不太大,人们就能学习、仿效,政策创新的传播与扩散也就较快。如果政策创新过于频繁,跨大步,出现大的跳跃,人们就不容易学习,反而会观望,从而减小扩散速度。

第三,只有保证政策创新传播渠道具有合适的性质,才能提高它的传播速度。通常在具有同质性的群体中,政策创新才能以较快速度扩散。所谓群体的同质性或异质性,是指政策创新发动的群体与接受群体之间的相似程度。如果政策创新的发动群体是一个地区的农民和农村基层干部,他们与另一地区的农民和基层干部是同质群体,所以农村的政策创新首先为广大农民所接受,但相对于城市中的劳动者来说,农村中的经营承包就不容易被接受,如果一定要仿效,只能出问题。在20世纪80年代初,城市中流行一句话:"学习农村,包字当头,包到哪里,好到哪里",但不久就发现,城市一味仿效农村的承包式的政策创新是不行的,因为一种初始政策设计从一个区域、从一部分人群向另一个区域、另一部分人群传播时,这实际上是一种信息的交流和沟通。同质性的群体之间的交流和沟通一般较为频繁,而且相对容易,但如果群体间具有异质性,就会降低政策创新的扩散速度。①

但是,在政策创新的扩散中,一味考虑创新的政策设计与原来旧体制政策系统的相似性,也不利于更好的扩散。一些研究创新扩散的学者发现,在交流和沟通中,固然同质性可以加速扩散过程,但有时其作用可能不如在异质性中沟通的大。因此,在政策创新进行了一段时期后,创新的步子要大一点,当人们发现新的行为规范同旧体制下的行为规范具有更大的差别,从而能获得更大的预期利益时,他们接受政策创新的信心会更强。

第四,只有规则和组织变换的速度加快,才能提高创新政策的传播速度。这里的关键是创新政策采纳者的态度和社会系统对创新的认可程度。在初始政策设计的传播和扩散中,规则和组织是一个最重要的因素。如果规则和组织采取阻拦的态度和行动,其他群体就会观望、担心,也就不会下

---

① 埃弗雷特·M.罗杰斯:《创新的扩散》,辛欣译,中央编译出版社2002年版,第270页。

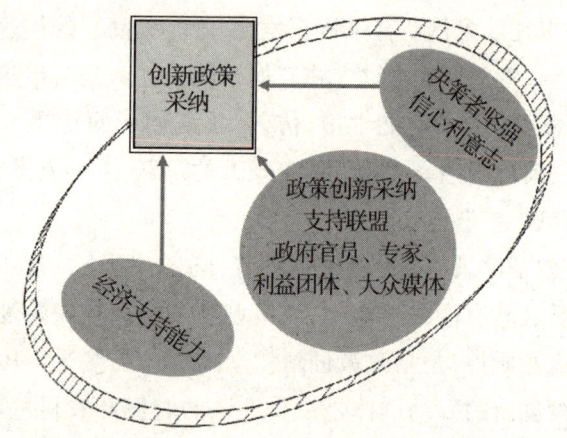

图16—4 影响创新政策采纳的因素

决心学习。一旦组织对政策创新采取接纳的立场,并修改甚至废止旧的规则以便让创新的政策通行,政策创新的扩散就会非常顺畅,从而提高传播速度。

政策创新并不是一次完成的,一次政策创新的发动只是对旧体制的一次冲击,政策创新必须连续地进行。对于一种新的体制来说,其政策也是一个系统。只有政策创新不断地发展,政策创新的成果才能通过系统化体现出来。这就要通过另外的政策创新的实现机制来起作用。

三、政策创新发展机制

在政策创新过程中,从规则和组织变换指向利益分化和协调的实现机制是发展机制。公共政策创新活动也许在初期主要表现为人民群众的一种首创精神,这种情况在中国社会转型时期的农村分田到户的改革和城市建立非公有经济成分的改革时期表现得特别明显,但整个体制的转轨,还需要政府的主导作用。在初始政策得到扩散、被政府所吸纳后,要将这些初期的政策创新成果巩固和扩大,就需要发挥发展机制的作用。

公共政策创新的发展机制(development mechanism)主要指三个方面的含义:一是经过扩散和传播后的创新政策的初始设计或最初发动进一步延

第十六章 公共政策创新研究

伸,出现创新政策群或政策创新域。二是对政策创新过程中的过渡性的政策设计加以清除。三是将不断出现的创新政策逐步规范化、结构化,特别是形成合理、优良的创新政策结构体系,从而保证政策创新的可持续发展。政策创新的发展机制是由创新政策制度化、创新政策调整、创新政策体系化、政策再创新等几个方面构成的。

政策创新的发展机制的第一个功能是对在变革中不断产生出来的各种带有过渡性的政策加以调整。政策创新不是一个直线化的过程,在政策创新从由群众首创过渡到由政府来主导以后,政府为主的公共机构就要对消除旧体制、培育新体制的政策创新自觉地加以规划,对创新过程中的具体政策设计,依据不断变化的实际情况加以调整。有些调整是将经实践证明是不正确的政策设计改正过来。在这方面一个典型的案例是调整城市企业改革中一律推行承包经营的政策,在农村包产到户的政策创新收到实效后,不少地方的政府就提出城市企业经营改革要向农村学习的思路,并且认为在城市搞政策创新也是要"包字当头",结果导致城市改革陷入困境。中央政府迅速加以调整,推行现代企业制度,进行股份制改革的试点。事实说明,政策创新不等于每一步都是很成功的。在政策创新的过程中,要让政策创新保持健康的态势,政府就必须审时度势,不断地对政策创新进行调整。

政策创新中的调整也表现为不断清除创新中的一些过渡性的政策设计。有时为了破除旧的体制,不仅要创造崭新的政策,还需要暂时利用旧的政策,甚至运用某些与整个新体制并不相吻合、但在创新中又不得不借助的过渡性的政策。比如,在发展私营经济时,开始不得不让这些企业挂上集体的招牌,以"假集体真私有"为过渡;再比如,我们也没有办法一步从计划经济径直走到市场经济,只能步步过渡,先搞有计划的商品经济;再进展到国家控制市场,市场引导企业;最后才提出搞社会主义市场经济。就是到现在,市场经济体制也只是一个基本框架,它要达到真正完善的市场经济,还有相当长的路要走。

除这些之外,政策创新也受到各种传统力量特别是旧体制的残余的影响,即使在那些带有突破性的政策创新中,也有许多不完善的方面。另外,政策创新也需要一步步推进。只有待先行的政策创新稳定了,后续的政策创新才能跟上。农村的经营承包统分结合的体制也是经过十多年的不断调整,才达到今天这种程度的。这一成功的政策创新经历了漫长时间才趋于稳定化、系统化,第一步只是搞了分田到户,光有这一政策创新并不能解决农村发展问题,接下来就要调整所有制结构,进行金融、流通等方面的政策创新。只是各家各户的分散经营决然搞不出现代农业。因此,土地适度经营、农村商品市场等方面的政策创新又提上了议事日程。没有创新中的不断调整,连续的创新就难以实现。

政策创新的发展机制的作用还表现为创新性政策的规范化。政策创新在开始阶段上,往往是一些利益群体发动的。这些创造出来的新政策,有些是暂时性的,有些则是粗糙的,大多是不太规范的或规范性不足的政策。政策要实现规范化,或者要提升政策的规范性,必须依赖于社会法定的治理机构和法定的程序。这就需要规则和组织变换因素发挥作用。

公共政策创新开始时是由旧体制规则和组织之外的群体发动的,当旧体制的规则和组织通过自身的变革,接受和吸纳了旧体制外的政策创新观念和规范后,政府就会成为政策创新的主导者。这时的规则和组织就成为体现新体制的规则和组织了。政府一旦成为决定体制转轨的政策创新的最重要的主体后,它的一个重要任务就是将一些被实践检验是正确的、合理的创新政策规范化、制度化。

只有担当着推进新体制建立任务的执政党和政府,使用公共权力资源,通过法定的程序,才能既改变自己的组织结构和功能,又改变社会活动规则,让那些对旧体制的破除、对新体制的确立具有重大影响的创新政策合法化,政策创新才能发展。

在政策创新发展机制的功能中,合理、科学和巧妙地将单项的创新政策结合起来,形成高质量的创新政策结构是极其重要的。其中一个重要的环节是将创新性的政策设计加以合理的综合,从而将一个个单项政策创新变成服务于新体制的政策体系。政策创新是一个自发与自觉相统一的过程,在具体的政策创新探索中,人们总是一个问题一个问题地解决。如果制定和实施的创新政策只为解决特定的政策问题,形成的政策结构就是单元结构。单元结构很少是单个政策,多数情况下,它仍旧是由好几个单独政策组

第十六章 公共政策创新研究

合而成的政策单元,因为在转型社会的体制转轨中,每出现一个事关新旧体制交替中的政策问题,只凭一个单独的政策创新几乎是无济于事的。它需要好几个创新政策一块儿起作用,才能将问题解决。比如,要切实解决农民负担过重的问题,就至少需要实行农村县、乡政府精简机构、提高效率的政策,需要实施免除农业税的政策,需要实施改变产业结构、提高农民收入的政策等等。

一个政策单元,往往是围绕特定政策问题的解决而形成的单独政策的集合。因此,在构建创新政策单元时,要尽量讲究全面性,决不能遗漏掉重要的政策。在设计政策单元时,还需要政策主体将单独的、具体的政策按照各自的效用,以及实施的层次、范围、先后次序有机地结合起来,构成一个整体。这种结构方式不应从主观出发来编排,而应以有利于实际贯彻、执行为标准。

在现实生活中,一定时间、一定区域、一定领域中会有好多个政策问题同时存在,每个政策问题的解决又涉及到其他的政策问题的状况和解决的程度。这时,政策创新主体需要制定和实施的就是几个政策单元。比如,一个地区的经济发展,需要解决这一地区产业结构低度化问题、高新技术的研究和应用缺乏经费问题、外资引进后如何合理利用的问题、环境污染如何治理的问题、高层次人才缺口太大等问题,只有这些急迫的问题获得配套解决,地区经济发展才有希望。这多个政策问题在同一时间、同一区域、同一领域中并列存在,但并不是毫无关系的,政策问题之间有着内在的、客观的联系。在进行政策创新规划和实施时,作为政策创新主体的政府,其任务就是要善于发现并理顺这些联系。

解决一定时期、一定领域、一定范围中公共问题的政策是若干政策单元的集合。这些政策单元必须围绕一个总体目标,分清主次,以空间、时间、实施的轻重缓急和先后顺序为考虑因素有机地结合起来,形成创新政策的复合结构。政策复合结构是政策单元通过横向的与纵向的联系、单向的与双向的联结、平行的或从属的衔接而形成的有机系统。在政策的复合结构中,不同的政策单元处于不同的位置。有的政策单元具有主导性质,其余的政策单元则是从属的;有的政策单元位于核心,其余的则处在外围。

政策的配套结构是指一些虽然在内容、功能上存在差异,但并不是相互矛盾、彼此削弱,而是相互补充、互相增强的政策结合在一起的方式。在特定的时间和空间里,政策主体需要从社会经济发展的全局出发,规定出一个总体目标。这一目标就是政策主体在其能力和资源允许的范围内能够实现的预期结果。为实现这一总体目标,政策主体就必须制定和实施相应的一组政策。但这些政策不仅不能妨碍总目标的实现,而且只有它们配合起来,才能保证总目标的实现。

要求得创新政策的配套,关键在于政策主体对公众的利益要求和整体利益的平衡有科学、合理的预测,并在此基础上形成一定区域和领域中社会经济发展的合理的总体目标,依据公众利益要求与总体目标来安排政策,就能保证政策的指向是一致的,政策间的配套就容易形成。反之,既缺乏对公众利益的了解,也缺乏合理的总体目标,在这种状况下制定和实施政策,各个政策的取向必然是分散的,甚至是矛盾和冲突的。

使各种创新政策都能很好地配套成龙,形成合力,这是政策结构的最佳状态。其实,现实中的政策结构很难达到这一理想状态。通常的政策结构内部都会存在某种程度的不协调,更坏的情况是政策结构内部出现冲突。从上面所谈到的实现政策结构配套的条件可以知道,导致政策之间矛盾、冲突的原因,既可能是缺乏对公众利益的了解,也可能是没有确立正确的政策创新总体目标。

公共政策创新过程中的实现机制是以政策创新中的影响因素为节点联系在一起的,它们相互之间是一种正向的促进关系和反向的牵制关系。从利益的分化和协调中要产生出政策创新的初始设计或初始发动,必须依赖触发机制的作用,因为从利益分化和协调中不可能自然地产生出带有突破性的政策创新发动。但是,当一个阶段的利益分化与协调在触发机制的作用下,就能激发出某些利益群体的初始政策设计。这种初始政策设计或发动再经过扩散机制的作用,就会形成新的利益分化和协调。这种利益分化与协调如果与先前的利益分化、协调并没有差别,那么,就不会再有动力去进行后续的政策创新。如果第一轮的政策初始发动后,带来的是新的利益分化和协调,触发机制就会再扮演压力事件下激发新的政策创新的催化剂功能。

如果政策创新的过程发生逆转,原先的政策创新发动,现在又退回来了,也就意味着利益的分化和协调朝着相反的方向发生作用,这时的触发机制就无法发挥功能。即使出现压力,出现偶发事件,人们经过一次逆转后,创新的热情就被压制下去。

政策创新中的触发机制与扩散机制之间,虽然有初始政策设计在起中介作用,但这两种机制也是相互影响的。如果触发机制的功能较大,初始政策发动的势头强劲,它对规则和组织的冲击也大,这也就意味着初始政策设计的扩散速度快,也意味着会有更新的利益分化和协调出现。触发机制对新一轮的初始政策发动的催化力度会更大。

在政策创新过程中,固然触发机制非常重要,没有这一机制的作用,政策创新就开动不起来。但是,真正能让政策创新启动并结出果实的还是扩散机制。只有创新政策得到传播和大量的扩散,旧的规则为新的规则取代,旧的组织为新功能的组织所代替,主动进行政策创新的群体的预期利益才会转化为实享利益。而这种扩散机制的作用又依赖于执政党和政府主动去调整和完善创新政策,越是创新政策制度化、规范化、系统化,创新的政策发动就越能更快传播和扩散。

政策创新过程中的发展机制既依赖于扩散机制的支持,又对触发机制的作用产生影响。不断产生出新的利益分化和调整,新利益预期又会形成压力,这种压力经过催化就会激发出更多的群体去发挥创造精神,主动去持续地进行政策创新。

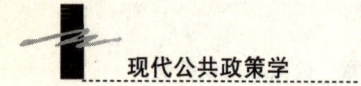

后 记

校完本书最后一页,已经有点筋疲力尽了。顺手从书架上取下 2000 年 9 月在中国社会科学出版社出版的《现代公共政策研究》,翻看后面的版权页,真感叹时光的流逝,前后已经过去近 7 年,7 年中个人的学习、工作都发生了较大的变化。

就在筹划和写作《现代公共政策研究》的同时,我考上了北京大学政府管理学院的政治学博士研究生,虽然曾经在中国人民大学做过高级访问学者,但是进入京城的学府正式求学这仍然是我的梦想。这一次让我真的有机会能够领略中国最高学府厚实的人文底蕴和浓郁的传统氛围了。几年中我不断地往返于六朝古都和现今的国都之间,在导师的同意和指导下,继续进行公共政策研究。2003 年 6 月虽然北京"非典"的威胁还未解除,政府管理学院还是组织了一场非常时期的学位论文答辩。当我手捧博士学位证书的时候,我感谢苍天恩赐给我的这一切。

几年的寒窗苦读,让我进入到政治学和公共政策科学知识海洋的深处,同时也促使我以新的眼光来审视中国转型时期公共政策科学成长和发育的艰难轨迹。对我来说,这是又一次学术研究的攀升。如果说从 90 年代早期注重政府公共关系和中期注重政府形象战略研究到 2000 年写作《现代公共政策研究》是我的第一次学术攀升的话,那么这一次就是我第二次的学术攀升。虽然《现代公共政策研究》出版后被好几所大学用作本科生和研究生的教材,有些高校还作为报考公共行政和公共政策专业方向博士研究生的参考用书,不少学术论文引用了书中的内容,但是,到博士论文开题和动手写作学位论文时,我已感到这本书只能作为一般性的政策教科书和研究参考书了,中国的公共政策理论和实践已经在迅猛发展的改革、开放和社会转型中向前迈出了巨大而坚实的步伐,特别是为适应体制转轨的需要,执政党和政府以及广大人民群众都在进行公共政策的创新。对于中国的公共政策研

后　记

究而言，必须要有国际视野，但更应当有现实的关怀和本土的表述。本着这种愿望，我以中国转型社会体制转轨阶段公共政策的创新为课题，完成了学位论文的写作。

从 2003 年开始，我来到另一所大学任教。为了进一步拓展自己在公共政策研究方面的视野，除了对社会转型时期公共政策创新的特征、类型、影响因素、实现机制作研究外，还试图通过对政府公共管理绩效方面的研究来考察公共政策绩效方面的问题。另外，还通过发起和举办两岸四地可持续发展研讨会，创造机会和更多不同区域和不同知识背景的公共政策学者讨论公共政策研究、分析、创新方面的问题。经过三年多的努力，再结合自己本科生的教学以及 MPA 的教育管理，形成了有关公共政策的新的见解和感受。这本书的写作就是将这些点滴感受和见解汇集并总结出来的结果。与《现代公共政策研究》相比，本书增加了公共政策过程中的非线性模型、公共政策研究的范式和方法、公共政策创新的影响因素和实现机制、危机状态下公共政策活动等内容，从而使公共政策的阐释更具有本土气派和时代气息。这可以说是我学术上的第三次攀升。

中国的改革开放、中国的现代化进程、中华民族的再度崛起，为中国公共政策的理论和实践的发展提供了坚实的基础和肥沃的土壤，也为致力于研究公共政策的学者的知识创新提供了无限扩展的空间。学术攀登之路是永远没有尽头的，每次的收获不是研究的终结而是另一次攀登的开始。

现代的学术研究是一种团队式活动。这种团队可以是直接的合作，也可以是相互的借鉴与启发。在此，我对学术研究中帮助过我的人，对在研究中引用过他们的成果和接受过他们启发的人们一并表示深深的谢意。

图书在版编目(CIP)数据

现代公共政策学:公共政策的整体透视/胡宁生著.
—北京:中央编译出版社,2007.7
ISBN 978-7-80211-452-4

Ⅰ.现…
Ⅱ.胡…
Ⅲ.公共政策-理论
Ⅳ.D0

中国版本图书馆 CIP 数据核字(2007)第 086044 号

现代公共政策学:公共政策的整体透视

出版发行	中央编译出版社
地　　址	北京西单西斜街 36 号(100032)
电　　话	(010)66509360　66509367(编辑部)
	(010)66509364(发行部)　(010)66509618(读者服务部)
网　　址	http://www.cctpbook.com
经　　销	全国新华书店
印　　刷	北京金秋豪印刷有限责任公司
开　　本	787×960 毫米　1/16
字　　数	390 千字
印　　张	27.25
版　　次	2007 年 7 月第 1 版第 1 次印刷
定　　价	45.00 元

本社常年法律顾问:北京建元律师事务所首席顾问律师　鲁哈达